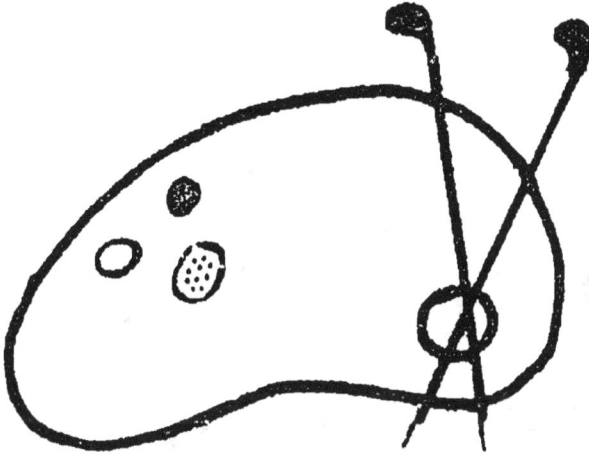

Couvertures supérieure et inférieure
en couleur

PÉTITE
BIBLIOGRAPHIE
BIOGRAPHICO-ROMANCIÈRE.

IMPRIMERIE DE J.-L. CHANSON.

PETITE
BIBLIOGRAPHIE

BIOGRAPHICO-ROMANCIÈRE,

OU

DICTIONNAIRE DES ROMANCIERS,

TANT ANCIENS QUE MODERNES, TANT NATIONAUX
QU'ÉTRANGERS;

Avec un mot sur chacun d'eux, et la Notice des
Romans qu'ils ont donnés, soit comme auteurs,
soit comme traducteurs;

PRÉCÉDÉ

D'UN CATALOGUE DES MEILLEURS ROMANS,
publiés depuis plusieurs années,

ET SUIVI DE TABLEAUX

PROPRES A EN FAIRE CONNAITRE LES DIFFÉRENS GENRES, ET A DIRIGER DANS
LE CHOIX DES OUVRAGES QUI DOIVENT FAIRE LA BASE

D'UN CABINET DE LECTURE.

*Hæc animi remissio judicanda est
homine libero dignissima.*
Cic. pro Archiâ poetâ.

PARIS,

PIGOREAU, LIBRAIRE, PLACE SAINT-GERMAIN-L'AUXERROIS.

Octobre 1821.

PRÉFACE.

LA sagesse a beau déclamer contre la philosophie moderne; la perversité du Siècle a triomphé. Tous les jours voient éclore de nouvelles éditions de Voltaire et de Rousseau; les exemplaires de luxe ne seraient pas à la portée du peuple, on a fait les *éditions des chaumières*.

Les ministres de l'Evangile proscrivent envain les Romans; on en voit paraître tous les jours de nouveaux. Les productions nationales sont insuffisantes ; on traverse les mers, on va chercher à l'étranger des provisions littéraires pour alimenter nos lecteurs insatiables. Il y a cinquante ans, on ne connaissait dans Paris qu'un seul Cabinet de lecture; aujourd'hui chaque rue a le sien; la province en est inondée.

Je ne blâmerai point nos moralistes qui défendent implicitement à la jeunesse la lecture des romans. Les mauvais romans, c'est-à-dire, ceux qui sont enfantés par le libertinage et l'irréligion corrompent ses mœurs; les bons, la détournent des études utiles, des lectures instructives. Puisqu'on ne peut soustraire à ses yeux, des livres qui sont dans toutes les mains, tâchons au moins de la diriger dans son choix. Les jeunes gens bien nés écouteront nos conseils, et trouveront un plaisir innocent dans les ouvrages que nous leur indiquerons.

De même cependant, qu'il est des alimens qui ne peuvent convenir à de jeunes tempéramens, que ne peuvent digérer certains estomacs ; de même il est des lectures qui sont nuisibles au jeune âge, et qui peuvent néanmoins convenir à l'âge mûr. On a vu des sages, des personnages distingués, des prélats même, faire leur amusement, non seulement de la lecture, mais encore de la composition des romans. Héliodore, évêque de Trica, nous décrit les amours de Théagène et Chariclée ; l'évêque d'Auxerre, le célèbre Amyot, nous donne la traduction de ce livre ; le savant évêque d'Avranche fait l'éloge des romans et nous en trace l'origine ; l'archevêque de Cambray nous peint les amours de la voluptueuse Calypso. J'oserais dire des bons romans ce que Cicéron disait des lettres en général (1), cette lecture n'est point indigne d'un homme bien né. Sommes-nous dans l'aisance ? les romans sont pour nous un des plus doux passe-temps ; l'infortune est-elle notre partage ? ils nous offrent mille consolations, mille ressources contre les chagrins domestiques ; sommes-nous malades ? ils nous font oublier une partie de nos douleurs. Dans la solitude, à la campagne, dans les prisons, dans les voyages sur mer, dans les longues soirées d'hiver, ils sont nos fidèles compagnons ; dans la vieillesse, ils nous rappellent de doux souvenirs. Oui ! si le ciel m'accorde

---

(1) *Hæc animi remissio judicanda est homine libero dignissima. Litteræ enim..... senectutem oblectant,.... adversis perfugium et solatium præbent; delectant domi, non impediunt foris, pernoctant nobiscum, peregrinantur, rusticantur.*

Cic. pro Archiâ poetâ.

quelques jours de repos avant ma dernière heure, je veux, loin du bruit de la ville, faire ma lecture favorite des Richardson, des le Sage, etc. Je veux les placer dans ma bibliothèque, à côté de Plutarque et de Montaigne.

L'Amour a ses fureurs, Bachus a ses excès, Neptune a ses écueils, les Romans ont leurs dangers ; faut-il donc renoncer aux délices de l'amour, au doux jus de la treille, au plaisir de visiter les contrées lointaines, au charme de la lecture ? Aimons avec sagesse, buvons avec modération, prenons un pilote habile, choisissons les bons romans.

L'ouvrage que j'offre à mes Correspondans est bien au-dessous de ce qu'il promet. Il a été fait au milieu de mille distractions. Pour traiter cette matière, il eût fallu pouvoir étudier dans le silence la Bibliothèque des romans, consulter les Biographies, lire les jugemens portés sur chaque ouvrage, avoir toujours sous les yeux le Journal bibliographique rédigé avec autant de soin que d'érudition. Si, malgré tous ses défauts, il est de quelqu'utilité, je travaillerai à le rendre meilleur, en corrigeant ses nombreuses imperfections. Je profiterai des conseils qu'on voudra bien me donner ; je regarderai cette première édition comme un simple Essai.

Pour parler du plan de ce livre ; il contient d'abord, le catalogue de mes romans. Ce n'est pas sans dessein que j'ai mis des numéros à chaque article ; ils peuvent d'abord abréger les demandes, en donnant la facilité de désigner, par de simples chiffres, les ouvrages que l'on choisit. Ils

nous offrent ensuite les moyens de former différens tableaux que nous désignons ci-après.

A la suite du catalogue est un Dictionnaire des Romanciers; après le nom de chacun d'eux, est un mot sur
leur genre, et la liste des romans qu'ils ont publiés.

Le tout est terminé par les tableaux dont nous venons
de parler, et que nous classons ainsi : — Romans les plus
propres à entrer dans la formation d'un cabinet littéraire
— Romans qui ont paru successivement depuis quatre ans.
— Romans propres à la jeunesse. — Romans qu'il ne faut
point laisser sous ses yeux. — Romans en lettres. — Romans de mon fonds. — On pourrait multiplier ces tableaux
à l'infini.

Je m'occupe, de plus en plus, de la librairie des romans ;
je veux insensiblement réunir à mon fonds un assortiment
des plus complets. Je ne laisse échapper aucune occasion
de me procurer les bons ouvrages en ce genre. Les personnes qui veulent former des cabinets de lecture, trouveront dans mon Magasin tout ce qui peut leur convenir :
romans nouveaux, à mesure de leur mise en vente, romans anciens, romans de hazard, aux prix les plus modérés.
Ma remise est toujours la même; pour une demande de
100 fr. et au-dessus, 30 pour $\frac{o}{o}$ escompte de 5 Une première affaire se paie au comptant; les maisons d'une solvabi-
lité connue, auront crédit de six mois pour la moitié.

CATALOGUE

DES ROMANS, VOYAGES,

Et autres Livres convenables aux Cabinets de Lecture,
qui se trouvent dans mon Magasin.

A.

1. Abbaye (l') de Craigh-Melrose, ou mémoires de la famille de Montlinton, traduit de l'anglais de miss Henrietta, par Jean Cohen (1817). 4 vol. in-12. 10 fr.

2. Abbaye (l') de Grasville, traduit de l'anglais, par B. Ducos (1810). 4 vol. in-18, 4 figures.   4 fr.

3. Abbaye (l') de la Trappe, ou les révélations nocturnes; précédé d'une notice historique sur Notre-Dame de la Maison de Dieu de la Trappe, sur son réformateur, et les divers événemens relatifs à l'Ordre; par Paccard (1821). 3 vol. in-12, ornés d'une gravure à cinq sujets.   7 fr. 50 c.

4. Abbaye (l') de Lussington, traduit de l'anglais de miss Henrietta Rouvière, par P. de C*** (1817). 3 volumes in-12.   7 fr. 50 c.

5. Abbaye (l') de Palsgrave, ou le revenant, traduit de l'anglais de Charlotte Smith, par Mignaux de Marchais (1818). 3 vol. in-12, une fig.   6 fr.

6. Abbaye (l') de Sainte-Aure, ou encore une victime de l'Amour, par madame de M***; auteur de Clarinde de Beauval, etc. (1818). 2 vol. in-12, une fig.   4 fr.

7. Abbaye (l') de Saint-Oswith, trad. de l'anglais de M. Hostley, par madame de M...l. (1813). 2 volumes in-12.   5 fr.

8. Abbaye (l') d'Hartford, ou Lise et Amédée, par mad. Guenard. 4 vol. in-12.   9 fr.

9. Abbé (l'); suite du monastère, traduit de l'anglais de Walter-Scott, par le traducteur des romans histo-riques de cet auteur (1821). Nouvelle édition. 4 vol. in-12.   10 fr.

10. Abbesse (l'); traduit de l'anglais par le traducteur d'Eva (1814). 4 volumes in-12, une fig.   9 fr.

11. Abdeker, ou l'art de conserver la beauté. 4 volumes in-18.   4 fr.

12. Abel, ou les trois frères, par le chevalier Charles de Pougens (1820). 1 vol. in-douze.   2 fr. 50 c.

13. Absent (l'), ou la famille irlandaise à Londres, traduit de l'anglais de miss Edgeworth (1814). 3 volumes in-douze.   7 fr. 50 c.

14. Acquéreur (l'), ou le château de Surville, par M. de Faverolle (1820) 3 vol. in-12.   7 fr. 50 c.

15. Adalbert de Mongelas, par madame Armande Roland (1810). 3 vol. in-12.   7 fr. 50 c.

16. Adalbert et Mélanie, par madame S*** C*** (1816). 2 vol. in-12.   4 fr.

17. Adar-el-Meleck, ou les pirates barbaresques, par M. le chevalier de Rivoire (1815). 4 v. in-12, une fig. 8 fr.

18. Adelaïde de Méran, par Pigault-Lebrun, nouvelle édi-tion. (1820). 4 vol. in-12.   10 fr.

19. Adelaïde, ou le faux ami, roman original, par Nouga-ret (1815). 4 vol. in-12.   9 fr.

20. Adelaïde, ou mémoires de la marquise de M***, écrits par elle-même (1782). Un vol. in-8.   3 fr.

21. Adèle, par Charles Nodier (1820). Un vol. in-12.   3 fr.

22. Adèle de Sénanges, par madame de Flahaut, édition de Paris (1808). 2 vol. in-12.   5 fr.

23. Adèle Dorsay, par madame Benoit-de-Greselles (1816). 3 vol. in-12.   5 fr.

24. Adèle et D'Abligny, par Pigault-Lebrun. *Voyez* Cent (les) vingt jours.

25. Adèle et Théodore, ou lettres sur l'éducation, par madame de Genlis, nouv. édit. (1813). 4 vol. in-12. 10 fr.

26. Adelina Mowbray, traduit de l'anglais de mistriss Opie, par M. C. C. (1816). 3 vol. in-12.   7 fr. 50 c.

27. Adeline, ou la confession, traduit de l'anglais (1809). 5 volumes in-12.   10 fr.

28. Adolphe et Zénobie, ou les crimes de la jalousie, par madame Vildé (1816). 2 volumes in-12.   3 fr.

29. Adolphe, ou la prédiction, par mad. Van-Esbecq. 2 vol. in-12.   5 fr.

> C'est une nouvelle édition d'Adolphe, ou la famille malheureuse, à laquelle l'auteur a fait quelques changemens.

30. Adonia, ou les dangers du sentiment, par Soulès (1801). 4 volumes in-18, fig.   5 fr.

31. Adonis, ou le bon nègre, anecdote coloniale, par Picquenard. Nouvelle édition, beau papier. Paris, Didot (1817). Un gros volume in-18.   2 fr.

32. Adriana, ou les passions d'une Italienne, par R. J. Durdent. (1812). 3 volumes in-12.   6 fr.

33. Adrien et Stéphanie, ou l'île déserte ; histoire française, par Villemain D'Abancourt (1803). 2 v. in-12, fig. 3 f.

34. Affinités (les) électives ; traduit de l'allemand de Goëthe. (1810). 3 volumes in-12.   6 fr.

> Le même roman a été traduit sous le titre d'Ottilie, ou le pouvoir de la sympathie. *Voyez* Ottilie.

35. Agathe de Saint-Bohaire. *Voy*. Histoire d'Agathe, etc.

36. Agathe et Théocrène, par Auguste Lambert (1819). 2 vol. in-12, 2 fig.   5 fr.

37. Agathe, ou le petit vieillard de Calais, par Victor Ducange (1819). 2 volumes in-12.   5 fr.

38. Agathoclès, ou lettres écrites de Rome et de la Grèce au commencement du 4ᵉ siècle; traduit de l'allemand de madame Pichler, par madame de Montolieu (1813). 4 volumes in-douze, 4 fig.   10 fr.

39. Aglaure d'Almont, ou amour et devoir, par mademoiselle Fleury, artiste du second Théâtre Français (1820). 2 volumes in-12.   5 fr.

40. Agnès de Courcy, traduit de l'anglais de mistriss Bennett (an 7). 4 vol. in-12.   10 fr.

41. Agnès Sorel et la cour de Charles vii, roman historique, par M. de Boissy (mad. Guenard). 4 v. in-12, 4 fig. 8 fr.

42. Ah quel conte! conte politique et astronomique par Crébillon fils, (1779). 2 vol. in-12.   4 fr.

43. Albarose, ou les apparitions de Baffo, histoire du 14ᵉ siècle, par Marchais de Migneaux (1821). 5 volumes in-12.   12 fr.

44. Albert et Ernestine, ou le pouvoir de la maternité, par mad. de Saint-Legier, ex-chanoinesse (1809). 2 vol. in-12.   4 fr.

45. Albertine de St.-Albe, par mad. Mary-Gay-Allart (1818). 2 vol. in-12.   5 fr.

46. Albert ou le désert de Strathnavern, trad. de l'anglais de mistriss Helme, par Lefèvre (1801). 3 vol. in-12, 3 fig.   6 fr.

47. Albert, ou les amans missionnaires, par Victor Ducange (1820). 2 v. in-12.   5 fr.

48. Alexandra, ou la chaumière russe, par mad. Armande Roland (1810). 3 v. in-12.   7 fr. 50.

49. Alexandre et Caroline, par mad. de L. (1809). 2 vol. in-12.   4 fr.

50. Alexandre et Séraphine, histoire qui n'est pas incroyable (1802). 2 vol. in-12.   3 fr.

51. Alexandre, ou le soi-disant grand-homme, par Rouge-maître de Dieuze (1819). 3 vol. in-12. une fig. 6. fr.

52. Alexina, ou la vieille tour du château de Holdeim, par madame Louise Brayer de Saint-Léon (1813). 4 vol. in-12.   9 fr.

53. Alexis et Constantin, ou les habitans de l'Ukraine, par madame Beaufort d'Hautpoul (1820). 3 volumes in-12.   7 fr. 50 c.

54. Alexis, ou la maisonnette dans les bois, manuscrit trouvé sur les bords de l'Isère, et publié par Ducray-Duménil (1790). 4 vol. in-18. fig.   3 fr.

55. Alexis, ou les deux frères, par Raban (1820). 2 vol. in-12.   5 fr.

56. Alfred et Liska, ou le hussard parvenu, roman historique du XVIIe siècle, par J. H. F. Lamartelière (1804). 4 vol. in-12., fig.   10 fr.

57. Alfred-le-Grand, ou le trône reconquis, par M. Delacoste (1811). 2 vol. in-12, fig.   5 fr.

58. Alfred, ou les années d'apprentissage de Wilhelm Meister, trad. de l'allemand, de Goëthe, par C. L. Sévelinges (1802). 3 vol-in-12., ornés de 3 figures et de romances gravées.   6 fr.

59. Alicia de Lacy, roman historique, trad. de l'anglais, de mistriss Wrest, par mad. Elisabeth de Bon (1820). 5 v. in-12.   12 fr.

60. Alide et Cloridan, ou l'épée de Charles-Martel, histoire tirée des chroniques du sage Ingulfe. 2 vol. in-12 figures. 4 fr.

61. Aline de-Reisenstein, trad. de l'allemand d'Auguste Lafontaine (1810). 4 vol. in-12. 10 fr.

62. Aline et Valcour, ou le roman philosophique, écrit à la Bastille, par le marquis de Sade (1795). 8 v. in-18. 8 grav. 12 fr.

63. Alisbelle et Rosmonde, ou les châtelaines de Grentéménil, histoire du temps de la première croisade, par R. J. Durdent (1813). 3 vol. in-12. 6 fr.

64. Alix et Charles de Bourgogne, par Mlle. E. N. (1820). 2 vol. in-12. 5 fr.

65. Almed, ou le sage dans l'adversité, mémoires recueillis par l'auteur du Voyage sentimental à Yverdun et en France (1817). 3 vol. in-12. 7 fr. 50 c.

66. Aloïse de Mèspres, histoire tirée des chroniques du xiie siècle, par madame de R., jolie édit. (1814) 1 vol. in-12. 2 fr. 50 c.

67. Alphonse d'Arvalos et Isabelle d'Olvedo, ou les effets d'une guerre civile. Histoire du xive siècle, traduit de l'espagnol, par mad. C***d. (1818). 2 v. in-12. 4 fr.

68. Alphonse de Beauval, ou les quinze chapitres, par le traducteur de Raymond (1813). 2 vol. in-12. 4 fr.

69. Alphonse de Coucy, ou quelques scènes de la campagne de Russie, par A. P. F. N. (1819). 2 v. in-12. 5 fr.

70. Alphonse de Lodève, par mad. la comtesse de Goloffkin (1809). 2 vol. in-12. 4 fr.

71. Alphonse et Azélia, par mad. C. H. M. (1817). 2 vol. in-12. 4 fr.

72. Alphonse et Lindamire, ou la vengeance, par M. Maugenet, auteur de Stephanor, de Delphina, etc. (1803).
2 vol. in-12. fig.   3 fr.

73. Alphonse et Mathilde, ou la famille espagnole, par mad.
Keralio Robert (1819). 4 vol. in-12.   8 fr.

74. Alphonse et Mathilde, par mad. L. d'E*** (1819).
2 vol. in-12.   5 fr.

75. Alphonse, histoire portugaise, arrivée lors du tremble-
ment de terre de Lisbonne (an 7). 1 volume in-12,
fig.   1 fr. 50 c.

76. Alphonse, ou le fils naturel, par mad. de Genlis (1809).
2 vol. in-12.   5 fr.

77. Alphonsine, ou la tendresse maternelle, par mad. de
Genlis (1808). 3 vol. in-12.   7 fr. 50 c.

78. Altamor, ou les cinq frères, histoire asiatique; manuscrit
trouvé dans les ruines de Delhy, lors de la prise de
cette ville, par Thomas Koulikan, en 1739; par l'auteur d'Agnès Sorel, des Amours de Louis xiv, (1820).
3 vol. in-12.   7 fr. 50 c.

79. Amabel, ou mémoires d'une jeune femme de qualité,
trad. de l'anglais de mistriss Elisa Hervey, par mad. la
comtesse de Montolieu (1820). 5 vol. in-12.   12 fr.

80. Amadis de Gaules, par le chevalier de Tressan, 3 vol.
in-8, fig.   9 fr.

81. Amans (les) d'autrefois, par mad. la comtesse de Beauharnais (1787). 3 vol. in-12.   6 fr.

82. Amans (les) de Charenton, par mad. la comtesse de
Choiseul (1818). 4 vol. in-12.   10 fr.

83. Amans (les) malheureux, ou le comte de Comminge,
par Me de Tencin, suivi du drame de M. d'Arnaud,
(1780). 1 vol. in-18, fig.   1 fr.

84. Amans (les) réunis, ou les fruits de l'amour et de l'éducation (an 6). 1 vol. in-12, fig.   1 fr. 50 c

85. Amans (les) somnambules. *Voyez* Edmond et Juliette

86. Amans (les) vendéens, par Gosse, nouv. édit. (1819). 4 vol. in-12, fig.   8 fr.

87. Ambrosina, ou l'ôtage par représailles, par J. B. Carpentier (1813). 2 vol. in-12, une fig.   5 fr.

88. Amélie Booth, histoire anglaise, trad. de Fielding (1797). 5 vol. in-18.   5 fr.

89. Amélie de Saint-Far, ou la fatale erreur, par mad. de C***, auteur de Julie, ou j'ai sauvé ma rose (Hambourg sans date). 2 vol. in-12.   5 fr.

90. Amélie de Tréville, ou le solitaire, par monsieur G***, auteur de Julie de St-Olmont (1806). 3 v. in-12 6 fr.

91. Amélie Mansfield, par mad. Cottin, nouv. édit. (1817). 3 vol. in-12, fig.   6 fr.

92. Amélie, ou les écarts de ma jeunesse (Londres). 2 vol. in-12, fig.   4 fr.

93. Amélie, ou le secret d'être heureux, trad. de l'allemand d'Aug. Lafontaine, par M. Breton (1812). 2 v. in-12. 4 f.

94. Amis (les) d'Henri IV, nouvelles historiques, suivies du Journal d'un moine de Saint-Denis, contenant le récit de la violation des tombeaux des rois en 1793, avec des notes historiques et remarques singulières ; par Sewrin. 3 vol. in-12, ornés des portraits d'Henri IV et de ses amis, Mornay, Sully, Biron et d'Aubigné ; gravés sur une même planche (1805).   6 fr.

95. Amitié (l') mystérieuse, trad. de l'ang. par le traducteur de la famille de Mourtray (1812). 3 v. in-12. 6 fr.

96. Amitié (l') trompée, ou lettres du comte de Saint-Julien, traduit de l'anglais (1788). 2 vol. in-12.   3 fr.

97. Amour et Gloire, ou aventures galantes et militaires du chevalier de C***, par mad. la comtesse de Choiseul (1817). 4 v. in-12, une fig.   9 fr.

98. Amour et Religion, histoire morale, par J. Lablée (1803). 2 vol. in-12.   3 fr.

99. Amour et Remords, histoire véritable, par mad. la comtesse de ***. 2 vol. in-12.   4 fr.

100. Amour et Scrupule, par mad. ***. 4 vol. in-12.   9 fr.

101. Amour et Suicide, ou le Werther de Venise, traduit de l'italien par M. de S*** (1820). 2 v. in-12.   4 fr.

Ce roman a paru, d'une autre traduction, sous le titre de Lettres de Jacopo Ortis. 2 vol. in-12, 4 fr.

102. Amour, Orgueil et Sagesse, suivi du Sauvage de l'Aveyron, du Sacrifice inutile, et d'Isaure, nouvelle languedocienne, par l'auteur des Veillées d'une captive (1820). 2 vol. in-12. *(par Antony-Béraud.)*   5 fr.

103. Amours (les) de Chatelard et de Marie-Stuart, nouvelle historique, précédée des Amours du chevalier Bayard avec mad. de Randan, de Philippe II, de Jeanne de Castille, etc.; par M. de Mayer (1787). 2 vol. in-12. 3 fr.

104. Amours (les) de Pierre-le-Long et de Blanche Bazu (an 4). 1 vol. in-12, frontispice gravé.   1 fr. 20 c.

105. Amours (les) de Zémédar et Carina, et description de l'île de la Martinique. 2 vol. in-12.   5 fr.

106. Amours (les) secrètes de Napoléon Bonaparte, par le baron de B., auteur des Amours du vicomte de Barras, de l'Ecolier de Brienne, etc. (1815). 6 vol. in-12, figures.   18 fr.

On vend séparément les deux derniers volumes, contenant les Amours secrètes de ses quatre frères.

107. Anastase et Nephtali , ou les amis, par l'auteur de Félicie et Florestine, de la Veuve anglaise , etc. (1815).
4 vol in-12. 10 fr.

108. Anatole , par l'auteur de Léonie de Montbreuse (1815).
2 vol. in-12. 6 fr.

109. Ancelina, ou le délire des passions , par M. P. F. B. de
Lyon (1801). Un vol. in-18, fig. 1 fr.

110. Anecdotes, Contes moraux et philosophiques , et autres
Opuscules, par M. le marquis du Bouchet, auteur de
l'Histoire du Prince de Timor (1821). 2 volumes
in-12. 5 fr.

111. Anecdotes de la cour de Philippe-Auguste, par mademoiselle de Lussan. Nouvelle édition (1820). 6 vol.
in-12. 12 fr.

112. Angelina, ou la naissance de Pitt. Un volume in-12,
une figure. 1 fr. 50 c.

113. Angeline et Valmor, ou la morte vivante, par Mene-
sau (M. Augénet) (1815). 5 volumes in-douze , une
figure. 6 fr.

114. Angélique et Jeanneton de la place Maubert, par Pigault-Lebrun (1817). 2 vol. in-12, 2 fig. 5 fr.

115. Angelo, comte d'Albini , ou les dangers du vice; trad.
de l'anglais de Rosa Mathilda, par madame Elisabeth
de Bon (1816). 3 volumes in-12. 6 fr.

116. Angelo Guicciardini, ou le bandit des Alpes ; traduit de
l'anglais de Sophie Francès, par R. J. Durdent (1817).
6 gros volumes in-12. 15 fr.

117. Anna , ou l'héritière galloise; traduit de l'anglais de
mistriss Bennett (an vi). 4 vol. in-12 , fig. 9 fr.

118. Anna Ros-Trée , histoire anglaise, par madame Bournon
Malarme (1784). 2 volumes in-12. 3 fr.

119. Annales (les) de la vertu, ou histoire universelle, iconographique et littéraire, pour servir à l'éducation de la jeunesse, et à l'usage des artistes et des jeunes littérateurs, par madame de Genlis (1819). 5 volumes in-12.   12 fr.

120. Anne de Bretagne, roman historique; traduit de l'anglais par M*** (1814). 2 v. in-12; portr. 1 fr. 50 c.

121. Anne de Russie et Catherine d'Autriche, ou les chevaliers de l'Ordre Teutonique, par madame Barthelemy Hadot. Nouvelle édition (1818). 3 volumes in-12, une fig.   6 fr.

122. Année (l') la plus remarquable de ma vie, par Auguste de Kotzebüe, publié par lui-même; traduit de l'allemand (1802). 2 gros volumes in-18, fig.   2 fr. 50 c.

123. Annette et Wilhem, ou la constance éprouvée; traduit de l'allemand de Kotzebüe, par madame Morel, aut. de Gertrude de Warts (1821). 2 vol. in-12.   4 fr.

124. Antiquaire (l'); traduit de l'angl. de Walter Scott, par madame de Marèse (1817). 4 vol. in-12.   9 fr.

125. Antar, roman bedoin; traduit de l'arabe par Terric Hamilton (1819). 3 volumes in.12, une fig.   7 fr. 50 c.

126. Antonia Wilsen, ou la femme telle qu'elle est, et l'ami comme il y en peu; trad. de l'allemand de G. Schilling, par madame A. Ceillier (1820). 2 volumes in-12, une fig.   5 fr.

127. Antoinette et Valmont; par Math. Christophe, traducteur des Deux Emilies et du Château de Saint-Hilaire. 2 v. in-12, ornés de fig.   1 fr. 50 c.

128. Antonio, ou les tourmens de l'amour, et ses douces illusions dans un cœur sensible, par A. Galland (1797). un vol. in-12, fig.   2 fr.

129. Après (les) soupers d'Alexandrie, ou les soirées des dames françaises à la suite de l'armée d'Orient (1809). 2 volumes in-12, 2 fig.   3 fr.

130. Arabelle et Mathilde, ou les Normands en Italie, par madame Barthelemy Hadot (1819). 4 vol. in-12. 10 fr.

131. Archambaud et Roger, ou le siége de Metz, par madame Barthelemy Hadot (1817). 4 vol. in-12.   9 fr.

132. Argus Dogue D'Eadlip, ou correspondance de famille ; traduit de l'anglais (1803). 4 vol. in-12.   8 fr.

133. Arindal, ou le jeune peintre, par madame Beaufort d'Hautpoul (1811). 2 volumes in-12.   5 fr.

134. Aristomène ; traduit de l'allemand d'Aug. Lafontaine, par madame de Montolieu (1804). 2 vol. in-12. 5 fr.

135. Arundel ; traduit de l'anglais de R. Cumberland, auteur d'Henry, par B. Ducos (an VII). 2 v. in-12, fig. 5 fr.

136. Atala et Musacop, histoire péruvienne ; suivie des Petits orphelins des hameaux, par J. H. F. Geller (1821). 2 vol. in-12.   4 fr.

137. Atala, ou les amours de deux sauvages dans le désert, par M. de Châteaubriand. Un v. in-12.   1 fr. 50 c.

138. Athanasie de Réalmont, par madame Louise Brayer de Saint-Léon (1817). 2 vol. in-12.   4 fr.

139. Atelwold et Clara, ou la montagne de fer, par madame Barthelemy Hadot (1818). 4 v. in-12, une fig. 10 fr.

140. Auguste et Frédéric, par madame de Bauer (1817). 2 vol. in-12.   4 fr. 50 c.

141. Auguste et Justine, ou la veuve artificieuse, par F. T. Delbare (1801). 2 vol. in-18, grav.   2 fr.

142. Augustes (les) victimes du Temple, par madame Guenard (1818). 3 volumes in-12 ; figures.   7 fr. 50 c.

143. Aurélic et Dorothée, ou la religieuse par amour, par
madame de Saint-Venant (1814). 2 vol. in-12, deux
figures.   3 fr.

144. Aurélie, ou le bigame, par madame Derome (1814).
3 vol. in-12.   6 fr.

145. Aurora, ou l'amante mystérieuse, traduit de l'allemand
(1802). 2 volumes in-12, deux figures.   3 fr.

146. Avadoro, histoire espagnole, par M. L. C. J. P (1813).
4 volumes in-12.   10 fr.

147. Aventures (les) d'Abdalla, et ses voyages à l'île de Borico ;
traduit de l'arabe (1773). 2 gros volumes in-12, fig.
et frontispices gravés.   5 fr.

148. Aventures de Donald Campbell , dans un voyage aux
Indes, par terre, et Anecdotes piquantes sur l'originalité de son guide Hassan Artas; traduit de l'anglais.
(an VII). 2 volumes in-12, deux fig.   3 fr.

149. Aventures d'Eugène de Senneville et de Guillaume Delorme, écrites par Eugène, en 1787, et publiées par
L. N. Picard (1815). 4 volumes in-12.   12 fr.

150. Aventures de Joseph Andrews (1807). 2 gros volumes
in-12.   6 fr.

151. Aventures de Télamon, ou les Athéniens sous la monarchie, par madame de Renneville (1819). 3 volumes
in-12.   7 fr. 50 c.

152. Aventures d'un jeune officier français dans le royaume
de Naples, par Grandjean de Fouchy (1821) 2 vol.
in-12.   4 fr.

153. Aventures et plaisante éducation du courtois chevalier
Charles-le-Bon, sire d'Armagnac, par M. de Mayer
(1786). 3 volumes in-12, fig.   5 fr.

154. Aventurier (l') hollandais, ou la vie et les aventures divertissantes et extraordinaires d'un Hollandais (1801). 4 volumes in-18, quatre fig.   4 fr.

155. Aveux (les) au tombeau, ou la famille du forestier ; trad. de l'allemand d'Auguste Lafontaine, par mad. Elise Voïard (1817). 4 vol. in-12, une fig.   10 fr.

156. Aveux (les) de Clara, ou faiblesse et repentir, par mad. de Montholon (1820). 2 vol. in-12, une fig.   5 fr.

157. Aveux (les) de l'amitié, par madame Elisabeth de Bon. (1801). Un vol. in-12.   1 fr. 50 c.

158. Aveux (les) d'une jolie femme (1781). 2 parties, un gros volume.   2 fr.

159. Avocat (l') des femmes. *Voyez* Dertebeau.

160. Azalaïs et gentil Aimar, histoire provençale, traduite d'un ancien manuscrit (an VII). 3 volumes in-12, trois figures.   6 fr.

B.

161. Bachelier (le) de Salamanque, ou *mémoires de don Cherubin de la Ronda*, par Lesage (1813). 3 volumes in-12, petit papier, figures.   5 fr.

162. Bagatelles, promenades d'un désœuvré dans la ville de Saint-Pétersbourg (1758). 2 vol. in-12.   4 fr.

163. Bal (le) masqué, ou Edouard ; traduit de l'allemand d'Auguste Lafontaine, par Duperche (1817). 4 vol. in-12, fig.   10 fr.

164. Bandit (le) sans le vouloir et sans le savoir, par Cuvelier (1809). 3 vol. in-12.   6 fr.

165. Bannière (la) noire, ou le siége de Clagenfurth, par l'auteur de Mystères sur mystères, du baron de Falkenheim, etc. (1820). 5 vol. in-12, une fig.   12 fr.

166. Barbarinski, ou les brigands du château de Wissegrade; imité de l'anglais de madame Radcliffe, par madame la comtesse du Nardouet (1818). 2 vol. in-12, une figure. 5 fr.

167. Barbe Radziwil, roman historique, tiré de l'histoire de Pologne, au xvie siècle (1820). 2 volumes in-12, deux portraits. 4 fr.

168. Bardouc, ou le pâtre du Mont-Taurus; traduit sur un manuscrit persan, par Adrien de Sarrazin (1814). 2 vol. in-18, fig. 3 fr.

169. Barnek et Saldorf, ou le triomple de l'amitié; traduit de l'allemand d'Auguste Lafontaine (1818). 3 volumes in-12. 7 fr. 50 c.

170. Baron (le) de Fleming, ou la manie des titres; traduit de l'allemand d'Auguste Lafontaine, par madame de Cerenville. 3 vol. in-12. 6 fr.

171. Baron (le) de Trenck. *Voyez* Vie du Baron

172. Barons (les) de Felsheim, histoire allemande, qui n'est pas tirée de l'allemand; par Pigault-Lebrun (1818). Nouvelle édition. 4 vol. in-12, quatre figures. 10 fr.

173. Barozzi, ou les sorciers vénitiens, chronique du xve siècle; traduit de l'anglais de Charlotte Smith (1817). 2 vol. in-12. 5 fr.

174. Bâtard (le) de Lovelace, et la fille naturelle de la marquise de Merteuil, ou les mœurs vengées; nouvelles lettres traduites de l'angl. par M. Cuisin (1806). 4 vol. in-12, une fig. 9 fr.

175. Bathilde, reine des Francs; roman historique, par mad. Simons Candeille (1814). 2 vol. in-12, 2 fig. 6 fr.

176. Battuécas (les). *C'est une peuplade qui vivait dans un vallon mystérieux de l'Espagne.* Par madame de Genlis (1817). 2 vol. in-12. 4 fr.

177. Bayard. *Voyez* Histoire de

178. Beauté et laideur ; traduit de l'anglais de mistriss Elisa-
.beth Bennett (1820). vol. in-12. 5 fr.

179. Bélisaire, par madame la comtesse de Genlis (1808).
2 volumes in-12. 4 fr.

180. Bélisaire, par Marmontel. Un vol. in-12, fig. 2 fr. 50 c.

181. Belle (la) Abelina, ou les meurtriers du vieil André
(1803). 3 vol. in-12. 6 fr.

182. Belle (la) Indienne, ou la petite-fille du Grand Mogol ;
trad de l'angl. (1798). 3 vol. in-18, 3 fig. 2 fr. 25 c.

183. Belle (la) sorcière de Clas-Llyn ; conte de mon hôte,
attribué à sir Walter Scott ; traduit de l'anglais, par
mad. Collet, auteur des Trois Nouvelles d'Israëli, etc.
(1821). 4 vol. in-12. 10 fr.

184. Benno d'Elzembourg, on la succession de Toscane ; trad.
de l'allemand du baron de Book, par M. Duperche
(1805). 4 volumes in-12, une fig. 8 fr.

185. Berceau (le) de roses sauvages, ou l'héritière méconnue,
par mademoiselle Castellerat. 4 vol. in-12. 8 fr.

186. Berger (le) d'Arverne; nouvelle historique, par F. Demurat
(1804). Un volume in-12, fig. 1 fr. 50 c.

187. Bibliothèque pastorale, contenant les chefs-d'œuvre des
meilleurs poëtes pastoraux, anciens et modernes ;
recueil essentiellement utile aux personnes qui veulent
jouir de la campagne (1803). 4 gros volumes in-12
ornés de figures, par Chaussard. 12 fr.

188. Biévriana, ou jeux de mots de M. De Bièvre (1814). Un
volume in-18, portrait. 1 fr.

189. Bijoux (les) indiscrets, par Diderot. 2 v. in-12, fig. 5 fr.

190. Blanche et Minna, ou les mœurs bourgeoises ; traduit de
l'allemand d'Aug. Lafontaine, par M. Breton (1813).
4 volumes in-12. 10 fr.

191. Bobonne de Kerkerakou, ou les malheurs de Cléophile de Saint-Solange, par Ducray jeune (1817). 2 vol. in-12, 2 fig.   4 fr.

192. Bocace. *Voyez* Contes de.

193. Bohémienne (la) de la forêt noire, ou les mystères du château d'Artfeld ; tiré d'une ancienne chronique allemande (1820). 4 gros vol. in-12, une fig. 10 fr. 50 c.

194. Bonhomme (le) Blondel, ou les trois sœurs et les deux victimes, par J. R. Ronden (1816). 2 vol. in-12. 4 fr.

195. Boris, nouvelle, par A. Saint-Hippolyte (1819). Un vol. in-12, orné d'une jolie figure.   2 fr.

196. Brassmann, ou le père inexorable, par Dampmartin (1801). 4 volumes in-12.   9 fr.

197. Bridgetina, ou les philosophes modernes; traduit de l'anglais de madame Hamilton, par M. B*** (1802). 4 volumes in-12, 4 fig.   9 fr.

198. Brigand (le) des Apennins, ou les aventures mémorables du fameux Diavolo Sacripanti ; traduit de l'italien (1819). Un vol. in-18, titre gravé.   1 fr.

199. Brigand (le) de Venise ; traduit de l'anglais de Lewis (1806). Un vol. in-12.   2 fr. 50 c.

200. Brigands (les) des Pyramides, ou le mystérieux don Ténébros, par madame la comtesse du Nardouet (1819). 2 volumes in-12, une fig.   5 fr.

201. Bruce, ou le Don Quichotte de l'amitié; trad. de l'angl. (1801). 3 volumes in-12, fig.   5 fr.

202. Busiris, ou le nouveau Télémaque, par J. S. Quesné (1801). 2 volumes in-12, fig.   3 fr.

C.

203. Caleb Williams. *Voyez* Choses (les) comme elles sont.

204. Caloandre (le) fidèle, et les désespérés. *Voyez* Romans héroïques.

205. Camilla, ou la peinture de la jeunesse; traduit de l'angl. de miss Burney (1798). 5 volumes in-12.   15 fr.

206. Camille, ou lettres de deux filles de ce siècle (1785). 4 volumes in-12.   9 fr.

207. Campagnes (les) de l'abbé Poulet en Espagne, pendant les années 1809, 1810 et 1812, publiées par J. B. Picquenard (1815), 5 vol. in 12.   10 fr.

208. Capitaine (le) Subtle, ou l'intrigue dévoilée; traduit de l'anglais, par madame la baronne de Duplessy (1811). 4 volumes in-12.   10 fr.

209. Campo (le) santo, ou les effets de la calomnie; nouvelle historique, par M. L'Homme Saint-Alphonse (1819). 4 volumes in-12.   9 fr.

210. Captif (le) de Valence, ou les derniers momens de Pie VI, par madame Guénard (1802). 2 vol. in-12.   5 fr.

211. Capucins (les), ou le secret du cabinet noir, par M. de Faverolle (1819). 2 vol. in-12, 2 fig.   3 fr.

212. Carbonari (les), ou le livre de sang, par J. B. Regnault-Warin (1820). 2 volumes in-12.   5 fr.

213. Carite et Polydore, par l'abbé Barthelemy (1798). Un volume in-12.   1 fr. 50 c.

214. Caroline, ou le danger des fausses interprétations; trad. de l'anglais, par le traducteur de Strathallan (1819). 3 volumes in-12, 2 gravures.   7 fr. 50 c.

215. Caroline de Lichtfield, par madame de Montolieu (1821).
2 volumes in-12, fig. et musique.   6 fr.

216. Catherine Iʳᵉ, impératrice de toutes les Russies, seconde
femme de Pierre-le-Grand; roman historique, par
mad. A. Gottis (1819). 5 volumes in-12 ornés des portraits du czar Pierre-le-Grand et de Catherine. 12 fr.

217. Catherine Shirley, ou la Veille de Saint-Valentin; trad.
de l'anglais, de miss Opie, par l'auteur de Quinze
jours à Londres (1816). 4 volumes in-12.   10 fr

218. Caverne (la) de la mort; traduit de l'anglais (1813). Un
volume in-18, une figure.   1 fr.

219. Caverne (la) de Sainte-Marguerite; traduit de l'anglais
de mistriss Helm (1820). Nouvelle édition. 4 volumes
in-12, 4 figures.   10 fr.

220. Cavernes (les) des brigands, ou recueil des assassinats
et brigandages des scélérats qui ont expié leurs
crimes, ou dans leurs entreprises, ou sur l'échafaud.
Un volume in-18, figure et titre gravé.   75 c.

221. Cavernes (les) des Montagnes bleues, ou orgueil et
haine; imité de l'anglais de mistriss Charlotte Smith,
par M. Marchais de Migneaux. (1820). 5 vol. in-12,
avec une gravure à cinq sujets.   12 fr.

222. Cécile de Chatenai, ou le pouvoir et les charmes de
l'harmonie, par madame Guénard (1814). 2 volumes
in-12.   4 fr.

223. Cécile, ou l'élève de la pitié, par madame de Choiseuil
(1806). 2 volumes in-12.   5 fr.

224. Cécilia, ou mémoires d'une héritière; traduit de l'angl.
de miss Burney (1814). 5 vol. in-12.   12 fr.

225. Célestine, ou les époux sans l'être, par Bellin de la Liborlière (1800). 4 volumes in-18, 4 fig.   5 fr.

226. Cent (les) vingt jours, ou les quatre nouvelles, contenant Adèle et Dabligny ; M. de Kinglin, ou la prescience ; Métusko, ou les Polonais ; Théodore, ou les Péruviens ; par Pigault-Lebrun (1816). 4 vol. in-12, 4 fig. 10 fr.

227. Chalet (le) des Hautes-Alpes, suivi de deux feuillets du Journal de mon ami Gustave, etc. ; par madame de Montolieu (1813). 3 volumes in-12. 6 fr.

228. Champion (le) de la vertu, ou le vieux baron anglais ; par M. De Laplace. Un volume in-18. 75 c.

229. Chapelle (la) d'Ayton, ou Emma Courtenay ; nouvelle édition. 4 volumes in-douze (1810). 9 fr.

230. Charles Bontems et Lise le riche, ou les suites de la prévention paternelle ; par M. Lebel (1819). 3 volumes in-12. 7 fr. 50 c.

231. Charles D'Elival et Alphonsine de Florentino, suite D'Elival et Caroline ; par M. le comte de Lacépède (1817). 3 volumes in-12. 7 fr. 50 c.

232. Charles de Fléval, ou les aventures d'un jeune homme du siècle de Louis XIV, par E. B. (1808). 2 volumes in-12. 4 fr.

233. Charles de Montfort ; par madame de Marèse (1817). 2 volumes in-12. 5 fr.

234. Charles de Valence, par madame Louise Dauriat (1820). 2 volumes in-12. 5 fr.

235. Charles et Angélina. Voyez Ile (l') de Wigth.

236. Charles et Emma, ou les amis d'enfance ; trad. de l'allemand d'Auguste Lafontaine, par M. de Chazet (1810). 2 volumes in-12. 5 fr.

237. Charles et Hélène de Moldorf, ou huit ans de trop ; traduit de l'allemand de Mesner, par madame de Montolieu (1814). Un volume in-12. 2 fr. 50 c.

238. Charles et Marie, par madame de Flahaut (1819). Un volume in-12. 2 fr.

239. Charles-le-Mauvais, ou la Cour de Navarre; roman historique, par madame Guénard (1817). 4 volumes in-12. 9 fr.

240. Charles, ou les inconvéniens du célibat, par madame Maurer (1818). 4 volumes in-12. 10 fr.

241. Charles, ou Mémoires historiques de M. de Labussière, ex-employé au comité de salut public; servant de suite à l'Histoire de la révolution française; avec des notes sur les événemens extraordinaires arrivés sous le règne des décemvirs; rédigé par le jurisconsulte Liénard (1804). 4 vol. in-12, 4 gravures. 10 fr.

242. Charmansage, ou mémoires d'un jeune citoyen faisant l'éducation d'un ci-devant noble, par Le Suire (1792). 4 volumes in-12. 8 fr.

243. Charpentier (le) de Saardam; anecdote du règne de Pierre-le-Grand, par madame Guénard (1817). 3 volumes in-12, portrait. 6 fr.

244. Château (le) d'Albert, ou le squelette ambulant; traduit de l'anglais (1799). 2 vol. in-18, 2 fig. 2 fr.

245. Château (le) de Bothwel, ou l'héritier; par l'auteur du Manoir de Warwick, des Orphelines de Flower-Garden, des Lettres de Clémence et Hippolyte (1819). 3 volumes in-12. 6 fr.

246. Château (le) de Cliffort, ou le souterrain de la forêt (1819). 2 vol. in-12, fig. et musique. 5 fr.

247. Château (le) de Juvisy, par madame de Flamanville (1818). 3 volumes in-12. 6 fr.

248. Château (le) de Marozzi, ou l'orpheline persécutée, par madame la comtesse Amélie de C*** (1819). 4 volumes in-12, une fig. 10 fr.

249. Château (le) de Néville; traduit de l'anglais, par M. Lebrun-des-Charmettes (1803). 2 vol. in-12.   4 fr.

250. Château (le) de Pontéfract; traduit de l'anglais, de sir Walter Scott, par madame Collet (1821). 4 volumes in-12.   10 fr.

251. Château (le) de Saint-Alpin, ou la forêt (1802). 2 vol. in-12, deux fig.   5 fr.

252. Château (le) de Saint-Hilaire, ou le frère et la sœur devenus époux; traduit de l'anglais de Henriette Lée. 2 volumes in-12.   4 fr.

253. Château (le) de Sindal, par M. A. D*** (1816). 2 vol. in-12.   5 fr.

254. Château (le) de Sombremar, ou les deux fantômes, par madame la comtesse du Nardouet (1821). 2 volumes in-12.   5 fr.

255. Château (le) de Surville. *Voyez* Acquéreur (l').

256. Château (le) de Valmire, ou Pauline et Théodore, par mademoiselle Vanhove (1821). 2 vol. in-12.   5 fr.

257. Château (le) de Vauvert, ou le charriot de feu de la rue d'Enfer; manuscrit trouvé dans les décombres de l'ancien couvent des Chartreux, par B*** (1812). 4 vol. in-12, figures. -   -   9 fr.

258. Château (le) du Lac, ou le génie réparateur, par Paccard (1819). 5 vol. in-12.   10 fr.

259. Château (le) du mystère, ou Adolphe et Eugénie, par Brissot de Warville (1817). 4 vol. in-12, fig.   10 fr.

260. Château (le) du Tyrol, ou la famille Renneville, par M. de la R. Hubert, auteur de Clara, du Faux Martinguère, de Sigismonde (1821). 2 volumes in-12.   5 fr.

261. Châteaux (les) de Dumbaine et d'Athlin; trad. de l'angl. d'Anne Radcliffe (1819). 2 volumes in-12.   5 fr.

262. Châteaux (les) et les Chaumières, ou le bienfait et la re-connaissance; par l'auteur de Deux années de souf-frances (1820). 3 volumes in-12. 7 fr. 50 c.

263. Châteaux (les) suisses; anciennes anecdotes et chro-niques, par madame de Montolieu; deuxième édit. (1817). 4 vol. in-12. 9 fr.

264. Chefs (les) écossais, roman historique; traduit de l'angl. de miss Jane Porter, par le traducteur d'Ida, des Missionnaires, etc. (1820). 5 vol. in-12. 12 fr.

265. Chevalier (le) aux armes noires, ou le château des pré-cipices, par madame la comtesse du Nardouet (1820). 2 volumes in-12, une fig. 5 fr.

266. Chevalier (le) de Blamont, ou quelques folies de ma jeunesse, par M. de Faverolle (1802). 3 vol. in-12 ornés d'un portrait et de frontispices gravés. 6 fr.

267. Chevalier (le) de la Vérité; traduit de l'allemand, par Lamarre (1814). 3 volumes in-12. 6 fr.

268. Chevalier (le) de Saint-Jean; traduit de l'anglais, de miss Maria Porter, par Jean Cohen (1818). 4 vol. in-12. 10 fr.

269. Chevalier (le) des sept montagnes, ou aventures arri-vées dans le XIIIᵉ siècle, au temps du tribunal secret; par le baron de Bock (1800). 3 volumes in-12, trois figures. 6 fr.

270. Chevalier (le) Huldmann de Berhinger, ou la caverne de la montagne des revenans; par madame la comtesse de Montholon (1820). 3 vol. in-12, une fig. 7 fr. 50 c.

271. Chevalier (le) Robert, surnommé le brave, ouvrage posthume du comte de Tressan (1800). Un volume in-8, fig. 4 fr.

272. Chevaliers (les) du Cygne, ou la cour de Charlemagne, par mad. de Genlis (1818). 3 vol. in-12. 7 fr. 50 c.

273. Chevalier (le) Tardif de Courtac; par M. Bellemare. Nouvelle édit. (1820). 5 gros vol. in-12, 5 fig. 12 fr.

274. Choix d'anecdotes anciennes et modernes, ou recueil de traits d'histoire, particulièrement relatifs à Louis XVI et à sa famille, par Poncelin. 5 v. in-18. 7 fr. 50 c.

275. Choix de Contes et de Nouvelles dédiés aux femmes, par Auguste Lafontaine, et traduit de l'allemand, par madame Elise Voïard; contenant les Dons du destin, Erreur et vérité, Bienfaisance et ostentation, l'Ange gardien, l'Amour filial, etc. (1820). 2 volumes in-12, une figure. 5 fr.

276. Choix de nouveaux Contes moraux, offerts à la jeunesse, par Marie Edgeworth; traduit de l'angl., par V.-B. (1804). 3 vol. in-12, deux fig. 6 fr.

277. Choses (les) comme elles sont, ou aventures de Caleb Williams, par William Godwin; traduit de l'anglais, par des gens de la campagne (1797). 4 vol. in-18. 3 fr.

278. Christine, reine de Suède, ou la fille du grand Gustave; nouvelle historique du XVIIe siècle, publiée par M. Paccard, auteur de Dieu, l'Honneur et les Dames (1816). 2 volumes in-12. 4 fr.

279. Chroniques allemandes (1818). 6 vol in-12, fig. 15 fr.

> Cet Ouvrage s'est donné en deux livraisons différentes, de trois volumes chacune, et qui se vendent séparément, à raison de 7 fr. 50 c.; la première contient le Templier, le Juif et l'Arabe; la Fille du baigneur d'Ausbourg, ou la fatalité; Amour et honneur; la seconde renferme Oppression et Révolte, ou la guerre des nobles et des paysans.

280. Cimetière (le) de la Madeleine, par Regnault-Warin (1800). 4 volumes in-12, 4 fig. 10 fr.

281. Cinq Nouvelles, par R. Durdent. Elles contiennent: Aldenor le troubadour; Eléonore de Castille; Ismène; Prescille, ou la grotte des Euménides; Barton et Lindsey, ou les deux routes de la vie (1807). 2 vol. in-12. 6 fr.

282. Cinquante (les) francs de Jeannette, par Ducray Duminil (1813). 2 vol. in-18, 2 fig.   2 fr.

283. Cinthelia, ou une sur dix mille; traduit de l'anglais
(1800). 6 volumes in-18, fig.   6 fr.

284. Citateur (le), par Pigault-Lebrun (1811). 2 volumes
in-12.   5 fr.

285. Claire d'Albe, par madame Cottin; précédé d'une notice
historique sur l'auteur (1817). Un v. in-12. 1 fr. 50 c.

286. Clara Lennox, ou la veuve infortunée; traduit de l'angl.
par le général Lasalle (1798). 2 vol. in-12, fig. 4 fr.

287. Clara, ou les femmes seules savent aimer; traduit de
l'allemand, de madame la baronne Lamotte-Fouqué,
par F. J*** (1821). 3 vol. in-12.   7 fr. 50 c.

288. Clarentine; traduit de l'anglais de miss Burney, par
mad. Elisabeth de Bon (1819). 4 vol. in-12.   10 fr.

289. Clarisse Harlowe; traduit de l'anglais, de Richardson,
par Letourneur (1802). 14 gros vol. in-18, fig. 24 fr.

290. Clémence de Lautrec, par M. Morel de Vindé (1807).
2 vol. in-12.   4 fr.

291. Clémence de Sorlieu, ou l'homme sans caractère, avec
des notes sur le peuple Basque, par mad. de Chemin.
(1809). 3 vol. in-12.   6 fr.

292. Clémence, roman moral, dans lequel les jeunes personnes dont le cœur serait engagé, trouveront des
principes et des exemples utiles; par madame Antoinette Legroin la Maison-Neuve (1802). 3 vol. in-12,
une fig.   6 fr.

293. Clémentina, ou le sigisbéisme, par R. Durdent (1818).
2 vol. in-12.   5 fr.

294. Clémentine orpheline, et Androgyne, par Cuisin (1820).
2 vol. in-12.   5 fr.

295. Clémentine, ou l'Evélina française, par mad. Beaufort d'Hautpoul (1809). 4 vol. in-12. 8 fr.

296. Cléopâtre, roman historique (1789). 3 volumes in-12, 3 gravures. 6 fr.

297. Cléveland. *Voyez* Philosophe (le) anglais.

298. Clotilde de Hapsbourg, ou le tribunal de Newstadt, par madame Barthelemy Hadot; deuxième édition (1817). 4 vol. in-12. 8 fr.

299. Clotilde, reine de France, par mad. V. M. (1810). 2 vol. in-12. 4 fr.

300. Cœlina, ou l'enfant du mystère; par Ducray Duminil (1818). 6 vol. in-18, fig. 6 fr.

301. Coin (le) du feu du pasteur; traduit de l'anglais de miss Jane Porter, par mad. Elisabeth de Bon (1817). 4 vol. in-12. 10 fr.

302. Colin Maillard (le), ou mes Caravanes; mémoires historiques de la fin du xviii⁰ siècle, par Plancher-de-Valcourt (1816). 4 vol. in-12. 10 fr.

303. Collection des Romans, et Contes imités de l'anglais, par M. Delaplace, contenant : Oronoko, ou le prince négre, les Mémoires de Cécile, l'Orpheline anglaise, les Deux Mentor, Lydia, Tom Jones, le Vieux Baron anglais, les Mémoires de mademoiselle de Gondreville, etc. (1788). 8 vol. in-8, fig. 20 fr.

304. Colons (les) de toutes les couleurs; histoire d'un établissement nouveau à la côte de Guinée, par M. de Texier (1798). 3 vol. in-12, ornés de 6 grav. 6 fr.

305. Comiphonie (la), ou les femmes dans le délire; traduit de l'anglais, par T. P. Bertin (1803). Un vol. in-12, figure. 1 fr. 50 c.

306. Compère (le) Mathieu, ou les bigarrures de l'esprit humain. 4 vol. in-18, fig. 4 fr.

307. Comte (le) Arthur de Standfort, roman de chevalerie; tiré de l'histoire des croisades; traduit de l'anglais (1820). 2 volumes in-12. 4 fr. 50 c.

308. Comte (le) de Comminge. *Voy.* Amans (les) malheureux.

309. Comte (le) de Corke, surnommé le Grand, ou la séduction sans artifice; suivi d'un trait de la vie de Henri-le-Grand; de la Jeune Pénitente; des amans sans amour; de Saint-Clair, ou la victime des sciences, etc. (1819). 2 vol. in-12. 5 fr.

310. Comte (le) de Saint-Hérem, ou ma cinquantième année; suivi des Mémoires de la comtesse d'Albestrophe, mère de la duchesse d'Albany; par mad. la comtesse A. de Macheco (1820). 2 vol. in-12, une fig. 5 fr.

311. Comte (le) de Soissons, et la duchesse d'Elbeuf, roman historique du siècle de Louis XIII; par mad. de *** (1805). Un vol. in-12. 2 fr.

312. Comte (le) d'Onamar, ou les fantômes de l'imagination; traduit de l'allemand. 4 vol. in-18, figures et titres gravés. 5 fr.

313. Comte (le) de Valmont, ou les égaremens de la raison; par M. l'abbé Gérard (1820). 6 vol. in-12, fig. 20 fr.

314. Comte (le) Vappa, ou le crime et le fatalisme; manuscrit trouvé dans le portefeuille d'Anne Radcliffe, par le chevalier de*** (1820). 3 volumes in-12. 6 fr.

315. Comte (le) de Waldheim et son intendant Wildman, frère d'Emmerich; traduit de l'allemand de l'auteur d'Emmerich, par mad. Isabelle de Montolieu (1812). 4 volumes in-12. 10 fr.

316. Comtesse (la) de Kiburg, ou les liaisons politiques; traduit de l'allemand d'Aug. Lafontaine, par madame Elise Voïard (1818). 3 vol. in-12, une fig. 7 fr. 50 c.

317. Conrard, ou le croisé; anecdote du XII° siècle; traduit de l'allemand (1799). Un vol. in-12, fig.   1 fr. 50 c.

318. Constance d'Auvalière, et Jules d'Espernon; par mad. Bournon Malarme (1813). 3 vol. in-12.   7 fr. 50 c.

319. Constance de Lindensdorff, ou la tour de Wolfenstad; traduit de l'anglais de Sophie Francès, par madame P***, auteur de Henry Saint-Léger (1808). 4 volumes in-12.   10 fr.

320. Constantia Neville, ou la Jeune Américaine, par Héléna Wells; traduit de l'anglais, par M. B. (1801). 5 vol. in-12, fig.   10.

321. Constantine, ou le danger des préventions maternelles, par mad. L. J. (1802). 3 volumes in-12.   6 fr.

322. Confessions (les) de J.-J. Rousseau; suivies des Rêveries du Promeneur solitaire (1782). 5 vol. in-8.   12 fr.

323. Contes de Bocace, traduction nouvelle, augmentée de divers Contes et Nouvelles en vers, imités de ce poëte célèbre, par La Fontaine, Passerat, Vergier, Pérault, Dorat et autres', et enrichis de notes historiques sur les principaux personnages que Bocace a mis en scène, et sur les usages observés dans le siècle où il vivait; par Sabatier de Castres, auteur des Trois siècles de la littérature. 11 vol. in-18, fig.   15 fr.

324. Contes des fées, par Pérault, contenant : la Barbe bleue, le Petit Chaperon rouge, les Fées, la Belle au Bois dormant, le Chat botté, Cendrillon, Riquet à la Houppe, le Petit Poucet, l'Adroite Princesse, Peau d'Ane, les Souhaits (1820). Un volume in-18, orné de 15 gravures.   1 fr. 25 c.

325. Contes (les) des Génies, ou les charmantes leçons d'Horam; traduit du persan (1782). 3 volumes in-12, 13 figures.   7 fr. 50 c.

326. Contes et Chansons champêtres ; traduit de l'anglais, de Robert Bloomfield, par E. L. de Vaisse, contenant : Richard et Kats, Annette et Walter, la Servante du meunier, le Montagnard, etc. (1802). Un volume in-12, portrait.   1 fr. 50 c.

327. Contes et Romans de Voisenon (1775). 2 volumes in-18, figures.   1 fr. 50 c.

328. Contes gothiques, par l'auteur de la Dame grise (1818). 2 volumes in-12.   5 fr.

329. Contes (les) merveilleux, dédiés aux mères et aux filles, par mesdames d'Aulnoy, Villeneuve, Héritier ; mesdemoiselles Delaforce, de Lubert, etc. (1814). 4 vol. in-12, 4 gravures.   10 fr.

330. Contes moraux de ma grand'tante, par Ducray Duminil. 2 volumes in-18, fig.   2 fr.

331. Contes (les) moraux de Marmontel, anciens et nouveaux. 7 volumes in-12.   15 fr.

332. Contes moraux, et Nouveaux Contes moraux, par madame de Genlis (1819). 6 gros volumes in-12.   15 fr.

333. Contes nouveaux, et Nouvelles nouvelles, par Adrien de Sarrazin (1813). 4 volumes in-18.   5 fr.

334. Contes (les) moraux ; traduits de l'allemand de Mesner (1802). 2 volumes in-12.   3 fr.

335. Contes noirs et blancs, ou marqueterie littéraire ; formant un recueil choisi d'historiettes et anecdotes gaies, tristes, joviales, etc. ; trad. de l'angl., par T. P. Bertin (1803). 2 volumes in-12, quatre gravures.   5 fr.

336. Contes (les) noirs, ou les frayeurs populaires ; aventures merveilleuses, bizarres et singulières ; anecdotes inédites, etc., sur les apparitions, les diables, les spectres, les revenans, les fantômes, les brigands, etc. ; par Jacques Saint-Alpin (1818). 2 vol. in-12, fig.   5 fr.

337. Contrastes (les), ou le modèle des femmes; voyages et aventures de divers personnages; traduit du polonais, par M. D. (1819). 3 volumes in-12. 7 fr. 50 c.

338. Coralie de Beaumont, ou la piété filiale; histoire véritable, recueillie par madame L. F. (1801). Un volume in-12, une fig. 2 fr.

339. Coralie, ou le danger de l'exaltation chez les femmes; trad. de l'angl., de mad. Caroline Pichler, par mad. Elise Voïard (1820). 4 vol. in-12, 3 grav. 10 fr.

340. Corinne, ou l'Italie, par madame la baronne de Staël Holstein (1818). 3 volumes in-12. 9 fr.

341. Corisandre de Beauvilliers, anecdote française du XVIᵉ siècle; traduit de l'anglais de Charlotte Smith, par madame de Montolieu (1806). 2 vol. in-12. 4 fr.

342. Correspondance de deux amies, ou lettres écrites d'Evian en Chablais, à Baden en Autriche, par madame de P. W., auteur de Léonore de Grailly (1806). 4 vol. in-12. 8 fr.

343. Correspondance de Suzette Césarine d'Arly, par Lantier (1814). 3 volumes in-12. 7 fr. 50 c.

344. Coupable (le), ou les vengeances de miss Scharp; trad. de l'anglais, par J. F. André (1799). 2 vol. in-12, une figure. 3 fr.

> Ce roman a paru d'abord sous le titre de la Méchante femme et le Bon jeune homme.

345. Courrier (le) russe, ou Cornélie de Justal; par madame de Chemin (1813). 2 volumes in-12. 5 fr.

346. Cousin (le) de Mahomet, par Fromaget. Deux volumes in-12. 4 fr.

347. Couvent (le) de Saint-Dominique; traduit de l'anglais, par madame de Rivarol (1801). 3 volums in-18, figures. 3 fr.

348. Couvent (le) de Sainte-Catherine, ou les mœurs du XIIIe siècle ; roman historique, trad. de l'anglais de mistriss Anne Radcliffe par mad. la baronne Caroline A., auteur du Phénix, d'Esope au bal de l'Opéra, des Mémoires de Babiole, etc. (1810). 2 vol. in-12, 2 fig.   5 fr.

349. Crimes (les) de Robespierre, contenant des détails sur la vie, le procès et le supplice de ce tyran, et sur la condamnation de quelques-uns de ses complices, par Desessarts (1818). Un vol. in-12, portr.   1 fr. 50 c.

350. Crimes et mystère, ou les grands coupables, roman historique; par madame M*** (1819). 2 vol. in-12. 5 fr.

351. Cultivateur (le) de la Louisiane; roman historique, par Lamartellière (1804). 4 volumes in-12.   8 fr.

352. Curé (le) capitaine, ou les folies françaises, par Raban (1819). 2 volumes iu-12, 2 fig.   5 fr.

D.

353. Damarisse, ou le bienfaiteur inconnu; par madame la baronne de Cuzey (1819). 4 vol. in-12, une fig.   9 fr.

354. Dame (la) du lac; traduit de l'anglais de Walter Scott, par mad. de Bon (1813). 2 volumes in-12.   5 fr.

355. Dame (la) grise, ou histoire de la maison de Beauchamp, par madame P*** (1816). Un volume in-12.   2 fr.

356. Dame (la) masquée, ou malheur et prospérité, par M. de Boissy, auteur d'Agnès Sorel, des Amours de Louis XIV, etc. (1820). 4 vol. in-12, une grav. 10 fr.

357. Damis, ou l'éducation du cœur, par Hugues Millot (1820). Un volume in-12, fig.   5 fr.

358. Danger (le) d'aimer un étranger, ou histoire de milady Chester et d'un duc français (1783). 4 vol. in-12. 9 fr.

359. Dangers (les) de la frivolité (1810). 2 vol. in-12.   4 fr.

360. Dangers (les) de la galanterie. *Voyez* Torrent (le) des passions.

361. Dangers (les) de la prévention, roman anecdotique, par madame Gacon Dufour (1816). 2 volumes in-12. 4 fr.

362. Danger (le) de l'enthousiasme, ou les illusions de la vie (1802). 2 volumes in-12. 3 fr.

363. Dangers (les) de l'intrigue, par J. de La Vallée, auteur du Nègre comme il y a peu de blancs ; de Cécile, fille d'Achmet, etc. (1798). 4 vol. in-12, fig. 12 fr.

364. Danger (le) des liaisons, ou mémoires de la baronne de Blamont, par madame de S...A (1808). 3 volumes in-12. 6 fr.

365. Danger (le) d'un premier amour; suivi de Thélaïre de Vernillo et de l'inconduite ; contes moraux, par M. de P..Y (1813). 2 vol. in-12. 5 fr.

366. Daphnis et Chloé ; roman traduit du grec, par Amiot. Un volume in-18, fig. 1 fr. 50 c.

367. Décaméron (le) de Bocace. *Voyez* Contes de

368. De l'Allemagne, par madame de Staël Holstein, 5ᵉ édit., ornée du portrait de l'auteur (1819). 4 v. in-12. 12 fr.

369. Delia, ou les deux cousines; traduit de l'anglais, de Brinsley Scheridan, par T. P. Bertin (1817). 2 volumes in-12. 4 fr.

370. Délices (les) de la solitude, puisés dans l'étude et dans la contemplation de la nature, par Canole (1799). 2 vol. in-12, 2 fig. 3 fr.

371. De l'Influence des femmes sur la littérature, comme protectrices des Lettres et comme auteurs, ou précis de l'histoire des femmes françaises les plus célèbres ; par madame la comtesse de Genlis (1811). 2 volumes in-12. 4 fr.

372. Delphine; par madame de Staël-Holstein (1818). 6 vol. in-12.   12 fr.

373. De l'usage des Romans, où l'on fait voir leur utilité et leurs différens caractères, avec une bibliothèque des Romans, accompagnée de remarques critiques sur leur choix et leurs éditions; par M. le C. Gordon de Percel (Lenglet Dufrenoy) (1734). 2 vol. in-12. 6 fr.

374. Denneville, ou l'homme tel qu'il devrait être, par Darnaud; précédé d'une notice sur la vie et les ouvrages de l'auteur (1802). 3 vol. in-12, figures.   6 fr.

375. Député (le); aventure récente, ou tableau historique, dans lequel plus d'une personne se reconnaîtra ; par Scipion M*** (1821). 2 volumes in-12.   4 fr.

376. Dernière (la) Héloïse, ou Lettres de Junie Salisbury, par Dauphin (1790). Un volume in-18, une fig. 1 fr.

377. Dernier (le) Tableau de famille, ou Henriette Belmann, traduit de l'allemand, d'Auguste Lafontaine (1821). 2 vol. in-12, fig.   5 fr.

378. Dertebeau, ou l'avocat des femmes, aventures galantes et véritables; par Rouergue, auteur de l'Héritière de Montalde (1808). 5 volumes in-12.   12 fr.

379. Derviche (le), conte oriental, par M. de Boufflers. 2 vol. in-12.   4 fr.

380. Désespérés (les). *Voyez* Romans héroïques.

381. Désobéissance (la); traduit de l'anglais (1813). 3 vol. in-12.   7 fr. 50 c.

382. Des Romans; suivi de Gustave, et autres nouvelles, par A. H. Dampmartin (1803). Un vol. in-12.   2 fr.

383. Deux (les) amis, ou la maison mystérieuse; traduit de l'allemand d'Aug. Lafontaine, par madame de Montholon (1819). 3 vol. in-12, une grav. 7 fr. 50 c.

384. Deux (les) amis, par madame la duchesse de Pienne (1804). 3 vol. in-12. 6 fr.

385. Deux années de souffrance, ou histoire de la famille de Blancoff ; imité de l'allemand d'Aug. Lafontaine, par J. B. Cangrose de Plantale (1817). 4 vol. in-12. 9 fr.

386. Deux (les) Borgnes, ou lady Justina Dunbar; par mad. Bournon Malarme (1809). 3 vol. in-12. 7 fr. 50 c.

387. Deux (les) Casimir, ou vingt ans de captivité; par mad. Barthelemy Hadot (1814). 4 vol. in-12. 9 fr.

388. Deux (les) Edouard, ou la ressemblance; suite de Laure et Rose, ou la destinée (1820). 3 volumes in-12. 8 fr.

389. Deux (les) Emilie, ou les aventures du duc et de la duchesse d'Aberden; traduit de l'anglais par Christophe (1800). 2 vol. in-12. 4 fr.

390. Deux (les) Eugène, ou dix-sept pères pour un enfant; roman critique et moral (1819). 3 v. in-12. 7 fr. 50 c.

391. Deux (les) Fiancées; traduit de l'allemand d'Auguste Lafontaine, par M. de Propiac (1810). 5 v. in-12. 10 fr.

392. Deux (les) Griselidis; roman, traduit de l'anglais de miss Edgeworth (1814). 2 vol. in-12. 4 fr.

393. Deux (les) Hector, ou les deux familles bretonnes, par Auguste Viellerglé (1821). 2 vol. in-12. 5 fr.

394. Deux (les) insulaires, ou histoire de M. Fayel et de mad. de Forlis, par madame de Narp (1802). 2 volumes in-12, 2 fig. 3 fr.

395. Deux (les) Sœurs, ou mémoires de la marquise de Valcourt écrits par elle-même, et publiés par Brument, auteur d'Henriette de Wolmar (1803). 1 v. in-12, fig. 1 f. 50 c.

396. Deux (les) Sœurs rivales (1803). 3 v. in-12, fig. 6 fr.

397. Devoir (le), roman de mistriss Roberts, revu par miss Opie, et traduit de l'anglais, par madame Elisabeth de Bon (1817). 2 vol. in-12. 5 fr.

398. D'Harcourt, ou l'héritier supposé; traduit de l'anglais de Mary Robinson, auteur d'Hubert de Sevrac (1798). 4 vol. in-12, fig.   4 fr.

399. Diable (le) boiteux ; augmenté des Entretiens sérieux et comiques des Cheminées de Madrid, et suivi des Béquilles du Diable boiteux ; par Lesage (1820). 2 vol. in-12.   4 fr.

400. Diable (le) ; histoire satyrique, traduit de l'angl. (1802). 3 vol. in-12.   7 fr. 50 c.

401. Dictionnaire (le) abrégé de la Fable, pour l'intelligence des poëtes, des tableaux et des statues, dont les sujets sont tirés de l'Histoire poétique ; par Chompré (1809). 2 vol. in-18, fig.   1 fr. 50 c.

402. Dictionnaire contenant les anecdotes historiques d'amour, depuis le commencement du monde jusqu'à ce jour (1814). 5 vol. in-8.   20 fr.

403. Dictionnaire d'amour, orné d'une jolie gravure et d'un frontispice gravé (1820). Un vol. in-12.   3 fr.

404. Dictionnaire d'anecdotes, de traits singuliers, caractéristiques et historiques ; bons mots, naïvetés, saillies, réparties ingénieuses, etc. (1808). 2 vol. in-8.   8 fr.

405. Dictionnaire (le) des romans anciens et modernes, par A. Marc (1819). Un vol. in-8.   3 fr. 60 c.

406. Dictionnaire universel de la France, contenant la description géographique et historique des provinces, villes, bourgs et lieux remarquables du royaume; des détails circonstanciés sur les productions du sol, l'industrie et le commerce des habitans, etc. ; par Robert de Hesseln (1771). 6 gros vol. in-8, petit pap. 18 fr.

Cet Ouvrage, qui date de 1771, nous représente la France, telle qu'elle était avant la révolution ; chacun y trouve, sur sa ville natale, des détails aussi vrais qu'intéressans ; il sert de guide au voyageur, qui, au milieu des ruines, reconnaît les châteaux, les monumens religieux qu'a renversés le vandalisme révolutionnaire.

407. Dieu, le Roi et la Patrie, ou l'Ermitage Saint-Jacques ; par Ducray Duminil (1815). 4 vol. in-12. 10 fr.

408. Dieu, l'Honneur et les Dames, par Paccard (1813). 6 volumes in-12, 3 fig. 12 fr.

409. Dissipatrice (la), ou lady Helenn et lady Anna ; traduit de l'anglais, de miss Opie, par T. P. Bertin (1815). 2 vol. in-12. 4 fr.

410. Dix-huit mois d'un siècle, par M. M***. 3 volumes in-12. 6 fr.

411. Dix journées de la vie d'Alphonse Wanworden ; manuscrit trouvé à Saragosse, par le comte J. Potocks (1814). 3 vol. in-12. 5 fr.

412. Dix-sept (les) mariages, ou la colonie du bonheur, par M. Labenette, auteur des Hommes démasqués aux femmes (1805). 2 vol. in-12. 4 fr.

413. Donald Campbell. *Voyez* Aventures de

414. Dolbreuse, ou l'homme du siècle, par Loaisel Treogate (1794). 2 volumes. in-18. 2 fr.

415. Donjon (le) de la forêt de Beauregard, ou les victimes de la perversité, par Paccard (1817). 2 vol. in-12, une fig. 5 fr.

416. Don Manuel ; anecdote espagnole, par M. de R.. ; auteur de l'Histoire des révolutions des sciences et des arts (1821). 2 vol. in-12. 5 fr.

417. Don Quichotte, par Cervantès ; traduction nouvelle, de Bouchon Dubournial (1807). 8 vol. in-12, ornés de figures. 15 fr.

418. Don Sébastien, roi de Portugal, roman historique, trad. de l'angl., de miss Anna Maria Porter, par le traducteur du Fils banni (1820). 3 vol. in-12. 7 fr. 50 c.

419. Dot (la) de Suzette, par Fiévée. Nouvelle édit. (1821). Un vol. in-12. 2 fr. 50 c.

420. Douze Nouvelles, par madame de Montolieu, pour servir
de suite à son Recueil de Contes, contenant : Eléonore,
ou les beaux yeux ; l'Aveugle à Paris ; l'Avalanche et
le Centenaire des Alpes, etc., etc. (1812). 4 volumes
in-12.   10 fr

421. Doyen (le) de Killerine ; histoire morale, composée sur
les Mémoires d'une illustre famille d'Irlande, et ornée
de tout ce qui peut rendre une lecture utile et agréable;
par l'abbé Prévost. Nouvelle édition (1821). 6 vol.
in-12.   12 fr.

422. Dubreuil et Mélanie, ou les revers de la fortune; par
Ducray jeune (1812). 2 vol. in-12.   5 fr.

423. Duc (le) de Guise ; roman historique (1814). Un vol.
in-12.   2 fr.

424. Duc (le) de Lauzun, par madame Sartory de Wimpffen
(1818). 2 vol. in-12.   4 fr.

425. Duchesse (la) Anne, ou les souterrains de Raoul II
(1821). 2 vol. in-12.   4 fr.

426. Duchesse (la) de Mazarin, ou mémoires écrits par elle-
même. 2 vol. in-12.   fr.

427. Duels, Suicides et Amours du bois de Boulogne; recueil
historique, contenant un grand nombre d'évènemens
tragiques, de rendez-vous galans, intrigues comiques,
piquantes et romanesques ; mystères et secrets éton-
nans, soit en fait de galanterie, soit en complots
criminels dont ce bois fameux n'est que trop souvent
le théâtre ; par un rôdeur caché dans un arbre creux
de ce bois, et mis au jour par Cuisin (1820). 2 vol.
in-12, ornés de jolies gravures.   5 fr.

E.

428. Echo (l') des salons de Paris, depuis la restauration, ou recueil d'anecdotes sur Bonaparte, sa cour et ses agens; de pièces officielles inédites et peu connues, relatives à plusieurs événemens de son règne; de faits particuliers, piquans, concernant d'autres personnages et d'autres époques de la révolution; de couplets, chansons, facéties, jeux de mots, morceaux satyriques, faits avant et après la chûte du gouvernement impérial; d'épigrammes littéraires et autres, composées dans le même temps, etc. (1815). 3 vol. in-12.　　7 fr. 50 c.

429. Ecole historique et morale du soldat et de l'officier, par Bérenger (1788). 3 vol. in-12.　　7 fr. 50 c.

　　C'est un recueil d'Anecdotes militaires.

430. Ecolier (l') de Brienne, ou le chambellan indiscret; Mémoires historiques et inédits, publiés par M. le baron de B***. (1817). 3 vol. in-12, ornés de plusieurs *fac simile*.　　9 fr.

431. Edelmone et Lorédan; ou l'orange de Malte; suivi des Tableaux de l'amour honnête et vertueux, par Paccard (1817). 2 vol. in-12.　　4 fr.

432. Edmond et Juliette, ou les amans somnambules, par madame Vanhove (1820). 2 vol. in-12, fig,　　5 fr.

433. Edouard de Berville, ou aventures d'un étourdi; contenant ses voyages, ses amours et ses campagnes en Allemagne, en Hollande, en Italie et en Egypte (1804). 5 vol. in-12.　　10 fr.

434. Edouard de Winter, ou miroir du cœur humain; traduit de l'allemand, d'Auguste Lafontaine, par Duperche (1818). 4 volumes in-12.　　10 fr.

435. Edouard et Arabelle, ou l'élève de l'infortune et de l'amour; ouvrage tiré des Mémoires secrets de deux familles anglaises, par Desforges (1799). 2 volumes in-12. 5 fr.

436. Edouard et Clémentine, ou les erreurs de la jeunesse, par madame de Narp (1802). 3 vol. in-12, fig. 5 fr.

437. Edouard et Elfride, ou la comtesse de Salisbury; roman historique du xive siècle, par M. Plancher de Valcourt (1816). 3 vol. in-12, une fig. 6 fr.

438. Edouard et Lydie, ou la grotte de Sanghwar; imité de l'anglais (1803). 2 vol. in-12. 4 fr.

439. Eglay, ou amour et plaisir; par M. Legay. Nouvelle édition (1821). 4 vol. in-12. 8 fr.

440. Eglise (l') de Saint-Siffride; traduit de l'anglais (1800). 5 vol. in-12, fig. 6 fr.

441. Egoïsme (l'), ou nous le sommes tous; par Pigault-Lebrun (1819). 2 vol. in-12. 5 fr.

442. Eléonore et Sophie, ou les leçons de l'amitié; ouvrage dédié à la jeunesse, par l'auteur d'Armand et Angela (1809). 3 vol. in-12. 7 fr 50 c.

443. Eléonore, ou la belle blanchisseuse; par mad. Guénard (1807). 2 vol. in-12. 4 fr.

444. Elève (l') de la nature; par Beaurieu (1796). 3 volumes in-18, fig. 2 fr. 25 c.

445. Elfrida, ou l'ambition paternelle; traduit de l'anglais (1798). 3 vol. in-12, fig. 5 fr.

446. Elfride, ou les suites d'un duel, par madame de*** (1821). 2 vol. in-12. 5 fr.

447. Eliza de Mérival, ou mémoires d'une jeune femme; par M. le comte César du Bouchet, auteur de John Moore (1821). 3 vol. in-12. 7 fr. 50 c.

448. Elival et Caroline, par M. le comte de Lacépède (1817). 2 vol. in-12. 5 fr.

449. Elisabeth, ou les exilés en Sibérie ; suivi de la Prise de Jéricho, par mad. Cottin (1817). 1 v. in-12. 1 fr. 50 c.

450. Elisa, ou mémoires de la famille Elderland ; traduit de l'angl. par M. J. F. Bertin (1799). 4 v. in-18, fig. 4 fr.

451. Elle et moi, ou folie et sagesse ; par A. A. de Beaufort (1800). 2 vol. in-12, fig. 4 fr.

452. Ellesmer, ou le danger de la légèreté ; traduit de l'angl. par mad. de St.-H., traducteur de Géraldina (1814). 4 vol. in-12. 9 fr.

453. Elmonde, ou la fille de l'hospice, par Ducray Duminil (1812). 5 vol. in-18, fig. 7 fr. 50 c.

454. Elvire, ou la femme innocente et perdue (1809). 2 vol. in-12. 4 fr

455. Elwina ; traduit de l'anglais, par M. M***, traducteur d'Elfrida, du Château de Saint-Donats, etc. (1815). 2 volumes in-12. 4 fr.

456. Emile et Rosalie, ou les époux amans ; par mad. Elisabeth C*** (1820). 3 vol. in-12. 7 fr. 50 c.

457. Emile, ou de l'éducation, par J.-J. Rousseau (1791). 4 vol. in-12. 8 fr.

458. Emilia, ou la ferme des Apennins ; par madame Armande Roland (1812). 3 vol. in-12. 7 fr. 50 c.

459. Emilia, ou le danger de l'exaltation (1817). 2 volumes in-12, fig. 4 fr.

460. Emilie de Coulanges ; trad. de l'angl. de miss Edgeworth, par le traducteur d'Ida (1817). 1 v. in-12. 2 fr. 50 c.

461. Emilie de Varmont, ou le divorce nécessaire, et les Amours du curé Sevin ; par Louvet-de-Couvray (1794). 3 vol. in-18. 3 fr.

462. Emilie et Alphonse; par madame de Flahaut (1803). 3 vol. in-12. 6 fr.

463. Emilie Fitz-Osborn; traduit de l'anglais, par mad. de L. (1805). 3 vol. in-12. 6 fr.

464. Emma et Saint-Aubin, ou caractères et scènes de la vie privée; traduit de l'anglais de mistriss Opie (1813). 3 vol. in-12. 7 fr. 50 c.

465. Emma, ou l'enfant du malheur; traduit de l'angl. (1795). 2 vol in-18, fig. 2 fr.

466. Emmeline. *Voyez* Orpheline (l') du château.

467. Emmerich; cours de morale en action, par madame de Montolieu (1810). 6 vol. in-12. 15 fr.

468. Empire (l') des Naïrs. *Voyez* Panorama (le) des boudoirs.

469. Enchantemens (les), et métamorphoses des génies et des fées (Balsora, sans date). 4 volumes in-16, figures en bois. 3 fr.

470. Encyclopédie comique, ou recueil de gaités, de plaisanteries, de traits d'esprit, d'anecdotes, de portraits, d'aventures, de naïvetés, de pensées graves et sérieuses; traduit de l'anglais, par T. P. Bertin (1803). 3 vol. in-12, frontispice gravé. 5 fr.

471. Enfant (l') de la chaumière de Munster; trad. de l'angl. de Maria Régina Roche, par mademoiselle Louise G. de C., auteur de Wilmina (1821). 5 vol. in-12, une figure. 12 fr.

472. Enfant (l') de la révolution, ou quelques scènes d'un grand drame; par M. Lhomme St.-Alphonse (1819). 4 vol. in-12. 10 fr.

473. Enfant (l') du boulevard, ou mémoires de la comtesse de Tourville (1819). 2 vol. in-12, fig. 5 fr.

474. Enfant (l') du carnaval ; histoire remarquable, et surtout véritable, pour servir de supplément aux rapsodies du jour, par Pigault-Lebrun (1818). 3 vol. in-12, fig.   7 fr. 50 c.

475. Enfans (les) de l'abbaye; traduit de l'anglais, de Maria Regina Roche, par l'abbé Morellet. 6 volumes in-18, fig.   7 fr. 50 c.

476. Enfans (les) de Maurice. *Voyez* Maurice.

477. Ennui (l'), ou mémoires du comte de Glenthorn; trad. de l'anglais de miss Edgeworth (1812). 3 volumes in-12.   7 fr 50 c.

478. Entre chien et loup; par madame de C*** (1809). 3 vol. in-12.   4 fr.

479. Envieux (l') et sa victime; par Legay (1818). 3 volumes in-12.   7 fr. 50 c.

480. Epouse (l') du bandit, ou la fille de Saxe; traduit de l'anglais. Nouvelle édition (1819). 4 volumes in-12, une fig.   10 fr.

481. Epoux (l') parisien, ou le Bonhomme; par Raban (1820). 3 vol. in-12.   7 fr. 50 c.

482. Epoux (les) malheureux, ou mémoires de Labedoyère, par D'Arnaud (1803). 2 vol. in-12.   5 fr.

483. Epoux (les) philosophes au xviiie siècle; par madame Vanesbecq (1808). 3 vol. in-12.   6 fr.

484. Epreuves (les) du sentiment, par D'Arnaud (1742). 12 vol. in-12.   18 fr.

485. Ermance de Beaufremont, comtesse de Gatinais; chronique du ixe siècle, par madame Gottis (1818). 2 vol. in-12, fig.   5 fr.

486. Ermitage (l') Saint-Jacques, ou Dieu, le Roi et la patrie, par Ducray Duminil (1815). 4 vol. in-12.   10 fr.

487. Ermite (l') de la roche noire, ou lettres de la marquise
de Lausanne et du comte de Luzi, par M. le Pileur
Dapligny (1820). 2 vol. in-12, fig.   5 fr.

488. Ermite (l') de la Vallée de Luz, ou les désespérés; par
M. Legay. 3 vol. in-12.   6 fr.

489. Ermite (l') du Marais, ou le rentier observateur; par
Paccard (1819). 2 vol. in-12.   5 fr.

490. Ermite (l') du Mont Saint-Valentin, ou histoire des
amours de la dame de Martigues et du chevalier Roger
de Parthenay, par madame de Tercy (1821). 2 vol.
in-12.   5 fr.

491. Ernest de Saint-Olmer, ou les épreuves de l'adversité ;
par madame Vanesbecq (1813). 2 v. in-12.   4 fr. 50 c.

492. Ernest de Vendôme, ou le prisonnier de Vincennes; par
madame Bartelemy Hadot (1818). 4 volumes in-12,
fig.   10 fr.

493. Ernest et Lydie; par madame de Narp (1813). 4 volumes
in-12, une fig.   8 fr.

494. Erreur et Mystère; par madame de Vildé (1813). 4 vol.
in-12, une fig.   9 fr.

495. Erreur (l') reconnue, ou les aventures d'un jeune Français dans ses voyages à Rome, à Madrid et à Constantinople (1793). Un vol. in-12.   1 fr. 50 c.

496. Estévanille de Gonzalez. *Voyez* Histoire d'

497. Ethelinde, ou la recluse du lac ; trad. de l'anglais, de
Charlotte Smith (1805). 4 vol. in-12.   9 fr.

498. Ethelwina; traduit de l'anglais, de M. Horstley, par Octave Ségur (1802). 2 vol. in-12.   5 fr.

499. Etranger (l'), ou la famille Llewellyn; traduit de l'angl.
(1802). 3 vol. in-12, 3 fig.   5 fr.

500. Etude (l') du cœur humain; suivi des Cinq premières semaines d'un journal écrit sur les Pyrénées, par mad. de Genlis (1805). 1 vol. in-12.   2 fr.

501. Eugène de Montferrier, ou les mœurs du XIXᵉ siècle; par J. B. J., auteur du Voyage dans les Hautes-Alpes (1821). 3 vol. in-12.   7 fr. 50 c.

502. Eugène de Nerval, ou le tuteur infidèle, par madame Guénard (1814). 4 vol. in-12.   9 fr.

503. Eugène de Rothelin, par madame de Flahaut (1810). 2 volumes in-12.   4 fr.

504. Eugène de Senneville, et Guillaume Delorme. *Voyez* Aventures d'

505. Eugène et Alvina, ou les victimes de l'intolérance; nouvelle du XVIIᵉ siècle, par Paccard (1811). 2 volumes in-12.   5 fr.

506. Eugène et Julie, ou les souterrains de la Hague; histoire véritable, par C. L. M. (1799). 2 v. in-12, fig. 3 fr.

507. Eugénie et Mathilde, ou mémoires de la famille du comte de Revel; par madame de Flahaut (1812). 3 volumes in-12.   7 fr. 50 c.

Voyez Ladislas, suite d'Eugénie et Mathilde.

508. Eugénio et Virginia; par madame Louise Brayer de Saint-Léon (1813). 2 vol. in-18, fig.   2 fr. 50 c.

509. Eugénie, ou la résignation; traduit de l'allemand de Sophie de Laroche, par mad. de Polier, ex-chanoinesse (1797). Deuxième édit. Un vol. in-12. 1 fr. 50 c.

510. Eugénie; ou les torts pardonnés; par M. A. A. G*** (1818). 2 vol. in-12.   5 fr.

511. Eugénie, ou l'héroïsme de la reconnaissance; par M. C. L. B. (1819). 2 vol. in-12.   4 fr.

512. Euphémie, ou les suites du siége de Lyon ; roman historique, par madame de Morency, auteur d'Illyrine
(1802). 4 vol. in-12, fig.   10 fr.

513. Eva, ou amour et religion ; traduit de l'anglais, de l'auteur de Bertram, ou le château de Saint-Aldobrand
(1818). 4 vol. in-12.   10 fr.

> Madame Elisabeth de Bon nous a donné une autre tra-
> duction de cet Ouvrage, sous ce titre : Les Femmes, ou rien
> de trop. *Voyez* Femmes (les).

514. Evélina, ou l'entrée d'une jeune personne dans le monde ;
traduit de l'anglais de miss Burney (1816). 2 volumes
in-12.   5 fr.

515. Exaltation et piété ; quatre Nouvelles, publiées par mad.
de Montolieu, contenant : Philosophie et Religion ; le
Jeune Kaker ; Elise, ou les souvenirs d'un jeune Morave ; la Veille de Noël, ou la conversion (1818).
Un vol. in-12, une fig.   3 fr.

516. Exploits des marins français ; ouvrage contenant l'histoire abrégée de la marine, les actions d'éclat de nos
marins, etc.; par Chemin-Dupontès (1805). 2 volumes
in-12, portraits.   5 fr.

517. Extrait des Mémoires du marquis de Dangeau, contenant beaucoup d'anecdotes sur Louis XIV et sa cour,
avec des notes historiques, par madame de Sartory
(1817). 2 vol. in-12.   5 fr.

F.

518. Faiblesses (les) d'une jolie femme, ou mémoires de mad.
de Villefranc, écrits par elle-même (1789). Un vol.
in-12.   1 fr. 50 c.

519. Falkemberg, ou l'oncle ; trad. de l'allem., d'Aug. Lafontaine, par mad. de Montolieu. 2 vol. in-12.   5 fr.

520. Famille (la) allemande, ou la destinée; par madame de Choiseuil (1815). 2 vol. in-12. 5 fr.

521. Famille (la) de Clarenville, ou le fils du bourreau; par Rougemaitre de Dieuze ((1818). 3 vol. in-12. 6 fr.

522. Famille (la) de Jennemours. *Voyez* Histoire de la

523. Famille (la) de Tilbury, ou la caverne de Wokey; par madame Bournon Malarme (1816). 3 volumes in-12. 7 fr. 50 c.

524. Famille (la) des menteurs; ouvrage véridique, par Sewrin (1802). 2 vol. in-12, fig. 2 fr.

525. Famille (la) en fuite, ou les morts vivans; traduit de l'allemand, d'Aug. Lafontaine, par Duperche (1819). 2 vol. in-12, fig. 5 fr.

526. Famille (la) Fitzer, ou le jeune tartuffe; par L. Julien Breton (1803). 2 vol. in-12, fig. 3 fr.

527. Famille (la) Lucéval; par Pigault-Lebrun (1819). 4 vol. in-12. 10 fr.

528. Famille (la) napolitaine; trad. de l'angl. (1800). 4 vol. in-18, 4 fig. fr.

529. Famille (la) Saint-Julien aux bains de Rockbeach, ou le faussaire anglais; par Bresou de Cocove. 4 volumes in-12. 8 fr.

530. Famille (la) Vampol, ou les effets de la démoralisation; par Letournel (1816). 3 vol. in-12. 6 fr.

531. Famille (la) Wiéland, ou les prodiges; traduit d'un manuscrit, par Pigault-Montbaillarcq (1808). 4 volumes in-12. 9 fr.

532. Fanelli, ou l'orphelin sans l'être, par Levallois (1814). 2 vol. in-12, une fig. 4 fr.

533. Fanny de Varicourt, ou le danger des soupçons (1821). Un vol. in-12, une fig. 1 fr. 50 c.

534. Fanny, ou mémoires d'une jeune orpheline, et de ses bienfaiteurs; traduit de l'anglais, de miss Edgeworth, par R. Durdent (1812). 4 vol. in-12.   10 fr.

35. Fantasmagoriana, ou recueil d'histoires, d'apparitions, de spectres, revenans, fantômes; traduit de l'allem., par Eyriès (1812). 2 vol. in-12.   5 fr.

536. Fantômes (les) nocturnes, ou les terreurs des coupables; par Cuisin (1821). 2 vol. in-12, 2 jolies fig.   5 fr.

537. Farville, ou blanc et couleur de rose; par Raban (1819). 2 vol. in-12.   4 fr.

538. Faublas. *Voyez* Vie du chevalier de

539. Fausses (les) apparences, ou le père inconnu; trad. de l'angl., par madame Elisabeth de Bon (1817). 2 vol. in-12.   5 fr.

540. Faux (le) ami; traduit de l'anglais de Mary Robinson (1799). 4 vol. in-12, fig.   10 fr.

541. Faux (le) Ermite, ou les victimes de la fatalité; par Ducray jeune (1818). 3 vol. in-12.   7 fr. 50 c.

542. Fathom et Melvil; traduit de l'anglais de Smollet, sur la quinzième édition (1798). 4 vol. in-12, 4 fig.   9 fr.

543. Fédaretta; traduit de l'anglais, par mad. G., auteur de la traduction de Margaretta (1806). 2 volumes in-12, deux fig.   3 fr.

544. Félicia, ou mes fredaines; quatre parties (Amsterdam, sans date). 2 vol. in-12.   4 fr.

545. Félicie de Vilmar; par Pierre Blanchard (1798). 3 vol. in-12, fig.   7 fr. 50 c.

546. Félicie et Florestine; par l'auteur des Mémoires d'une famille émigrée (1803). 3 vol. in-12.   7 fr. 50 c.

547. Femme (la) auteur, ou les inconvéniens de la célébrité par mad. Dufrenoy (1812). 2 vol. in-12.   5 fr.

548. Femme (la) de bon sens, ou la prisonnière de Bohême;
traduit de l'anglais, par B. Ducos (179*). 4 volumes
in-18, fig.   5 fr.

549. Femme (la) errante; traduit de l'angl. de miss Burney
(1815). 5 vol. in-12.   15 fr.

550. Femme (la), ou Ida l'Athénienne; traduit de l'anglais,
de lady Morgan (1817). 3 vol. in-12.   8 fr.

551. Femme (la) infidelle; par Maribert-Courtenay (1786).
4 vol. in-12.   8 fr.

552. Femmes (les) entretenues, dévoilées dans leurs fourberies galantes, par une de leurs victimes; ou le fléau
des familles et des fortunes; rédigé par Cuisin (1821).
2 vol. in-12, 2 jolies gravures.   6 fr.

553. Femmes (les), leur condition et leur influence dans
l'ordre social, chez les différens peuples anciens et modernes; par M. le vicomte A. de Ségur; nouv. édit.,
augmentée de l'Influence des femmes sous l Empire,
et de notes historiques; par Charles Nodier (1819).
4 vol. in-18, 4 fig.   6 fr.

554. Femmes (les), ou rien de trop; traduit de l'anglais, du
docteur Mathurin, auteur de Bertram, par madame
Elisabeth de Bon (1820). 3 vol. in-12.   7 fr. 50 c.

    Cet Ouvrage existe aussi sous le titre d'Eva, ou amour et
religion. *Voyez* Eva.

555. Fenêtre (la) du grenier de mon oncle; traduit de l'angl.
de Lewis, auteur du Moine, par Benjamin Laroche
(1821). Un vol. in-12.   2 fr. 50 c.

556. Ferme (la) aux abeilles, ou les fleurs de lys; imité d'Aug.
Lafontaine, par mad. de Montolieu (1814). 2 volumes
in-12.   4 fr.

557. Fermier (le) de la forêt d'Inglewood, ou les effets de
l'ambition; traduit de l'anglais d'Elisab. Helme (1818).
4 vol. in-12.   10 fr.

558. Fernand d'Alcantara, ou la vallée de Ronceveaux; par madame Barthelemy Hadot (1819). 4 v. in-12. 10 fr.

559. Ferrandino; fin des aventures de Rinaldo Rinaldini, chef de brigands; traduit de l'allemand de l'auteur de Rinaldo Rinaldini (1816). 2 vol. in-12. 5 fr.

560. Fiancée (la) de Lammermoor; Contes de mon hôte; traduit de l'anglais de Walter Scott (1821). Nouvelle édition. 3 vol. in-12. 8 fr.

561. Fille (la) de la fille d'honneur, ou la famille Palvoisin; par le petit-fils de Rétif de la Bretonne. 2 vol. in-12, 2 gravures. 5 fr.

562. Fille (la) de Dieu, ou l'héroïne des Pyrénées; nouvelle historique, par madame B*** (1821). Un volume in-12. 1 fr. 50 c.

563. Fille (la) du hameau; traduit de l'anglais de Maria Régina Roche, par M. (1803). 4 vol. in-18, 4 fig. 5 fr.

564. Fille (la) militaire, ou les amans provençaux; manuscrit trouvé sur les bords d'une petite rivière des environs d'Aix (1805). Un vol. in-12. 1 fr. 50 c.

565. Fille (la) sans souci; par M. de Faverolle (1818). 2 vol. in-12, une fig. 5 fr.

566. Fils (le) banni, ou la retraite des brigands; traduit de l'anglais, de Maria Régina Roche, par M....; traducteur du Polonais, de Don Sébastien, de Splendeur et Souffrance, etc. (1820). 4 vol. in-12, 4 fig. 10 fr.

567. Fils (le) du bourreau. *Voy.* Famille (la) de Clarenville.

568. Fiorella, ou l'influence du cotillon, faisant suite aux Trois Gilblas; par Lamartellière (1802). 4 volumes in-12, 4 fig. 10 fr.

569. Fleetwood; traduit de l'angl., de Williams Godwin, par Villeterque (1805). 3 vol. in-12. 7 fr. 50 c.

570. Fleming fils; ou la manie des systèmes; traduit de l'allemand, d'Aug. Lafontaine, par mad. de Cérenville (1803). 3 vol. in-12.   7 fr. 50 c.

571. Florence Macarthy, hist. irlandaise, traduite de l'angl. de lady Morgan, et précédée d'une Notice historique sur l'auteur (1819). 4 vol. in-12, ornés du portrait de milady.   10 fr. 50 c.

572. Florentin et Rosine, ou l'orphelin des Vosges, histoire véritable; traduit de l'allemand de Schilling (1795). 2 vol. in-18, fig.   2 fr.

573. Florian. *Voyez* OEuvres de

574. Folie (la) espagnole; par Pigault-Lebrun (1820). 4 vol. in-12, fig.   10 fr.

575. Folie et Jeunesse, ou aventures d'un jeune militaire; par Warnet (1818). 2 vol. in-12, 2 fig.   5 fr.

576. Folie et Raison, par Brissot-de-Warville (1815). 2 vol. in-12, 2 fig.   5 fr.

577. Fontaine (la) Sainte-Catherine, par Ducray Duminil (1814). 4 vol. in-12, fig.   10 fr.

578. Forester, ou la manie de l'indépendance; suivi d'Angélina, ou l'amie inconnue; nouvelles de miss Edgeworth (1821). 2 vol. in-12, fig.   6 fr.

579. Forêt (la) de Hohenelbe, où Albert de Veltzlard; trad. de l'anglais, par H. D. (1807). 5 vol. in-12.   12 fr.

580. Forêt (la) de Montalbano; traduit de l'angl. de l'auteur des Visions du Château des Pyrénées, par mad. P. (1815). 5 vol. in-12, fig.   12 fr.

581. Forêt (la) mystérieuse, ou la Sybille prophétesse; trad. de l'anglais, par Chomel (1820). 2 volumes in-12, une fig.   5 fr.

582. Forêt (la) noire, ou les aventures de M. de Luzy; par M. Legay (1821). 4 vol. in-12.   10 fr.

583. F o êt (la), ou l'abbaye de Saint-Clair; traduit de l'angl. d'Anne Radcliffe (1820). Nouvelle édition. 2 volumes in-12.   6 fr.

584. Forges (les) mystérieuses, ou l'amour alchymiste; par M. de Faverolle. Nouvelle édition (1819). 4 volumes in-12, 4 fig.   10 fr.

585. Françaises (les); Nouvelles, par mad. Dufrenoy (1786). 2 vol. in-12, fig.   6 fr.

586. François.Ier et Madame de Châteaubriand; par madame Augustine Gottis (1816). 2 vol. in-12, 2 grav.   5 fr.

587. Fratricide (le), ou les mystères de Dusseldorf; traduit de l'anglais, de Maria Makensie, par F. T. Delbare (1799). 3 vol. in-18, fig.   3 fr.

> M. Lemière nous a donné une traduction du même Ouvrage, sous ce titre : Dusseldorf, ou le fratricide, 3 vol. in-12.

588. Frédéric de Guéréard, duc de Lorraine; par E. F. Varez (1808). 2 vol. in-12.   3 fr.

589. Frédéric Latimer, ou histoire d'un jeune homme à la mode; traduit de l'anglais (1801). 2 volumes in-12, 2 fig.   4 fr.

> Cet Ouvrage a été aussi traduit sous le titre de la Mauvaise mère, 2 vol. in 12.

590. Frère (le) et la Sœur, ou le repentir; trad. de l'allem. d'Aug. Lafontaine, par mad. la comtesse de Montholon (1819). 3 vol. in-12.   7 fr. 50 c.

591. Frères (les) anglais; traduit de l'anglais, par madame Elisabeth de Bon (1814). 4 vol. in-12.   10 fr.

592. Frères (les) hongrois; traduit de l'anglais, de miss Anna
Maria Porter, par madame Elisabeth de Bon (1818).
3 vol. in-12. 6fr.

> Il a paru une autre traduction du même ouvrage, sous le
> même titre, mais sans nom de traducteur.

593. Frères (les) jumeaux, ou la ressemblance; par mademoiselle Adelaïde G. de C. (1814). 1 vol. in-12. 2 fr.

594. Fruits (les) amers du philosophisme, ou vie et fin tragique de F. D., docteur en Droit; traduit de l'allem.,
sur la deuxième édition, et enrichi de notes, par
l'abbé de B*** (1821). 2 vol. in-12, fig. 5 fr.

595. Fugitive (la) de la forêt; traduit de l'anglais (1803).
2 vol. in-12. 4 fr.

596. Funestes (les) Egaremens, ou histoire de la comtesse de
Stanmore; traduit de l'anglais, par madame Collet
(1820). 4 vol. in-12. 10 fr.

597. Fureurs (les) de l'amour; traduit de l'anglais, par
Bertin (1809). 2 vol. in-12, fig. 3 fr.

598. Futur (le) gendre à l'épreuve; lettres autographes et
inédites du comte d'Almanville (1814). 4 gros vol.
in-12. 10 fr.

> En 1819, on a reproduit le même Ouvrage sous ce titre:
> La Sollicitude paternelle.

G.

599. Gabriel Venance; son histoire écrite par lui-même,
et publiée par Auger Saint-Hippolyte, auteur de
Boris, traducteur de Marpha, etc. (1820). 2 volumes
in-12. 5 fr.

600. Gages (les) touchés, ou recueil d'histoires, fables, romans, féeries, contes, nouvelles, anecdotes, etc.; par
une société de gens de lettres (1805). 12 volumes
in-12. 20 fr.

601. Gageure (la) dangereuse; imité de l'allemand par madame... (1798). Un vol. in-12.   1 fr. 50 c.

602. Galanteriana, ou choix de propos joyeux et d'anecdotes galantes, anciennes et modernes, nationales et étrangères; par un ancien capitaine de dragons (1814). 2 volumes in-12, 2 fig.   5 fr.

603. Galerie militaire, ou notices historiques sur les généraux, vice-amiraux, etc. qui ont commandé les armées françaises depuis le commencement de la révolution jusqu'à l'an XIII; par Fr. Babier et L. Beaumont (1805). 7 vol. in-12, ornés de portraits.   24 fr.

604. Garçon (le) sans souci; par Pigault-Lebrun (1818). 2 vol. in-12, 2 fig.   5 fr.

605. Gaspard Bancks, ou la jeunesse d'un Anglais; traduit de l'angl. par Moreau (1819). 2 vol. in-12.   5 fr.

606. Gaudence de Lucques. *Voyez* Mémoires de

607. Geneviève et Siffrid; correspondance inédite du XIIIe siècle, par M. L. D. B. (1810). 2 vol. in-12.   3 fr.

608. Geneviève, ou la grande chaumière, par mademoiselle Barbereux-de-Châteaudun (1816). 3 vol. in-12. 6 fr.

609. Georgéana, ou la vertu persécutée et triomphante; traduit de l'anglais par l'auteur des Dangers de la co quetterie. 2 vol. in-18, fig.   2 fr.

610. Georgette, ou la nièce du Tabellion; par Ch. Paul de Kock (1821). 4 vol. in-12.   10 fr.

611. Géraldina, nouvelle récente; trad. de l'angl. (1799). 3 vol. in-12, fig.   6 fr.

612. Geraldine; traduit de l'anglais, par madame Saint-H*** (1811). 3 vol. in-12.   6 fr.

613. Gerard de Nevers. *Voyez* Romans de chevalerie.

614. Germaine , Nouvelle ; par l'auteur des Orphelines de Flower-Garden (1804). Un vol. in-12.   1 fr. 50 c.

615. Glorwina, ou la jeune irlandaise ; histoire nationale ; traduit de l'anglais, de lady Morgan, par madame Elisabeth de Bon (1813). 4 vol. in-12.   10 fr.

616. Gonzalve de Cordoue. *Voyez* OEuvres de Florian.

617. Grandisson. *Voyez* Histoire de

618. Grigri ; histoire véritable , traduite du japonais, par l'abbé de***, aumonier d'un vaisseau hollandais. Un gros volume in-12.   2 fr.

619. Gilblas. *Voyez* Histoire de

620. Grotte (la) de Wesbury, ou Mathilde et Valcourt ; trad. de l'anglais, par madame de Cérenville (1809). 2 vol. in-12.   4 fr.

621. Grottes (les) de Chartres, ou Clémentine ; par mad. d'H., auteur d'Amour et Scrupule (1811). 2 vol. in-12. 4 fr.

622. Guillaume de Nassau, ou la fondation des Provinces-Unies ; par Bitaubé (1775). Un vol. in-8, orné d'une fig. gravée par Moreau.   5 fr.

623. Guillaume Penn, ou les premiers colons de la Pensylvanie ; par mad. Barthelemy Hadot (1816). 3 volumes in-12.   6 fr.

624. Gulliver. *Voyez* Voyages de

625. Gusman. *Voyez* Histoire de

626. Gustave, ou le mauvais sujet ; par Ch. Paul de Kock (1821). 3 vol. in-12.   7 fr. 50 c.

627. Guy Mannering, astrologue ; nouvelle écossaise ; trad. de l'anglais, de sir Walter Scott, par Martin. Nouv. édition (1821). 3 vol. in-12.   7 fr. 50 c.

H.

628. Habitans (les) de l'Ukraine, ou Alexis et Constantin; par madame la comtesse Beaufort d'Hautpoul (1820). 3 vol. in-12.   7 fr. 50 c.

629. Habitant (l') des tombeaux, ou le mari coupable (1803). 2 vol. in-12, une fig.   3 fr.

630. Habitante (l') des ruines, ou l'apparition du dominicain; par mad^{lle} Castellerat (1813). 3 v. in-12.   7 fr. 50 c.

631. Habit (l') de cour, ou le moraliste de nouvelle étoffe, par Armand S***. 3 vol. in-12.   6 fr.

632. Haines (les) de famille, ou les époux sans l'être; par Everat (1817). 5 vol. in-12.   12 fr.

633. Hannibal; par madame Bournon Malarme (1808). 2 vol in-12.   5 fr.

634. Harley, ou l'homme sensible; traduit de l'anglais, par J. N. Plane; ouvrage faisant suite au Voyage senti- mental (1797). Un vol in-8, fig.   4 fr.

635. Harrington; traduit de l'anglais, de Marie Edgeworth, par Charles Aug. Def... (1817). 2 vol. in-12.   5 fr.

636. Hector Martin; par Dek** D** (1801). 2 volumes in-12.   4 fr.

637. Hélèna Haldenar, ou le Bigame; par madame Bournon Malarme (1810). 4 vol. in-12.   9 fr.

638. Héloïse et Abeilard. *Voyez* Lettres d'

639. Henri Bennet et Julie Johson, ou les esquisses du cœur; traduit de l'angl. (1794). 5 vol. in-18, fig.   5 fr.

640. Henri II, duc de Montmorency; par Regnault-Warin (1816). Un vol. in-12, fig.   1 fr. 50 c.

641. Henri et Amélie, ou l'héritage inattendu ; traduit de l'allem. d'Aug. Lafontaine (1802). 2 vol. in-12. 5 fr.

642. Henri, on l'amitié ; traduit de l'Allemand d'Aug. Lafontaine (1811). 2 vol. in-12. 5 fr.

643. Henri Saint-Léger, ou les caprices de la fortune ; traduit de l'anglais, de Henri Siddons, par M. P. (1807). 3 vol. in-12. 6 fr.

644. Henry ; traduit de l'anglais, par B. Ducos (1799). 6 vol. in-18, fig. 6 fr.

645. Héritiers (les) des ducs de Bouillon ; par mad. Barthelemy Hadot (1816). 4 vol. in-12. 9 fr.

646. Herman d'Unna, ou aventures arrivées au commencement du xv° siècle, au temps du tribunal secret ; traduit de l'allemand, du baron de Bock (1801). 2 vol. in-12, figures. 5 fr.

647. Hermione, ou journal de deux orphelines ; traduit de l'anglais (1803). 4 vol. in-12, fig. 9 fr.

648. Hermite...., Hermitage.... *Voyez* Ermite...., Ermitage.

Cette orthographe, aujourd'hui généralement adoptée, est plus conforme à l'etymologie.

649. Héroïne (l') moldave ; par madame Gacon Dufour (1818). 3 vol. in-12. 6 fr.

650. Héroïsme (l') de l'amour. *Voyez* De l'Influence du climat sur l'homme.

651. Héros (les) comiques ; nouvelles adressées aux dames, par mademoiselle de Sénancourt (1820). 2 volumes in-12. 5 fr.

652. Hervey, ou l'homme de la nature ; traduit de l'allemand d'Aug. Lafontaine, par Rougemaître (1818). 3 vol. in-12. 7 fr. 50 c.

653. Heureux (l') Parisien, ou esquisses des mœurs du XVIII° siècle; par E...y (1809). 4 vol. in-12. 9 fr.

654. Histoire amoureuse de la cour d'Angleterre; par l'auteur des Mémoires d'Olivier Cromwel (1820). 2 volumes in-12. 5 fr.

655. Histoire amoureuse de madame de Maintenon, extraite de Bussy Rabutin (1815). 1 v. in-12, portr. 1 fr. 50 c.

656. Histoire amoureuse des Gaules; par le comte de Bussy Rabutin (1754). 5 vol. in-12, petit papier, titres gravés. 10 fr.

657. Histoire d'Agathe de Saint-Bohaire (1769). 2 volumes in-12. 4 fr.

658. Histoire d'Agathon; traduit nouvellement de l'allemand de Wiéland, sur la dernière édition des OEuvres de cet écrivain, par l'auteur de Piétro d'Albi et Gianetta (1802). 3 vol. in-12. 6 fr.

659. Histoire d'Ayder Alikan, roi des Canaries, souverain du Calicut, seigneur des montagnes et vallées, roi des îles de la mer, etc., ou nouveaux Mémoires sur l'Inde (1773). 2 vol. in-12. 4 fr.

660. Histoire de don Ranucio d'Alétès, écrite par lui-même (1758). 2 vol. in-12, fig. 5 fr.

Voyez Don Raphaël d'Aguilar.

661. Histoire de Gil Blas de Santillane; par Lesage (1819). 6 vol. in-12. 10 fr.

662. Histoire de Gusman d'Alfarache; imité de Mateo Aleman, par Lesage (1787). 2 vol. in-12. 4 fr.

663. Histoire de Julie de Mandeville, ou lettres traduites de l'anglais, sur la troisième édition; par M. B. (1764). 2 vol. in-12. 3 fr.

664. Histoire de la conjuration de Maximilien Robespierre;
par Montjoie (1801). 2 vol. in-18.   1 fr. 50 c.

665. Histoire de la famille Jennemours; par P. C. (1811).
3 volumes in-12.   6 fr.

666. Histoire de la famille Montelle; par madame P...val..
(1819). 3 vol. in-12.   7 fr. 50 c.

667. Histoire de Laurent Marcel, ou l'observateur sans préjugé; roman philosophique, dans le genre du Compère
Mathieu (1781). 4 vol. in-12.   10 fr.

668. Histoire de madame de Maintenon et de la Cour de
Louis XIV; œuvre qui embrasse les règnes des Bourbons, depuis la guerre de la Ligue, jusqu'à la régence
du duc d'Orléans (1820). 2 vol. in-12, portr.   5 fr.

669. Histoire de madame de Palastro; par mad. Adèle de
Chemin (1813). 3 vol. in-12.   7 fr. 50 c.

670. Histoire de Marie Stuart, reine de France, d'Angleterre
et d'Ecosse; rédigé sur les pièces originales et les
Mémoires authentiques du temps; par Ch. Mercier de
Compiègne (1820). 2 vol. in-12, ornés des portraits de
Marie Stuart et d'Elisabeth, et de 2 figures.   5 fr.

671. Histoire d'Emilie Montague, par M. Brooke; imité de
l'anglais, par M. Fernais (1770). 5 vol. in-12. 10 fr.

672. Histoire de miss Elise Warwick; traduit de l'anglais
(1781). 2 vol. in-12.   3 fr.

673. Histoire de miss Mordaunt; traduit de l'anglais (1788).
2 vol. in-12.   3 fr.

674. Histoire de Pierre Terrail, dit le Chevalier Bayard, sans
peur et sans reproche; par M. Guyard de Berville
(1819). 2 vol. in-12.   2 fr.

675. Histoire de plusieurs aventuriers fameux, depuis la plus haute antiquité jusqu'à ces derniers tems ; aventuriers qui, par leurs impostures, leurs crimes et leur audace, se sont emparés du pouvoir et de la dignité des souverains ; ont abusé de la crédulité des peuples ; ont occasionné des révolutions sanglantes, et causé des guerres cruelles ; par N. L. P. (1815). 2 v. in-12. 5 fr.

676. Histoire de Pugaschew ; par mademoiselle Adelaïde Hordé (1809). 2 vol. in-12. 3 fr.

677. Histoire de Quatre Espagnols, par Montjoie ; quatrième édition, revue et corrigée par l'auteur (1810). 4 vol. in-12, 4 fig. 9 fr.

678. Histoire des deux Faux Dauphins ; par Alphonse de Beauchamp. 2 vol. in-12, 2 portraits. 5 fr.

679. Histoire des femmes, depuis la plus haute antiquité jusqu'à nos jours ; traduit de l'anglais, par Cantwel (1791). 4 vol. in-12. 8 fr.

680. Histoire des Naufrages, ou recueil des relations les plus intéressantes, des hivernemens, délaissemens, incendies et autres évènemens funestes arrivés sur mer ; par Deperthès. Nouvelle édition, corrigée et augmentée de plusieurs morceaux, tels que les naufrages du brigantin américain le Commerce, du vaisseau l'Alceste, de la frégate la Méduse, etc. ; par J. B. Eyriès (1818). 3 gros vol. in-12. 9 fr.

681. Histoire de Sophie et d'Ursule ; par madame de Charnois (1789). 2 vol. in-12. 5 fr.

682. Histoire des prisonniers célèbres ; rédigée et mise en ordre, par M. Paul de P... (1821). 5 v. in-12. 12 fr.

683. Histoire d'Estévanille Gonzalez, surnommé le garçon de bonne humeur (1792). 3 vol. in-12, pet. pap. 5 fr.

684. Histoire des prisons de Paris et des départemens; contenant des Mémoires rares et précieux : le tout pour servir à l'Histoire de la Révolution française, notament à la tyrannie de Robespierre et de ses agens et complices ; rédigé et publié par J. B. Nougaret. (Point de figures, quoiqu'annoncées sur le titre.) (1797). 4 vol. in-12.   10 fr.

685. Histoire des vampires et des spectres malfaisans, avec un Examen du vampirisme (1820). Un vol. in-12, une fig.   3 fr.

686. Histoire, ou Biographie universelle des souverains qui ont péri d'une mort violente, depuis l'antiquité la plus reculée jusqu'à nos jours(1820). 2 v. in-12, 8 fig. 6 fr.

687. Histoire d'Eugénie Bedfort, ou le mariage cru impossible; par madame Bournon Malarme (1784). 2 volumes in-12.   3 fr.

688. Histoire d'Henri-le-Grand; par mad. de Genlis (1816). 2 gros vol. in-12.   6 fr.

689. Histoire d'Henri-le-Grand; par Péréfixe (1816). Un vol. in-12.   2 fr.

690. Histoire d'Hippolyte, comte de Duglas; par madame Daulnoy. Un gros vol. in-12.   3 fr.

691. Histoire d'Inès de Léon; par Montjoie (1805). 6 vol. in-12, une fig.   12 fr.

692. Histoire du chevalier des Grieux et de Manon Lescaut; par l'abbé Prévost (1756). 2 vol. in-18, fig.   2 fr.

693. Histoire du chevalier du Soleil, de son frère Rosiclair et de leurs descendans ; traduction libre et abrégée de l'espagnol (1780). 2 vol. in-12. (Rare.)   6 fr.

694. Histoire du chevalier Grandisson; traduit de l'anglais de Richardson. 7 gros v. in-18 (Cazin), 12 fig.   12 fr.

695. Histoire du comte Roderigo de V***; suivi du jeune Fruitier du lac de Jouy, et du château de Grandson; nouvelle du xv.ᵉ siècle, par mad. de Montolieu (1818). Un vol. in-12.   3 fr.

696. Histoire du marquis de Séligny et de mad. de Luzal, ou lettres authentiques et originales trouvées dans un portefeuille, à la mort de M. le maréchal de M. L. C. D. (1790). 2 vol. in-12.   3 fr.

697. Histoire d'une famille; par M. Dorson, mise au jour par M. Cagniard (1798). 2 vol. in-12, 2 fig.   5 fr.

698. Histoire d'une Grecque moderne; par l'abbé Prévost (1810). Un vol. in-8.   5 fr.

699. Histoire d'un pensionnat de jeunes demoiselles, ou tableau des résultats d'une fausse éducation; par A. Caillot (1809). 2 vol. in-12.   5 fr.

700. Histoire d'un perroquet, écrite sous sa dictée, et publiée par Cahaise (1802). Un v. in-12, une fig. 1 fr. 50 c.

701. Histoire d'un poignard français; anecdote de la révolution (1803). 2 vol. in-12, 2 fig.   5 fr.

702. Histoire du Petit Jéhan de Saintré et de la Dame des Belles Cousines. *Voyez* Romans de chevalerie.

703. Histoire du sage Danischmend, favori du sultan Scha-Gebal, et des trois Calenders, ou l'égoïste et le philosophe; traduit de l'allemand de Wiéland (1800). 2 vol. in-12, six fig.   5 fr.

704. Histoire du vaillant chevalier Tiran Le Blanc; traduit de l'espagnol, par M. de Caylus (1775). 2 volumes in-12. (Rare.)   6 fr.

705. Histoire et aventures de Williams Pikle; trad. de l'angl. (1787). 4 vol. in-12.   8

706. Histoire morale et véritable de quatre pensionnaires du couvent de*** ; par mad. L. F. Ch. V*. de B. (1808). 2 vol. in-12.　　　　　　　　　　3 fr.

707. Histoire, ou aventures de Joseph Andrews et de son ami Abraham Adams ; traduit de l'anglais, d'Henri Fielding, par M. Lunier (1807). 4 vol. in-12.　　8 fr.

708. Homme (l') à projets ; par Pigault-Lebrun (1819). 4 vol. in-12.　　　　　　　　　　10 fr.

709. Homme (l') au masque de fer ; par Regnault-Warin (1804). 4 vol. in-12, portrait.　　　　10 fr.

710. Homme (l') du mystère, ou histoire de Melmoth le voyageur ; traduit de l'angl., de M. Mathurin, auteur de Bertram, par mad. E. F. B. (1821). 5 volumes in-12.　　　　　　　　　　7 fr. 50 c.

　　　M. Jean Cohen nous a donné une autre traduction du même Roman, sous le titre de Melmoth, ou l'homme errant, 6 vol. in-12, *Voyez* Melmoth,

711. Homme (l'), ou le tableau de la vie ; histoire des passions, des vertus et des événemens de tous les âges ; par la P*** (1775). 2 vol. in-12, 2 fig.　　　　　3 fr.

712. Homme (l') sauvage ; par Mercier (1767). Un volume in-12.　　　　　　　　　　1 fr. 50 c.

713. Homme (l') sorti du sépulchre ; histoire dont la jalousie et la cabale ont étouffé la publicité ; par Taboureau de Montigny. Un vol. in-12, une fig.　　1 fr. 50 c.

714. Hommes (les) volans, ou les aventures de Pierre Wilkins ; trad. de l'angl. (1763). 3 volumes in-12, avec figures.　　　　　　　　　　7 fr. 50 c.

715. Honorine Clarins, histoire américaine ; par Nougaret (1796). 4 vol. in-18, fig.　　　　3 fr.

716. Honorine et d'Olbois, ou la voyageuse testamentaire (1802). 2 vol. in-12.　　　　　　4 fr.

717. Hortence de Ranville, ou la jeune veuve; par M. B. (1820). 3 vol. in-12. 7 fr. 50 c.

718. Hubert de Sevrac; traduit de l'anglais, de Marie Robinson, par Cantwel (1797). 3 vol. in-12. (Rare.) 8 fr.

719. Huit jours d'absence, ou l'hospice du Mont-Cenis; par St.-Thomas, traducteur de l'Histoire de Russie par Karasmin (1821). 4 vol. in-12, ornés de jolies gravures. 10 fr.

720. Hussard (le), ou la famille de Falkenstein; traduit de l'allem., d'Aug. Lafontaine, par madame Elise Voïard (1819). 5 vol. in-12, 4 fig. 12 fr.

721. Hyppolite, ou l'enfant sauvage (1801). 4 v. in-12. 8 fr.

I.

722. Ida, roman imité de l'allemand, de madame la baronne Lamothe-Fouqué, auteur d'Ondine; par M. de Rougemont (1821). 3 vol. in-12, 3 fig. 7 fr. 50 c.

723. Ildefonse; imité de l'allemand, par J. F. Fontallard (1802). 5 vol. in-12. fig. 6 fr.

724. Ile (l') de Wight, ou Charles et Angélina; par Walkenaer (1813). 2 vol. in-12, fig. 5 fr.

725. Ile (l') inconnue, ou mémoires du chevalier de Gastines, publiés par Grivel; quatrième édition (1812). 2 gros vol. in-12, onze figures. 6 fr.

726. Illyrine, ou l'écueil de l'inexpérience; par madame de Morency (1800). 3 vol. in-8. 15 fr.

727. Imanowa, ou la fille de Moskou; traduit de l'anglais, et augmenté de notes, par E. de Saint-Aulaire; suivi du Danger d'être trop exigeant; Nouvelle suisse (1818). 4 vol. in-12. 10 fr.

728. Imirce, ou la fille de la nature; suivi de l'histoire de Babet, de la Momie de mon grand père, de l'Histoire du merveilleux Dressant; par l'abbé Dulaurens (1776). Un vol. in-12. 2 fr.

729. Incas (les), ou la destruction de l'empire du Pérou; par Marmontel. 2 vol. in-12, fig. 5 fr.

730. Incendie (l') du monastère, ou le persécuteur inconnu; par mademoiselle Castellerat. 4 vol. in-12. 9 fr.

731. Inconnu (l'), ou la galerie mystérieuse; trad. de l'angl. de Sophie Francès, par madame de Viterne. 5 vol. in-12, une fig. 12 fr.

732. Indiscret (l') conteur des aventures de la garde nationale de Paris; dédié à MM. les officiers, sous-officiers, grenadiers, chasseurs, bizets...., par le chevalier L*** (1816). Un vol. in-12, une fig. 1 fr. 50 c.

733. Indien (l') en Europe, ou l'enthousiasme de la patrie; par madame la comtesse d'Ouglou (1821). 3 volumes in-12. 7 fr. 50 c.

734. Indoux (l'), ou la fille aux deux pères; par J. P. Bress (1809). 6 vol. in-12. 12 fr.

735. Inès de Léon. *Voyez* Histoire d'

736. Infidèle (l') par circonstances; par Legay (1803). 3 vol. in-12. 7 fr. 50 c.

737. Influence (De l') du climat sur l'homme; par madame de Renneville (1809). 2 vol. in-12, fig. 3 fr.

Cet ouvrage existe aussi sous le titre de l'Héroïsme de l'amour.

738. Infortuné (l') Napolitain, ou les aventures du seigneur Roselly; contenant l'histoire de sa naissance, de son esclavage, de son état monastique, de sa prison dans l'inquisition, etc. (1765). 2 gros volumes in-12, figures. 5 fr.

739. Infortunes (les) de la Galetierre, pendant le régime décemviral; contenant ses persécutions, sa fuite sous Robespierre, son naufrage et son séjour dans une île déserte; suivi de son Retour en France; par Joseph Rosny (1799). Un vol. in-12, fig.   1 fr. 50 c.

740. Intendant (l') et son seigneur, ou les dangers des mariages clandestins; par madame de Rome (1815). 4 vol. in-12.   10 fr.

741. Invalide (l'); son histoire écrite par lui-même. 2 vol. in-12.   5 fr.

742. Invisibles (les), ou les ruines du château des bois; trad. de l'allemand d'Auguste Lafontaine, par Léon A*** (1820). 2 vol. in-12.   5 fr.

743. Iolanda fitz-Alton, ou les malheurs d'une jeune Irlandaise; par l'auteur de Ladouski et Floriska (1810). 3 vol. in-12.   7 fr. 50 c.

744. Irma, ou les malheurs d'une jeune orpheline; histoire indienne, par madame Guénard (1816). 6 volumes in-18, fig. Nouvelle édition.   6 fr.

745. Irner, attribué à lord Byron; traduit de l'angl., et publié par le traducteur des OEuvres poétiques de cet auteur (1821). 2 vol. in-12.   5 fr.

746. Isabella et Henri; traduit de l'angl., par Cantwel (1795). 4 vol. in-18, fig.   4 fr.

747. Isabelle de Pologne, ou la famille fugitive; par mad. Barthelemy Hadot (1817). 4 vol. in-12, une fig. 9 fr.

748. Isabelle et Théodore; traduit de l'angl. d'Horace Walpole (1797). 2 vol. in-18.   1 fr. 50 c.

749. Isaure d'Aubignie; imitation de l'angl.; par Pigault-Montbaillarcq (1812). 4 vol. in-12.   9 fr.

750. Isaure et Montigny; par madame de Tercy (1818). 2 vol. in-12, fig.   5 fr.

751. Isore, ou le tombeau de Delphine; faisant suite au roman, de mad. de Staël (1809). 2 vol. in-12.   5 fr.

752. Israëlites (les) modernes, ou les aventures des deux frères Daroca; par M. Rivoire (1812). 2 volumes in-12.   4 fr.

753. Italienne (l'), ou amour et persévérance; par Dognon (1803). Un vol. in-12, portr.   1 fr. 50 c.

754. Italien (l'), ou le confessionnal des pénitens noirs, trad. de l'angl. d'Anne Radcliffe, par André Morellet, nouvelle édit. (1819). 3 vol. in-12.   7 fr. 50 c

> Nous avons une autre traduction de ce Roman, sous le titre d'Eléonore de Rosalba.

755. Ivanhoé, ou le retour du Croisé; traduit de l'anglais, de Walter Scott (1821). 4 vol. in-12.   10 fr.

J.

756. Jacques Manners, le petit Jean et leur chien Blouff; traduit de l'anglais, de mistriss Elisabeth Helme (1801). Un vol. in-12, fig.   1 fr. 50 c.

757. Jacques Ier, roi d'Ecosse, ou les prisonniers de la tour de Londres; par madame Barthelemy Hadot (1819). 4 vol. in-12.   8 fr.

758. Jardinière (la) de Vincennes; par mad. de Villeneuve (1811). 3 vol. in-18, fig.   3 fr.

759. Jean de Procida, ou les vêpres siciliennes; roman historique, par le baron Léon Lamotte-Houdancourt (1821). 4 vol. in-12, 4 fig.

760. Jean et Jeannette, ou les petits aventuriers parisiens ; par Ducray Duminil (1816). 4 vol. in-12, 4 fig. 10 fr.

761. J.-J. Rousseau peint par lui-même : ses Confessions, avec des notes nouvelles, ses dialogues , les Rêveries du promeneur solitaire, etc. ; augmenté de l'Eloge de J.-J.; de l'Examen de sa philosophie, de ses opinions, de ses ouvrages ; par M. le comte d'Escherny, etc. ; avec un beau portrait de J.-J. , un *fac simile* de son écriture, et 5 jolies grav. (1819). 4 vol. in-12. 12 fr.

762. Jeanne de France ; par mad. de Genlis (1816). 2 vol. in-12. 4 fr.

763. Jeannette et Guillaume, ou l'amour éprouvé ; trad. de l'allemand de Kotzebüe. 3 vol. in-12. 7 fr. 50 c.

764. Jean Sbogar ; par Charles Nodier (1820). 2 vol. in-12. Nouvelle édition, fig. 5 fr.

765. Jemmy et Sophie, ou les méprises de l'amour ; traduit de l'angl. par L. M. (1798). 2 vol. in-18, fig. 2 fr.

766. Jéniska, ou l'orpheline russe ; par madame M... (1813). 2 vol. in-12. 3 fr.

767. Jenny, ou la victime des apparences ; traduit de l'angl. par M. Breton (1809). 4 vol. in-12, fig. 8 fr.

768. Jérôme ; par Pigault-Lebrun (1818). 4 volumes in-12, 4 fig. 10 fr.

769. Jérusalem délivrée ; poëme héroïque du Tasse, traduit de l'italien , par Mirabeau (1784). 1 vol. in-12. 2 fr.

770. Jeune (la) Américaine, ou voyages et aventures du Comte d'Albon , par Sarrazin , auteur des Contes Arabes, etc. (1820). 2 vol. in-12, fig. 5 fr.

771. Jeune (la) aveugle ; imité de l'anglais, par madame de Montolieu (1819). Un vol. in-12. 3 fr.

772. Jeune (la) Bostonienne; suivi d'Anica, nouvelle; par madame Armande Roland (1820). 2 vol. in-12. 5 fr.

773. Jeune (le) Cléveland, ou traits de nature; traduit de l'angl. de miss Burney, par le traducteur de Rob-Roy, de la Prison d'Edimbourg (1815). 4 vol. in-12. 10 fr.

774. Jeune (la) Fille, ou malheur et vertu; suivi du Sultan et l'Arabe; par madame Augustine Gottis (1818). 2 vol. in-12. 4 fr.

775. Jeune (le) Loys, prince des Francs, ou malheurs d'une famille auguste; par madame Augustine Gottis (1817). 4 vol. in-12. 8 fr.

776. Jeune (le) peintre, ou mon histoire; par M. Legay. (1821). 4 vol. in-12. 10 fr.

777. Jeune (le) philosophe; traduit de l'angl. de Charlotte Smith (1819). 3 vol. in-12. 8 fr.

778. Jeunesse (la) de Figaro; par Regnault-Warin. 2 vol. in-12, fig. 4 fr.

779. Jeûne (le) de Sainte-Madeleine, ou les illustres proscrits; traduit de l'angl. de miss Anna Maria Porter (1819). 3 vol. in-12. 7 fr. 50 c.

780. Jeux (les), Caprices et Bizarreries de la nature; par Dorvigny. 3 vol. in-12. 6 fr.

781. John Bull, ou voyage à l'île des Chimères; par F. P. A. Léger, fondateur et convive des Diners du Vaudeville, membre de diverses Sociétés littéraires, etc. (1818). 3 vol. in-12, 3 fig. 7 fr. 50 c.

782. John Moore; par C. Dubouchet.(1821). 2 v. in-12. 5 fr.

783. Joseph Andrews. *Voyez* Histoire de

784. Jour (le) des noces, ou les effets de la jalousie ; traduit de l'angl., d'Elisabeth-Isabella Spence, par mad. P. (1808). 3 vol. in-12.   6 fr.

785. Journal de ce qui s'est passé à la tour du Temple, pendant la captivité de Louis XVI ; par Cléry, valet-de-chambre du roi. Nouvelle édition, augmentée des Dernières heures de Louis XVI, décrites par l'abbé Edgeworth, son confesseur ; suivi de Notices curieuses et intéressantes sur la reine Marie-Antoinette, Mad. Elisabeth et Madame Royale, aujourd'hui duchesse d'Angoulème ; prisonniers qui ont survécu à l'infortuné Louis XVI ; orné de planches en taille-douce, dont une est la copie figurée des billets autographes écrits de la tour par ces augustes victimes ; enrichi du *fac simile* des testamens de Louis XVI et de Marie-Antoinette (1819). Un vol. in-12.   2 fr. 50 c.

786. Juanna et Tyranna, ou laquelle est ma femme ? traduit de l'angl. (1816). 4 vol. in-12.   9 fr.

787. Jules et Améline, ou l'orphelin de Venise ; par Ponet (1805). 2 vol. in-12.   4 fr.

788. Jules, ou le frère généreux ; précédé d'un Essai sur les romans ; par A. N. Dampmartin (1821). 2 volumes in-12.   5 fr.

789. Julia, ou les souterrains du château de Mazzini ; traduit de l'angl. d'Anne Radcliffe. Nouvelle édition (1820). 2 vol. in-12.   5 fr.

790. Julie de Merlval, ou les souterrains du Schmidt-berg ; par G. D. (1811). 2 vol. in-12.   4 fr.

791. Julie de Saint-Olmont, ou les premières illusions de l'amour ; publié par Gaillard (1805). 3 v. in-12. 6 fr.

792. Julie, ou j'ai sauvé ma rose ; par mad. de C. Nouvelle édition (1821). 2 vol. in-12.   5 fr.

793. Julie, ou la Nouvelle Héloïse. *V*.Nouvelle (la) Héloïse.

794. Julie, ou la sœur ingrate; par l'auteur d'Amélie de Beaufort, d'Auguste et Justine, etc. (1801). 2 vol. in-12, fig. 4 fr.

795. Juliéry, ou le triomphe de la vérité sur l'erreur (1799). 2 vol. in-12. 4 fr.

796. Juliette Grenwil, ou l'histoire du cœur humain (1801). 2 vol. in-12. 4 fr.

797. Juliette, ou les malheurs d'une vie coupable; par Nougaret (1821). 3 vol. in-12. 7 fr. 50 c.

K.

798. Kenilworth; traduit de l'angl., de sir Walter Scott, par le traducteur des Romans historiques de cet auteur Faucompré (1821). 4 vol. in-12. 10 fr.

> Il existe deux autres traductions de cet Ouvrage; l'une de M. Parizot, et l'autre de Mad. Collet.

L.

799. Ladislas, ou suite d'Eugénie et Mathilde; par mad. de Blesenski (1811). Un vol. in-12. 2 fr. 50 c.

800. Ladouski et Floriska, ou les mines de Cracovie; roman polonais, par M. L. (1801). 4 vol. in-12, fig. 12 fr.

801. Lai (le) (ou chant) du dernier ménestrel; trad. de l'angl., de Walter Scott, par le traducteur des OEuvres poétiques de lord Byron; précédé d'une Notice sur l'auteur, et de son portrait (1811). Un vol. in-12. 2 fr. 50 c.

> Ce volume, avec le Lord des Iles, forme la troisième livraison des OEuvres poétiques de Walter Scott, et ne se sépare pas de cette livraison.

802. Laitière (la) de Bercy; anecdote historique du siècle de Louis XIV; par madame Guénard (1817). 2 volumes in-12, 2 gravures. 5 fr.

803. Lalla Roukh, ou la princesse mogole; histoire orientale; trad. de l'angl., de Thomas Moore, par le traducteur des OEuvres de lord Byron (1820). 2 vol. in-12. 5 fr.

804. Lancelot Montagu, ou le résultat des bonnes fortunes; par madame Bournon Malarme (1816). 3 volumes in-12. 6 fr.

805. Lanski, ou une victime des troubles d'Avignon en 1815; par mad. Varrot (1820). 2 vol. in-12. 5 fr.

806. Latimor, ou le plus infortuné des hommes au sein de l'opulence et des grandeurs; traduit de l'angl. de T. S. Surr, par J. Martin (1807). 3 vol. in-12. 6 fr.

> Nous avons une autre traduction du même roman, sous le titre de Splendeur et Souffrance.

807. Laure et Rose, ou la destinée; par l'auteur des Deux Edouard (1820). 4 vol. in-12. 10 fr.

808. Laurence de Sully, ou l'ermitage en Suisse; par mad. Barthelemy Hadot (1820). 4 volumes in-12, une figure. 10 fr.

809. Laure, ou la grotte du père Philippe; traduit de l'angl. de miss Burton, par Cantwel (1799). 2 volumes in-12, 2 fig. 5 fr.

810. Laure, ou l'amour et les systèmes. On dit aussi Laure, ou lettres de quelques personnes de Suisse (1802). 5 vol. in-12, fig. 7 fr. 50 c.

811. Léodgard de Walheim à la cour de Frédéric II; par mad. Sartory de Wimpffen (1809). 2 vol. in-12. 4 fr.

812. Léonie de Montbreuse, par mad. S. Gay, auteur d'Anatole (1813). 2 vol. in-12. 6 fr.

813. Léonora; traduit de l'angl., de mistriss Edgeworth, par G. C. (1807). 3 vol. in-12. 6 fr.

814. Léonore de Grailly et Gaston de Foix ; suivi de Don Ramire, ou la conquête de Grenade ; par M. Wllymor (1797). 3 vol. in-18.   2 fr. 25 c.

815. Léontine de Blondheim ; trad. de l'allem. de Kotzebüe (1808). 3 vol. in-12.   6 fr.

816. Léontine de Werteling ; par madame Adèle Daminois (1819). 2 vol. in-12.   4 fr.

817. Léontine, ou le départ et le retour ; par J. O., auteur des Folies à la mode (1820). 2 vol. in-12.   5 fr.

818. Léopold de Circé, ou les effets de l'athéisme ; par mad. de Saint-Venant (1803). 2 vol. in-12, une fig.   3 fr.

819. Léopoldine, ou les enfans perdus et retrouvés ; traduit de l'allem. de Schultz (1796). 4 vol. in-18, 4 fig. 3 fr.

820. Léopold, ou le pavillon mystérieux ; par M. A. L. J. Gerdret (1818). 4 vol. in-12.   8 fr.

821. Lettre (la) brûlée, ou le château de Melworth ; traduit de l'angl., par mademoiselle M. de M. (1818). 3 vol. in-12.   7 fr. 50 c.

822. Lettres à Emilie sur la Mythologie ; par Dumoustier (1819). 6 vol. in-18, 6 fig.   3 fr. 60 c.

823. Lettres à Jenny sur Montmorency, l'Ermitage, Andilly, Saint-Leu, Chantilly, Ermenonville, et les environs, avec des détails puisés dans les meilleures sources ; savoir : J.-J. Rousseau, mesdames d'Epinay et Houdetot, Saint-Lambert, Grétry, etc. ; par M. F. L. (1818). Un vol. in-12, figure représentant la vue de l'Ermitage.   2 fr.

824. Lettres à Junie, recueillies par Dauphin, auteur de la Dernière Héloïse (1811). Un joli vol. in-18, papier vélin.   1 fr. 50 c.

825. Lettres à milady, et autres OEuvres mêlées, tant en prose qu'en vers; par de la Place (1773). 3 v. in-12. 5 fr.

826. Lettres à Sophie sur la physique, la chimie et l'histoire naturelle; par aimé Martin (1820). 4 volumes in-12, figures. 10 fr.

827. Lettres de Madame de Staal (Mademoiselle Delaunay) au chevalier de Merul, au marquis de Silly, à M. d'Héricourt (1821). Nouvelle édition. 2 v. in-12. 5 fr.

> L'imprimeur a terminé son livre par ces mots : *Fin du tome 2;* ce qui pourrait faire croire qu'il faut un troisième volume ; mais l'Ouvrage est complet.

828. Lettres de Madame la marquise de Pompadour, écrites à plusieurs illustres personnages du xviiie siècle; augmenté d'une Notice sur la vie de cette femme célèbre (1811). 2 vol. in-12. 5 fr.

829. Lettres de milord Walton à sir Hugues Battle, son ami; par mad. Bournon Malarme (1798). 2 v. in-12. 5 fr.

830. Lettres de Nanine à Simphal; par madame de Staël (1818). Un vol. in-12. 3 fr.

831. Lettres de Stéphanie, roman historique; par madame la comtesse de Beauharnais (1795). 3 volumes in-12, fig. 6 fr.

832. Lettres écrites d'Evian en Chablais. *Voyez* Correspondance de deux amies.

833. Lettres du colonel Talbert; par M. ***, auteur d'Elisabeth (1767). 4 vol. in-12. 9 fr.

834. Lettres du comte de Chesterfield à son fils Philippe Stanhope, Envoyé extraordinaire à la cour de Dresde (1812). 4 gros vol. in-12. 12 fr.

835. Lettres du marquis de Roselle; par madame Elise de Beaumont (1776). 2 vol. in-12. 4 fr.

836. Lettres d'une péruvienne, suivies des Lettres d'Aza;
par mad. de Grafigny (1790). Un vol. in 12.   2 fr.

837. Lettres historiques et galantes de madame Dunoyer.
12 gros vol. in-18.   15 fr.

838. Lettres sur les ouvrages et le caractère de J.-J. Rousseau; par mad. de Staël (1798). 1 v. in-12. 2 fr. 50 c.

839. Liaisons (les) dangereuses; par Chauderlos de Laclos.
Nouvelle édition (1820). 2 vol. in-12, fig.   5 fr.

840. Libertin (le) de bonne compagnie; recueil d'anecdotes
en prose et en vers (1802). Un vol. in-12.   2 fr.

841. Lina, ou les enfans du ministre Albert; par Joseph
Dros (1805). 3 vol. in-12.   6 fr.

842. Lioncel, ou l'émigré; nouvelle historique; par Louis de
Bruno (1803). 2 vol. in-12, fig.   4 fr.

> Quelques exemplaires portent pour titre : Deux (les)
> Lioncel et Eléonore,

843. Lionel (1819). 2 vol. in-12.   5 fr.

844. Lisady de Rainville; par madame de Valory. 3 volumes
in-12.   6 fr.

845. Lismor, ou le château de Clostern; traduit de l'angl., de
Shéridan, sur la quatrième édition (1800). 2 volumes
in-12.   4 fr.

> C'est le Lord impromptu de Cazotte, traduit en anglais,
> et de l'anglais traduit de nouveau en français.

846. Liswart de Grèce; roman de chevalerie; par M. de
Mayer (1788). 5 vol. in-18.   10 fr.

847. Livre (le) des singularités, ou les momens bien em-
ployés; recueil varié d'anecdotes singulières et instructives (1805). Un vol. in-12.   1 fr. 50 c.

848. Lolotte et Fanfan, ou histoire de deux enfans abandonnés dans un désert; par Ducray Duminil. 4 vol. in-18, fig. 3 fr.

849. Lord Byron. *Voyez* OEuvres de

850. Lord (le) des iles. *Voyez* Lai (le) du Ménestrel.

851. Lord Ruthwen, ou les vampires; roman de Ch. B., publié par Charles Nodier (1820). 2 vol. in-12. 5 fr.

852. Lord Wisby, ou le célibataire; par l'auteur du Voyage à Constantinople (1808). 2 vol. in-12. 4 fr.

853. Lorenzo de Valvelhas; histoire de deux amans portugais; suivi de notes historiques et géographiques; par M. Fescourt (1815). 2 vol. in-12. 4 fr.

854. Louisa et Maria, ou les illusions de la jeunesse; traduit de l'angl. de mistriss Booke, auteur de l'Histoire de Julie de Mandeville et des Lettres d'Emilie Montague (1819). 2 vol. in-12, une fig. 5 fr.

855. Louisa, ou la chaumière dans les marais; traduit de l'angl. de mistriss Elisabeth Helme. Paris, Didot (1787). 2 vol. in-12. 5 fr.

856. Louise de Sénancourt; par mad. de Tercy, auteur de Cécile de Renneville, de Marie Bolden, etc. (1817). Un vol. in-12. 2 fr.

857. Lucas et Claudine, ou le bienfait et la reconnaissance; par mad. Mallès (1816). 2 vol. in-12. 5 fr.

858. Lucien de Murcy, ou le jeune homme d'aujourd'hui; par P. L. B., auteur de Chrysostôme, père de Jérôme (1816). 2 vol. in-12. 5 fr.

859. Lucile, ou la bonne fille; par mad. de Renneville (1808). 2 vol. in-12. 5 fr.

860. Lucinde, ou la vallée de Vic**; par mad. D*. de V*. (1810). 2 vol. in-12, 2 fig. 4 fr.

861. Ludovico, ou le fils d'un homme de génie; par madame de Montolieu. 1 vol. in-12. 3 fr.

862. Ludwig d'Eisach, ou les trois éducations; traduit de l'allemand, d'Aug. Lafontaine, par mad. Elise Voïard (1818). 3 vol. in-12, une fig. 7 fr. 50 c.

863. Lutin (le) couleur de feu, ou mes tablettes d'une année; par M*** (1820). 1 vol. in-12. 4 fr. 50 c.

864. Lutins (les) du château de Kernosy, nouvelle historique; par mad. la comtesse de Murat (1753). 2 vol. in-12, petit papier. 2 fr. 50 c.

865. Lydia Stevill, ou le prisonnier français; par mad. Armande Roland (1817). 3 vol. in-12. 7 fr. 50 c.

866. Lydie, ou les mariages manqués; par mad. Simons Candeille (1809). 2 vol. in-12. 5 fr.

M.

867. Madame Bloc, ou l'intrigante; par madame Guénard (1817). 4 vol. in-12, gravures. 10 fr.

868. Madame de Lignole, ou la fin des aventures de Faublas; manuscrit trouvé chez un ami de Louvet, et rédigé par M. de Faverolle (1815). 2 vol. in-12. 4 fr.

869. Madame de Maintenon; par Regnault-Warin (1805). 4 vol. in-12. 9 fr.

870. Madame de Maintenon, pour faire suite à l'Histoire de madame la duchesse de La Vallière; par madame de Genlis (1806). 2 vol. in-12. 4 fr.

871. Madame de M***, ou la rentière; par mad. de Colleville. Nouvelle édit. (1803). 4 vol. in-12. 8 fr.

872. Madame de Sédan, ou l'intérieur de la cour de François Ier; par M. de Faverolle (1821). 4 volumes in-12, une fig. 10 fr.

873. Madame de Valnoir, ou l'école des familles ; par Ducray
Duminil (1813). 4 vol. in-12, 4 fig.   10 fr.

874. Mademoiselle de Chatellerault, échappée aux massacres
de France en 1789, et émigrée en Angleterre, où
l'étranger mystérieux ; traduit de l'angl. de Lister
(1814). 2 vol. in-12.   5 fr.

875. Mademoiselle de Clermont, nouvelle historique ; par
mad. de Genlis (1811). 1 vol. in-18.   1 fr. 25 c.

876. Mademoiselle de la Fayette, ou le siècle de Louis XIII ;
par mad. de Genlis. Troisième édition (1815). 2 vol.
in-12.   5 fr.

877. Mademoiselle de Luynes, Nouvelle historique du siècle
de Louis XIV ; par mad. Sartory de Wimpffen (1817).
1 vol. in-12.   2 fr.

878. Mademoiselle de Montdidier, ou la cour de Louis XI ;
par mad. Barthelemy Hadot ; orné du portrait de
l'auteur (1821). 5 vol. in-12.,   12 fr.

879. Mademoiselle de Salences, ou les épreuves d'Elmire ;
par mad. *** (1814). 2 vol. in-12.   3 fr.

880. Mademoiselle de Tournon ; par mad. de Flahaut (1820).
2 vol. in-12.   6 fr.

881. Magasin (le) des enfans, ou Dialogues d'une sage gouvernante avec ses élèves ; par mad. le prince de Beaumont. 4 vol. in-12, fig.   8 fr.

882. Main (la) mystérieuse, ou les horreurs souterraines ;
trad. de l'angl., d'A. J. Grandolphe, sur la troisième
édition, par R. J. Durdent (1819). 3 v. in-12. 7 fr. 50 c.

883. Maison (la) des Bois, ou le remords et la vertu, histoire
de l'infortuné Téleski, sous le règne de Marie-Thérèse ;
par mad. A. P. (1821). 2 vol. in-12, une fig.   5 fr.

884. Maison (la) isolée, ou les doubles clefs; par M. Lesuire (1808). 4 vol. in-12. 9 fr.

885. Maitre Corbin. *Voyez* Monsieur

886. Maitre Etienne, ou les fermiers et les châtelains; par M. le baron Léon de Lamotte Houdancourt (1819). 4 volumes in-12. 10 fr.

887. Maitre Pierre, ou jeunesse et folie; histoire plus que véritable (1803). 3 vol. in-12, fig. 7 fr. 50 c.

888. Major (le) autrichien, ou une année militaire (1819). 2 vol. in-12, 2 fig. 5 fr.

889. Malédiction (la), ou l'ombre de mon père; traduit de l'angl., de mistriss Bennett, par madame P. (1809). 5 vol. in-12. 12 fr.

890. Malheurs (les) de la famille de Beauvalier. *V*. Mont (le) Cantal.

891. Malheurs (les) de la jalousie, ou lettres de Murville et d'Eléonore; par mad. Mesnard (1796). 4 v. in-18. 3 fr.

892. Malheurs (les) de l'inconstance, ou lettres de la marquise de Syrcé et du comte de Mirbel; par Dorat (1772). 2 vol. in-8, petit papier. 5 fr.

893. Malheurs (les) de l'infidélité conjugale, ou lettres publiées pour l'instruction des époux (1802). Un vol. in-12, une fig 2 fr.

894. Malheurs (les) d'Elisabeth, ou les victimes de la perfidie; par madame Moylin Fleury (1799). 1 volume in-12, fig. 2 fr.

895. Malvina; par mad. Cottin (1821). 3 vol. in-12. 6 fr.

896. Mandeville; histoire anglaise du xvii° siècle; trad. de l'angl., de William Godwin, par Jean Cohen (1819). 4 vol. in-12. 10 fr.

897. Manon Lescaut. *Voy*. Histoire du chevalier des Grieux.

898. Manuscrit (le) trouvé au Mont-Pausilippe; par Montjoie (1805). 5 vol. in-12, fig.   10 fr.

899. Marcellin, ou bon cœur et mauvaise tête; par Quesné (1815). 2 vol. in-12, 2 fig.   4 fr.

900. Marchand (le) forain et ses fils; par Legay. Nouv. édit. (1819). 4 vol. in-12, une gravure.   10 fr.

901. Marguerite de Rodolphe, ou l'orpheline du prieuré; par Plancher Valcourt (1815). 5 volumes in-12, une figure.   10 fr.

902. Maria; par madame Daminois (1819). 2 vol. in-12. 5 fr.

903. Maria de Marlinge; par Nicod, auteur de Léonci, etc.; traduit de l'angl. (1798). 2 vol. in-12, fig.   .   4 fr.

904. Maria d'Oriville, ou le séducteur vertueux; traduit de l'angl., de Hoiford, par madame de Rome (1813). 4 vol. in-12.   9 fr.

   Madame Elisabeth de Bon a traduit le même Ouvrage sous ce titre : Le Portrait, 3 vol. in-12. *Voyez* Portrait (le)

905. Mariage (le) malheureux, ou Mathurin et Madeleine; histoire véritable; par V. R. Barbet (1815). 3 vol. in-12.   7 fr. 50 c.

906. Mariages (les) nocturnes, ou Octave et la famille Browning; trad. de l'angl. de mistriss Méeke (1820). 4 vol. in-12.   10 fr.

907. Marianne, ou la fermière de qualité; par madame la comtesse de Choiseuil (1821). 3 vol. in-12. 7 fr. 50 c.

908. Maria, ou le malheur d'être femme; ouvrage posthume de Marie Wollstoncraff Godwin, traduit de l'angl., par B. Ducos (1798). Un vol. in-12, portrait.   2 fr.

909. Maria, ou l'enfant de l'infortune, fille naturelle de la comtesse D* * ; par Willemain d'Abancourt (sans date). 2 vol. in-12 , 2 fig.   3 fr.

910. Marie de Bourgogne, roman historique du xvᵉ siècle ; par mad. de Saint-Venant (1808). 2 vol. in-12. 3 fr.

911. Marie de Clèves, princesse de Condé ; suivi de Valentine de Milan, anecdote du xvᵉ siècle ; par mad. A. Gottis (1821). 3 vol. in-12.   7 fr. 50 c.

912. Marie Menzikoff, ou la fiancée de Pierre II, empereur de Russie, roman historique ; trad. de l'allem. d'Aug. Lafontaine (1817). 2 vol. in-12, une fig.   5 fr.

Madame de Montolieu a donné une autre traduction de cet ouvrage sous ce titre : Marie Menzikoff et Fédor d'Olgorouski. 2 volumes.

913. Marie Muller ; traduit de l'allemand, par madame Adeline de Colbert , traducteur de William Hilnet (1802). 2 vol. in-12, 2 fig.   5 fr.

914. Marie Névill ; par madame de Marèse (1815). 3 volumes in-12.   7 fr. 50 c.

915. Marie, ou les Hollandaises ; par Louis Bonaparte. Nouvelle édition , revue et augmentée par l'auteur. 3 vol. in-12.   7 fr. 50 c.

Il existe une autre édition de cet Ouvrage sous le titre de Marie, ou les peines de l'amour.

916. Marie Stuart. *Voyez* Histoire de

917. Mari (le) mystérieux ; traduit de l'angl. par M.*** (1804). 4 vol. in-12.   8 fr.

918. Marmion, ou la bataille de Flodden-Field , roman poétique ; traduit de l'angl., de Walter Scott, par le traducteur des Œuvres poétiques de lord Byron (1820). 2 vol. in-12.   5 fr.

919. Marmotte (la) philosophe, ou la philosophie en domino; précédé des Amours magiques, et suivi de la Nouvelle Folle anglaise; par madame Fanny de Beauharnais (1811). 3 vol. in-12.   5 fr.

920. Marquis (le) de la Rapière; par Raban (1820). Un vol. in-12.   2 fr. 50 c.

921. Marquise (la) de Valcour, ou le triomphe de l'amour maternel; par M***, auteur de Sidonie (1816). 3 vol. in-12.   7 fr. 50 c.

922. Martha, ou les dangers d'un mariage précipité; traduit de l'angl. de mistriss Robinson (1801). 3 volumes in-12, fig.   6 fr.

923. Martyr (le) de la liberté; lettres originales de l'infortuné Patkul, ambassadeur et général de Pierre-le-Grand, empereur de Russie (1790). 2 vol. in-12.   3 fr.

924. Masque (le) de fer, ou les aventures du père et du fils; par mad. de Flamanville. 3 vol. in-18.   5 fr.

925. Mathilde, ou mémoires tirés des Croisades; précéde d'un tableau historique des trois premières Croisades; par Michaud. Nouvelle édition (1820). 4 vol. in-12, 4 fig.   8 fr.

926. Matinées (les) du Sultan; contes arabes, par M. Fullerton Weston (1821). 3 vol. in-12.   7 fr. 50 c.

927. Matinées (les), nouvelles anecdotes; par d'Arnaud (1799). 3 vol. in-12, fig.   6 fr.

928. Ma Toilette; manuscrit dérobé à une vieille femme (1819). 2 vol. in-12.   5 fr.

929. Maurice, et les Enfans de Maurice; par mademoiselle P..val, auteur de la Famille Montelle (1821). 2 vol. in-12.   5 fr. 50 c.

930. Maurice, ou la maison de Nantes; par J*** D*** (1805). 3 vol. in-12. 6 fr.

931. Ma vie de garçon, ou aventures galantes d'un officier de dragons (1818). Un vol. in-12, une fig. 1 fr. 50 c.

932. Méchante (la) Femme et le Bon Jeune homme; traduit de l'angl. par J. F. André (1807). 2 volumes in-12, fig. 3 fr.

> Le même Roman a paru sous ce titre : Le Conpable, ou les vengeances de miss Scharp (1799). 2 vol. in-12.

933. Médicis (les), ou la renaissance des sciences, des lettres et des arts en Italie, en France, etc.; par Paccard (1812). 4 vol. in-12, une fig. 8 fr.

934. Mélanie de Rostange; par madame Armande Roland (1806). 3 vol. in-12. 6 fr.

935. Mélanie et Félicité, ou la différence des caractères; par H. Lemaire (1798). 2 vol. in-12, fig. 3 fr.

936. Mélanie, ou le double hymen; par mademoiselle J. B*** (1810). 2 vol. in-12. 4 fr.

937. Mélina de Cressanges, ou les souterrains du château d'Orfeuil ; par M. Hyppolite (1820). 3 volumes in-12. 7 fr. 50 c.

938. Mélina, ou la femme sacrifiée; par mad. la baronne de Cuzey (1820). 3 vol. in-12. 7 fr. 50 c.

939. Mélina Walpole, ou lettres dans les mœurs anglaises; traduit de l'angl., par mad. G*** (1812). 3 volumes in-12. 6 fr.

940. Melmoth, ou l'homme errant; traduit de l'angl., de Mathurin, auteur de Bertram ; par Jean Cohen (1821). 6 vol. in-12. 15 fr.

> Il existe une autre traduction de cet Ouvrage sous ce titre : L'Homme du mystère. Voyez Homme (l').

941. Melusine, ou le tombeau des Lusignan ; manuscrit trouvé dans les archives d'un ancien monastère de Poitiers ; traduit et publié par Paccard (1816). 4 volumes in-12. 8 fr.

942. Melval et Adèle, ou la destinée ; histoire véritable pour les uns, roman pour les autres ; suivi de trois Nouvelles : le Bossu, les Châteaux en Espagne, Robert et Marie ; par H. Duval (1819). 2 vol. in-12. 5 fr.

943. Mémoires d'Athanaïs ; par madame Guénard (1807). 4 vol. in-12. 9 fr.

944. Mémoires de Cécile, écrits par elle-même ; revus par M. De la Place (1777). 2 vol. in-12. 4 fr.

945. Mémoires de Fanny Spingler ; traduit de l'angl. de mad. Beccary (1781). 2 vol. in-12. 5 fr.

946. Mémoires de Gaudence de Lucques, prisonnier de l'inquisition (1797). 4 vol. in-12. 8 fr.

947. Mémoires de madame la duchesse de Mazarin. *Voyez* Duchesse (la)

948. Mémoires de madame la marquise de Pompadour, écrits par elle-même, et publiés par R. P. (1808). 5 vol. in-12, ornés du portrait de cette favorite et de celui de Louis XV. 12 fr.

949. Mémoires de miss Georges Anne Bellamy, actrice du théâtre de Covent-Garden ; traduit de l'anglais, sur la quatrième édition, par A. V. Benoist (1799). 2 vol. in-8, fig. 8 fr.

950. Mémoires de miss Sidney Bidulphe, par l'auteur des Mémoires pour servir à l'Histoire de la vertu (1768). 2 vol. in-12. 4 fr.

951. Mémoires de Saint-Félix, ou aventures d'un jeune homme pendant la révolution ; par Durdent (1818). 3 vol. in-12. 7 fr.

952. Mémoires de sir Georges Wollap; ses Voyages dans différentes parties du monde, aventures extraordinaires qui lui arrivent; découverte de plusieurs contrées inconnues; description des mœurs et des coutumes des habitans; par M. L. C. D. (1788). 6 vol. in-12. 12 fr.

953. Mémoires d'Olivier Cromwel et de ses enfans; écrits par lui-même, et traduits de l'anglais, par C. M. (1816). 4 vol. in-12. 10 fr.

954. Mémoires du chevalier de Ravannes, page de S. A. R. le duc régent, et mousquetaire; contenant ses aventures et beaucoup de particularités sur la régence (1782). 3 vol. in-12, petit pap. 5 fr.

955. Mémoires du comte de Grammont; par Antoine Hamilton. Nouvelle édition (1820). 2 vol. in-12, ornés de jolies gravures. 5 fr.

956. Mémoires du marquis de Solanges (1767). Deux parties. Un vol. in-12. 2 fr.

957. Mémoires d'une chanoinesse; par A. de St.-Foix, auteur des Essais sur Paris (1804). 2 vol. in-12. 3 fr.

958. Mémoires d'un Espagnol, ou histoire de don Alphonse de Peraldo, écrite par lui-même, et publiée par M. *** (1818). 2 vol. in-12. 5 fr.

959. Mémoires d'un fou, ou les soixante chapitres (1802). 2 vol. in-12. 4 fr.

Cet Ouvrage est le même que Folie et Jeunesse. *Voyez* Folie...

960. Mémoires d'un vieillard de vingt-cinq ans; par Rochemond (1809). 5 vol. in-12. 12 fr.

961. Mémoires d'un Vilain du xiv° siècle; traduit d'un manuscrit de 1369; par J. A. S. Collin de Plancy (1820). 2 vol. in-12. 4 fr.

962. Mémoires et aventures d'un homme de qualité qui s'est retiré du monde; suivi de l'Histoire du Chevalier des Grieux et de Manon Lescaut (1756). 8 volumes in-12, petit papier, titres rouges.   10 fr.

963. Mémoires historiques, critiques et anecdotiques des reines et régentes de France; par Dreux Duradier (1808). 5 vol. in-8.   18 fr.

964. Mémoires historiques de madame la comtesse Dubarry, dernière maîtresse de Louis XV, rédigés sur des pièces authentiques, avec des détails sur ce qui s'est passé à la cour de France pendant qu'elle y était en faveur; suivis de sa Correspondance avec MM. de Brissac, Rohan, de Monsabré, madame Lebrun, et autres personnes, pendant les années 1790, 91 et 92, et du jugement qui l'a condamnée à mort au tribunal révolutionnaire; par M. de Faverolle (1803). 4 volumes in-12, portrait.   10 fr.

965. Mémoires historiques de Marie-Thérèse-Louise de Carignan, princesse de Lamballe, une des principales victimes des journées des 2 et 3 septembre 1792; publiés par madame Guénard (1815). 2 volumes in-12, portrait.   5 fr.

966. Mémoires historiques, et anecdotes de la cour de France pendant la faveur de la marquise de Pompadour; avec douze estampes dessinées par elle-même (1802). Un vol. in-8.   6 fr.

967. Mémoires Turcs, ou histoire galante de deux Turcs; avec celle de leur séjour en France (1775). 2 volumes in-12, fig.   4 fr.

968. Mendiant (le) boiteux, ou les aventures d'Ambroise Gwinett, balayeur du pavé de Sprin-Garden; d'après des notes écrites de sa main (1778). 1 vol. in-12. 2 fr.

969. Méprise (la) du coche, ou à quelque chose malheur est bon ; histoire publiée par mad. de la Grave. Deuxième édition (1806). 2 volumes in-18, fig.   2 fr.

970. Mère (la) intrigante ; traduit de l'angl. de Marie Edgeworth (1812). 2 vol. in-12.   6 fr.

971. Mère (la) mariée par ses enfans ; roman historique dont la scène (dit l'auteur) se passe sous le règne de Stanislas ; règne si doux, dont la Lorraine se souvient encore (1802). Un vol. in-12.   1 fr. 50 c.

972. Mères (les) dévouées, ou histoire de deux familles ; par M. Legay (1814). 3 vol. in-12.   7 fr. 50 c.

973. Mères (les) rivales, ou la calomnie ; par madame de Genlis (1819). 3 vol. in-12.   7 fr. 50 c.

974. Mes Contes et ceux de ma gouvernante ; par Marc-Luc-Roch-Policarpe, autrefois militaire, actuellement maître d'école, et chantre du village de Touquebec ; publiés par H. Duval (1820). 3 vol. in-12.   7 fr. 50 c.

975. Mes écarts, ou le fou qui vend de la sagesse ; par Coffin Rosny (1807). 3 vol. in-12, fig.   6 fr.

976. Mes Souvenirs sur Napoléon, sa famille et sa cour ; par mad. veuve du général Durand, attachée, pendant quatre ans, à l'impératrice Marie-Louise. Deuxième édition, revue et corrigée (1819). 2 vol. in-12.   5 fr.

977. Mille (les) et une Faveurs ; contes de cour, tirés de l'ancien gaulois, par la reine de Navarre ; rédigés par le chevalier de Mouhy (1783). 5 vol. in-12.   12 fr.

978. Mille (les) et une Folies, contes français ; par Nougaret ; 4 gros volumes in-12.   10 fr.

979. Mille (les) et une Nuits, contes arabes, traduits en français, par A. Galland ; nouvelle édition ; précédé d'une Notice sur la vie et les ouvrages de M. Galland (1819). 6 vol. in-12, fig.   15 fr.

980. Mille (les) et un jours, Contes persans, traduits en français, par M. Petis-de-la-Croix (1766). 5 volumes in-12. 10 fr.

— Les mêmes, 7 vol. in-18. 6 fr.

981. Mille (les) et un Souvenirs, ou les veillées conjugales; recueil d'anecdotes véritables, galantes, sérieuses, bouffonnes, comiques, tragiques, nationales, étrangères, merveilleuses, mystérieuses; manuscrit trouvé dans les papiers d'une succession; par Desforges. Nouvelle édition (1799). 5 vol. in-12. 12 fr.

982. Mines (les) de Mazara, ou les trois sœurs; par madame Barthelemy Hadot. Troisième édition (1820). 4 vol. in-12. 10 fr.

983. Ministre (le) de Wakefield; par Goldsmith (1821). Nouvelle édition. 2 vol. in-12. 4 fr.

984. Minuit, ou les aventures de Paul de Mirebon; par l'auteur de Sophie de Beauregard, de Zabeth, etc. (1799). Un vol. in-12, fig. 2 fr.

985. Misères (les) de la vie humaine, ou les gémissemens et les soupirs exhalés au milieu des fêtes, des spectacles, des bals, des amusemens de la campagne, des voyages, du séjour enchanteur de la capitale; recueilli par James Beresford, et traduit de l'angl. par T. P. Bertin (1817). 2 vol. in-12, fig. 6 fr.

986. Missionnaire (le), histoire indienne; traduit de l'anglais, de lady Morgan (1817). 3 vol. in-12. 6 fr.

987. Missionnaires (les), ou la famille Duplessis; par Rougemont (1820). 2 vol. in-12, fig. 5 fr.

988. Miss Lovely de Macclesfield, ou le domino noir; par madame de Renneville (1817). 3 vol. in-12. 6 fr.

989. Modèle (le) des femmes; traduit de l'angl. de miss Edgeworth (1813). 2 vol. in-12. 5 fr.

990. Moderne (le) Robinson, ou naufrages et aventures du comte de... (1801). 2 vol. in-18, fig.   1 fr. 50 c.

991. Mœurs (les) du jour, ou histoire de sir William Harrington; traduit de l'angl. de Richardson (1785). 4 vol. in-12.   8 fr.

992. Moine (le) et le philosophe, ou la croisade et le bon vieux temps; ouvrage critique et philosophique; par Ricard Saint-Hilaire (1820). 4 vol. in-12.   10 fr.

993. Moine (le); traduit de l'angl. de Lewis. Nouvelle édit. 3 vol. in-12.   7 fr. 50 c.

994. Monastère (le) de Saint-Columba, ou le chevalier aux armes rouges; traduit de l'angl. par C. (1819). 3 vol. in-12.   6 fr.

995. Monastère (le); traduit de l'angl., de Walter Scott, par le traducteur de ses Romans historiques (1820). 4 vol. in-12.   10 fr.

996. Monbars l'exterminateur, ou le dernier chef des Flibustiers; anecdote du Nouveau-Monde, par J.-B. Picquenard (1809). 3 vol. in-12, une fig.   7 fr. 50 c.

997. Monde (le) et la Retraite, ou correspondance de deux jeunes amies; publié par M. A. D. (1817). 2 volumes in-12.   4 fr. 50 c.

998. Mon habit mordoré; par M. Kératry. 2 vol. in-12. 4 fr.

999. Mon Histoire, ou l'homme aux trois noms; par M. le général baron d'Utruy (1814). 4 vol. in-12.   8 fr.

1000. Mon Oncle le Crédule, ou recueil des prédictions les plus remarquables qui ont paru dans le monde, depuis le XIVe siècle jusqu'à nos jours; contenant le *Nostradamus redivivus*, etc.; par Déodat de Boispréaux (1820). 3 vol. in-12, fig.   9 fr.

1001. Mon oncle Rigobert, ou l'homme résolu; par M. de Montivilliers (1809). 2 vol. in-12, 2 gravures.   3 fr.

1002. Mon oncle Thomas; par Pigault-Lebrun. Nouvelle édit. (1819). 4 vol. in-12. 10 fr.

1003. Monsieur Botte; par Pigault-Lebrun (1818). 4 volumes in-12. 10 fr.

1004. Monsieur Corbin, ou l'intendant maire de village; par Raban (1821). 2 vol. in-12. 4 fr.

1005. Monsieur de Roberville; par Pigault-Lebrun (1818). 4 vol. in-12. 10 fr.

1006. Monsieur Gélin, ou les effets de l'envie et de la médisance; par M. Legay (1810). 4 volumes in-12, une figure. 8 fr.

1007. Monsieur Ménard, ou l'homme comme il y en a peu; par mad. de Lagrave (1802). 3 vol. in-12, 3 fig. 6 fr.

1008. Montalbert et Rosalie; traduit de l'anglais de Charlotte Smith (1800). 3 vol. in-12. 7 fr. 50 c.

1009. Mont (le) Cantal, ou les malheurs de la famille Beauvallier; par mad. L. B. D. (1820). 3 volumes in-12, une figure. 7 fr. 50 c.

1010. Montluc, ou le tombeau mystérieux; par M. Brès (1818). 4 vol. in-12, 4 fig. 10 fr.

1011. Morale (la) en action, ou élite de faits mémorables et d'anecdotes instructives, propres à faire aimer la sagesse, etc.; par Berenger. Un vol. in-12, une fig. 2 fr.

1012. Mort (la) d'Azaël, et le Rapt de Dina; par P. D. Dugat (1799). Un vol. in-8, 6 fig. 6 fr.

1013. Morts (les) vivans. *Voyez* Famille (la) en fuite.

1014. Mousquetaire (le) enlevé, ou la conjuration des dames; par le major sir Charles Wilson (1820). 3 volumes in-12, fig. 9 fr.

1015. Mystères (les) de Hongrie, roman historique du xv° siècle; traduit de l'angl. d'Edward Moore, sur la quatrième édition, par mad. la comtesse de L*** (1817) 4 vol. in-12. 10 fr.

1016. Mystères (les) de la Forêt, ou quel est le meurtrier? traduit de l'angl. par l'auteur d'Ellesmer (1819). 4 vol. in-12. 9 fr.

1017. Mystères (les) de la tour Saint-Jean, ou les chevaliers du Temple; traduit de l'angl., de Lewis, par le baron de Lamothe-Houdancourt (1819). 4 volumes in-12, 4 figures. 10 fr.

1018. Mystères (les) d'Udolphe; traduit de l'anglais, d'Anne Radcliffe, sur la troisième édition, par mad. V. de C. Nouvelle édition (1819). 4 vol. in-12. 12 fr.

N.

1019. Nanine de Manchester; par madame Flore-Lefevre-Marchand, auteur de Lucien, ou l'enfant abandonné; etc. (1802). 3 vol. in-12, 3 fig. 6 fr.

1020. Narcisse, ou le château d'Arabit; par mademoiselle Désirée Castellerat (1804). 3 vol. in-12. 7 fr. 50 c.

1021. Narrations d'Omaï, insulaire de la mer du sud, ami et compagnon de voyage du capitaine Cook; orné du portrait d'Omaï (1790). 4 vol. in-8. 12 fr.

1022. Natalie de Bellozane, ou le testament; par madame *** (1802). 2 vol. in-12. 4 fr.

1023. Natalie et Zulmé, ou les caractères opposés; par M*** L*** (1812). 2 vol. in-12. 4 fr.

1024. Nature (la) et les sociétés, ou Arianne et Gualther; par Joseph Lavallée (1815). 4 vol. in-12. 10 fr.

A ce titre on a substitué celui de l'Orpheline abandonnée dans l'île déserte. *Voyez* Orpheline (l').

1025. Nature (la) outragée dans les écarts de l'imagination, ou nouveau Traité d'Onanisme, et Guide physiologique pour la jeunesse; par M. C. R. (1813). Un vol. in-12, une fig.   2 fr.

1026. Naufrage (le), ou les deux Richard; par madame Bournon Malarme (1812). 5 vol. in-12.   12 fr.

1027. Naufrage (le); traduit de l'angl. de miss G. H. Burney (1812). 2 vol. in-12.   5 fr.

1028. Nécromancien (le), ou le prince à Venise; traduit de Schiller, par madame de Montolieu (1811). 2 vol. in-12.   5 fr.

1029. Nègre (le) comme il y a peu de blancs; par Lavallée (1789). 3 vol. in-12.   8 fr.

1030. Nelson, ou l'avare puni; par madame Wasse (Cornélie Wouters) (1798). 4 vol. in-18, 4 fig.   3 fr.

1031. Nœuds (les) enchantés, ou la bizarrerie des destinées (1789). Un vol. in-12.   1 fr. 50 c.

1032. Nolbertine, ou les suites du pélerinage; par madame de Saint-Venant (1716). 2 vol. in-12.   5 fr.

1033. Nous le sommes tous; par Pigault Lebrun. *V*. l'Egoïsme.

1034. Nouveau (le) Diable boiteux; tableau historique et moral de Paris au commencement du xix° siècle; par P. Chaussard, auteur des Fêtes et Courtisannes de la Grèce (1803). 4 vol. in-12.   9 fr.

1035. Nouveaux (les) Contes moraux de Marmontel (1801). 4 vol. in-12, fig.   8 fr.

1036. Nouveaux Contes moraux, et Nouvelles historiques, de madame de Genlis, contenant : les Deux Réputations, le Palais de la vérité, l'Apostasie, l'Epouse impertinente, la Femme philosophe, le mari corrupteur, Mademoiselle de Clermont, etc. (1818). 6 volumes in-12   15 fr.

1037. Nouveaux Contes moraux de mistriss Opie, contenant : Lady Arlington, ou tout ce qui reluit n'est pas or ; les Mensonges innocens ; le Quaker et le jeune homme élevé dans le monde ; le Jeune Criminel, ou la vengeance, Nouvelle ; les Confessions d'un homme bizarre, etc. ; traduit de l'angl. par M. Aubert de Vitry (1818). 5 vol. in-12, fig.   12 fr.

1038. Nouveaux (les) Contes moraux, traduits de l'allemand, d'Aug. Lafontaine, par M. de Propiac (1802). 2 vol. in-12, 2 figures.   4 fr.

1039. Nouveaux (les) Tableaux de famille, ou la vie d'un pauvre ministre de village ; traduit de l'allemand, d'Auguste Lafontaine (Rare). 5 vol. in-12.   15 fr.

1040. Nouvelle (la) Arcadie, ou l'intérieur de deux familles ; traduit de l'allemand, d'Aug. Lafontaine (1809). 4 vol. in-12.   10 fr.

1041. Nouvelle (la) Astrée, ou les aventures romantiques du temps passé ; traditions recueillies et publiées par Fr. Ph. Masson, membre de l'Institut (1805). 2 volumes in-12, 2 fig.   5 fr.

1042. Nouvelle (la) Emma, ou les caractères anglais du siècle ; traduit de l'angl. de l'auteur d'Orgueil et Préjugé (1816). 4 vol. in-12.   10 fr.

1043. Nouvelle (la) Héloïse, ou lettres de deux amans habitans d'une petite ville au pied des Alpes, recueillies et publiées par J.-J. Rousseau (1808). 4 gros volumes in-12, belles figures.   10 fr.

1044. Nouvelle (la) Paysanne parvenue, ou histoire de Jeannette seconde ; par M. G. de la Bataille (1759). 3 vol. in-12.   5 fr.

1045. Nouvelle traduction de Roland l'Amoureux, de Mathéo Maria Boiardo, comte di Scandiano ; par M. Lesage (1776). 2 vol. in-12.   4 fr.

1046. Nouvelles (les) de Florian, 2 volumes in-18. *Voyez* OEuvres complètes de.

1047. Nouvelles (les) espagnoles; traduites de différens auteurs, par M. D'Ussieux; contenant : la Cabane des Pyrénées, Adelaïde de Florida, Zelim et Selima, les Epoux fidèles, la Vertu persécutée, le Stratagème de l'Amour, etc. (1772). 2 vol. in-12. 5 fr.

1048. Nouvelles (les) historiques de D'Arnaud. *Voy.* OEuvres de (1803).

1049. Nouvelles imitées de Michel Cervantès, et autres auteurs espagnols; contenant : Aurore, l'Amant libéral, la Bohémienne, etc.; par Coste (1802). 2 volumes in-12, 2 figures. 4 fr.

1050. Nouvelles irlandaises; traduites de l'angl., par madame Elisabeth de Bon (1819). 2 vol. in-12, gravures. 6 fr.

1051. Nouvelles, contenant : le Comte de Barcelonne, l'Officier de Hussard, les Premières Amours de Charlemagne, le Château de Wiernitz; traduites de l'allemand, par mad. Caroline Pichler, auteur d'Agathoclès, de Coralie, etc. (1821). 4 vol. in 12. 9 fr.

1052. Novice (la) de Saint-Dominique; traduit de l'anglais de lady Morgan. 4 vol. in-12. 10 fr.

1053. Nuits (les) de Paris, ou le Spectateur nocturne; par Rétif de la Bretonne (1788). 15 vol. in-12, fg. 15 fr.

1054. Nuits (les) d'Yung; traduit de l'angl., par Le Tourneur. Nouvelle édition (1818). 2 vol. in-12, 2 fig. 5 fr.

1055. Numa Pompilius, second roi de Rome; 2 vol. in-18. *Voyez* OEuvres complètes de Florian.

O.

1056. Observateur (l'), ou M. Martin; par Pigault-Lebrun (1820). 2 vol. in-12. 5 fr.

1057. Observateur (l') sentimental, ou correspondance anec-dotique, politique, pittoresque et satyrique entre Moamed Saadi et quelques-uns de ses amis (1800) Un vol. in-12 une fig. 1 fr. 50 c.

1058. Odalie, ou le vœu criminel; roman historique; par ma-demoiselle L. (1819). 2 vol. in-12. 4 fr.

1059. Odérahi, histoire américaine; contenant une peinture fidelle des mœurs des habitans de l'intérieur de l'Amé-rique septentrionale (sans date).

Odérahi est la sœur ainée d'Atala.

Un vol. in-12. 1 fr. 50 c.

1060 Odette de Champdivers, la petite reine, ou les appari-tions de la dame blanche; roman historique du règne de Charles VI; par Plancher Valcourt (1816). 4 vol. in-12. 8 fr.

1061. Odisko et Félicie, ou la colonie des Florides; par Vernes fils (1803). 2 vol. in-12, 2 fig. 4 fr.

1062. O'donnel, ou l'Irlande; histoire tirée des Annales du pays: traduit de l'angl., de lady Morgan, par Lebrun des Charmettes (1815). 3 gros vol. in-12. 8 fr.

1063. OEuvres complettes d'Alexis Piron; publiées par Rigoley de Juvigny (1800). 9 vol. in-12, portrait. 15 fr.

1064. OEuvres choisies du comte de Tressan (1796). 12 volumes in-8, fig.; contenant: Amadis des Gaules, 3 vol. 9 fr. — Roland furieux, 3 vol. 9 fr. — Les Romans de Chevalerie, 4 vol. 10 fr. — Les OEuvres posthumes, 2 vol. 6 fr. — Chaque Ouvrage se vend séparément.

1065. Œuvres complettes de Florian (1810). 24 vol. in-18,
figures en médaillons. 20 fr.

*On vend séparément, à raison de 1 fr. le volume,
chaque ouvrage détaillé, comme suit :*

Don Quichotte, 6 vol. — Estelle, 1 vol. — Eliézer et
Nephtali, 1 vol. — Galatée, 1 vol. — Gonzalve de
Cordoue, précédé d'un Précis sur l'Histoire des Maures,
3 vol. — Guillaume Tell, ou la Suisse libre, 1 vol. —
Jeunesse de Florian, ou mémoires d'un jeune Espagnol,
1 vol. — Mélanges, 1 vol. — Nouveaux Mélanges,
1 vol. — Nouvelles, 2 vol. — Numa Pompilius, 2 vol.
Théâtre, 3 vol.

1066. Œuvres de d'Arnaud, contenant : les Epreuves du sentiment; les Nouvelles historiques, et les Epoux malheureux (1803). 11 vol. in-12. 20 fr.

1067. Œuvres de lady Montague; contenant sa Vie, sa Correspondance avant son mariage, avant et durant l'am-
bassade en Turquie, et pendant les voyages qu'elle a
faits en Italie; traduit de l'angl. (1804). 4 volumes
in-12. 9 fr.

1068. Œuvres de lord Byron, traduites de l'angl.; précédées
d'une Notice du traducteur sur la vie et les ouvrages
de l'auteur (1820). 10 vol. in-12 (les 9e et 10e volumes
à la date de 1821). 25 fr.

Les première et deuxième livraisons ne se détachent plus :
on trouvera séparément, chez moi, la troisième, quatrième
et cinquième livraisons.

1069. Œuvres de Virgile; traduites par l'abbé Desfontaines.
4 vol. in-12. 9 fr.

C'est la traduction la plus agréable aux dames.

1070. Œuvres d'Homère, contenant l'Iliade et l'Odyssée; trad.
par madame Dacier. 4 vol. in-12, fig. 9 fr.

1071. Œuvres posthumes du comte de Tressan, formant les tomes 11 et 12 (1815). 2 vol. in-8.   8 fr.

1072. Officier (l') de fortune ; épisode des guerres de Montrose, par Walter Scott (1819). 2 vol. in-12.   5 fr. 50 c.

1073. Officier (l') russe à Paris, ou aventures du comte de...; par M. Révérony-de-Saint-Cyr (1814). 2 volumes in-12.   5 fr.

1074. Officieux (l'), ou les présens de noces; par Pigault Lebrun (1819). 2 vol. in-12.   5 fr.

1075. Olivia Rutland, ou le mariage inattendu; traduit de l'anglais, par L. M. J. B..y de G...e (1808). 2 vol. in-12, 2 fig.   5 fr.

1076. Olimpia, ou les brigands des Pyrénées; par madame de St.-Venant. Nouvelle édition (1820). 2 volumes in-12, une gravure.   4 fr.

1077. Olympia et Ethelwoff; par madame Bournon Malarme (1818). 3 vol. in-12.   7 fr. 50 c.

1078. Ombres (les) sanglantes; galerie funèbre de prodiges, évènemens merveilleux, apparitions nocturnes, etc.; par Cuisin (1820). 2 vol. in-12, 2 fig.   5 fr.

1079. Ondine, conte; traduit de l'allemand, du baron de Lamothe Fouqué, par madame de Montolieu (1819). Un vol. in-12.   3 fr.

1080. Oppression et Révolte. *Voyez* Chroniques allemandes.

1081. Ordre et Désordre, ou les deux amis ; par Henri V...N. (1811). 2 vol. in-12.   4 fr.

1082. Oréna, ou l'assassin du nord ; par madame de Choiseul (1821). 4 volumes in-12, une gravure.   10 fr.

1083. Orfeuil et Juliette, ou le réveil des illusions; par madame Louise Brayer de St.-Léon (1810). 3 v. in-12. 7 fr. 50c.

1084. Ormond; traduit de l'anglais, de miss Edgeworth, par l'auteur de Quinze Jours et de Six Mois à Londres (1817). 3 vol. in-12.   7 fr. 50 c.

1085. Oronoko, ou le prince nègre; traduit de l'anglais, de madame Behn, par M. De la Place (1797). Un volume in-18, fig.   1 fr.

1086. Orphana, ou l'enfant du hameau; par mad. de Morency (1802). 2 vol. in-12, portrait.   4 fr.

1087. Orphelin (l') aux prises avec le crime; par Charles Doris de Bourges (1817). 3 vol. in-12.   6 fr.

1088. Orphelin (l') de Westphalie; trad. de l'allemand, d'Aug. Lafontaine, par le traducteur du Bal masqué, d'Edouard de Winter, de Marie Menzikoff, ou la fiancée, etc. (1821). 2 vol. in-12.   5 fr.

1089. Orpheline (l') abandonnée dans l'île déserte, ou la nature et les sociétés; par Lavallée. 4 vol. in-12.   10 fr.

> Cet Ouvrage parait aussi sous le titre de la Nature et les Sociétés, ou Arianne et Gualther (1817). *Voyez* Nature (la).

1090. Orpheline (l') anglaise; imité de l'angl., par M. De la Place. 4 vol. in-18, fig.   4 fr.

1091. Orpheline (l') du château, ou Emmeline; par Charlotte Smith; traduit de l'angl., sur la deuxième édit. (1799). 5 volumes in-18, 5 fig.   6 fr.

1092. Orpheline (l') du presbytère, ou fiction et vérité; roman traduit de l'anglais d'Elisabeth Bennett (1816). 5 vol. in-12.   12 fr.

1093. Orphelines (les) de Flower-Garden; traduit de l'angl. (1799). 4 vol. in-18, 4 fig.   3 fr.

1094. Orphelins (les) de Perse; histoire orientale, tirée d'un manuscrit persan, et enrichie de notes curieuses, par M. M*** (1773). Un vol. in-12.   1 fr. 50 c.

1095. Orphelines (les) de Werdemberg; traduit de l'angl., de Lewis, par R.-J. Durdent (1810). 4 vol. in-12. 10 fr.

1096. Ottilie, ou le pouvoir de la sympathie; traduit de l'allemand, de Goëthe, par Breton (1810). 2 vol. in-12, 2 fig. *Voyez Affinités électives.* 4 fr.

P.

1097. Page (le) de la reine Marguerite, ou l'Ermite du Mont-Apennin; par M. de Faverolle (1806). 4 volumes in-12. 8 fr.

1098. Palma, ou l'île de la montagne noire; par J. A. Gardy (1801). Un vol. in-18, une fig. 1 fr.

1099. Palmyre et Flaminie, ou le secret; par mad. de Genlis (1820). 2 vol. in-12. 5 fr.

1100. Paméla, ou la vertu récompensée; traduit de l'anglais, de Richardson, par l'abbé Prévost (1810). 2 volumes in-8. 7 fr. 50 c.

1101. Paméla (la) française, ou lettres d'une jeune paysanne et d'un jeune Noble, contenant leurs aventures; par Le Suire (1803). 4 vol. in-12. 8 fr.

1102. Panorama (le) des Boudoirs, ou l'empire des Nairs, le vrai paradis de l'amour; contenant plusieurs aventures arrivées à Vienne, à Pétersbourg, à Londres, à Rome, à Naples, et surtout dans un empire qui ne se trouve plus sur la carte : le tout parsemé de maximes couleur de rose sur la galanterie et le mariage; par le chevalier James Lawrence (1817). 4 volumes in-12, figures coloriées. 10 fr.

Cet Ouvrage a paru d'abord sous ce titre : L'Empire des Nairs.

1103. Paola; par madame de Choiseuil (1813). 4 volumes in-12. 8 fr.

1104. Paradis (le) perdu; traduit de l'angl. de Milton. 3 vol. in-12. 8 fr.

1105. Parc (le) de Mansfield, ou les trois cousines; traduit de l'angl., de l'auteur de Raison et Sensibilité; par Henry V*** (1816). 4 vol. in-12. 10 fr.

1106. Paris et le Village, ou les deux paysans; par A. G. *** (1820). 2 vol. in-12. 5 fr.

1107. Parisiennes (les), ou quarante caractères généraux pris dans les mœurs actuelles, propres à servir à l'instruction des personnes des deux sexes; par Restif de la Bretonne (1787). 4 vol. in-12. 8 fr.

1108. Parisien (le), ou les illusions de la jeunesse; par Paccard (1812). 3 vol. in-12. 5 fr.

1109. Paris, les Femmes et l'Amour; par l'auteur de Galanteriana (1816). Un vol. in-12, une fig. 2 fr.

1110. Paris métamorphosé, ou histoire de Gilles-Claude Ragot; par J.-B. Nougaret (1799). 3 vol. in-18, fig. 2 fr. 25 c.

1111. Paris, paradis des femmes; par mad. Emilie de P*** (1821). 3 vol. in-12. 7 fr. 50 c.

1112. Parvenus (les), ou les aventures de Julien Delmours, écrites par lui-même; par madame de Genlis (1819). 3 vol. in-12. 10 fr.

1113. Pâtre (le) tyrolien, roman historique; terminé par une satire sur les hommes (1820). 2 vol. in-12, fig. 5 fr.

1114. Paul et Virginie, ou les amans Bermudes; par J. H. F. Geller; suivi de Victor, ou l'enfant des bois (1821). 2 vol. in-12. 4 fr.

1115. Paul et Virginie; par Jacques-Henri Bernardin-de-Saint-Pierre; nouvelle édition, imprimée par Didot aîné (1820). Un vol. in-18, une fig. 1 fr. 25 c.

1116. Pauline de Sombreuse; par mademoiselle de Sénancourt, auteur des Héros comiques (1821). 4 v. in-12. 10 fr.

1117. Pauline de Vergies, ou lettres de madame de Staincis; publiées par Clair de Tott (1798). 3 vol. in-12. 5 fr.

1118. Pauline et Belval, ou les victimes d'un amour criminel; anecdote parisienne du xviii° siècle; par le marquis de Sade (1817). 2 vol. in-12, 2 fig. 4 fr.

1119. Pauline, ou les hasards des voyages; par madame M.*** (1821). 4 vol. in-12. 10 fr.

1120. Pauvre (la) Orpheline, ou la force du préjugé; par M*** (1801). 2 vol. in-12, fig. 4 fr.

1121. Paysanne (la) espagnole, ou les veillées du bon Stéphens; par madame la comtesse d'Ouglou (1819). 3 volumes in-12. 6 fr.

1122. Paysanne (la) parvenue, ou mémoires de la marquise de L. V.; par le chevalier de Mouhy (1788). 2 volumes in-12. 5 fr.

1123. Paysanne (la) pervertie, ou les dangers de la ville; histoire d'Ursule R***, sœur d'Edmond le paysan; mise au jour d'après les véritables lettres des personnages; par Restif de la Bretonne (1786). 4 vol. in-12, fig. 8 fr.

1124. Paysan (le) perverti, ou les dangers de la ville; par Restif de la Bretonne (1776). 4 vol. in-12, fig. 8 fr.

1125. Peintre (le) de Saltzbourg, suivi des Méditations du Cloitre; par Charles Nodier. Nouvelle édition, corrigée et augmentée (1820). Un vol. in-12. 2 fr. 50 c.

1126. Pélage, ou le fondateur de la monarchie espagnole; par madame de Rome (1818). 3 vol. in-12. 6 fr.

1127. Pélerin (le) de la Croix; traduit de l'anglais, d'Elisabeth Helme, par J. D. (1817). 3 vol. in-12. 7 fr. 50 c.

1128. Pensées (les) de J.-J. Rousseau (1792). 2 vol. in-12. 4 fr.

1129. Père (le) et la Fille ; traduit de l'angl., de miss Opie, par mad. Louise Brayer de St.-Léon (1802). 1 vol. in-12, une fig. 2 fr.

1130. Père (le) La Blache et son fils ; par madame B*** (1808). 3 vol. in-12. 6 fr.

1131. Perkin Varbec ; roman historique, par Dorion. 3 vol. in-12. 8 fr.

1132. Perroquet (le) ; roman anglo-français-allemand, qui n'est traduit d'aucune langue ; par C. J. Rougemaitre (1817). 4 vol. in-12. 10 fr.

1133. Persilès et Sigismond, ou les Pélerins du nord ; traduit de l'espagnol, de Michel Cervantès, par Bouchon Dubournial. 6 vol. in-18. 10 fr.

1134. Péruvien (le) à Paris, contenant les voyages et les aventures d'un jeune Indien ; par J. Rosny (1801). 4 vol. in-12. 8 fr.

1135. Petit (le) Dictionnaire d'anecdotes, ou recueil de traits singuliers, de bons mots, de plaisanteries, de saillies heureuses, de contes et d'épigrammes, tant en vers qu'en prose, dont un grand nombre, relatifs à la révolution, sont inédits ou peu connus ; recueillis et mis en ordre par J. F. Bastien (1820). 3 vol. in-18. 5 fr.

1136. Petite Bibliothèque des Romans ; extraite des Œuvres mêlées de l'abbé Prévost, Fénélon, d'Arnaud, le Noble, le comte de Rosières, mademoiselle Gaudin, Ponce, J.-B. Nougaret, Villeterque, etc., etc. (1811). 3 vol. in-12. 6 fr.

1137. Petite (la) Harpiste ; traduit de l'allemand, d'Auguste Lafontaine, par madame Elise Voïard (1815). 2 vol. in-12. 5 fr.

1138. Petite (la) Héloïse, ou lettres à madame de***, sur deux amans de l'ile de Crète ; par J. A. de Monvel (1817). Un vol. in-12, fig. 2 fr.

1139. Petite (la) Musicienne; par E. Gosse, membre de la
Société philotechnique, auteur des Amans vendéens, etc.
(1819). 3 vol. in-12. 7 fr. 50 c.

1140. Petit Jacques et Georgette, ou les petits montagnards;
par Ducray-Duminil. 4 vol. in-18, fig. 3 fr.

1141. Petit Pierre; traduit nouvellement de l'allemand, de
Jean Christiern Spietz, sur la quatrième édit. (1820).
2 vol. in-12, ornés de jolies figures. 6 fr.

1142. Petits (les) Emigrés, ou correspondance de quelques
enfans; ouvrage fait pour servir à l'éducation de la
jeunesse; par mad. de Genlis. Nouvelle édition (1819).
2 vol. in-12. 5 fr.

1143. Petits Romans, Contes choisis d'Aug. Lafontaine, con-
tenant: Charles et Augusta, Ida de Tockembourg,
Assad, etc.; traduit par l'éditeur de l'Histoire de la
Famille Blowm (1814). 4 vol. in-12. 10 fr.

1144. Pétrarque et Laure; par madame de Genlis (1819). 2 vol.
in-12. 5 fr.

1145. Pétrarque solitaire, ou les épanchemens du cœur; lettres
familières et secrètes de Pétrarque, précédées d'un
Discours apologétique sur la vie de cet homme célèbre;
par Paccard (1816). 2 vol. in-18, 2 fig. 2 fr. 50 c.

1146. Peut-on s'en douter? ou histoire de deux familles de
Norwich; par madame Bournon Malarme (1802). 2 vol.
in-12, fig. 4 fr.

1147. Philibert, ou les amis d'enfance; traduit de l'allemand,
de Kotzebüe, par M. Breton (1810). 2 v. in-12. 4 fr.

1148. Philoclès; imitation de l'Agathon de Wiéland, par La-
doucette (1802). 2 vol. in-8, 2 fig. 8 fr.

1149. Philosophe (le) anglais, ou histoire de Clévcland, fils
naturel de Cromwel, écrite par lui-même, et traduite
de l'angl. (1785). 8 vol. in-12. 12 fr.

1150. Philosophe (le) parvenu, ou lettres et pièces originales, contenant les Aventures d'Eugène Sans-Pair, par Le Suire (1788). 6 vol. in-12. 12 fr.

1151. Pièces intéressantes et peu connues, pour servir à l'Histoire et à la Littérature ; par M. De la Place (1787). 8 vol. in-12. 18 fr.

1152. Pied (le) de Fanchette, ou le soulier couleur de rose ; par Restif de la Bretonne. 2 vol. in-12, fig. 4 fr.

1153. Pierre de Bogis, et Blanche de Gerbaut ; par madame Elisabeth de Bon (1808). Un vol. in-12, fig. 2 fr.

1154. Pierre-le-Grand et les Strélitz ; ou la forteresse de la Moskowa ; par mad. Barthelemy Hadot (1820). 3 vol. in-12. 7 fr. 50 c.

1155. Pirate (le) de Naples ; traduit de l'angl. Nouvelle édit. (1819). 3 gros vol. in-12, 3 fig. 8 fr.

1156. Piron. *Voyez* Œuvres complettes de

1157. Plus vrai que Vraisemblable, ou le château de Misseri ; par madame Bournon Malarme (1801). 3 vol. in-12, figures. 6 fr.

1158. Podalyre et Dirphé, ou la couronne tient à la jarretière ; par Félix Nogaret, auteur de l'Aristenette français et des Contes en vers, mis à l'Index de la cour de Vienne. (1801). 2 vol. in-12, ornés de jolies fig. 5 fr.

1159. Poëte (le), ou mémoires d'un homme de lettres, écrits par lui-même ; nouvelle édition, augmenté d'une Notice biographique et de la clef des noms des principaux personnages ; par Desforges (1819). 5 volumes in-12, 5 fig. 12 fr.

1160. Polonais (le) ; traduit de l'angl., de miss Porter, par N.N*** 3 vol. in-12, une fig. 7 fr. 50 c.

1161. Portefeuille (le), ou historiettes de la famille de.....; par Poulain de St.-Foix (1804). 2 vol. in-12.　　4 fr.

1162. Portrait (le), ou la jeune orpheline; traduit de l'angl., de Holford, par madame Elisabeth de Bon (1819). 3 vol. in-12.　　6 fr.

> Madame de Rowe a traduit le même Ouvrage sous le titre de Maria d'Oriville, ou le séducteur vertueux. *Voy*. Maria (d')

1163. Portrait (le), ou la vallée des tombeaux; par mademoiselle Désirée Castellerat (1814). 3 vol. in-12.　　6 fr.

1164. Portugais (les) proscrits; ouvrage posthume de madame Barthelemy Hadot (1821). 4 vol. in-12.　　10 fr.

1165. Pour (le) et le Contre, ou la vieille fille et la femme mariée; traduit de l'anglais, de mistriss Ross (1797). 3 vol. in-12.　　7 fr. 50 c.

1166. Précourt, ou le fils perdu et retrouvé; par mad. Maurer (1818). 4 vol. in-12.　　8 fr.

1167. Première (la) Nuit de mes noces; traduit du champenois, par Sewrin (1802). 2 vol. in-12.　　4 fr.

1168. Presbytère (le) au bord de la mer; traduit de l'allemand, d'Aug. Lafontaine (1817). 4 vol. in-12, une fig. 10 fr.

1169. Presbytère (le), ou les Illustres persécutés pendant la révolution; par mad. C. D. V. (1801). 2 volumes in-12, 2 figures.　　4 fr.

1170. Prêtre (le), par M. Lourdeoix, auteur des Folies du siècle (1820). 4 vol. in-12.　　10 fr.

1171. Prevôt (le) de Paris, ou mémoires du sir Caparel, sous le règne de Philippe V, dit le Long; par l'aut. d'Agnès Sorel (1817). 4 vol. in-12.　　8 fr.

1172. Prieuré (le) de Ruthinglenne; imité de l'angl., par M. J. M. Deschamps (1818). 3 vol. in-12.　　6 fr.

1172. Prince (histoire du) de Timor, contenant ce qui lui est arrivé pendant ses voyages dans les différentes parties du monde, et particulièrement en France, après l'abandon et la trahison de son gouvernement dans le port de l'Orient (1812). 4 vol. in-12.　9 fr.

1173. Princes (les) Norwégiens, ou le fratricide supposé; par Mardelle (1818). 5 vol. in-12.　12 fr.

1174. Princesse (la) de Clèves; par madame de La Fayette; suivi des Lettres de madame la marquise *** sur ce roman, et de la comtesse de Tende, autre roman du même auteur (1807). 2 vol. in-12.　5 fr.

1175. Princesse (la) de Nevers, ou mémoires du Sir de la Touraille, lesquels peuvent servir de conseils aux gentilshommes dans les villes, Cours et armées; par le baron Reveroni St.-Cyr (1813). 2 vol. in-12.　5 fr.

1176. Princesse (la) de Wolfenbuttel; traduit de l'allemand, par mad. de Montolieu. 2 vol. in-12.　5 fr.

1177. Prise (la) de Constantinople, par Mahomet II; roman historique, traduit du grec moderne, avec une Notice sur la chûte de l'empire d'Orient, etc.; par J. A. S. Collin de Plancy (1819). 2 vol. in-12.　5 fr.

1178. Prison (la) d'Edimbourg; nouveaux Contes de mon hôte; par Walter Scott (1821). 4 vol. in-12. 10 fr.

1179. Prisonnier (le) en Russie (1815). Un vol. in-12.　2 fr.

1180. Prisonnières (les) de la Montagne, ou la chapelle abandonnée; par mademoiselle Désirée Castellerat (1813). 4 vol. in-12.　9 fr.

1181. Prisonniers (les) du Temple; par Régnault-Warin (1800). 3 vol. in-12.　7 fr. 50 c.

1182. Procès et Supplice de Marie-Antoinette d'Autriche, veuve de Louis XVI; suivi de la condamnation de Madame Elisabeth, sœur du Roi, etc.; par Desessarts (1815). Un vol. in-12.　1 fr. 50 c.

1183. Procès fameux, contenant l'histoire des grands scélérats et des victimes malheureuses qui ont été jugés aux tribunaux des peuples tant anciens que modernes; par Desessarts, ancien jurisconsulte. (de 1786 à 1790). 10 vol. in-12. 15 fr.

> Cet ouvrage, rédigé par ordre alphabétique, va jusqu'aux temps révolutionnaires.

1184. Procès fameux, jugés pendant le cours de la révolution; par le même, faisant suite aux précédens (de 1796 à 1803). 10 vol. in-12. 15 fr.

> Parmi une foule innombrable de noms fameux, soit par les crimes, soit par les vertus, figurent ceux de Joseph Lebon, de Fouquet-Tinville, de Robespierre, de madame Roland, de Marie-Antoinette, de madame Elisabeth, etc.

1185. Profession de foi du Vicaire savoyard; par J.-J. Rousseau (sans date). Un vol. in-18, papier vélin, orné d'une jolie figure. 1 fr. 50 c.

1186. Promenades champêtres; Dialogues à l'usage des jeunes personnes; traduit de l'angl. de Charlotte Smith (1799). 3 vol. in-12, trois fig. 6 fr.

1187. Promenades de Vaucluse; par M. Renaud de la Grelaye, auteur des Soupers de Vaucluse (1807). 5 volumes in-12. 10 fr.

1188. Promenades instructives d'un père avec ses enfans, dans Paris et ses environs; par M. E. 2 volumes in-12, figures. 5 fr.

1189. Pr..e (...) (le) voilé, et le Paradis et la Péri; traduit de l'anglais de l'auteur de John Moore (1820). Un vol. in-12, fig. 2 fr. 50 c.

1190. Proscrit (le), ou lettres de Jacopo Ortis; traduit de l'italien, par M. de S*** (1814). 2 vol. in-12. 5 fr.

> Il existe une autre traduction de cet Ouvrage sous ce titre : Amour et Suicide. *Voyez* Amour, etc.

1191. Proscrits, (les) ou la famille protestante ; par mad L. R. De Bacre (1818). 3 vol. in-12. 7 fr.

1192. Prosper, ou l'heureux naufrage ; ouvrage posthume de madame de Saint-Venant (1815). 2 volumes in-12, une figure. 3 fr.

1193. Protecteurs (les) et les protégés ; traduit de l'angl., de miss Edgeworth, par J. Cohen (1816). 5 volumes in-12. 15 fr.

1194. Protégé (le) de Joséphine-de-Beauharnais ; par M. le Baron de B***, auteur des Amours secrètes de Napoléon (1820). 2 vol. in-12, fig. 5 fr.

1195. Prusse (la) galante, ou voyage d'un jeune Français à Berlin ; trad. de l'all., par le docteur Akerlio (Deguerle). Coïtopolis (1801). Un vol. in-12, fig. 1 fr. 50 c.

1196. Prospero, ou le Renégat de Palerme, anecdote sicilienne ; suivi de trois autres anecdotes ; chinoise, parisienne et languedocienne (1818). 2 volumes in-12. 4 fr. 50 c.

1197. Puritains (les) d'Ecosse ; suivi du Nain mystérieux ; contes de mon hôte, recueillis et mis au jour, par Jedediah Cleisbotham ; traduit de l'angl., de Walter Scott (1820). 4 vol. in-12. 10 fr.

Q.

1198. Quatre (les) âges ; par Ch. Pougens. Seconde édition ; suivi du portrait d'une jeune fille, par un papillon (1820). Un vol. in-18. 2 fr.

1199. Quatre (les) Espagnols. *Voyez* Histoire de

1200. Quatre Nouvelles ; par R.-J. Durdent, contenant : Lismore, ou le ménestrel Ecossais ; Thérézia, ou la Péruvienne ; Lycoris, ou les enchantemens de Thessalie ; Eudoxie et Stéphanor, ou les Grecs modernes (1818). 2 vol. in-12. 5 fr.

1201. Quatre titres pour un : Les Trois Diables, le Donjon de
la tour du nord, Huit Jours à Paris, Huit jours en
province; par Raban (1820). 2 vol. in-12.   5 fr.

1202. Quelques Scènes de la vie des femmes, ou les aventures
d'un chevalier français; par le C. Henri de L****,
aut. d'Alfred-le-Grand (1818). 3 vol. in-12. 7 fr. 5o c.

1203. Quelques scènes de ménages; par mad. Mallès, née de
Beaulieu (1820). 2 vol. in-12.   5 fr.

1204. Querelles (les) de famille; traduit de l'allemand, d'Aug.
Lafontaine, par M. Breton. 2 vol. in-12, fig.   5 fr.

1205. Quinzaine (la) anglaise, ou voyage de milord de*** à
Paris; par le chevalier de Rutlige (1786). 3 v. in-18. 3 fr.

R.

1206. Raoul de Valmire, ou six mois de 1816; Nouvelle, par
M. le vicomte de Saint-Chamans (1816). Un volume
in-12.   2 fr. 5o c.

1207. Raphaël d'Aguilar, ou les moines portugais; histoire
véritable du XVIIIᵉ siècle, publiée par Rougemont
(1820). 2 vol. in-12.   5 fr.

C'est une nouvelle édition de Don Ranucio d'Alétès. *Voy.* Hist. de

1208. Raphaël, ou la vie paisible; traduit de l'allem., d'Aug.
Lafontaine (1810). 2 vol. in-12.   4 fr.

1209. Rasselas, prince d'Abyssinie, par Johnson; avec la Vie
de l'auteur. Trad. nouv. (1819). Un vol. in-12. 2 fr.

Ce roman a paru aussi sous le titre de la Vallée heureuse,
ou le prince mécontent de son sort, 1 vol. in-12, et sous
celui du Vallon fortuné, 3 vol. in-12. *Voy.* Vallon.

1210. Raymond, ou le généreux fermier; traduit de l'anglais
(1813). 3 vol. in-12.   7 fr. 5o c.

1211. Reclus (le) de Norwège; traduit de l'angl., de miss Anna Maria Porter; par mad. Elisabeth de Bon (1815). 4 vol. in-12. 10 fr.

1212. Réfugiés (les) Polonais, ou tout pour l'amour et la beauté; par L. P. Manuel, député à la convention nationale, et auteur des Lettres de Mirabeau à Sophie (1819). 3 vol. in-12. 6 fr.

1213. Régicide (le) (1820). Un vol. in-12. 2 fr. 50 c.

1214. Reinhold, ou les pupilles mystérieux; traduit de l'allemand, d'Aug. Lafontaine, par M. W. (1819). 5 vol. in-12. 12 fr.

1215. Relation abrégée du Voyage de Lapeyrouse, pendant les années 1785, 86, 87 et 88, pour faire suite à l'Abrégé de l'Histoire générale des Voyages de La Harpe; avec portrait, figures et cartes (1799). Un vol. in-8. 7 fr.

1216. Religieuse (la) et sa fille, ou mémoires de la famille Courville; traduit de l'anglais, par J. D. (1804). 2 vol. in-12. 5 fr.

1217. Religieuse (la), par Diderot (1798). Un volume in-12, une figure. 2 fr.

1218. Rencontre (la) au Luxembourg, ou les quatre bonnes femmes; par mad. Maurer (1815) 5 vol. in-12. 12 fr.

1219. Renégat (le) de Palerme. *Voy.* Prospéro.

1220. Rentière (la). *Voy.* Madame de M***.

1221. Rétribution, (la) ou histoire de miss Prescot; trad. de l'angl. (1817). Trois tomes en 2 vol. 4 fr.

1222. Revenans (les) véritables, où aventures du chevalier de Morny; par l'auteur de la Forêt et le château de Saint-Alpin. 2 gros volumes in-12. 5 fr.

1223. Révolte (la) de Boston, ou la jeune hospitalière; par mad. Barthelemy Hadot (1820). 5 v. in-12. 7 fr. 50 c.

1224. Richard Bodley, ou la prévoyance malheureuse; par madame Bournon Malarme (1785). 2 vol. in-12. 3 fr.

1225. Rinaldo Rinaldini, chef de brigands; histoire romanesque de notre siècle; traduit de l'allemand (1816). 2 vol. in-18, fig. 2 fr. 50 c.

1226. Robertine; par l'auteur d'Isore, ou le tombeau de Delphine (1814). 3 volumes in-12, une grav. 6 fr.

1227. Robert-le-Rouge Mac-Gregor, ou les Montagnards écossais; traduit de l'angl., de Walter Scott (1818). 4 vol. in-12, avec le portrait de Robert-le-Rouge en costume de guerre. *Voy*. Rob-Roy. 9 fr.

1228. Robinson Crusoé *Voy*. Histoire de

1229. Robinson (le) du faubourg Saint-Antoine, ou relation des aventures du général Rossignol, déporté en Afrique pendant la révolution; contenant de nouvelles notions sur l'intérieur de l'Afrique, et des détails sur l'établissement d'une république fondée par Rossignol auprès du Monomotapa, et dont il était encore dictateur en 1816 (1818). 4 volumes in-12, portraits et cartes. 10 fr.

1230. Robinson (le) Suisse, ou journal d'un père de famille naufragé avec ses enfans; traduit de l'allemand, de M. Wiss, par madame de Montolieu (1820). 3 vol. in-12, ornés de 12 gravures et d'une carte. 9 fr.

1231. Rob-Roy; précédé d'une Notice sur Rob-Roy Mac-Gregor et sa famille; traduit de l'allemand, de Walter Scott, par le traducteur des Romans historiques du même auteur (1820). 4 vol. in-12. 9 fr.

Il existe une autre traduction de cet Ouvrage sous le titre de Robert-le-Rouge. *Voy*. Robert

1232. Roche (la) du Diable; par M. Legay. Nouvelle édition (1821). 4 vol. in-12, frontispices gravés. 10 fr.

1233. Rocher (le) des Amours, ou le parjure puni; par Mlle Désirée Castellerat (1816). 3 v. in-12.   7 fr. 50 c.

1234. Roderick, le dernier des Goths; trad. de l'angl., de Robert Southey, par M. Bérard. 3 v. in-12.   7 fr. 50 c.

1235. Rodolphe et Julie; traduit de l'allemand, d'Auguste Lafontaine (1802). 2 vol. in-12.   5 fr.

1236. Rodolphe et Marie, ou la Société secrète, roman historique; traduit de l'allemand, d'Auguste Lafontaine (1820). 4 vol. in-12.   10 fr.

1237. Roland furieux; par M. le comte de Tressan. 3 volumes in-8, fig.   9 fr.

Voyez OEuvres de Tressan.

1238. Roland l'amoureux. *Voy*. Nouvelle traduction de

1239. Roland, ou l'héritier vertueux; traduit de l'angl., de Charlotte Smith. 5 vol. in-12.   12 fr.

Ce Roman très-rare, a été trad. de nouveau sous le titre du Testament de la vieille cousine. *Voy*. testament.

1240. Romalino, ou les msytères de Monte-Rosso; par l'auteur de la Tombe et le Poignard (1821). 2 vol. in-12. 5 fr

1241. Roman (le) comique; par Scarron. Nouvelle édit. (1821). 4 vol. in-12. portrait.   8 fr.

1242. Romans (les) de chevalerie, contenant : Tristan le Léonais, Arthur de Bretagne, Flore et Blanche-Fleur; Pierre-de-Provence, Fleur des Batailles, Huon de Bordeaux, Guerin de Monglave, don Ursino-le-Navarrois, Jéhan de Saintré, Gérard de Nevers, Zélie, ou l'ingénue, etc.; précédé d'un Discours préliminaire sur les romans français; par le comte de Tressan. 4 vol. in-12, fig.   10 fr.

Voyez OEuvres de Tressan.

1243. Romans de la Place. *Voy*. Collection des Romans de

1244. Romans de M. de Mayer, contenant Ziska, ou le grand
aveugle de Bohême; les Amours d'Eléonore d'Aqui-
taine, Conradin, roman historique; la Vestale; les
Vengeances, ou les amours d'Alphonse Seguin et de
Joséphine Chiavera (1817). 2 vol. in-12. 3 fr.

1245. Romans du Nord; imité du Russe et du Danois de Ka-
ramsin, et de Suhm, par Henri de Coiffier (1808).
3 vol. in-12. 6 fr.

1246. Roman (le) sans titre, histoire véritable ou peu s'en
faut; par un philosophe du Palais-Royal (1788).
2 vol. in-12. 3 fr.

1247. Romans et contes de Voisenon, contenant : Tant mieux
pour Elle ; l'Ile de la Félicité ; le Prince Misapouf, et
la Princesse Grisemine. 2 vol in-18. fig. 1 fr. 50 c.

1248. Romans héroïques de Jean Ambroise-Marin, traduits de
l'italien par M. le comte de Caylus et M. de Seré; contenant le Caloandre fidèle et les Désespérés (1788).
4 vol. in-12. 8 fr.

1249. Roman (le) ragique, ou les suites de la séduction;
par Rougemaitre (1807).2 vol. in-12. 3 fr.

1250. Romeo et Juliette ou les victimes de l'amour, par Ré-
gnault Warin. 2 vol. in-12. 4 fr.

1251. Rosalina, ou la méprise de l'amour; par madame de
Morency (1801). 2 vol. in-12. portrait. 4 fr.

1252. Rosa, ou la Fille mendiante et ses bienfaiteurs; traduit
de l'anglais de Mistriss Bennett; par mad. Louise
Brayer de Saint-Léon (1798). 10 vol. in-18. 10 fr.

1253. Rosaura de Viralva , ou l'homicide; trad. de l'angl.
de Maria Charlton; par mad. d S. (1817). 3 vol.
in-12. 7 fr. 50 c.

1254. Rosaure, ou l'arrêt du destin; traduit de l'allemand d'Aug. Lafontaine, par mad. la Comtesse de Montholon (1818). 3 vol. in-12.   7 fr. 5o c.

1255. Rosebelle; historiette du xiiie siècle; par P. B. Dampmartin (1800). Un vol. in-12, une fig.   2 fr.

1256. Rose (la) de Jéricho; imité de l'allemand, par madame de Montolieu (1819). Un v. in-12, 2 figures, dont une coloriée.   3 fr.

1257. Rose et Albert, ou le tombeau d'Emma; par madame Keralio Robert (1810). 3 vol. in-12.   6 fr.

1258. Rose et Dorsinval. *Voyez* Salut à MM. les Maris.

1259. Rose Mulgrave; par madame Adèle de Cueüllet (1806). 3 vol. in-12 (très-rare).   9 fr.

1260. Rose Summers, ou les dangers de l'imprévoyance; trad. de l'anglais (1804). 4 vol. in-12.   9 fr.

1261. Rosetty, ou l'orpheline vertueuse; traduit de l'anglais, de mistriss R.; par M. Chomel (1813). 3 volumes in-12.   6 fr.

1262. Rosina et ses Frères; par D'Arnaud (1807). Un vol. in-12, une fig.   1 fr. 5o c.

1263. Rosine, ou le pas dangereux. Un vol. in-12. 1 fr. 5o c.

1264. Rosolia, ou les mystères du château de Glaswerka (1799). Un vol. in-12, fig.   1 fr. 5o c.

1265. Roue (la) de fortune; traduit de l'anglais, de Fielding (1819). 3 vol. in-12.   7 fr. 5o c.

1266. Roulette (la); par J. Lablée (1808). 1 vol. in-12, une figure.   1 fr. 5o c.

1267. Ruines (les) de Rotembourg, roman historique; par Mardelle (1819). 3 vol. in-12.   7 fr. 5o c.

1268. Ruines (les) d'un vieux château de la Haute-Saxe, ou Gervais et Ferdinand de Monténédo; par madame Bournon-Malarme (1821). 3 vol. in-12.   7 fr. 50 c.

1269. Ruines (les), ou méditations sur les révolutions des Empires, par Volney; septième édition. On y a joint la Loi naturelle; précédé d'une Notice sur le comte de Volney. 1 gros v. in-18, orné du portrait de l'auteur, d'une gravure et de 2 cartes ou tableaux.   3 fr.

S.

1270. Sabina d'Herfeld, ou les dangers de l'imagination; par M. de Reverony-Saint-Cyr (1814). 2 vol. in-12   5 fr.

1271. Sacrifices (les) de l'Amour, ou lettres de la vicomtesse de Sénanges et du chevalier de Versenay; par Dorat (1772). 2 vol. in-8.   5 fr.
Le même ouvrage (1782). 2 vol. in-12.   4 fr.

1272. Saint-Clair des Iles, ou les exilés à l'île de Barra; traduit de l'anglais, de mistriss Helme, par madame de Montolieu (1809). 4 vol. in-12.   10 fr.

1273. Sainclair, ou la victime des sciences et des arts, Nouvelle; par madame de Genlis (1808). Un volume in-18.   1 fr. 25 c.

1274. Saint-Clair, ou l'héritière de Desmond; traduit de l'angl., de miss Owenson (lady Morgan), par M... (1813). 2 vol. in-12.   4 fr.

1275. Sainte-Hélène et Monrose, ou les aventures aériennes; histoire véritable (1799). 2 vol. in-18, fig.   2 fr.

1276. Saint-Ernulphe, ou les proscriptions; par M. L. Fleury (1821). 2 vol. in-12.   5 fr.

1277. Saint-Flour et Justine, ou histoire d'une jeune Française au XVIIIᵉ siècle, avec un Dialogue sur le caractère moral des femmes; par M. de Ferrières (1791). 4 vol. in-12.   6 fr.

1278. Saint-Julien, ou histoire d'une famille; traduit de l'allemand, par L. de Lamarre (1805). 3 volumes in-12, figures. 7 fr. 50 c.

1279. Saint-Vincent de Paul, ou l'Apôtre des affligés; ouvrage renfermant les évènemens les plus mémorables des règnes de Henri IV, de Louis XIII et de la minorité de Louis XIV, avec des Anecdotes relatives à cet illustre fondateur de l'Hospice des Enfans trouvés, des Filles de la Charité, et des Prêtres de la Mission; publié d'après des Mémoires authentiques, par mad. Guénard (1818). 4 vol. in-12, une fig. 10 fr.

1280. Saisons (les), poëme; traduit de l'anglais de Tompson (1817). 1 gros vol. in-18. 1 fr.

1281. Salut à MM. les maris, ou Rose et Dorsinval; par mad. de Colleville. *Maris, aimez vos femmes* (1806). 1 vol. in-12. 2 fr.

1282. Samuel d'Harcourt, ou l'homme de lettres, par Abel Dufresne, auteur du Monde et la Retraite (1820). 2 vol. in-12. 4 fr. 50 c.

1283. Sancerre et Adèle, ou le mari coupable; suivi de la Femme désabusée; par mad. de*** (1802). 2 v. in-12, 2 fig. 3 fr.

1284. Saphorine, ou l'aventurière du faubourg Saint-Antoine; par M. Merville (1820). 2 vol. in-12. 5 fr.

1285. Sarsfield, ou les égaremens de la jeunesse; traduit de l'anglais, de J. Gamble, par M. Vilmain (1816). 3 vol. in-12. 6 fr.

1286. Savinia Rivers, ou le danger d'aimer; traduit de Sophie Lée, par mad. S. (1808). 5 vol. in-12. 12 fr.

1287. Savetier (le) enrichi, ou trois mois de Niperc (anagramme de Crepin); par madame de Vildé (1801). Un volume in-12. 1 fr. 50 c.

1288. Scènes (les) de la vie du grand monde, ou Vivian; trad. de l'anglais, de miss Edgeworth, par M. D. (1813). 5 vol. in-12.   7 fr. 50 c.

1289. Secrets (les) de famille; traduit de l'anglais, de M. Prat, par madame Mary-Gay-Allart (1802). 5 vol. in-18, fig.   5 fr.

1290. Secrets (les) du cœur, ou le cercle du château d'Eglantine; Roman-Nouvelles; par madame de Renneville (1816). 3 vol. in-12.   7 fr. 50 c.

1291. Séductions (les); par mad. Jenny L. G. D. (1820). 4 vol. in-12.   10 fr.

1292. Séligny, ou l'accusé de rapt; suivi de l'Homme à la mode et du Tocsin, historiettes; par Lablée. Un vol. in-12.   1 fr. 50 c.

1293. Sethos; histoire ou vie tirée des monumens; anecdotes de l'ancienne Egypte; traduit d'un manuscrit grec. Edition de Bastien (1795). 2 vol. in-8.   15 fr.

1294. Severine; par madame Beaufort d'Hautpoul (1810). 6 vol. in-12.   12 fr.

1295. Sidonia, ou le refus; traduit de l'angl., d'Eléonore Singleton, par mad. de Viterne (1812). 4 v. in-12. 10 fr.

1296. Sidonie, ou l'abus des talens; par madame ***, 4 vol. in-12.   10 fr.

1297. Siége (le) de la Rochelle, ou le malheur et la conscience; par madame de Genlis (1809). 2 vol. in-12.   5 fr.

1298. Simple Histoire; suivi de lady Mathilde; traduit de l'anglais, de mistriss Inchbad, par M. J. M. Deschamps (1800). 4 vol. in-18, figures.   4 fr.

1299. Sœur (la) de la Miséricorde, ou la veille de la Toussaint; traduit de l'anglais, de Sophie Francès, par madame de Viterne (1809). 4 vol. in-12.   10 fr.

1300. Sinaïb et Zora, ou l'héritière de Babylone ; par madame Vanesbecq (Grand-Maison) (1801). 2 volumes in-18, fig.   1 fr. 50 c.

1301. Singularités anglaises, écossaises et irlandaises, ou recueil d'anecdotes curieuses, d'actions bizarres et traits piquans, propres à faire connaitre l'esprit, les mœurs et le caractère des peuples de la Grande-Bretagne (1814). 2 vol. in-12.   5 fr.

1302. Sir Walter Fink et son fils Williams ; par mad. de Charrières (1806). Un vol. in-12, petit papier. 1 fr. 50 c.

1303. Six mois d'exil, ou les orphelins par la révolution ; roman historique ; par mad. Merard-Saint-Just (1805). 3 vol. in-12.   6 fr.

1304. Six Nouvelles, contenant : les Deux Emigrés, nouvelle polonaise ; Gentil hussard, nouvelle prussienne ; Isabeau, nouvelle bavaroise ; le Conscrit, nouvelle hollandaise ; la Conversation, nouvelle parisienne, etc. ; par Stephen Arnoult, auteur de Catherine de Bourbon, de Marguerite de Valois (1821). 2 vol. in-12.   6 fr.

1305. Six Nouvelles de Fiévée, contenant : la Jalousie, l'Egoïsme, l'Innocence, le Divorce, le Faux révolutionnaire, l'Héroïsme des femmes (1803). 2 v. in-12. 4 fr.

1306. Six (les) Nouvelles de Florian. *Voyez* Œuvres complettes de

1307. Sœur (la) grise, ou mémoires de madame de Canès (Sénac) ; par M. de Faverolle (1819). 3 vol. in-12, une figure.   7 fr. 50 c.

1308. Soirées (les) de famille ; Contes, Nouvelles, Traits historiques et Anecdotes ; recueil philosophique, moral et divertissant (1817). 3 vol. in-12.   6 fr.

1309. Soirées (les) de la chaumière, ou les leçons du vieux père ; par Ducray Duminil (1806). 8 vol. in-18. 8 fr.

1310. Soldat (le) parvenu, ou mémoires et aventures de Verval, dit Bellerose; par M. Mauvillon (1786) 2 vol. in-12. 4 fr.

1311. Soliman et Dalména, ou le philosophe asiatique; par M. de la Flotte (1778). Un vol. in-12. 1 fr. 50 c.

1312. Solitaire (le) anglais, ou aventures merveilleuses de Philippe Quarll; traduit de l'anglais, de M. Dorrington (sans date). 2 vol. in-18, fig. 2 fr.

1313. Solitaire (le) espagnol, ou mémoires de don Verasque de Figueroas (1753). 2 vol. in-12. 4 fr.

1314. Solitaire (le) de la Montagne, ou le fils perdu et retrouvé; traduit de l'allemand, par C. Houtteville (1817). 2 vol. in-12, une fig. 5 fr.

1315. Solitaire (le); par M. le vicomte d'Arlincourt (1821). Cinquième édition. 2 vol. in-12, fig. 5 fr.

1316. Sollicitude (la) paternelle, ou Mémoires de la famille d'Almainville; publié par M. P. (1819). 4 gros vol. in-12. 10 fr.

> Cet Ouvrage a paru d'abord sous le titre du Futur Gendre à l'épreuve. *Voyez* Futur (le)

1317. Sopha (le), conte moral; par Crébillon fils (1774). Un vol. in-12, fig. 2 fr.

1318. Sophie de Beauregard, ou le véritable amour; par madame de Lagrave (1799). 2 vol. in-12. 5 fr.

1319. Sophie de Blamont, ou Mémoires d'une femme de ce temps, écrits par elle-même, et publiés par Henri Duval (1820). 4 vol. in-12. 10 fr.

1320. Sophie de Listenay, ou aventures et voyages d'une émigrée française en Allemagne et en Prusse; publié par Bilderbek. 4 vol. in-12. 8 fr.

1321. Sophie, ou mon voyage à Besançon; par P. J. Sales (1803). 2 vol. in-12. 3 fr.

1322. Soupers (les) de Vaucluse; par M. R. D. L. (1789). 3 vol. in-12, musique. 6 fr.

1323. Sort (le) des femmes, ou le club d'amour; par Ant. Galland, auteur d'Antonio (1809). 1 v. in-12. 1 fr. 50 c.

> Il ne faut pas le confondre avec Auguste Galland, auteur des Mille et une nuits.

1324. Sourde (la) et muette, ou la famille d'Ortemberg; par mad. Bournon Malarme (1820). 3 v. in-12. 7 fr. 50 c.

1325. Souterrain (le), ou Mathilde; traduit de l'anglais de Sophie Lée (1787). 3 vol. in-12, fig. 7 fr. 50 c.

1326. Souterrains (les) de la Roche de Baume, ou le fantôme et les brigands; par M. G. 3 vol. in-12. 7 fr. 50 c.

1327. Souvenirs (les) de Félicie; par madame de Genlis (1811). 2 volumes in-12. 5 fr.

1328. Souvenirs (les) de madame de Caylus, édition augmentée des notes de Voltaire (1805). 1 gros vol. in-18. 1 fr. 50 c.

1329. Souvenirs (les) de Paris en 1804; traduit de l'allemand, d'Auguste Kotzebüe, avec des notes (1805). 2 volumes in-12. 5 fr.

1330. Souvenirs de Regnault de Saint-Jean-d'Angely; par M***. 2 vol. in-12, fig. 5 fr.

1331. Souvenirs d'un Voyage en Livonie, à Rome, à Naples (faisant suite aux Souvenirs de Paris); par Kotzebüe (1806). 4 volumes in-12. 10 fr.

1332. Spectre (le) de la galerie du château d'Estalens, ou le sauveur mystérieux; traduit de l'anglais, par le Baron de Lamothe-Houdancourt. (1819). 4 volumes in-12, figures. 10 fr.

1333. Spectre (le) de la Montagne de Grenade; par mademoiselle Désirée Castellerat (1809). 3 vol. in-12. 6 fr.

1334. Spinalba, ou les révélations de la Rose-Croix; par J.-J.
Régnault-Warin. 4 vol. in-12.   9 fr.

1335. Splendeur et Souffrance; traduit de l'anglais, par J.
Martin. 3 vol. in-12.   7 fr. 50 c.

Nous avons une autre traduction du même Roman, sous
le titre de Latimor. *Voyez* Latimor.

1336. Stanislas (de Sainte-Rose); par madame Bournon-Malarme (1811). 3 vol. in-12.   7 fr. 50 c.

1337. Stanislas, roi de Pologne, roman historique; suivi d'un
Abrégé de l'Histoire de Pologne et de Lorraine; par
madame de Renneville (1812). 5 vol. in-12, ornés des
portraits de Stanislas Leckzinski, roi de Pologne, de
Marie Leckzinska, reine de France, et de Charles XII,
roi de Suède.   6 fr.

1338. Stanislas Zamoski, ou les illustres Polonais; par madame Barthelemy Hadot (1818). Nouv. édition. 4 vol.
in-12, une fig.   9 fr.

1339. Stella, ou les proscrits; suivi de la Lettre d'un Solitaire
des Vosges, de la Fileuse du seigneur, de la Vision et
de Fanchette; par Ch. Nodier (1820). Nouv. édition.
1 vol. in-12, fig.   2 fr. 50 c.

1340. Stéphanie, ou les folies à la mode; mémoires singuliers
d'un jeune homme à bonnes fortunes, pris pour dupe
(1802). 2 vol. in-12.   4 fr.

1341. Stéphanie; par madame Fanny de Beauharnais. *Voyez*
Lettres de

1342. Sterne (OEuvres complettes de), contenant : Tristram
Shandy, le Voyage sentimental, les Lettres et les
Sermons; traduit de l'angl. par une société de gens de
lettres (1818). 6 vol. in-18, fig.   9 fr.

1343. Strathallan; traduit de l'anglais, de miss Alicia Lefanu.
5 vol. in-12.   10 fr.

1344. Suédois (le), ou la prédestination; traduit de l'allemand, d'Aug. Lafontaine, par madame Elise Voïard (1819) 4 vol. in-12.   10 fr.

1345. Suite et conclusion de l'Egoïsme, de Pigault-Lebrun, ou *Le fut-il? ne le fut-il pas?* (1821) 2 volumes in-12.   5 fr.

1346. Suite des Nouvelles de madame de Montolieu, contenant : Cécile de Rodeck, ou les regrets ; Alice, ou la Sylphide, nouvelle imitée de l'angl., de la duchesse de Devonshire ; avec musique (1812). 3 v. in-12. 7 fr. 50 c.

1347. Sybarites (les), roman historique du moyen âge de l'Italie; traduit de l'allemand, par Henri C. (1801). 2 vol. in-12, 2 fig.   3 fr.

1348. Sydney, comte d'Avondel; traduit de l'angl., de mistriss West, par le traducteur d'Ida (1813). 4 volumes in-12.   10 fr.

1349. Sydney et Worthon; histoire anglaise; par M. de S*** (1820). 1 vol. in-12.   1 fr. 50 c.

1350. Sylphide (la), ou l'ange gardien; trad. de l'angl., de mad. la duchesse de Devonshire, extrait des Nouvelles de mad. de Montolieu. 1 v. in-18, fig. et musique. 1 fr.

1351. Sylvestre, ou mémoires d'un centenaire de 1765 à 1786; par de Maimieux (1802). 4 vol. in-12.   8 fr.

1352. Sylvius et Valéria; traduit de l'allemand, d'Aug. Lafontaine (1819). 2 vol. in-12.   5 fr.

T.

1353. Tableau de l'amour conjugal ; par Venette, orné de 12 gravures. 2 vol. in-12.   5 fr.

     Le même, 4 vol. in-18, 9 fig.   3 fr.

1354. Tableaux de famille, ou journal de Charles Engelmann, traduit de l'allemand, d'Aug. Lafontaine, par mad. de Montolieu. Nouvelle édition (1820). Un gros vol. in-12, une fig.   3 fr.

1355. Tableaux (les) de M. le comte de Forbin, ou la mort de Pline l'Ancien et Inès de Castro; nouvelles historiques, par mad. de Genlis. Un vol. in-8.   5 fr.

1356. Tableaux (les) de société, ou Fanchette et Honorine; par Pigault-Lebrun (1812). 4 vol. in-12.   10 fr.

1357. Tanzaï et Neadarné, histoire japonaise; par Crébillon fils (1734). 2 vol. in-12.   4 fr.

1358. Tarsis et Zélie, par la Mothe Levayer. 6 vol. in-18. 8 fr.

1359. Télémaque (Aventures de), fils d'Ulysse; par M. de la Mothe-Fénélon (1810). 2 vol. in-12, fig.   5 fr.

1360. Téléphe, en 12 livres; par Pechméja (1784). 2 volumes in 12, petit papier.   2 fr. 50 c.

1361. Testament (le) de la vieille cousine; traduit de l'angl. de Charlotte Smith (1816). 4 vol. in-12.   10 fr.
      Voyez Roland, ou l'héritier vertueux.

1362. Testament (le); traduit de l'allemand, d'Aug. Lafontaine, par L. Fuchs, traducteur de la Nouvelle Arcadie (1816). 3 vol. in-12.   7 fr. 50 c.

1363. Tête de mort, ou la croix du cimetière de St.-Adrien; par M. le baron de Lamothe Houdancourt (1817). 4 vol. in-12, fig.   10 fr.

1364. Teudimer, ou la monarchie espagnole; suivi de Guillaume-le-Conquérant; par Gelozan (1805). Un v. in-12. 2 fr.

1365. Thama, ou le sauvage civilisé; histoire d'un Taïtien (1807). 2 vol. in-12.   3 fr.

1366. Théana et Lorenzo; histoire italienne, par Coffin Rony (1808). 4 vol. in-12.   9 fr.

1367. Théâtre d'éducation; par mad. de Genlis (1812). 5 vol. in-12. 12 fr. 50 c.

1368. Théâtre de Pigault-Lebrun (1806). 6 vol. in-12. 15 fr.

1369. Théâtre de société; par mad. de Genlis (1811). 2 vol. in-12. 5 fr.

1370. Théela de Thurn, ou scènes de la guerre de Trente ans; traduit de l'auteur de Walter de Monbary, par mad. Polier, chanoinesse du Saint-Sépulcre (1815). 3 vol. in-12. 6 fr.

1371. Thémidore (Londres, sans date). 2 parties en un vol. in-18. 1 fr. 25 c.

1372. Théodora, femme de Justinien, roman historique; suivi d'un Recueil de Pensées et de préceptes de Belizaire; par M. le marquis de Vaquier-Limon. (1814). 3 vol. in-12. 5 fr.

1373. Théodore, ou les Péruviens. *Voy.* Cent (les) vingt Jours.

1374. Théodore Cyphon, ou le juif bienfaisant; traduit de l'angl., de G. Valker, auteur de Cinthélia, par Lebas. 3 vol. in-18. 2 fr. 25 c.

1375. Thérèse Aubert; par Charles Nodier (1819). 1 volume in-12. 2 fr. 50 c.

1376. Thérèse de Wolmar, ou l'orpheline de Genève et son persécuteur; anecdote du XIXe siècle; par madame Guénard (1821). 2 vol. in-12. 5 fr.

1377. Thomas (Histoire de) Brown, ou l'amour de l'humanité; traduit de l'anglais, par madame de C. 2 volumes in-12. 4 fr.

1378. Tombeau (le) mystérieux, ou les familles de Hennarès et d'Almanza, roman espagnol de John Palmer; trad. de l'anglais, par R. J. Durdent (1810). 2 volumes in-12. 4 fr.

1379. Tombeau (le), roman attribué à Anne Radcliffe, par Hector Chaussier et Bizet. Nouvelle édition (1821). 2 vol. in-12, fig. 5 fr.

1380. Tombeaux (les) et Méditations d'Hervey ; trad. de l'angl. par Letourneur (1796). Un vol. in-18. 1 fr. 25 c.

Tom Jones, ou l'enfant trouvé; trad. de Fielding, par
1381. de la Place. 3 vol. in-12. 7 fr. 50 c.

1382. Tonneau (le) de Diogène ; imité de l'allem., de Wiéland, par M. Frénais, avec des remarques et additions de Regnault-Warin (1802). 2 v. in-12, fig. 3 fr.

1383. Torrent (le) des passions, ou les dangers de la galanterie; aventures du général-major, comte de G***, dans les diverses contrées de l'Europe , par Reverony-de-Saint-Cyr (1818). 2 vol. in-12, fig. 5 fr.

1384. Tour (la) du Bog, ou la sévérité paternelle; par M. Legay (1820). 4 vol. in-12. 10 fr.

1385. Tour (la) du Louvre, ou les héros de Bouvines ; par madame Barthelemy Hadot (1818). Nouvelle édition. 4 vol. in-12. 8 fr.

1386. Tournemont, ou les confidences d'une jolie femme (1796). 2 vol. in-18. 1 fr. 50 c.

1387. Tout est possible à l'amitié, ou histoire de milord Love-Rose et de Sophie Mostain; par mad. Bournon-Mallarme (1786). 2 vol. in-12. 3 fr.

1388. Traits de nature. *Voyez* Jeune (le) Cleveland.

1389. Trois (les) Bibles, ou Lucie et Maria; trad. de l'angl., de mad. Parson's, par Mayeur (1816). 3 v. in-12. 6 fr.

1390. Trois (les) B***, ou aventures et mémoires d'un boiteux, d'un borgne et d'un bossu; par Armand-Charlemagne (1809). 4 vol. in-12. 8 fr.

1391. Trois (les) Familles ; par madame Bournon-Mallarme
(1810). 4 vol. in-12.   10 fr.

1392. Trois (les) Faublas de ce temps-là ; manuscrit trouvé
dans les panneaux d'une ancienne voiture de la cour ;
publié par Sewrin (1803). 4 vol. in-12.   10 fr.

1393. Trois (les) Gilblas, ou cinq ans de folie ; histoire pour
les uns et roman pour les autres ; par de Lamartellière
(1805). 4 vol. in-12, fig.   9 fr.

1394. Trois (les) Moines ; par M. de Faverolle, auteur des
Capucins (1815). 2 vol. in-18, fig.   2 fr.

1395. Trois mois de ma vie, ou l'Histoire de ma famille ; par
Dumaniant (1811). 3 vol. in-12.   6 fr.

1396. Trois (les) Romans, ou Contes d'aujourd'hui, contenant : l'Héritière de Riversdale, les Sœurs, et Julienne ; traduit de l'angl., de mistriss Isaaks, par le
traducteur de l'Orpheline du Presbytère (1817). 4 vol.
in-12.   10 fr.

U.

1397. Un an et un jour ; traduit de l'angl., par madame de
Montolieu. Nouvelle édit. (1821). 2 vol. in-12. 6 fr.

1398. Une Macédoine ; par Pigault-Lebrun. *Diversité, c'est
ma devise* (1817). 4 vol. in-12.   10 fr.

1399. Un Hiver à Londres ; de T. S. Surr. Traduit de l'angl.
par madame de*** (1810). 3 vol. in-12.   7 fr. 50 c.

1400. Usong ; histoire orientale, par M. de Haller (1772). Un
vol. in-12.   1 fr. 50 c.

V.

1401. Valéria, ou la chapelle de Flowern; par Renault de Rouvray (1820). 2 vol. in-12, fig.　　　　4 fr.

1402. Valérie, ou lettres de Gustave de Linar à Ernest de G.; par madame la baronne de Krudner (1804). 2 vol. in-12.　　　　5 fr.

1403. Valérine de Monsabran, ou la victime de la confiance; anecdote française, par L. F. G. D. de la Rochelle (1799). 1 vol. in-12, fig.　　　1 fr. 50 c.

1404. Valet (le) par circonstances, ou le Panorama de quelques maisons de Paris, vues dans l'intérieur; par Legay (1817). 4 vol. in-12.　　　　10 fr.

1405. Vallée (la) de Mitterbach, ou le château de Blankeinstein; par M. de Faverolle (1816). 4 vol. in-12. 9 fr.

1406. Vallon (le) fortuné, ou Rasselas et Dinarbas; traduit de l'angl par M. Maccarthy (1817). 3 v. in-12. 7 fr. 50 c.
　　　Nous avons déjà Rasselas, prince d'Abyssinie. *Voy.* Rasselas.

1407. Valsinore, ou le cœur et l'imagination; traduit de l'angl. (1816) 2 vol. in-12.　　　　4 fr.

1408. Vampires (les). *Voy.* Histoire des

1409. Veille (la) de la Saint-Jean; traduit de l'anglais (1801). 2 vol. in-12, 2 fig.　　　　3 fr.

1410. Veille (la) du départ; par M. Lhomme Saint-Alphonse (1819). 2 vol. in-12.　　　　5 fr.

1411. Veillée (la); suivi du Franc Breton; par Marmontel (1792). Un gros vol. in-12.　　　2 fr. 50 c.

1412. Veillées (les) des Antilles; par madame Desbordes-Valmore (1821). 2 vol. in-12, 2 fig.　　　5 fr.

1413. Veillées (les) de Thessalie; par mademoiselle de Lussan (1782). 2 vol. in-12. 4 fr.

1414. Veillées (les) du château, ou cours de morale à l'usage des enfans; par madame de Genlis. Nouvelle édition (1819). 3 volumes in-12. 7 fr. 50 c.

1415. Veillées (les) d'une captive; publié par M. *** (1818). 2 vol. in-12, 2 fig. *(par Antony Béraud)* 5 fr.

1416. Veillées (les) d'une femme sensible; par m ad Ménard (1796). 2 volumes in-18, fig. 2 fr.

1417. Veillées (les) militaires, contenant : Théodore et Amélie, ou le pouvoir de l'amour sur le cœur des femmes; Valcour et Caroline; Charles, ou le nouveau Démo-crite; Sophie et Clairval; par madame A. Couvret (1803). 2 vol. in-12. 3 fr.

1418. Velleville et Juliette, ou les étourderies d'une jolie femme; par Ronden (1817). 3 vol. in-12. 6 fr.

1419. Vengeance (la), ou le fou par amour; par mademoiselle Vanhove (1813). 3 vol. in-12. 6 fr.

1420. Vénitiens (les), ou le capitaine français; par madame Barthelemy Hadot. 4 vol. in-12. 9 fr.

1421. Versorand, ou le libertin devenu philosophe; par de Lasolle (1815). 6 vol. in-18. 6 fr.

1422. Vice (le) et la faiblesse, ou mémoires de deux provin-ciales; rédigé par l'auteur de la Quinzaine anglaise (1786). 2 vol. in-12. 3 fr.

1423. Vice et Vertu, ou l'heureuse séduction; par madame la comtesse du Nardouet (1820). 4 vol. in-12. 10 fr.

1424. Victime (la) du préjugé; par Mary-Hays, auteur des Mémoires d'Emma Courtney (sans date). 2 volumes in-12. 3 fr.

1425. Victimes (les) de l'intrigue, et l'Héroïsme dans le malheur. Mémoires de mademoiselle de ***; par mad. de *** (1805). 2 vol. in-8.   6 fr.

1426. Victor de Martigue, ou suite de la Rentière; par mad. de Colleville. 4 vol. in-12.   8 fr.

1427. Victor, ou l'enfant de la forêt; par Ducray Duminil (1798). 4 vol. in-12, 4 fig.   8 fr.

1428. Victor, ou l'orphelin de Montargis; par l'auteur de l'Enfant chéri des dames (1803). 4 vol. in-12.   8 fr.

1429. Vie de l'Empereur Julien; par l'abbé de Lableterie (1809). Un vol. in-12.   1 fr. 50 c.

1430. Vie (la) de Marianne, ou les aventures de mad. la comtesse de ***, par Marivaux (1781). 3 gros volumes in-12.   7 fr. 50 c.

1431. Vie de Marion de Lorme; suivi de l'Histoire de Suzette (1805). Un vol. in-18.   1 fr. 25 c.

1432. Vie du chevalier de Faublas; par Louvet de Couvray. Nouvelle édition (1819). 4 vol. in-12.   8 fr.

1433. Vie et fin déplorable de madame Dubudoy, trouvée, en janvier 1814, entièrement nue et vivante sur les hautes montagnes du canton de Vic-Dessos, département de l'Arriège (1817). 2 vol. in-12, fig.   6 fr.

1434. Vie (la), les Amours et les Aventures de Diogène le cynique, surnommé le Socrate fou, écrites par lui-même; traduit du grec, par Wiéland, et de l'allemand, par le baron de H. (1819). Un volume in-12, une figure.   2 fr.

1435. Vierge (la) d'Arduène, roman historique, contenant les traditions gauloises, ou l'Esquisse des mœurs et des usages avant l'Ere chrétienne; par mad. Elise Voïard. Un vol. in-8, orné d'une belle figure et d'un frontispice gravé.   8 fr.

1436. Vierge (la) de l'Indostan, ou les Portugais au Malabar ; par madame Barthelemy Hadot. Nouvelle édit. (1821) 4 vol. in-12.   10 fr.

1437. Vierge (la) du Mont-Galaad, ou le retour de l'Exilé ; par mad. Claire Destays (1819). 4 v. in-12, fig.   10 fr.

1438. Village de Mariendorpt ; traduit de l'angl., de miss Anna-Maria Porter, par M. H. Janvry (1821). 4 vol. in-12.   10 fr.

1439. Village (le) de Munster ; traduit de l'angl. de lady Hamilton (1782). 2 vol. in-12.   3 fr.

1440. Village (le) des Pyrénées, ou Est-ce un songe ? par Ducray jeune (1816). 3 vol. in-12.   6 fr.

1441. Virginie de Beaufort, ou douze années d'une femme de vingt ans (1815). 2 vol. in-12.   4 fr.

1442. Visionnaire (le), ou la manie des prodiges ; traduit de l'angl. de T. S. Surr. 4 vol. in-12.   8 fr.

1443. Visions (les) du château des Pyrénées ; attribué à madame Radcliffe. Nouvelle édition (1821). 5 v. in-12.   12 fr.

1444. Visite (la) nocturne ; traduit de l'angl., de Maria-Régina Roche, par J. B. Breton. (1801) 6 v. in-18, fig.   6 fr.

1445. Vivian, ou l'homme sans caractère ; traduit de l'anglais de miss Edgeworth (1813). 3 v. in-18.   4 fr. 50 c.

1446. Vivonio, ou l'heure de la Rétribution (du jugement suprême) ; par Sophie Francès (1820). 5 gros volumes in-12.   12 fr.

1447. Vœux (les) téméraires, ou l'enthousiasme ; par madame de Genlis (1813). 3 vol. in-12.   5 fr.

1448. Voile (le), ou Valentine d'Alté ; par mad. de Cucüllet (1813). 3 vol. in-12.   7 fr. 50 c.

17

1449. Voisins (les) de campagne, ou le secret ; trad. de l'angl., de miss Burney, par madame D'Esmenard (1820). 4 volumes in-12, fig. 10 fr.

1450. Voltaire (Romans et Contes de); contenant : Candide, ou l'optimiste ; le Huron, ou l'ingénu ; la Princesse de Babylone ; Micromegas ; Zadig, ou la destinée, etc. Jolie édition. 6 vol. in-18, figures. 9 fr.

1451. Voyage à Barèges et dans les Hautes-Pyrénées, fait en 1788; par J. Dusaulx. 2 vol. in-8. 8 fr.

1452. Voyage au centre de la terre, ou aventures diverses de Clairancy et de ses compagnons dans le Spitzberg, au Pôle du Nord et dans des pays inconnus; traduit de l'anglais, de M. Hormidas-Péath, par Jacques Saint-Albin, auteur des Contes noirs (1821). 3 vol. in-12, figures. 7 fr. 50 c.

1453. Voyage (mon) au Mont-d'Or; par l'auteur du Voyage à Constantinople par l'Allemagne et la Hongrie (1802). Un vol. in-8. 5 fr.

1454. Voyage autour de ma chambre; suivi du Lépreux de la cité d'Aost. Nouv. édit., revue et augmentée d'après celle de St.-Pétersbourg (1820). 1 v. in-12. 1 fr. 50 c.

1455. Voyage (premier) autour du monde, par le chevalier Pigafetta, sur l'escadre de Magellan, pendant les années 1519, 20, 21 et 22 (1801). Un vol. in-8, orné de cartes et fig. 5 fr.

1456. Voyage autour du monde en 1800, 1801, 1802, 1803, 1804; par John Turnbull, dans lequel l'auteur a visité les îles principales de l'Océan pacifique et les établissemens des Anglais dans la Nouvelle-Galles méridionale; suivi d'un Extrait du Voyage de James Gram à la Nouvelle-Hollande; traduit de l'anglais, par J. H. Lallemand (1807). Un vol. in-8. 5 fr.

1457. Voyage aux Indes orientales et à la Chine, fait par ordre de Louis XVI, depuis 1774 jusqu'en 1781, dans lequel on traite de la religion, des sciences et des arts des Indiens, des Chinois, etc., etc., par Sonnerat. Nouvelle édition, revue par Sonnini (1806). 4 vol. in-8.   15 fr.

1458. Voyage cosmographique; ouvrage dédié à la jeunesse; par le professeur Schaefer; traduit de l'allem. (1802). 2 vol. in-12, gravures.   4 fr.

1459. Voyage dans la Haute-Pensylvanie et dans l'État de New-York; par un membre adoptif de la nation Onéida; traduit et publié par l'auteur des Lettres d'un cultivateur américain (1801). 3 volumes in-8, ornés de plans, de cartes et de figures.   15 fr.

1460. Voyage dans le boudoir de Pauline; par Bellin la Liborlière. Un vol. in-12.   2 fr.

1461. Voyage dans le Canada, ou histoire de miss Montaigu; traduit de l'angl., par madame T. G. M. (1809). 4 vol. in-12.   9 fr.

1462. Voyage de Dimo et Nicolo Stephanopoli en Grèce, pendant les années 1797 et 1798; rédigé par un professeur du Prytanée; avec figures, plans et vues, levés sur les lieux. 2 vol. in-8.   8 fr.

1463. Voyage de Henri Swinburne en Espagne, en 1775 et 1776; traduit de l'angl. (1787). Un vol. in-8, grand papier.   5 fr.

1464. Voyage de Hornemann, dans l'Afrique septentrionale, depuis le Caire jusqu'à Mourzouk; suivi d'éclaircissemens sur la géographie de l'Afrique, par M. Rennell; traduit de l'angl., augmenté de notes et d'un Mémoire sur les Oasis, par M. Langlès (1803). 2 vol. in-8, 2 cartes.   8 fr.

1465. Voyage (Abrégé du) de Lapeyrouse. *Voy.* Relation
abrégée du

1466. Voyage de Samuel Héarn au Fort du Prince de Galles,
dans la baie d'Hudson, à l'Océan nord; traduit de
l'anglais (1799). 2 vol. in-8, ornés de planches et de
figures. 8 fr.

1467. Voyage de Sophie en Allemagne, en prusse, en Saxe et
en divers autres endroits d nord, ou description
pittoresque et impartiale des mœurs, des usages et des
maximes religieuses et sociales des nations primitives
de l'Europe; traduit de l'allemand, sur la 12e édition,
par P. B. Lamare; ouvrage faisant suite aux Voyages
de Pythagore, d'Anacharsis, d'Antenor (1802). 3 vol.
in-8, six gravures. 12 fr.

1468. Voyage du jeune Anacharsis en Grèce, dans le milieu du
ive siècle; par J.-J. Barthelemy. Nouvelle édit. (1821).
7 vol. in-8, avec une carte de la Grèce. 24 fr.

1469. Voyage d'un Champenois à Paris, et ses Aventures;
suivi de diverses histoires curieuses, publiées par lui-
même (1820). 3 vol. in-12. 7 fr. 50 c.

1470. Voyage d'un Français fugitif, dans les années 1792 et
suivantes (1816). 3 vol. in-12. 7 fr. 50 c.

1471. Voyage en Espagne, du chevalier Saint-Gervais, officier
français, et divers évènemens de son voyage; par M. de
Lantier (1820). 2 vol. in-8, fig. 12 fr.

1472. Voyage en Hanovre, fait dans les années 1803 et 1804,
contenant la description de ce pays, sous ses rapports
politique, religieux, agricole, commercial, minéralo-
gique, etc., etc., par M. A. B. Mangourit (1805). Un
vol. in-8. 6 fr.

1473. Voyage fait en 1813 et 1814 dans le pays entre Meuse et
Rhin; suivi de notes, et précédé d'une carte très-dé-
taillée (1818). 1 vol. in-8. 6 fr.

1474. Voyage en Norwége, en Danemarck et en Russie, pendant les années 1788, 89, 90 et 91, par Swinton; traduit de l'anglais, par P. F. Henry, suivi d'une lettre de Richer-Serizy sur la Russie (1801). 2 vol. in-8.   8 fr.

1475. Voyage, par le Cap de Bonne-Espérance, dans l'Archipel des Moluques, de 1768 à 1771, et de 1774 à 1778, traduit du hollandais, de J. S. Stavorinus, par H. J. Jansen. 3 volumes in-8, ornés de cartes et figures.   10 fr.

1476. Voyage, par terre, de Santo-Domingo, au Cap Français; terminé par une Relation, sous ce titre : Mon Retour en France; par Dorvo-Soulastre (1809). 1 vol. in-8.   5 fr.

1477. Voyage pittoresque et sentimental dans plusieurs provinces occidentales de la France (1802). 1 vol. in-18, grand papier.   1 fr. 50 c.

1478. Voyage poétique d'Eugène et d'Antonine; par madame de Genlis (1818). 1 vol. in-12.   2 fr. 50 c.

1479. Voyage sentimental en France; traduit de l'anglais, de Sterne (1820). 2 vol. in-12.   4 fr.

1480. Voyages dans les parties sud de l'Amérique septentrionale, savoir : les Caroléïdes, septentrionale et méridionale; la Géorgie; les Florides, orientale et occidendentale du pays des Chérokées; le vaste territoire des Muscogulges et le pays des Chactaws; contenant des détails sur le sol et les productions naturelles de ces contrées, et des observations sur les mœurs des Sauvages qui les habitent; par William Bartram (1801). 2 vol. in-8, ornés de plusieurs figures et d'une grande carte.   8 fr.

1481. Voyages d'Antenor en Grèce et en Asie, avec des notions sur l'Egypte; manuscrit trouvé à Herculanum, par M. de Lantier. Quatorzième édition. 5 vol. in-18.   6 fr.

1482. Voyages (les) de Gulliver; traduit de l'anglais, du docteur Swift, par l'abbé des Fontaines (1820). 2 vol.
in-12.. 4 fr.

1483. Voyages de Kang-Hi, ou Nouvelles lettres chinoises;
par M. de Levis. Deuxième édition (1810). 2 volumes
in-12. 5 fr.

1484. Voyages de MM. Ledyard et Lucas en Afrique, entrepris
et publiés par ordre de la Société anglaise d'Afrique,
avec le plan de fondation de cette Société, et une carte
du nord d'Afrique, par le major Rennell; suivi d'Extraits de Voyages faits à la rivière de Gambie; traduit
de l'angl., par J. N. Lallemand. 2 vol. in-8. 7 fr. 50 c.

1485. Voyages du Prince persan Mirza-Aboul-Taleb-Kan, en
Asie, en Afrique, en Europe, écrits par lui-même, et
publiés par M. Charles Malo (1819). 1 v. in-8. 6 fr.

1486. Voyages et Aventures extraordinaires de sir Wollap.
6 vol. in-12. 12 fr.

W.

1487. Walther, ou l'enfant du champ de bataille; traduit de
l'allemand, d'Aug. Lafontaine, par M. Villemain (1816).
4 vol. in-12. 10 fr.

1488. Waverley, ou l'Ecosse il y a soixante ans, roman historique; trad. de l'angl., de Walter Scott, par J. Martin
(1820). 4 vol. in-12. 10 fr.

1489. Welf-Budo, ou les aéronautes; traduit de l'allemand,
d'Aug. Lafontaine, par madame Elise Voïard (1818).
3 vol. in-12, fig. 7 fr. 50 c.

1490. Werthérie, roman sentimental; par Pierre Perrin (1792).
Un vol. in-12. 2 fr.

1491. Werther; traduit de l'allemand, de Goëthe. Un volume in-12. 2 fr.

1492. Wilhelmina, ou l'héroïsme maternel; histoire hongroise, publiée par Alexandre Duvoisin Calas (1813). 2 vol. in-12. 5 fr.

1493. Wilmina, ou l'enfant des Apennins; par mademoiselle L. G. de C. (1820). 5 vol. in-12, fig. 12 fr.

1494. William Hillnet, ou la Nature et l'Amour; traduit de l'allem. de Miltenberg, par Adeline de Colbert (1801). 3 volumes in-18, fig. 3 fr.

1495. Woldemar; traduit de l'allemand, de Jacobi, par Vanderbourg (1796). 2 vol. in-12, fig. 4 fr.

1496. Woodbury, ou le nouvel Ariodan (1803). 2 volumes in-12. 4 fr.

Z.

1497. Zabeth, ou la victime de l'ambition; par madame de Lagrave (1792). 2 vol. in-12, fig. 4 fr.

1498. Zaïde, histoire espagnole; par madame la Fayette (1821). 2 vol. in-12. 5 fr.

1499. Zélie dans le désert; par madame Daubenton. Quatrième édition (1819). 3 vol. in-12, 3 gravures. 7 fr. 50 c.

1500. Zélim (Avent. de) et Damasine; histoire africaine (1735). 2 vol. in-18. 2 fr.

1501. Zelucco, ou le vice trouve en lui-même son châtiment; traduit de l'angl., de John Moore, par M. Cantwel (1796). 4 vol. in-18, 4 fig. 3 fr.

1502. Zéphira et Fidgella, ou les débutantes dans le monde; par mad. de Morency (1806). 3 vol. in-12, portr. 6 fr.

1503. Zofloïa, ou le Maure; histoire du xvᵉ siècle; traduit de l'angl. par mad. de Viterne (1812). 4 vol. in-12. 9 fr.

1504. Zoflora, ou la bonne négresse; par Piquenard (1800). 2 vol. in-18. 3 fr.

1505. Zuma, ou la découverte du quinquina; suivi de la Belle Paule, de Zenéïde, des Roseaux du Tibre, etc.; par mad. de Genlis. 1 vol. in-12. 3 fr.

FIN DU CATALOGUE.

BIBLIOGRAPHIE

BIOGRAPHICO-ROMANCIÈRE.

ABANCOURT (Villemain d'), né en 1745, auteur des Matinées de Paphos, et de quelques poésies fugitives, a publié un *Cimetière de la Madeleine*, qu'il ne faut pas confondre avec celui de Regnault-Warin, 1 vol. in-18 ; le *Cimetière de Mousseaux*, 1 vol. in-18 ; un *Recueil de Contes et Nouvelles*, 5 vol. in-12. On lui attribue les quatre ouvrages suivans, mais il n'en est que l'éditeur : *Adrien et Stéphanie*, ou l'Ile déserte (1803), 2 vol. in-12 ; *Antoine et Jeannette*, ou les Enfans abandonnés, 2 vol. in-12 ; *Berth et Richemond*, 3 vol. in-18 ; *Maria*, ou l'Enfant de l'infortune, 2 vol. in-12.

AIGNAN (Etienne), Membre de l'Académie française, a traduit de l'anglais : *l'Amitié mystérieuse* (1802), 3 vol. in-12 ; la *Famille de Mourtray* (1802), 4 vol. in-12 ; le *Ministre de Wakefield* (1803), 1 vol. in-12.

ALLARD (Mad. Mary-Gay) a publié, en 1818 : *Albertine de Sainte-Albe*, 2 volumes in-12; elle a donné, sous le titre d'*Eléonore de Rosalba*, une nouvelle traduction du roman de madame Radcliffe, déjà publié par l'abbé Morellet, sous celui de l'*Italien*, ou le Confessionnal des Pénitens noirs ; elle a traduit, de mad. Prat, les *Secrets de famille* (1802), 5 vol. in-18.

AMBROISE MARIN. *Voyez* Marin.

AMYOT (Jacques), né en 1514. Le célèbre traducteur des Œuvres de Plutarque nous a donné deux romans traduits du grec, qu'on lit encore avec plaisir. Il est vrai que, par ses tournures et sa naïveté, le français de son temps se rapprochait, bien plus que le nôtre, du génie de la langue grecque. Ces romans sont : * les *Amours de Daphnis et Chloé*, traduit de Longus, et les * *Amours de Théagènes et Chariclée*, traduit d'Héliodore, Evêque de Trica.

ANDELAU (Madame la marquise de St.-Aubin, baronne d') a publié deux Romans, qui ont eu du succès : le *Danger des Liaisons*, ou Mémoires de la baronne de Blemont (1763), 3 vol in-12; *Mémoires, en forme de lettres*, de deux jeunes personnes de qualité (1765), 4 parties in-12.

ANDRE (Jean-François), auteur de quelques traductions anglaises, parmi lesquelles on distingue un choix de Voyages modernes pour l'instruction de la jeunesse, a publié, en 1779, un roman, traduit de l'anglais, intitulé " *la Méchante femme et le Bon jeune homme*. En 1817, il nous l'a donné de nouveau sous le titre du * *Coupable*, ou les Vengeances de miss Scharp, 2 volumes in-12.

ANTRAIGUES (Madame d') nous a donné, en 1799, *Ernesta*, Nouvelle allemande, 1 vol. in-12.

ARCONVILLE (Madame d'), parmi plusieurs ouvrages de littérature, a publié quelques romans, qui ont été favorablement accueillis : L'*Amour éprouvé par la mort*, ou Lettres modernes de deux amans de Vieille-Roche (1763), 1 vol. in-12, *Dona gratia d'Ataïde*, comtesse de Ménessès, histoire portugaise (1770), un vol. in-8; *Histoire de Saint-Kilda*, un vol. in-12; les *Malheurs de la jeune Emilie*, un vol. in-12; les *Mémoires de mademoiselle de Valcourt* (1767), un vol. in-12; les *Samiens*, Conte, un vol. in-12.

ARIOSTE (l'), né en 1474. Pour nous renfermer dans des limites raisonnables, nous ne parlerons point des Ouvrages en vers, tels que : les Œuvres de Parny, de l'Abbé Delille, etc., les Théâtres de Racine, de Molière, etc.; mais nous regarderons, comme de notre domaine, nous accueillerons, comme romans poétiques, les poëmes écrits ou traduits en prose, tels que le *Télémaque* de Fénélon, le *Joseph* de Bitaubé, etc., le *Paradis perdu* de Milton, la *Jérusalem délivrée* du Tasse, etc.

Avant de lire * *Roland furieux*, il faut connaître * *Roland l'amoureux*. Le Poëme de l'Arioste est une suite à celui de Boïardo, mais une suite bien supérieure; mêmes personnages, mêmes situations. De toutes les traductions qui nous ont été données, celles de d'Ussieux et du comte de Tressan sont les plus estimées. On donne même, à juste titre, la préférence au dernier.

ARLINCOURT (le vicomte d'), auteur du poëme de la Caroleïde, vient d'enrichir notre littérature d'un nouvel ouvrage. Par un succès dont nous n'avons point vu d'exemple de nos jours, le * *Solitaire*, publié il y a à peine quatre mois, est déjà à sa cinquième édition : on le traduit dans toutes les langues; de toutes parts on le met en scène sur nos théâtres. Ce début, dans la carrière romancière, est du plus favorable augure pour un nouveau roman que nous promet l'auteur.

ARNAUD (BACULARD D'), auteur dramatique, poëte et romancier, a écrit dans le genre sentimental. Ses ouvrages sont d'une morale pure, et ont eu le plus grand succès. Nous avons de lui les *Délassemens de l'homme sensible*, 12 vol. in-12; *Denneville*, ou l'Homme tel qu'il devrait être (1802). 3 vol. in-12; les * *Epoux malheureux* (1745), 2 vol. in-12; les *Epreuves du sentiment* (1772 à 1781), 12 vol. in-12; *Lorimon*, ou l'homme tel qu'il est, 3 v. in-12; les * *Matinées*, Nouvelles anecdotes (1799), 3 vol. in-12; les * *Nouvelles historiques* (1803), 3 vol. in-12.

AUBÉPINE (M. le marquis de l') a donné le * *Château de Saint-Alpin*, ou la Forêt (1802), 2 vol. in-12; les *Revenans véritables*, ou Aventures du chevalier de Morny, 2 vol. in-12.

AUGUSTE LAFONTAINE. *Voyez* LAFONTAINE.

AUNOY (Madame la comtesse d'), née en 1650, auteur de plusieurs Mémoires historiques, de plusieurs Nouvelles, a publié des *Contes des Fées*, qu'on lit avec beaucoup de plaisir (1698), 4 vol. in-12. On lui doit le *Comte de Warwick* (1703), 2 vol. in-12; mais son meilleur ouvrage est *Hippolyte, comte de Duglas* (1690), 2 vol. in-12.

BARBET (V. R.) a publié, en 1801, les *Lettres du marquis de Fronsac*, fils du duc de Richelieu, au chevalier de Damas, ou son Histoire de quelques mois à la cour de Russie (Londres), 2 vol. in-12; le *Mariage malheureux*, ou Mathurin et Madeleine, histoire véritable (Paris, 1815), 2 vol. in-12.

Il nous promet deux romans qui l'élèveront au-dessus de ce WALTER-SCOTT si vanté, et le placeront à côté de FIELDING et LE SAGE; ces Ouvrages sont : l'*Archevêque Dunstan*, 2 vol. in-12, et le *Roman critique*, ou Tableau des mœurs de mon temps, 4 vol. in-12. Suivant les expressions de M. BARBET, *Puisse la main financière de nos Crésus fournir promptement les fonds nécessaires à l'impression de ces ouvrages, pour lesquels on souscrit chez l'Auteur.*

BARRET (PAUL DE), traducteur estimé des Offices de Cicéron, des Traités de la Vieillesse et de l'Amitié, a donné quelques romans, parmi lesquels on lit encore le *Grelot* (1762), un vol. in-12; *l'Homme*, ou le Tableau de la vie (1765), 3 vol. in-12, que quelques-uns ont attribué à l'Abbé PREVOST.

BARTHELEMY (L'ABBÉ). On attribue à l'auteur du Voyage d'Anacharsis un petit roman imité du grec : *Carite et Polydore* (1796), un vol. in-12.

BAUME (GRIFFET DE LA), auteur du joli poëme, un peu trop érotique de la Messe de Gnide, poëme que l'on vient de réimprimer dans la belle édition des Fêtes et Courtisanes de la Grèce, traducteur des Abdérites, de Wiéland, des Lettres de Sterne, etc., a traduit de l'anglais, de Mackensie, *Anna Bella*, ou les Dunes de Barram; et, de miss Burney, * *Evelina*, ou l'Entrée d'une orpheline dans le monde (1806), 2 volumes in-12. Il a traduit de l'allemand, de Wiéland, *Pérégrinus Protée*, joli roman, 2 vol. in-18, que l'on ne trouve plus.

Faisons ici une remarque qui peut s'appliquer à tous les romans en petit format qui ne sont pas du premier mérite. Autrefois on n'avait pas la faculté de lire par abonnement, et, pour une somme légère, tout ce qui paraissait en littérature; on achetait plus de romans qu'aujourd'hui. Pour en rendre l'acquisition moins dispendieuse, on les imprimait en petit format. Nos quais, nos boulevards étaient tapissés de jolis volumes in-18, ornés de gravures. Les cabinets de lecture ont fait disparaître ces étalages; ils ont même fait disparaître le format. On aime mieux s'abonner à la lecture des Romans que de les acheter; à l'in-18, on préfère le format in-12, dont le caractère est plus favorable à la vue. Adieu donc les romans de Gorcy, de Rosny, de Dorvigny, de Grasset St.-Sauveur, et de tant d'autres romanciers qui ne sont pas tout-à-fait sans talens.

BEAUCHAMP (Alphonse de), auteur de l'Histoire de la Guerre de la Vendée, de l'Histoire des Campagnes de 1814 et 1815, a publié le *Faux Dauphin* (1803), 2 vol. in-12. En 1818, il a retouché son ouvrage; il a ajouté, à l'Histoire d'Hergavault, premier faux dauphin, celle de Mathurin Bruneau, et l'a reproduit sous ce titre : **Histoire des deux Faux Dauphins*, 2 vol. in-12.

BEAUCHAMP (P. F. Godard de) a traduit du grec, d'Eustathius, *les Amours d'Ismène et Ismenias* (1743), un volume in-8. Sa traduction est estimée.

On lui attribue le *Prince Apprius* (*Priapus*), roman libre.

BEAUFORT (A. A. de), artiste dramatique, a publié * *Elle et Moi*, ou Folie et Sagesse (1800), 2 volumes in-12;

* l'*Enfant du Trou du Souffleur*, ou l'autre Figaro (1803),
2 vol. in-12.

BEAUFORT D'HAUTPOUL. *Voyez* HAUTPOUL.

BEAUHARNAIS (Madame la comtesse FANNY DE), contemporaine et protectrice de DORAT-CUBRÈES, de RESTIF DE LA
BRETONNE, et de plusieurs autres hommes de lettres, s'est distinguée par ses poésies. Elle a donné plusieurs romans estimés:
L'*Abailard supposé*, ou le Sentiment à l'épreuve (1780), un
vol. in-8 ; * les *Amans d'autrefois* (1787), 3 vol. in-12 ;
l'*Aveugle par amour* (1781), un vol. in-8; * les *Lettres de
Stéphanie*, ou l'Héroïsme du sentiment (1778), 3 vol. in-12,
réimprimé plusieurs fois; * la *Marmotte philosophe*, ou la
Philosophie en domino, réimprimé en 1811, 3 vol. in-12.

BEAUMONT (Mad. ELIE DE). Les * *Lettres du marquis de
Roselle*, publiées par cette dame en 1764, 2 vol. in-12, sont
un de nos romans les plus recherchés. Nous devons à l'abbé
DES FONTAINES une suite à cet ouvrage, sous le titre de *Lettres
de Sophie au chevalier de* ***.

BEAUMONT (Madame LE PRINCE DE) a consacré sa plume
à l'éducation de la jeunesse, pour qui elle a publié le Magasin
des Enfans, des Adolescentes, des Jeunes Dames, des Pauvres
Artisans, etc. Elle nous a donné les *Lettres de madame Dumontier* (1756), 3 vol. in-12, les *Lettres d'Emérance à Lucile* (1765), 2 vol. in-12; la *Nouvelle Clarisse* (1767), 2 vol.
in-12.

BEAURIEU (GASPAR DE). Petit homme, à la stature d'Esope,
au costume de Restif, c'est-à-dire, grand feûtre, manteau des
pères-nobles, souliers carrés : tel était Beaurieu. Du reste,
homme simple et bon, ami de la jeunesse, pour l'instruction
de laquelle il a beaucoup travaillé. Il est connu, dans la Librairie des romans, par son **Elève de la nature* (1790), 2 vol.
in-12.

BECCARI (Madame) a publié les *Lettres de milady de Bedfort*, traduit de l'anglais (1796), un vol. in-12; les *Mémoires de Fanny Spingler*, ou les Dangers de la calomnie (1800), 2 volumes in-12; les *Mémoires de Lucie d'Olbery*, traduit de l'anglais (1761), 2 vol. in-12; *Milord d'Amby*, histoire anglaise (1778), un vol. in-12.

BEDACIER (madame). *Voyez* DURAND (madame).

BELLEMARE (J. F.). L'ingénieux et piquant auteur des Remontrances du Parterre, a enrichi notre littérature d'un roman dont tous les journaux ont fait le plus grand éloge : le *Chevalier Tardif de Courtac*. Première édition, 1816; seconde édition, 1821, 5 vol. in-12. Il vient encore de nous en donner un, dont les journaux, sans doute, ne tarderont pas à parler avec éloge : le *Damné volontaire*, ou les Suites d'un pacte, 3 vol. in-12.

BELLIN DE BALLU, homme de lettres, nous a donné *Anastase et Nephtali*, ou les Amis (1815), 4 vol. in-12; *Félicie et Florestine* (1803), 3 vol. in-12; *Mémoires d'une famille émigrée*, 3 vol. in-12.

BELLIN LA LIBORLIERE, auteur de la Cloison, ou Beaucoup de peine pour rien, charmante comédie, ne doit pas être confondu dans la foule des romanciers ordinaires. Nous lui devons : *Anna Grenwil*, roman historique du siècle de Cromwel (1800), 3 vol. in-12; *Célestine*, ou les Epoux sans l'être (1799), 4 vol. in-12; la *Nuit anglaise*, ou les Aventures jadis un peu extraordinaires, mais aujourd'hui toutes simples et communes de M. Dabaud (1799). (C'est une critique très-amusante des romans noirs) ; le *Voyage dans le Boudoir de Pauline* (1801), un vol. in-12.

BENJAMIN CONSTANT. *Voyez* CONSTANT.

BENNETT (mistriss) tient un rang distingué parmi les romanciers anglais. Voici les Ouvrages dont elle nous a enrichis :

* *Agnès de Courcy*, roman domestique (Paris, 1789), 4 vol. in-12; * *Anna*, ou l'Héritière galloise, traduit par Fontanelle (1786), 4 vol. in-12; * *Henry Bennet, et Julie Johnson*, ou les Esquisses du cœur (1791). 5 vol. in-18; la * *Malédiction*, ou l'Ombre de mon père (1809), 5 vol. in-12; les *Imprudences de la jeunesse*, faussement attribué à miss Burney (1788), 4 vol. in-12 ; * l'*Orpheline du presbytère*, fiction et vérité (1816), 5 vol. in-12; *Rosa, ou la fille mendiante et ses bienfaiteurs (1798), 7 vol. in-12.

BENNOIT (madame) DE LA MARTINIÈRE a donné quelques romans dignes de mémoire : *Agathe et Isidore* (1768), 2 vol. in-12 ; les *Aveux d'une jolie femme* (1782), un volume in-12; *Celiane*, ou les Amans séduits par leurs vertus (1766), un vol. in-12; *Élisabeth (1766), 4 vol. in-12, l'*Erreur des désirs* (1769), 2 vol. in-12; la *Folie de la prudence humaine* (1771), un vol. in-12; les **Lettres du colonel Talbert* (1766), 4 vol. in-12 : c'est son meilleur Ouvrage.

BENOIT (mad.) DE GRESELLES a publié : *Adèle Dorsay (1816), 3 vol. in-12.

BERANGER (Jean-Pierre), auteur d'une Histoire de Genève, sa patrie; histoire qui lui fit beaucoup d'honneur, par les principes de philosophie qu'il y répandit, nous a donné un roman intitulé : les *Amans républicains*, ou les Amours de Nicias et Cynire : c'est un tableau très-intéressant des révolutions de Genève.

BERENGER (Laurent-Pierre). L'auteur de la * *Morale en action* n'a pas besoin de nos éloges ; son livre parle pour lui : * l'*Ecole historique et morale du soldat et de l'officier* (1788), 3 vol. in-12; le peuple instruit par ses propres vertus (1787), 2 vol. in-12; la **Morale en exemples* (1801), 3 vol. in-12, etc., sont des recueils d'anecdotes aussi propres à amuser l'esprit qu'à former le cœur. Nous lui devons encore un Recueil amusant de Voyages en vers et en prose, 9 vol. petit in-12, et les *Soirées provençales*, (1786), 3 vol. in-12.

BÉRESFORT (James), auteur anglais, a publié les *Misères de la vie humaine*, etc.; traduit par T. P. Bertin (1817), 2 vol. in-12.

BERNARD (Mademoiselle Catherine), née en 1662, était de la famille des Corneille. Elle marcha sur leurs traces, et donna au Théâtre, Laodamie, Brutus, Bradamante. Elle fut couronnée trois fois par l'Académie française; trois fois elle eut le prix aux Jeux floraux. Ses romans, peu connus de nos jours, ont obtenu les suffrages de son temps. « Le style de » son livre est précis, dit Fontenelle en parlant d'*Eléonore* » d'*Yvrée*; les paroles y sont épargnées, mais le sens ne l'est » pas. » On lui doit encore le *Comte d'Amboise*, 2 volumes; *Edgard, roi d'Angleterre*, un vol.; *Histoire d'Abenamar et de Fatime*, un vol.; *Inès de Cordoue*, Nouvelle espagnole, 1 vol. *Relation de l'île de Bornéo*, un vol.

BERNARDIN DE SAINT-PIERRE. Que d'auteurs, pour toute fortune littéraire, voudraient avoir fait le seul roman de *Paul et Virginie!*

BERQUIN. C'est le romancier du jeune âge. Tout le monde connaît l'Ami des enfans, l'Ami des adolescens, le Petit Grandisson, Sandfort et Merthon.

BERRYAT (Saint - Prix), professeur de législation, a donné *l'Amour et la Philosophie* (1801), 5 vol. in-12. Ce roman est devenu rare.

BERTIN (J. F.), littérateur distingué, rédacteur en chef et co-propriétaire du Journal des Débats, a traduit, de l'anglais, la *Caverne de la mort* (1799), 1 vol. in-12; *l'Eglise de St.-Siffride* (1799), 5 vol. in-18, *Elisa*, ou la famille Elderland (1798), 4 vol in-12.

BERTIN (T. P.), Professeur de sténographie, traducteur infatigable des ouvrages anglais, s'est principalement occupé des livres propres à l'amusement et à l'instruction de l'enfance et de la jeunesse. Voici les Romans qu'il a traduits : les * *Contes noirs et blancs*, ou Marqueterie littéraire (:803), 2 vol. in-12; * *Edgard*, ou le pouvoir du remords, de R. SIKELMORE (1799), 2 vol. in-12; * l'*Encyclopédie comique* (1803), 3 vol. in-12; les * *Fureurs de l'amour* (1809), 2 vol. in-12; *Mirano*, ou les Sauvages, histoire américaine, de Richardson (1797), 1 vol. in-18; les * *Misères de la vie humaine* (1808), 2 vol. in-12; * *Miss Glamour*, ou les Hommes dangereux (1800), 2 vol. in-12.

BETTE D'ETIENVILLE, homme de lettres, a publié les Romans dont suit la note : le *Château*, *l'Ermitage et la Chaumière d'Hennarès*, Roman espagnol (1802), 2 volumes in-12; l'*Héroïsme de l'amour et de l'amitié* (1802), 3 vol. in-12; *Paulin*, ou les Heureux effets de la vertu (1802), 1 vol. in-12; *Pulchérie*, ou l'Assassinat supposé (1803), 2 vol. in-12; *Rosamonde*, ou le Dévouement filial (1804), 2 vol. in-12.

BIBIÉNA (J. GALLI) nous a donné : la *Force de l'exemple* (1748), 1 vol. in-12; *Histoire des amours de Valérie et du noble Vénitien Barbarigo* (1741), 2 vol. in-12; le *Petit Toutou* (1746), 1 vol. in-12; la *Poupée* (1741), 1 volume in-12, réimprimé par Cazin; le *Triomphe du sentiment* (1750), 1 vol. in-12.

BILDERBECK, auteur du joli roman de *Cyane*, ou les Jeux du destin, imité du grec, 1 vol. in-12, a écrit en allemand et en français. Voici les romans qu'il a traduits de l'allemand : l'*Enthousiaste corrigé*, 2 vol. in-12; *Maurice*, par SCHULTZ (1789), 2 vol. in-12, réimprimé sous le titre de *Maurice de Lemberg*, 3 vol. in-18; les * *Nœuds enchantés*, ou les Bizarreries des destinées, 1 vol. in-12; *Théodore*, ou le Petit Savoyard, 2 vol. in-12.

BITAUBÉ. L'excellent traducteur des Œuvres d'Homère, nous a donné le charmant poëme de *Joseph;* nous lui devons *Guillaume de Nassau,* ou la Fondation des Provinces-Unies (1775), 1 vol. in-8, qu'on peut appeler roman poétique. Il a traduit de l'allemand, de Goëthe, *Herman et Dorothée* (1802), 1 vol. in-12.

BIZET a publié, conjointement avec H. CHAUSSIER, le *Tombeau,* qu'ils ont donné comme traduit de mad. Radcliffe (1779), 2 volumes in-12. Ils ont également publié le *Pacha,* ou les Coups du hasard et de la fortune (1779), un volume in-12. Le véritable auteur de ce dernier est M. Simonot, à qui nous devons les Lettres sur la Corse, etc., etc.

BLANCHARD (Pierre), Libraire pour l'éducation, consacre sa plume à l'instruction de la jeunesse. Fidèle au précepte d'Horace, il joint l'agréable à l'utile. Ses Beautés de l'Histoire de France, son Voyageur, son Plutarque de la jeunesse, et tant d'autres que nous ne nommons pas, ont eu le plus grand succès. Voici les romans qu'il nous a donnés : les *Enfans de la nature* (1800), 1 volume in-12. *Félicie de Vilmare* (1793), 3 vol. in-12 ; *Félix et Pauline,* ou le Tombeau au pied du Mont-Jura (1793), 2 vol. in-18 ; *Laurence de Sainte-Beuve* (1798), 1 vol. in-12 ; *Rose,* ou la Bergère des bords du Morin (1797), 2 vol. in-12 ; *Simplicie,* ou les Voluptés de l'amour (1796), un vol. in-18 ; *Philétas,* joli roman pastoral (1800), 1 vol. in-12. Il a donné une nouvelle traduction des *Amours de Daphnis et Chloé,* qui ne fera point oublier la traduction d'Amyot. *Voyez* Amyot.

BLESENSKI (madame de) a donné * *Ladislas,* suite d'*Eugénie et Mathilde* (1811), 1 vol. in-12.

BLOOMFIELD (Robert). La nature fait les poëtes : c'est dans la nature qu'Adam Billaut, menuisier de Nevers, puisa ses chansons ; c'est dans la nature que Bloomfield, d'abord valet de ferme, puis garçon cordonnier, puisa la peinture fidelle des mœurs villageoises. On lui doit * *Contes et Chansons champétres*, traduit par E. L*** de Lavaisse (1802), 1 vol. le *Valet du fermier*, poëme champêtre (1800). 1 vol. in-12.

BLOWER (Mistriss ELISABETH) est auteur de trois romans estimés : *Bateman*, traduit par Henry Durand (1804), 3 vol. in-12; *Maria*, Mémoires originaux d'une dame de qualité et de quelques-uns de ses amis (1763), traduit par M... 2 vol. in-12; la *Visite d'été*, ou Tableaux d'après nature, trad. par M. de Lamontagne (1788), 2 vol. in-12.

BOCCACE (JEAN), Poëte italien, transporta, dans sa langue, les Contes et les Fabliaux de nos troubadours et de nos ménestrels; mais La Fontaine sut les lui reprendre. Ces Contes, un peu grossiers dans l'origine, se sont perfectionnés en passant sous la plume de ces auteurs : MIRABEAU, PONCELIN, SABATIER DE CASTRES nous ont donné des traductions du Décaméron ; la plus estimée est celle de ce dernier.

BOCK (J. N. E., baron de) a écrit en allemand et en français. Tous les ouvrages qu'on a de lui, soit comme auteur, soit comme traducteur, sont généralement recherchés.

Comme auteur, il a publié les *Aveux d'un prisonnier*, ou Anecdotes de la cour de Philippe-de-Souabe (1804), 4 vol. in-12; *Walter de Monbary*, grand-maître des Templiers, 4 vol. in-12. Ces deux Romans ont été traduits par madame de CERENVILLE * *Abélina*, ou les Meurtriers du vieil André ; traduit par M... 3 vol. in-12; *Benno d'Elzembourg*, ou la Succession de Toscane, traduit par DUPERCHE (1805), 4 vol. in-12 ; * *Théela de Thurn*, ou Scènes de la guerre de trente ans, traduit par madame de POLIER (1815), 3 vol. in-12.

Comme traducteur, il a donné les * *Chevaliers des sept montagnes*, ou Aventures arrivées dans le XIII° siècle (1800), 3 vol. in-12 ; *Erminia dans les ruines de Rome*, 1 vol. in-12 ; * *Herman d'Una* (1791), 2 vol. in-12; l'*Histoire du Tribunal secret*, faisant suite aux *Chevaliers des sept montagnes*,

1 vol. in-12 ; la *Vie de Frédéric, baron de Trenk* (1778), 2 vol. in-12. M. Le Tourneur nous a donné une autre traduction de ce dernier.

BOCOUS (Joseph), littérateur plus connu des Espagnols et des Italiens que des Français, et dont la plupart des ouvrages sont anonymes ou pseudonymes , a publié *Amélie et Clotilde* 5), 1 vol. in-12. M. Maradan doit faire paraître sous peu de temps, un nouveau Roman de cet auteur.

BOÏARDO (Matteo-Maria). C'est l'auteur du poëme de *Roland l'amoureux*. Le Sage nous en a donné la traduction (1776), 2 vol. in-12. Roland l'amoureux a donné naissance au poëme de *Roland furieux*. Voyez l'Arioste.

BOISPRÉAUX (Deodat de), membre de plusieurs académies , est auteur de *Julie*, ou le Dévouement filial, 2 v. in-12, de * *Mon Oncle le crédule* (1820), 3 vol. in-12.

BOISSY (Louis de), né en 1694, est aussi célèbre par son Théâtre que peu connu par ses romans. Les *Filles femmes*, les *Femmes filles*, voilà tout ce que l'on peut citer de lui. Quel est donc ce Boissy qui nous a donné * *Agnès Sorel*, * *Altamor*, ou les Cinq Frères, les *Amours de Louis XIV*, la * *Dame masquée*, le * *Prévôt de Paris*? Ne serait-ce point une de nos romancières les plus fécondes, qui ne voulant point signer quelques ouvrages un peu trop gais, emprunte souvent le nom d'un capitaine de dragons?

BON (madame Elisabeth de), auteur du joli roman de * *Pierre de Bogis et Blanche de Gerbeau* (1805), 1 volume in-12, des * *Aveux de l'amitié* (1801), 1 vol. in-12, des *Douze siècles*, Nouvelles françaises, 2 vol. in-12, se livre principalement à la traduction des romans anglais. Autant elle met de goût dans le choix des ouvrages, autant elle met d'élégance et de fidélité dans ses traductions. Nous lui devons * *Angelo*, *comte d'Albini*, traduit de l'anglais de Rosa

Mathilda (1806), 3 vol. in-12; *Clarentine, de miss Burney (1819), 4 vol. in-12; le *Coin du feu du pasteur, de miss Jane Porter (1817), 4 vol. in-12; la *Dame du Lac, de Walter Scott (1812), 2 vol. in-12 (le traducteur des OEuvres de lord Byron vient de nous en donner une nouvelle traduction, suivi des Fiançailles de Triermain, du même auteur); le *Devoir, de mistriss Roberts (1807), 2 vol. in-12; les *Femmes, ou Rien de trop, du docteur Mathurin (1820), 3 vol. in-12 (le même ouvrage a été traduit sous le titre *d'Eva, ou Amour et religion (1818), 4 vol. in-12); les *Fausses apparences, ou le Père inconnu (1817), 2 volumes in-12; les *Frères anglais (1814), 4 vol. in-12; les *Frères hongrois, de mistriss Anna-Maria Porter (1818), 3 vol. in-12 (A la même époque, il a paru une autre traduction du même ouvrage, donné par mademoiselle Aline de L***, 3 vol. in-12); le *Modèle des femmes, de miss Edgeworth (1813), 2 vol. in-12; les *Nouvelles irlandaises (1819), 2 vol. in-12; le *Portrait, ou la Jeune Orpheline, de Holford (1819), 3 vol. in-12 (ce roman a déjà été traduit par madame de Rome, sous le titre de *Maria d'Oriville (1813), 4 vol. in-12); le *Reclus de Norwège, de miss Anna-Maria Porter (1815), 4 vol. in-12.

BONAPARTE (Louis) a donné Marie, ou les Peines de l'amour, 3 vol. in-12. On y trouve une peinture fidelle des mœurs hollandaises. Cet ouvrage a été réimprimé sous le titre de *Marie, ou les Hollandaises.

BONAPARTE (Lucien) est auteur d'un joli roman intitulé : Moïna, 1 vol. in-18, et d'un autre, qui a pour titre : la Tribu indienne (1799), 2 vol. in-12. Ces romans sont devenus très-rares, parce que l'auteur les a fait retirer du commerce.

BOUCHON DUBOURNIAL s'occupe à traduire les OEuvres complètes de Michel Cervantès. Déjà nous avons le *Don

Quichotte (1807), 3 vol. in-12. La traduction de FLORIAN est la plus agréable, sans doute, et la plus élégante. Celle de BOUCHON DUBOURNIAL est la plus exacte, la plus complète et la plus estimée que nous ayons en notre langue. Nous avons aussi * *Persilès et Sigismonde*, ou les Pélerins du nord, 6 vol. in-18.

BOUFFLERS, le premier des poëtes légers de son temps, se distingue surtout par le bon ton qui règne dans ses poésies, même les plus gaies, et qu'il a puisé dans les Cours de Lunéville et de Versailles. Ses Fables nous rappellent quelquefois la naïveté du bon La Fontaine. Parmi ses Contes en prose, on remarque surtout *Aline*, reine de Golconde; le *Derviche*, conte oriental; *Tamara*, ou le Lac des pénitens, nouvelle indienne; *Ah! si*, nouvelle allemande. On a réuni ses OEuvres en 4 vol. in-18 (Paris, 1817).

BOUILLY. Quatre ouvrages assignent à cet auteur une place distinguée parmi les poëtes dramatiques : l'Abbé de l'Epée, les Deux Journées, Fanchon la Vieilleuse, une Folie. Quatre autres le placent au rang des écrivains les plus propres à l'instruction et à l'amusement du jeune âge et des dames : Les Conseils à ma fille, 2 vol. in-12; les Contes à ma fille, 2 vol. in-12; les Encouragémens de la jeunesse, 2 vol. in-12; les Jeunes Femmes, 2 vol. in-12. On peut dire que les cadeaux du jour de l'an épuisent habituellement ces derniers ouvrages.

BOULARD (S), ancien imprimeur-libraire de Paris, a donné : *Barthelemy et Joséphine*, ou le Protecteur de l'innocence (1802), 3 vol. in-12; *Merlin l'Enchanteur*, remis en bon français et dans un meilleur ordre (1797), 3 vol. in-12; *Mon Cousin Nicolas*, ou les Dangers de l'immoralité (1808), 4 vol. in-12; la * *Vie et les Aventures de Ferdinand Vertamont et de Maurice son oncle* (1791), 3 vol. in-8.

BOULLAUT (M. J.), auteur dramatique, a publié quelques petits romans : la *Mendiante de qualité*, anecdote française (1800), 1 vol. in-18 ; *Mes Amours à Nanterre*, ou le Diable n'est pas toujours à la porte d'un pauvre homme (1801), 1 vol. in-18 ; le *Fantôme vivant*, ou les Napolitains, anecdote extraite d'un manuscrit trouvé sur les bords de la Tamise (1801), 1 vol. in-18.

BOURNON-MALLARME (mad. la comtesse de), membre de l'Académie des Arcades de Rome, est aussi avantageusement connue par le mérite que par le nombre de ses romans. En voici le catalogue : *Alicia;* ou le Cultivateur de Schaffouse (1805), 2 vol. in-12 ; * Anna Ros-Trée (1783), 2 vol. in-12 ; *Charles et Arthur*, 3 vol. in-12 ; *Clarence de Weldone*, ou le Pouvoir de la vertu (1780), 2 vol. in-12 ; * *Constance d'Auvalière* (1813), 3 vol. in-12 ; les *Deux Borgnes*, ou Lady Justina Dumbar (1809), 3 vol. in-12 ; *Edward et Henry*, 3 vol. in-12 ; *Egberd Newil* (1815), 3 vol. in-12 ; la **Famille de Tilbury*, ou la caverne de Wokey, 3 vol. in-12 ; * *Hannibal* (1808), 2 vol. in-12 ; *Héléna Haldenar*, ou le Bigame (1810), 4 vol. in-12 ; * *Histoire d'Eugénie Bedfort*, ou le Mariage cru impossible (1784), 2 vol. in-12 ; * *Lancelot Montagu*, ou le Résultat des bonnes fortunes (1816), 3 vol. in-12 ; **Lettres de milady Lindsey*, ou l'Epouse pacifique (1780), 2 vol. in-12 ; * *Lettres de milord Walton à sir Hugues Battle, son ami* (1798), 2 vol. in-12 ; *Milord Clive*, ou l'Etablissement en Suisse, 3 vol. in-12 ; *Miralba*, chef de brigands (1800), 2 v. in-12 ; le * *Naufrage*, ou les Deux Richard (1812), 5 vol. in-12 ; * *Olimpia et Ethelwolf* (1818), 3 vol. in-12 ; les *Orphelins de Holy-Island*, 3 vol. in-12 ; les *Pensionnaires de Tottenham-High-Cross* 3 vol. in-12 ; *Peut-on s'en douter?* ou Histoire de deux familles de Norwich (1802), 2 vol. in-12 ; * *Plus vrai que vraisemblable*, ou le Château de Misséry (1801), 5 volumes in-12 ; *Qui ne s'y serait trompé?* ou Lady Armina (1810), 3 volumes in-12 ; * *Richard Bodley*, ou la Prévoyance malheureuse (1785), 2 vol. in-12 ; les * *Ruines d'un vieux*

Château de Saxe (1821) , 3 vol. in-12 ; * *Stanislas* (1812),
3 vol. in-12 ; le * *Temps passé*, ou les Malheurs de mademoiselle M***, émigrée (1801), 2 vol. in-12 ; *Thecle*, ou le Legs,
3 vol. in-12 ; *Théobald Leymour*, ou la Maison mûrée , 3 vol.
in-12 ; *Tout est possible à l'amitié*, ou Histoire de Milord
Love-Rose et de Sophie Mostain (1787), 2 vol. in-12 ; les
* *Trois Familles* (1810), 4 vol. in-12 ; les * *Trois Frères*,
ou Lydia Churchill, 2 vol. in-12 ; les *Trois Générations*, ou
Drusilla Willelmina et Géorgia, 2 vol. in-12 ; les *Trois
Sœurs*, ou la Folie guérie par l'amour (1795), 4 vol. in-18.

BOURSAULT, né en 1658, auteur de quelques pièces de
théâtre, qui ont eu du succès, a publié le *Marquis de
Chavigny*, 1 vol. in-12 ; le *Prince de Condé* (Louis Ier, père
d'Antoine, roi de Navarre) , 1 vol. in-12. Didot l'aîné nous a
donné, en 1790, une jolie édition de ce dernier, 2 vol. in-12.

BOUTERWEK (Frédéric), écrivain allemand distingué,
est auteur du * *Comte Donamar*, ou Lettres écrites en
Allemagne du temps de la guerre de sept ans, 4 vol. in-12.
Ce roman eut un grand succès ; c'est à tort qu'on l'attribue à
Aug. Lafontaine.

BRAYER (madame Louise St.-Léon). *Voyez* St.-Léon.

BRÈS (J. P.), homme de lettres, a publié l'*Héroïne du* xv^e
siècle, 4 vol. in-12 ; *l'Indoux*, ou la Fille aux deux pères
(1809), 6 vol. in-12 ; *Isabelle et Jean d'Armagnac*, 4 vol.
in-12 ; *La Trémouille*, chevalier sans peur et sans reproche,
3 vol. in-12 ; * *Montluc*, ou le Tombeau mystérieux (1818),
4 vol. in-12 ; *Reconnaissance et Repentir*, 2 vol. in-12.

BRET (Antoine le), connu par quelques comédies, des
poésies légères, des Contes et des Fables, a donné les *Amans
illustres*, ou la nouvelle Cléopâtre (1796), 3 vol. in-12.
C'est un abrégé de la volumineuse Cléopâtre de la Calprenede.
Nous avons un autre Abrégé du même roman, sous le titre de
Cléopâtre, roman historique, 3 vol. in-12.

Nous lui devons aussi la *Vie de Ninon de l'Enclos* (1751), 1 vol. in-12.

BRETON (J. B. J.) a enrichi la librairie d'un grand nombre d'ouvrages anglais et allemands.

Il a traduit de l'anglais *Agathina*, ou la grossesse mystérieuse, par Fox (1800), 2 vol. in-12. Ce roman a été donné concurremment sous le titre de *Santa-Maria*, ou la grossesse mystérieuse; *Ermina Monrose*, par Émilie CLARKE (1801), 3 vol. in-12; * *Jenny*, ou la Victime des apparences (1809), 4 vol. in 12; le *Petit mendiant*, par Th. BELLERMY (1801), 3 vol. in-12; *Stenley*, ou les Deux Frères, par misiriss PARSON's (1801), 4 vol. in-12. Cet ouvrage a reparu depuis sous le titre de l'*Avare et sa famille*; la * *Visite nocturne*, par MARIA-REGINA-ROCHE (1801), 6 vol. in-18.

Il a traduit de l'allemand, d'AUG. LAFONTAINE, tous ceux qui suivent : * *Amélie*, ou le secret d'être heureux (1812), 2 vol. in-12; * *Blanche et Minna*, ou les Mœurs bourgeoises (1813), 4 vol. in-12; *Elisa*, ou les Papiers de famille (1809), 4 vol. in-12; les *Étourderies*, ou les Deux Frères (1810), 4 vol. in-12; l'*Homme singulier*, ou Émile dans le monde (1801), 2 vol. in-12; * *Raphaël*, ou la Vie paisible (1810), 2 vol. in-12; les * *Querelles de famille* (1803), 2 vol. in-12.

BRISSOT DE WARVILLE, fils du fameux conventionnel, a publié le * *Château du mystère*, ou Adolphe et Eugénie (1817), 4 vol. in-12; * *Folie et Raison* (1815), 2 vol. in-12. Ces romans ont eu du succès; ils sont très-bien imprimés.

BROOKE (mistriss FRANÇOISE) s'est distinguée dans la carrière des romans : elle commença à écrire en 1755. A son retour d'un voyage au Canada, pleine des idées que lui avaient inspirées les sites romantiques de ces contrées lointaines, elle les décrivit ainsi que les mœurs des habitans, dans son * *Histoire d'Émilie Montague*, dont M. de FRESNAIS nous a donné la traduction (1770), 5 vol. in-12. Nous lui devons * *Louisa et*

Maria, ou les Illusions de la jeunesse, traduit en 1819, 2 vol. in 12. Son meilleur roman est * l'*Histoire de Julie Mandeville* (1764), 2 vol. in-12.

BRUMENT, homme de lettres, a publié les * *Deux Sœurs*, ou Mémoires de la marquise de Valcourt (1803), 1 vol. in-12; *Henriette de Wolmar*, ou la Mère jalouse, un vol. in-18.

BRUSCAMBILLE. *Voy.* LAURIERS (Des)

BURNEY (miss), aujourd'hui madame d'ARBLAY. Nommer les ouvrages de cette romancière, c'est faire son éloge. Tous ses romans ont été traduits en français; mais tous ne l'ont pas été avec le même soin. Pour la *Femme errante*, le libraire craignant la concurrence, mit sur le texte quatre traducteurs, qui, ayant chacun son style, chacun sa manière, ont fait tort à l'ensemble de l'ouvrage. Voici la liste de ses romans : *Camilla*, ou la Peinture de la jeunesse (1796), 5 vol. in-12; * *Cécilia*, ou Mémoires d'une jeune héritière (1814), 5 vol. in-12; * *Clarentine* (1819), 4 vol. in-12 : * *Evélina*, ou l'Entrée d'une jeune orpheline dans le monde (1777), 3 vol. in-12; la * *Femme errante*, ou les Embarras d'une femme (1814), 5 vol. in-12; le * *Jeune Cleveland*, ou Traits de nature (1815), 4 v. in-12 ; les * *Voisins de campagne*, ou le secret (1820), 5 vol. in-12. On lui attribue le *Naufrage*, 2 vol. in-12. On lui attribue aussi les *Imprudences de la jeunesse*, 4 vol. in 12, mais il est évident que cet ouvrage est de miss BENNETT.

BURTON (mistriss) a donné * *Laure*, ou la Grotte du père Philippe, traduit par CANTWEL (1799), 2 vol. in-12.

BUSSY (ROGER DE RABUTIN, comte de), bel esprit du siècle de Louis XIV, le Pétrone de son temps, est l'auteur de * l'*Histoire amoureuse des Gaules*, qu'on peut appeler l'Histoire amoureuse de la Cour. Amant de madame de Beaume, il eut l'imprudence de lui confier son manuscrit. Il n'est point d'éternelles amours : à la suite d'une rupture, la belle marquise trahit le secret de BUSSY, et fit imprimer l'ouvrage, qui valut

à son auteur huit mois de séjour à la Bastille, et dix-huit
ans d'exil dans ses terres. Le monarque fut sourd à ses placets
pleins d'éloquence. Un roi peut chercher dans la foule les
objets de ses amours : ce choix les ennoblit; nous devons les
respecter.

BYRON (Lord), littérateur distingué, poëte-lauréat, romancier, partage avec Walter Scott, l'honneur d'être l'auteur
à la mode. On reconnait, par ses écrits, qu'il a parcouru
avec enthousiasme les belles contrées de la Grèce et de l'Ionie.
Dans ses romans poëtiques qu'il serait trop long de détailler,
on distingue le *Corsaire*, *Lara*, l'*Epouse d'Abydos*, le
Vampire, *Marino Faliero*. Nous avons déjà dix vol. in-12
de ses Œuvres traduites. Le libraire Ladvocat, éditeur, les
voyant s'épuiser rapidement, vient de les réimprimer in-8
pour faire collection avec les Œuvres de Sakespeare et de
Schiller, dont il est également éditeur; et aussi galant qu'a-
mateur de belles éditions, il en publie en même temps une
du noble Lord, en petit format, qu'il dédie au beau sexe.

CAHAISE (N. A.) a publié, en 1802, l'*Histoire d'un
perroquet*, traduite sous sa dictée. (Le perroquet indiscret a
trahi son maître et a causé son arrestation).

CAILLOT (Antoine), libraire pour les livres de hasard et
l'ancienne librairie, auteur du Voyage religieux et pittoresque
aux quatre cimetières de Paris, du Voyage autour de ma
bibliothèque, du Rollin, du Crevier de la jeunesse, et de tant
d'autres extraits également agréables et utiles aux jeunes gens,
nous a donné l'*Histoire d'un pensionnat de jeunes demoiselles* (1809), 2 vol. in-12. On lui attribue *Mes vingt ans
de folie, d'amour et de bonheur*, ou Mémoires d'un abbé
petit-maître (1808), 3 vol. in-12.

CALPRENEDE (le sieur de la).

Tout a l'humeur gasconne, en un auteur gascon,
Calprenède et Juba parlent du même ton.

Les Satyres de Boileau ne sont pas toujours des jugemens sans appel : madame de Sévigné avoue que jusque dans sa vieillesse, elle se plaisait à lire les romans de la CALPRENEDE. SABATIER DE CASTRES, qui cependant n'aime pas les romans, regarde la Calprenède comme le restaurateur du genre romanesque. « Avant lui, dit-il, nos romans n'étaient qu'un amas d'événemens bizarres, de prodiges incroyables; il les a rendus raisonnables, intéressans. » D'autres temps, d'autres goûts; on n'aime plus ces romans de longue haleine; on aime les histoires qui durent assez pour amuser, mais on ne se prête plus à celles qui causent par fois de l'ennui. Il faut convenir aussi que ses romans avaient un charme que le temps a détruit; on y reconnaissait, sous l'emblême de la fiction, les héros, les princes, les personnages les plus distingués de la cour. Ses romans sont : *Cassandre* (1644), 10 vol. in-8; *Cléopâtre*, 10 vol. in-8, *Faramond*, 10 volumes in-8. Les trois derniers volumes de celui-ci sont de VAUMORIERE; *Sylvandre*, 10 vol. in-8; *Cassandre* et *Faramond* ont été abrégés par le marquis de SUGERES; le premier, 1752, 3 vol. in-12; le second, 1753, 4 vol in-12; *Cléopâtre* a été abrégé par LEBRET, 1769, 3 vol. in-12, et par BENOIT, 1789, 3 vol. in-12.

CAMPE (J. H.), Philologue célèbre parmi les allemands, a publié un grand nombre d'ouvrages utiles à la jeunesse, parmi lesquels on distingue : le * *Nouveau Robinson*, qu'on peut regarder plutôt comme un ouvrage nouveau, que comme une traduction du roman de FOÉ. Ce livre réimprimé plusieurs fois en Allemagne, a été traduit dans toutes les langues. Il en existe cinq traductions en français : celle que nous offrons est ornée de 32 gravures (Paris, Leprieur 1812), 2 vol. in-12.

CANDEILLE (madame SIMONS). Nous avons vu plusieurs femmes briller au théâtre comme actrices, et dans la société comme auteurs. Telles, à Londres, mistriss MARY-ROBINSON et miss GEORGE BELLAMY; telle, chez nous, madame RICCOBONI, mademoiselle FLEURY, jeune artiste de l'Odéon; telle, surtout, madame Simons Candeille, artiste du Théâtre Français, qui nous a donné la Belle Fermière, et qui en a créé le premier rôle. Auteur de * Bathilde, reine des Francs (1814), 2 vol. in-8, et 2 vol. in-12, de Lydie, ou les Mariages manqués (1809), 2 vol. in-12, elle vient encore de nous donner * Agnès de France, ou le Douzième siècle, 3 vol. in-8 (1821), et 3 vol. in-12.

CANGROSE DE PLANTALE nous a donné * Deux Années de souffrances, ou histoire de la famille de Blancoff; imité de l'allemand d'Aug. Lafontaine (1817). 4 vol. in-12. Ce roman n'est pas sans mérite. Le mot : imité d'Aug. Lafontaine n'a pas fait de mal à l'ouvrage.

CANOLLE (P. A. J.) a donné pour les amateurs de la vie champêtre les Délices de la Solitude, puisés dans l'étude et la comtemplation de la nature (1799), 2 vol. in-12.

CANTWEL, homme de lettres, s'est principalement appliqué à la traduction des livres anglais, voyages et romans. Nous lui devons les Aventures de Hugues Trevor, ou le Gilblas allemand, par Th. H. 4 vol. in 12; le * Château d'Albert, ou le Squelette ambulant (1799), 2 vol. in 18; * Histoire des femmes, depuis la plus haute antiquité jusqu'à nos jours (1791). 4 vol. in-12; Hubert de Sevrac, histoire d'un émigré, par Mary-Robinson (1797), 3 vol. in-12; * Isabella et Henry (1789), 4 vol. in-18; * Laure, ou la Grotte du père Philippe, de miss Burton (1798), 2 vol. in-12; Louisa Beverley, ou le Père égoïste (1798), 3 vol. in-12; * Zeluco, ou le Vice trouve en lui-même son châtiment, par John Moore, 4 vol. in-18.

CARPENTIER (J. B.), homme de lettres, a publié * Ambrosina, ou l'ôtage par représailles (1813), 2 vol. in-12; Georges, ou le Favori de la fortune, 3 vol. in-12; * Honorine et Dolbois, ou la Voyageuse testamentaire (1802), 2 v. in-12.

CASTELLANE (Jules de) nous a donné *Aménaïs*, ou *Malheur et Vertu* (1809), 2 vol. in-12.

CASTELLERAT (mademoiselle Désirée). Quelque indiscret aura trahi l'anonyme que voulait garder, par modestie, sans doute, cette aimable romancière. Son premier ouvrage, *Armand et Angela*, est signé *D.** C.....T;* les autres sont dits : Par l'auteur d'*Armand et Angela*. Voici le catalogue de ses nombreux romans, dont la plupart sont épuisés : *Alméria de Sennecourt*, 3 vol. in-12; *Armand et Angela* (1802), 4 vol. in-12; le * *Berceau de roses sauvages*, ou l'Héritière méconnue, 4 vol. in-12 ; * *Eléonore et Sophie*, ou les Leçons de l'amitié (1809), 3 vol. in-12; * l'*Etrangère dans sa famille*, ou l'Obstacle invincible (1814), 4 vol. in-12 ; le *Fantôme blanc*, ou le Protecteur mystérieux, 3 vol. in-12; * la *Fille du proscrit*, ou le Roi des Montagnes (1818), 3 vol. in-12 ; l'*Habitante des Ruines*, ou l'Apparition du Dominicain (1813), 4 vol. in-12; l'*Incendie du Monastère*, ou le Persécuteur inconnu (1813); 3 vol. in-12 ; * *Narcisse*, ou le Château d'Arabit (1804), 3 vol. in-12 ; *Oïcoma*, ou la Jeune Voyageuse, 2 vol. in-12 ; *Oslinda*, ou la Boîte mystérieuse (1808), 3 vol. in-12; le * *Portrait*, ou la Vallée des Tombeaux (1814), 3 vol. in-12; les *Prisonnières de la montagne*, ou l'Orpheline abandonnée (1813), 4 vol. in-12 ; le *Rocher des Amours*, ou le parjure puni (1816), 3 vol. in-12; le *Spectre de la montagne de Grenade* (1809), 3 vol. in-12; *Uldaric*, ou les Effets de l'ambition (1808), 2 vol. in-12.

CASTERA (Jean), auteur de la *Vie de Catherine II*, impératrice de Russie, traducteur des Voyages de Bruce, de Mungo Parc, de Rennell, de Barow, de Mackensie, trouvait dans la lecture des romans un soulagement à la goutte qui le tourmentait; il les appelait sa *lecture printannière*. Il a traduit de l'anglais *Edmond et Eléonora*, roman de E. Martial (1797), 3 vol. in-12.

CAYLUS (le comte de), connu par ses intéressantes recherches sur les antiquités étrusques et romaines, recherches que l'on trouve consignées dans la collection de ses ouvrages en 10 vol. in-8, se délassait de ses travaux sérieux par la lecture des romans. C'est ainsi que suivant l'expression du naturaliste Daubanton, *il mettait son esprit à la diète.* Il nous a donné la traduction du *Caloandre fidèle*, ouvrage italien d'Ambroise MARIN (1740), 3 vol. in-12. Il a traduit, de l'espagnol, * l'*Histoire du vaillant chevalier Tyran-le-Blanc* (1740), 3 vol. in-12. Nous lui devons encore des *Contes Orientaux* (1743), 2 vol. in-12.

CAYLUS (madame la marquise de) a publié, en 1770, *Mes Souvenirs,* 1 vol. in-8. Il est à regretter qu'elle ait si peu de souvenirs; ils ont fait oublier bien des ouvrages sur le siècle de Louis XIV, dans lesquels la vérité n'est pas constamment respectée.

CAZOTTE (J.). Vainement arraché par le courage et le dévoûment de sa fille à la furie des septembriseurs, une des premières victimes immolées, sur la place du Carrousel, par la hache révolutionnaire. CAZOTTE avait une tournure d'esprit originale, une imagination brillante, beaucoup de gaîté. Parmi ses ouvrages on distingue *Olivier,* poëme en prose; le *Diable amoureux*, le *Lord impromptu.* Ce dernier a été traduit en anglais, par W. Sheridan; et de l'anglais, remis en français sous le titre de * *Lismor,* ou le château de Clostern (1800), 2 vol. in-12.

CEILLIER (madame A.). Les langues française et allemande lui sont également familières : elle a débuté par la traduction * d'*Antonia Wilsen,* roman de Gustave Schilling (1820), 2 vol. in-12. Nous savons qu'en ce moment elle s'occupe à traduire un roman d'Aug. Lafontaine, qu'on attend avec impatience : les *Voies du sort.*

CERÉNVILLE (madame de) a montré autant de goût dans

le choix des romans qu'elle a publiés, que dans l'élégance et la fidélité avec lesquels elle les a traduits. On doit à sa plume les *Aveux d'un prisonnier*, ou Anecdotes de la cour de Philippe de Souabe (1804), 4 vol. in-12; *Walter de Monbarry*, chef des Templiers (1799), 4 vol. in-12; le *Baron de Fleming*, ou la Manie des systèmes (1803), 3 vol. in-12. De ces quatre romans, les deux premiers sont du baron de Bock; les deux autres sont d'Aug. LAFONTAINE. Nous lui devons aussi un roman traduit de l'anglais, la * *Grotte de Westbury*, ou Mathilde de Valcourt (1799), 2 vol. in-12.

CERVANTÈS (MICHEL), né en 1547. L'auteur des Aventures de l'admirable chevalier de la Manche est au-dessus de tout éloge. Outre le *Don Quichotte*, il a donné *Douze Nouvelles*, *Galathée*, * *Persilès et Sigismonde*. Nous avons trois traductions de Don Quichotte; l'une de FILLEU-DE-SAINT-MARTIN, l'autre de FLORIAN, la troisième, de BOUCHON-DU-BOURNIAL. De ces trois traductions, la première se traîne servilement sur son original, Filleu n'ayant pas eu le talent d'imiter le comique, la finesse et l'élégance de l'auteur; le second, malgré tout son mérite, a fait trop de retranchemens, et s'est trop écarté de la naïve simplicité de son auteur. La traduction de Dubournial est la meilleure. Cervantès a laissé sa *Galathée* incomplète; Florian l'a terminée, ou plutôt nous en a donné une charmante imitation. Madame Lagrange de Richebourg a traduit *Persilès et Sigismonde*; M. Dubournial nous en a donné une nouvelle traduction sous le titre des * *Pélerins du nord*, 6 vol. in-18. Parmi ses Nouvelles, on distingue *le Mari impertinent*, la *Force du sang*.

CHANIN (P.), auteur de quelques Odes que l'on a oubliées avec les circonstances qui les ont fait naître, a traduit de l'anglais * *Bruce*, ou le Don Quichotte de l'amitié (1801), 3 vol. in-12, et *Cordelia*, ou Faiblesses excusables (1801), 2 vol. in-12.

CHARLEMAGNE (Armand), connu dans nos théâtres par ses talens dramatiques, a publié : l'*Enfant du crime et du hasard*, ou les Erreurs de l'opinion, mémorial historique d'un homme retiré du monde, rédigé sur ses manuscrits (1803), 4 vol. in-12; les *Trois B.....*, ou histoire d'un borgne, d'un boiteux et d'un bossu (1804), 4 vol. in-12.

CHARLTON (mistriss Maria) a publié un roman. dont madame de S....y nous a donné la traduction sur la troisième édition; *Rosaura de Viralva*, ou l'homicide (1817), 3 volumes in-12.

CHARNOIS (dont le véritable nom est le Vacher), homme de lettres, habitant avec ses parens au village de Picpus, près le monastère de ce nom (Ce village est maintenant dans l'enceinte de Paris). Voisin de Trial (des Italiens), qui avait là sa maison de campagne; plus voisin de mesdames Lachassaigne, Bellecour et Doligny (des Français), il y fit la connaissance de mademoiselle Préville, et l'épousa. Il devint rédacteur du Journal des Théâtres. A la révolution, il quitta sa paisible retraite pour diriger le Modérateur, journal dont le titre lui devint funeste. Arrêté après le 10 août, enfermé à l'Abbaye, il y fut massacré le 2 septembre. Il nous a laissé *Clairville et Adelaïde*, 1 vol. in-12; l'*Histoire de Sophie et d'Ursule* (1788), 2 vol. in-12.

CHARRIERE (madame Ste-Hyacinthe de) s'est fait avantageusement connaître par ses *Lettres écrites de Lausanne*, 2 vol. in-12. Sous le titre de l'Abbé de la Tour (1798), 3 vol. in-8, elle a publié les *Trois Femmes*, nouvelle, 1 vol, et *Honorine d'Uzerche*, 2 v.; on lui doit encore les *Lettres neuchâtelloises*, 1 vol. in-12, *Sir Walter Fink* (1806), 1 vol. in-12.

CHATEAUBRIAND (M. le vicomte de). *Atala* met M. de Châteaubriand au rang de nos premiers romanciers, s'il convient toutefois de donner ce nom à l'auteur du Génie du Christianisme.

CHAUDERLOS DE LACLOS. *Voy.* LACLOS.

CHAUSSARD (PUBLICOLA), littérateur distingué par son érudition, a publié des ouvrages qui, tout agréables qu'ils sont, ne conviennent pas à de jeunes lecteurs. Tels sont les *Fêtes et Courtisanes de la Grèce*, supplément aux Voyages d'Anacharsis et d'Antenor (1801), 4 vol. in-8 (On vient de nous en donner une nouvelle édition très-belle et très-soignée (1821), 4 vol in-8, ornés de 15 gravures.); *Héliogabale*, ou Esquisse morale de la dissolution romaine sous les empereurs (1803), 1 vol. in-8; *Histoire de la galanterie* chez les différens peuples du monde, 2 vol. in-18. C'est son premier roman. Nous lui devons encore le * *Nouveau Diable boiteux*, ou Tableau philosophique et moral de Paris (1799), 4 vol. in-12.

CHAUSSIER (HECTOR). *Voyez* BIZET.

CHAZET (RÉNÉ ALISSAN DE) auteur dramatique, connu par ses nombreux succès au théâtre des Variétés, a traduit de l'allemand d'Aug. Lafontaine, * *Charles et Emma*, ou les Amis d'enfance (1810), 2 vol. in-12.

CHEMIN (madame ADÉLAÏDE DE), ou plutôt mad. de BRECY, connue dans la société par les grandes qualités de son cœur, comme par les talens de son esprit, nous a donné : * *Clémence de Sorlieu*, ou l'Homme sans caractère, avec des notes sur le peuple breton (1809), 3 vol. in-12; le * *Courrier russe*, ou Mémoires de Cornélie de Justal (1807), 2 vol. in-12 ; *l'*His*toire de madame la comtesse de Palastro* (1812), 3 vol. in-12 ; l'*Origine de la chouannerie*, ou Mémoires de Stéphanie de Tress, pour servir à l'Histoire de nos guerres civiles (1803), 2 vol. in-12.

CHEVRIER. Plein d'imagination, d'esprit et de facilité, mais plus ami de la satyre que de la décence, a publié le *Colporteur* (1753), un vol. in-12; les *Mémoires d'une honnête femme* (même date), 1 vol. in-12.

CHOISEUL-MEUSE (madame la comtesse de), auteur des *Nouvelles contemporaines*, des *Récréations morales et amusantes*, et de plusieurs autres ouvrages propres à la jeunesse, a publié des romans très-agréables, très-purement écrits. On lui doit *Aline et d'Ermance* (1810), 3 vol. in-12; les **Amans de Charenton* (1818), 4 vol. in-12; *Amour et Gloire, ou Aventures galantes et militaires du chevalier de C*** (1817), 4 vol. in-12; * *Cécile*, ou l'Elève de la pitié (1816), 2 vol. in-12; *Coralie*, ou le Danger de se fier à soi-même (1816), 2 vol. in-18 (très-rare.) * *Elvire*, ou la femme innocente et perdue (1809), 2 vol. in-12; la * *Famille allemande*, ou la Destinée (1815), 2 vol in-12; *Oréna, ou l'Assassin du nord (1821), 4 vol. in-12; *Paola (1813), 4 vol. in-12. M. A. MARC, auteur du Dictionnaire des Romans, doit publier sous peu un nouveau roman de cette dame : le *Remords*; il formera 3 volumes. On lui attribue *Eugénie*, ou n'est pas femme de bien qui veut (1813), 4 vol. in-12, * *Entre chien et loup* (1809), 2 vol. in-12 ; on a peut-être raison. On lui attribue *Amélie de Saint-Far*, ou la Fatale erreur, 2 vol. in-12 ; *Julie, ou J'ai sauvé ma rose, 2 vol. in-12 ; on a certainement tort.

CHOMEL, homme de lettres, percepteur des impositions à M***, occupe ses loisirs à la traduction des romans anglais. Il a traduit le *Fils du curé*, d'Anne PLUMPTRE, 3 vol. in-12 ; la * *Forêt mystérieuse*, ou la Sybille prophétesse (1820), 2 vol. in-12; *Georges Harcourt*, 3 vol. in-12; *Montalbert et Rosalie*, de Charlotte SMITH (1800), 3 vol. in-12 ; *Rosetty, ou l'Orpheline vertueuse, de mistriss R. (1803), 3 vol. in-12. On lui doit une *Histoire des Revenans*, 2 vol. in-12 : c'est un recueil des anecdotes les plus intéressantes et les plus propres à détromper le vulgaire de ses craintes superstitieuses.

CHRISTOPHE (l'abbé MATHIEU), Professeur de rhétorique au Lycée de Cambray, a traduit de l'anglais, de LEMPRIERE, le Dictionnaire pour servir à l'intelligence des auteurs classiques.

grecs et latins. (1805), 2 vol. in-8. Il est auteur d'un petit roman intitulé : *Antoinette et Valmont, 2 vol. in-18. Il a traduit, de miss Henriette Lée, les trois romans suivans : Arundel et Henriette, ou les Aventures de deux orphelins ; suivi de Montfort, ou le Danger des Voyages (1800). 1 vol. in-12 ; le * Château de Saint-Hilaire, ou le Frère et la Sœur devenus époux (1801), 2 vol. in-12 ; les Deux Emilie, ou les Aventures du duc et de la duchesse d'Aberden (1800), 2 vol. in-12. Nous avons encore de lui une traduction des Lettres athéniennes, ou Correspondance d'un agent du roi de Perse, résidant à Athènes, pendant la guerre du Péloponèse (1802), 4 vol. in-12. Cet ouvrage a aussi été trad. par de Villeterque.

COFFIN-RONY (A. J.) s'est fait connaître aux boulevards par ses mélodrames. Il a publié quelques ouvrages pour la jeunesse, comme la Bibliothèque des pères de famille, le Décaméron historique, etc. Il nous a donné Euphrasie, ou le serment redoutable, histoire du xvie siècle (1805), 3 vol. in-12 ; * Mes Ecarts, ou le Fou qui vend de la sagesse (1807), 3 vol. in-12 ; Théana et Lorenzo, histoire italienne (1808), 4 vol. in-12 ; Voyages d'Hyperbolus dans les planètes, ou Revue générale du monde (1808), 5 vol. in-12.

COHEN (J.) a montré, par son joli poëme du Voyage à Ermenonville, qu'il pouvait quelquefois tenir la plume des Chapelle et Bachaumont. Il a donné plusieurs romans anglais ; ils sont aussi bien choisis que fidèlement et élégamment traduits : * l'Abbaye de Craigh-Melrose, de miss Henrietta (1817), 4 vol. in-12 ; le *Chevalier de Saint-Jean, de miss Anna-Maria Porter (1818), 4 vol. in-12 ; Mandeville, de William Godwin (1819), 4 vol. in-12 ; * Melmoth, ou l'Homme errant, du docteur Mathurin (1821), 6 vol. in-12 ; les *Protecteurs et les Protégés, de miss Edceworth (1816), 5 vol. in-12.

COIFFIER DE MORET (H. L. de), Inspecteur général de l'Université en 1808, membre de la chambre des députés en 1815, versé dans la connaissance des langues du nord, nous a donné les Contes de Karasmin et de Shultz, sous le titre de *Romans du Nord, imités du russe et du danois (1808), 3 vol. in-12. Il a traduit de l'allemand les deux suivans : *Aristippe* et quelques-uns de ses contemporains, par Wiéland (1802), 5 vol. in-8 et 7 vol. in-12 ; les *Sybarites*, roman historique du moyen âge de l'Italie (1801), 2 vol. in-12. La librairie romancière lui doit encore la *Belle Nièce*, histoire tirée d'une chronique originale du xve siècle (1805), 1 vol. in-12 ; le *Chevalier noir*, nouvelle du viiie siècle (1800), 1 vol. in-12 ; *Ouliana*, ou l'Enfant des bois (1801), 2 vol. in-12.

COLBERT (Adeline de). Nous avons de cette dame deux romans traduits de l'allemand : *Marie Muller* (1802), 2 vol. in-12 ; *William Hillnet*, ou la Nature et l'Amour, de Mittemberg (1801), 3 vol. in-18 (joli roman). M. Rougemaître nous a donné une autre traduction de ce dernier sous le titre *d'Hervey, ou l'Homme de la nature. *Voyez* Rougemaître.

COLLET (madame), initiée depuis peu parmi nos littérateurs, a montré, dans les Trois Nouvelles d'*Israéli* du talent pour la poésie. Elle se livre surtout à la traduction des romans anglais. Nous lui devons déjà la *Belle Sorcière de Glass-Llyn*, attribué à sir Walter-Scott (1821), 4 vol. in-12 ; le *Château de Pontefract*, aussi attribué à sir Walter Scott (1821), 4 vol. in-12 ; *Kenilworth*, du même, 4 vol. in-12. (Il existe déjà deux traductions de cet ouvrage, l'une de M. de Fauconpret, traducteur des romans historiques de Walter Scott, et l'autre de M. Parisot.), les *Funestes égaremens*, ou Histoire de la comtesse de Stanmore, 4 vol. in-12. Nous conseillons à mad. Collet de ne plus nous donner de romans en lettres, comme ce dernier. Il lui était bien permis d'ignorer qu'autant le genre épistolaire plaisait au siècle précédent, autant nous l'avons en aversion.

COLLEVILLE (C. D.). Parmi quelques ouvrages politiques

et littéraires, a publié *Renelle*, ou les amans des bords de l'Arno, roman pastoral (1799), 1 vol. in-8.

COLLEVILLE (A. de Cherbourg) nous a donné les *Dangers d'un tête-à-tête*, ou Histoire de miss Mildmay ; traduit de l'anglais (1800), 2 vol. in-12.

COLLEVILLE (madame de), née Saint-Léger, connue dans la littérature par quelques comédies, quelques poésies légères, s'est distinguée, comme romancière, par sa *Rentière*. Nous lui devons *Coralie*, ou le danger de se fier à soi-même, 2 vol. in-18 ; *Madame de M***, ou la Rentière (1802), 5 vol. in-12, et (1803), 4 vol. in-12 ; *Victor de Martigue*, ou Suite de la Rentière (1804), 4 vol. in-12 ; *Salut à Messieurs les Maris*, ou Rose et Dorsinval (1806), 1 vol. in-12. Elle nous avait promis l'histoire d'une illustre victime de la révolution, sous le titre du *Porteur d'eau*; des scrupules religieux (dit-on) ont changé ses idées sur les romans, et l'ont portée à détruire son manuscrit.

COLLIN DE PLANCY, auteur des Anecdotes du xixe siècle, 2 vol. in-8, a publié les *Mémoires d'un Vilain* du xive siècle (1820), 2 vol. in-12.

CONSTANT (Benjamin de), Membre de la Chambre des députés, est auteur d'un roman dont les journaux de tous les partis se sont accordés à faire l'éloge : *Adolphe*, anecdote trouvée dans les papiers d'un inconnu (1816), 1 vol. in-12.

COSTE (de la) est auteur d'*Alfred-le-Grand*, ou le Trône reconquis (1817), 2 vol. in-12.

COTTIN (madame), Enlevée aux lettres, enlevée à ses amis à l'âge de 35 ans, nous a légué, par les romans qu'elle a publiés, des regrets pour ceux que nous pouvions encore espérer de sa plume. Outre les éditions et réimpressions nombreuses publiées sous le nom de L. G. Michaud, le libraire

Foucault, déjà avantageusement connu par sa Collection des Mémoires relatifs à l'Histoire de France, par son Répertoire du Théâtre français, en a publié deux belles éditions, l'une in-8, et l'autre in-12. On ne stéréotype que les ouvrages d'un mérite ou d'une utilité reconnus ; les OEuvres de madame Cottin ont été stéréotypées. Les exemplaires de *Mathilde*, publiés par L. G. MICHAUD, ont l'avantage d'être précédés d'un précis historique des trois premières Croisades, par son frère J. MICHAUD ; Membre de l'Académie française. Voici le tableau des ouvrages de cette dame, et le nombre des volumes qui constituent les éditions MICHAUD :

Amélie Mansfield, première édit., 4 vol. ; édit. suiv., 3 vol.

Claire d'Albe, suivi de la Prise de Jéricho, et précédé d'une Notice sur mad. COTTIN. (Ces deux morceaux ne se trouvent que dans les éditions de M. Michaud. . . . . I I

Elisabeth, ou les Exilés en Sybérie. . 2. I

Mathilde 6 4

Malvina. 4 3

COUSIN D'AVALLON, Polygraphe infatigable, auteur du Parfait Cuisinier, du Parfait Agriculteur, et d'une infinité d'autres ouvrages, qu'il serait trop long de nommer, a donné les *Châteaux de cartes*, ou les Aventures de M. Projeniac (1804), 3 vol. in-12. Il a publié tant de petits volumes sous le titre d'*Ana*, que nous n'espérons pas pouvoir les citer tous. Voici ceux dont notre mémoire nous fournit la liste : Asiniana, — Beaumarchaisiana, — Châteaubriana, — Comédiana, —d'Alembertiana, — Didcrotiana, — Fœmineana, — Fontanesiana, — Fontenelliana, — Gasconiana, — Genlisiana, — Grimmiana,—Harpagoniana, —Linguetiana, — Ludoviciana, —Malesherbiana, — Molieriana, — Pironiana, — Pradesiana, — Rivaroliana, — Rousseana, — Santoliana, — Scarroniana, — Spectriana, — Sphynxiana, — Voltairiana. Tous ces petits recueils sont historiques et anecdotiques ; ils n'ont de ressemblance que par la terminaison de leur titre avec les Biévriana, Bobechiana, et autres recueils, de calembourgs, dont nous parlerons aux articles Deville et des Lauriers.

CRAMER (Charles-Frédéric), *voyez* Duval (W. A.) pour un autre Cramer. Littérateur allemand, homme érudit, familier avec les ouvrages de Schiller, de Klopstock, de Fischer, dont il nous a donné des traductions; auteur du Dictionnaire allemand qui porte son nom ; d'abord professeur de philosophie et de littérature orientale, puis imprimeur-libraire à Paris, a publié, pour ce qui nous appartient, *Claire Duplessis et Clairant*, ou Histoire de deux amans émigrés, traduit d'Auguste Lafontaine (1796), 2 vol. in-8; le *Comte Donamar*, traduit de Bouterweck (1798), 4 vol. in-18.

CRÉBILLON fils. « Crébillon le tragique, dit d'Alembert, » peint du coloris le plus noir les crimes et la méchanceté des » hommes : son fils a tracé du pinceau le plus délicat et le plus » vrai les rafinemens, les nuances et jusqu'aux grâces de nos » vices. » Disons que ce pinceau n'est pas toujours chaste ; que ses tableaux sont souvent trop libres ; que ses romans ont dû leur vogue à la dépravation du siècle. C'eût été une chose assez plaisante que de voir les deux Crébillon dans la même chambre, environnés d'un tourbillon de fumée de tabac, au milieu d'une ménagerie de chiens et de chats (tout ceci est historique), de les voir, dis je, travailler, l'un à nous faire rire, l'autre à nous faire pleurer ; l'un déclamer les scènes tragiques du Triumvirat, l'autre réciter quelques passages du *Sopha*. Voici la notice des romans de Crébillon : *Ah ! quel conte* (1764) 2 vol. in-12 ; les *Amours de Zeokinisul, roi des Kofirans* (de Louis-Quinze, roi des Français) (1746), 1 vol. in-8 ; les *Égaremens du cœur et de l'esprit* (1736), 3 vol. in-12 (c'est peut-être le plus piquant de ses ouvrages). L'auteur veut prouver qu'il ne faut pas croire à la vertu des femmes. Il a grand

tort! le *Hasard du coin du feu* (1763), 1 vol. in-12;
les *Heureux orphelins* (1754), 2 vol. in-12; les *Lettres Athéniennes* (1771), 4 vol. in-12; les *Lettres de la duchesse de****
(1768), 2 vol. in-12; les *Lettres de la marquise de... au comte
de...* (1732), 2 v. in-12; (c'est le meilleur de ses romans); la *Nuit
et le Moment* (1755), 1 vol. in-12; le **Sopha*, conte moral :
disons plutôt immoral. C'est une galerie de portraits licencieux
des femmes de tous les états (1745), 2 vol. in-12; **Tanzaï et
Néardané*, histoire japonaise (1734), 2 vol. in-12. On trouva
dans ce roman des allusions satyriques qui firent mettre l'auteur à la Bastille. Ses OEuvres ont été recueillies en 7 vol.
in-12 (1779).

CUEULLET (mad. de). Nous désirions depuis long-temps
que quelqu'un soulevât le *Voile* qui nous cachait l'auteur de
Valentine d'Alté. M. Marc, son libraire, y est parvenu; il
doit même bientôt nous donner le *Stratagème*, ou le Château
de Montivon, roman nouveau de cette dame, à qui nous devons
déjà le *Voile*, ou Valentine d'Alté (1813), 3 vol. in-12; *Rose
Mulgrave* (1806), 3 vol. in-12. Ce dernier manque et va
bientôt reparaître en 4 vol, dont le premier sera orné d'une
belle gravure.

CUISIN, plein d'esprit, d'imagination, de facilité, nous a
donné le **Bâtard de Lovelace*, et la Fille naturelle de la marquise de Merteuil, ou les Mœurs vengées (1806), 4 v. in-12. Sur
la parole de nos confrères, éditeurs de ses ouvrages, nous avons
mis sous son nom plusieurs écrits, pour lesquels nous sommes
prêts à nous retracter, s'il les désavoue. Tels sont **Clémentine
orpheline et Androgyne* (1820), 2 vol. in-12; les ** Duels,
Suicides et Amours du bois de Boulogne* (1820), 2 vol.
in-12; les ** Fantômes nocturnes*, ou les Terreurs des coupables (1821), 2 vol. in-12; les **Femmes entretenues*, dévoilées dans leurs fourberies galantes (1821), 2 vol. in-12; les
Ombres sanglantes, Galerie funèbre de prodiges (1820), 2 vol.
in-12. Tous ses ouvrages ont un but moral et utile : dévoiler

les *Farces* nocturnes des contrebandiers, c'est faire rentrer des fonds à l'Etat ; nous raconter des histoires de revenans, de spectres, c'est vouloir guérir le peuple de ses craintes superstitieuses. Mais est-il nécessaire de nous conduire au numéro *cent-treize*, pour nous faire connaître les *catastrophes du jeu?* ne pourrions-nous pas y rencontrer un joueur heureux? Pour nous détourner du libertinage, est-il besoin de nous introduire dans les réduits des *nymphes du Palais-Royal?* l'attrait du plaisir ne pourrait-il pas nous faire oublier les dangers? est-il sage de nous montrer la *volupté prise sur le fait?* de nous faire connaître la *vie d'un garçon dans les hôtels garnis?* de nous montrer l'*Amour au grand trot?* de nous faire observer, du creux d'un arbre, les *scènes galantes* qui se passent au bois de Boulogne?

CUMBERLAND (RICHARD de), célèbre écrivain anglais, a publié des poëmes, des tragédies, des comédies, des romans. M. B. Ducos nous a donné la traduction de deux de ces romans : *Arundel* (1799), 2 vol. in-12; *Henry* (1799), 6 vol. in-18.

CUVELIER (J. C. A.), auteur dramatique, connu de tous les amateurs du mélodrame, a mis en romans quelques-unes de ses pantomimes, telles que la *Fille hussard*, 1 vol. in-18, le *Damoisel et la Bergerette*, 1 vol. in-18. On lui doit le *Bandit* sans le vouloir et sans le savoir (1803), 3 vol. in-12.

CUZEY (mad. la baronne de) s'est fait connaître comme romancière, par le *Muet*, ou les Aventures du comte de Lorestan, 3 vol. in-12. Elle nous a donné ensuite *Damarisse*, ou le Bienfaiteur inconnu (1819), 4 vol. in-12. Son dernier roman (roman posthume) est *Melina*, ou la femme sacrifiée (1820), 3 vol. in-12.

DAMIN (L.), auteur d'un voyage à Chantilly, en prose et en vers, nous a donné *Lycas et Chloé*, roman imité du grec

(1800), 1 vol. in-12; des *Contes moraux*, contenant l'Anneau magique, l'Arbre enchanté, etc. (1802), 2 vol. in-12. Les journaux du temps, ont parlé de ces Contes avec éloge.

DAMINOIS (madame ADÈLE) a commencé sa réputation romancière par le joli roman de *Léontine de Werteling* (1819), 2 vol. in-12. Elle a publié depuis, *Maria* (1819), 2 vol. in-12. Elle vient de nous donner *Alfred et Zaïda* (1821), 3 vol. in-12; elle nous promet encore un roman : *Mareska*, 4 volumes, dont le premier sera orné d'une gravure.

DAMPMARTIN (M. le vicomte), bibliothécaire et conservateur du dépôt de la guerre. Parmi plusieurs ouvrages de politique et de littérature, tels que, l'Histoire de la rivalité de Carthage et de Rome, 2 vol. in-8; la France sous ses rois, 5 vol. in-8, il a publié *Brassman*, ou le Père inexorable, (1801), 4 vol. in-12. On lui doit encore *Jules*, ou le Frère généreux, précédé d'un *Essai sur les romans ;* il aurait dû intituler son livre, Essai sur les romans, suivi de Jules, ou le frère, etc. Jules est une nouvelle qui forme tout au plus la moitié d'un volume. Cet essai est le développement d'une petite dissertation qu'avait donnée l'auteur, en 1803 ; intitulée *des Romans; voyez* au Catalogue. Les changemens, les additions que l'auteur y a faits, ne peuvent qu'ajouter à l'intérêt de cet essai, utile aux amateurs de romans. Plus de simplicité dans le style, nous eût paru plus propre au sujet.

DAUBENTON (madame), épouse du célèbre naturaliste de ce nom, est auteur du joli roman de *Zélie dans le désert*, qui a été imprimé dans tous les formats, et dont M. Guillaume, propriétaire de l'ouvrage, a publié la dernière édition. (1819), 3 vol. in-12, ornés de figures.

DAUPHIN (de Verdun), a publié deux romans, qui ne sont pas sans mérite. La *Dernière Héloïse*, ou Lettres de Julie de Salisbury (1814), 1 vol. in-18. *Lettres de Junie* (1811), 2 vol. in-18.

DAURIAT (madame Louise), a publié *Charles de Valence*, (1820), 2 vol. in-12. Elle doit nous donner sous peu *Éléonore de Beauval*, ou les Crimes d'un ambitieux, 4 vol. in-12. Le premier volume sera orné d'une gravure.

DAVID (Saint-George), tout en travaillant à son grand ouvrage sur l'universalité des langues, ouvrage qu'une mort prématurée ne lui permit pas de terminer, et dont il légua les manuscrits à M. Charles Nodier, comme à l'homme le plus capable de le continuer, David s'occupa de quelques traductions anglaises. On lui doit *Fathom et Melvill*, traduit de Smollett, 4 vol. in-12; les *Lettres de Julie de Roubigné à Pauline de Chermont*, 1 vol. in-12; les *Lettres de Charlotte à Caroline*, pendant ses liaisons avec Werther, 2 vol. Autant Werther est emporté dans ses passions, et dangereux dans ses principes, autant Charlotte est douce et aimable dans sa correspondance. On lui doit encore l'*Histoire des Rouge-Gorges*, trad. de Sarra Trimmer, livre avantageusement connu pour la première éducation.

DE FAUCONPRET (*Voyez* FAUCONPRET).

DEGUERLE, a donné, sous le titre des *Amours*, de jolies imitations en vers de nos jolis poètes latins. Il a publié une traduction en vers de la guerre civile de Pétrone. On lui doit un badinage érudit, l'*Eloge des perruques*, publié sous le nom du docteur Akerlio; ne serait-il pas aussi l'auteur d'un roman un peu gai, publié à Coïtopolis, sous le même pseudonyme? la *Prusse galante*.

DELBARRE (F. T.), auteur de quelques écrits politiques, a publié *Amelie de Beaufort*, ou l'Inconstant fixé (1799) 3 vol. in-18; *Auguste et Justine*, ou la Veuve artificieuse (1800),

2 vol. in-18; le *Bon Père*, ou la Fille Inconnue (1801) , 2 vol. in-12; *Julie*, ou la Sœur Ingrate (1801), 2 vol. in-12. On a reproduit ce dernier sous le titre de *Julie de Mersan*. Il a traduit de l'anglais, de Mackensie, le *Fratricide*, ou les Mystères du château de Dusseldorf, 3 vol. in-18. M. Le Mierre a traduit le même ouvrage, sous le titre de *Dusseldorf*, ou le Fratricide, 3 vol. in-12.

DEMOUSTIER. L'amitié, l'amour, les plaisirs de la campagne firent le charme de sa trop courte existence. On dirait qu'il s'est peint lui-même dans le *Conciliateur*, ou l'Homme aimable, jolie comédie, dont il a enrichi la scène française; les *Lettres à Émilie*, lui ont concilié le suffrage d'un sexe dont le sourire est la plus douce récompense pour un auteur.

DESBORDES-VALMORE (madame.), est auteur de quelques poésies légères, qu'on lit avec plaisir. Elle vient de publier des nouvelles très-agréables, sous le titre de *Veillées des Antilles* (1801), 2 vol. in-12.

DESCHAMPS, connu par les ouvrages qu'il a donnés, tant au Grand-Opéra, qu'au Vaudeville et à l'Opéra-Comique, s'est distingué parmi les traducteurs de romans anglais. On lui doit, de mistriss Incbad, *Simple histoire*, suivi de *Lady Mathilde* (1800), 4 vol. in-18. *la Nature et l'Art*, 2 vol. in-18. de Lewis, Le *Moine* (1800), 3 vol. in-12. de miss Burney, *Camilla* (1898), 5 vol. in-12, et *Cecilia* (1814), 5 vol. in-12.

DESESSARTS, jurisconsulte, homme de lettres, libraire, connu par sa Nouvelle Bibliothèque d'un Homme de goût qu'il a publiée en société avec M. Barbier, nous a donné une nouvelle édition de l'origine des romans, de Huet, suivi des discours de La Dixmerie, sur le même sujet, 1 vol. in-18. On peut placer dans un cabinet de lecture, ses *Procès fameux*. Pour quelques détails à ce sujet, *voyez* le Catalogue.

DESFONTAINES (l'abbé), *Voyez* FONTAINES.

DESFONTAINES (DE LA VALLÉE), auteur de la Dot, de la
Cinquantaine, d'Arlequin afficheur, et de plusieurs autres vaudevilles qu'il a faits, soit à lui seul, soit en société avec Barré
et Radet, a publié *Laura et Inesille*, ou les Orphelins espagnols (1799), 1 vol. in-12. Il faut rendre à chacun ce qui lui
est dû. C'est à tort qu'à l'article Beaumont (Élie de), nous
avons attribué à l'abbé des Fontaines, un ouvrage qui appartient
à celui-ci, *Lettres de Sophie*, au chevalier de***, pour servir
supplément aux *Lettres du marquis de Roselle*.

DESFORGES, auteur de la femme jalouse, comédie; du
Sourd, ou l'auberge pleine, etc., nous a donné, dans le
Poëte, l'histoire, un peu gaillarde de sa vie. Ses romans ont
eu du succès; aux titres on en connaîtra facilement le genre :
Adelphine de Rostanges, ou la Mère qui ne fut point épouse
(1799), et nouvelle édition (1800), 2 vol. in-12; *Edouard et
Arabelle*, ou l'Elève de l'infortune et de l'amour (1799), 2 vol.
in-12; *Eugène et Eugénie*, ou la Méprise conjugale; histoire
de deux enfans d'une nuit d'erreur et de leurs parens (1799),
4 vol. in-12; les * *Mille et un Souvenirs*, ou les Veillées conjugales, nouvelle édition (1799), 5 vol. in-12; le * *Poëte*, ou
Mémoires d'un homme de lettres (1798), 4 vol., et nouvelle
édition (1799), 5 vol. in-12.

DESLAURIERS, *dit* BRUSCAMBILLE. Humbles dans l'origine, les acteurs des siècles passés donnaient, sur des tréteaux
placés devant leur théâtre, quelques échantillons de leurs talens :
tel, aujourd'hui, le modeste Bobèche dont on a recueilli les
facétieux quolibets sous le titre de * *Bobechiana*; tel, au xv°
siècle, ce Tabarin dont on nous a transmis les *Fantaisies;* tel,
avant lui, le fameux DESLAURIERS, homme plein d'esprit et
d'imagination. On voit, par ses continuelles citations, que
les auteurs latins lui étaient familiers. On voit aussi, par ses
discours, qu'il fréquentait plus souvent les cabarets que la
bonne société. On découvre quelquefois *des perles dans les*

fumier : les amateurs de facéties trouveraient quelques mots plaisans dans ses *galimatias*, si l'on réimprimait son livre, devenu très-rare.

DESROSIERS (C. O. S.). Ce nom fleuri m'a tout l'air d'être un sobriquet littéraire adopté au pied du Mont-Parnasse par l'auteur d'un grand nombre de compilations assez heureuses : couplets de réunion, chansons joyeuses, romans gaillards, romans noirs, ouvrages politiques, livres pour l'éducation, tout est du domaine de ce nouveau Protée qui se cache sous mille déguisemens. On lui attribue le * *Petit Conteur de poche*, les *Repaires du crime*, *Garde à vous!* On dit que, de société avec une dame connue pour répandre un grand intérêt sur ses compositions, il a publié : * *Achille*, fils de Roberville, 2 volumes in-12; *Chrysostôme*, père de Jérôme, 2 volumes in-12; *Le fut-il? ne le fut-il pas?* ou la suite de l'Egoïsme (1821), 2 vol. in-12; *Maître Pierre*, ou Jeunesse et Folie (1803), 3 vol. in-12. On dit même qu'il va bientôt nous donner, avec cette personne, *Thérèse de Wolmar*, ou l'Orpheline de Genève, 3 vol. in-12.

DESTAYS (madame CLAIRE) a publié la * *Vierge du Mont-Galaad*, ou le Retour de l'Exilé (1819), 4 vol. in-12. (C'est le Sacrifice de Jephté). On a lu son ouvrage avec plaisir. Rien de plus romantique que les tableaux tirés de l'Ecriture sainte : tel la *Mort d'Abel*, de GESNER; tel le *Joseph*, de BITAUBÉ; tel encore la * *Mort d'Azaël* et le Rapt de Dina, par DUCAT (1799), 1 vol. in-8.

DEVILLE (J. B. L.). Connu des Auxerrois par le joli vaudeville de l'Heureuse supercherie, par le Voyage aux Grottes d'Arcy, connu dans la littérature par son *Arnoldiana*, ou Sophie Arnould et ses contemporains, DEVILLE est surtout renommé parmi les amateurs du calembourg. Son *Bièvriana* est, sans contredit, le meilleur de tous les recueils en ce genre : ce sont les Œuvres de M. de Bièvre, contenant les Lettres

écrites à la Comtesse-*tation*, les Amours de Lange-*lure*, l'Almanach des Calembourgs, etc. En tête de son petit volume, sont
des définitions très-justes, du coq-à-l'âne, du quolibet, de la
pointe, de l'équivoque, des *lazzi*, des pasquinades, des am-
phigouris, etc. Si le temps nous permettait de faire des recherches, nous trouverions sans doute de ces jeux de mots
chez tous les peuples. Si nous osions mêler le sacré au pro-
fane, nous en rencontrerions jusque dans les livres saints. Les
Romains nous en donnent quelques exemples (1); mais nous
l'avons emporté sur les siècles passés, et sans doute les siècles
à venir ne l'emporteront pas sur nous. C'est là, ce que, naguère,
l'on courait entendre dans nos théâtres du second ordre; c'est
par là qu'ont brillé nos Capelle, nos Fabien-Pillet, nos Hen-
rion, et cent autres qui, par modestie, ne se sont point
nommés. De là, les Angotiana, les Brunetiana, les Jocrissiana,
voir même les Poteriana; de là, les Balourdisiana, les Bêti-
siana contenus dans les * *Aneries révolutionnaires;* de là,
enfin, tous les * *Calembourgs comme s'il en pleuvait.* Ne
confondons pas, avec ces *Ana*, le *Bobechiana* dont nous parlons à l'article DESLAURIERS.

DEVONSHIRE (GEORGINA, duchesse de). Célèbre par ses
talens pour la poésie, plus célèbre par sa beauté, cette Anglaise
est auteur de la *Sylphide*, ou l'Ange gardien, 1 vol in-18,
dont madame de MONTOLIEU nous a donné la traduction.

DIDEROT. Ses romans portent le cachet de la philosophie
moderne. Il nous a donné les *Bijoux indiscrets*, 2 vol. in-12;

---

(1) Cicéron disait : *Verres verrit siciliam.*
Martial envoie à ses amis des présens qui lui coûtent peu :
   Mitto tibi navem (ave) prorá puppi que carentem.
Un général romain interroge l'oracle sur le sort qui l'attend à la
guerre. La Sybille répond : *Ibis redibis non morieris ibi.*
Reviendra-t-il? l'oracle l'a dit : *Ibis, redibis; non morieris ibi.*
Périra-t-il ? il l'avait prédit : *Ibis; redibis? non morieris ibi.*

Jacques le fataliste, 2 vol. in-12; la *Religieuse*, 1 vol. in-12. Il est peu peu de romans dont on ait fait autant d'éditions que de ces deux derniers. On lui attribue *Jules et Sophie*, ou le Fils naturel, 2 vol. in-18.

DIXMERIE (de la). Ses *Contes moraux* sont loin d'approcher de ceux de Marmontel pour le charme du style, mais on y trouve plus de moralité; ils annoncent plus de sensibilité dans l'auteur. On lui doit le *Géant Isoire*, tiré de Mont-Souris (1768), 2 vol. in-12; *Toni et Clairette*, 2 vol. in-12, puis 4 vol. in-18. Ce roman est précédé d'un Discours sur l'origine et le progrès des romans, et sur leurs différens genres, discours qui peut servir de supplément à l'ouvrage de l'Evêque d'Avranches intitulé l'*Origine des romans*.

DOGNON, auteur de quelques poésies médiocres, pour lesquelles on lui chantait : *Garde les épluchures, Dognon*, a publié *Dunois*, ou l'Elève de Mars et de l'Amour, 2 vol. in-12. On lui doit aussi l'**Italienne*, ou Amour et persévérance (1803), 1 vol. in-12.

DOMAIRON (L.), auteur des Rudimens de l'Histoire, des Principes généraux de Belles-Lettres, a publié le *Libertin devenu vertueux*, ou Mémoires du comte d'Aubigny (1777), 2 vol. in-12.

DORAT (C. J.), si connu par ses poésies, a donné des romans que lisent encore avec plaisir ceux qui ne dédaignent point le genre épistolaire : les **Malheurs de l'inconstance*, ou les Lettres de la marquise de Syrcé et du comte de Mirbel (1772), 2 vol. in-8; les **Sacrifices de l'Amour*, ou Lettres de la vicomtesse de Sénanges et du chevalier de Versenay (1772), 2 vol. in-8. On lui doit encore les *Lettres d'une chanoinesse portugaise*, 1 vol. in-12,

DORION a publié *Perkin Varbek*, faux duc d'Yorc, 3 vol. in-12.

DORRINGTON a donné le *Solitaire anglais*, ou les Aventures merveilleuses de Philippe Quarll, dont nous avons la traduction française en 2 vol. in-18.

DORVIGNY s'est peint lui-même dans ses ouvrages pleins d'originalité. C'est au cabaret qu'il travaillait; c'est à la guinguette qu'il prenait la nature sur le fait. C'est là qu'il a composé *Madelon Friquet et Colin Tampon*; *Ma Tante Geneviève, ou Je l'ai échappé belle!* les *Mille et un Guignons*; le *Nouveau Roman comique*; la *Femme à projets*; les *Quatre Cousins, ou l'Inventaire d'un mauvais riche*, etc. L'auteur des Jocrisse, des Jeannot, a fait la fortune de Nicolet et est mort à l'hôpital. Vive le vin!

DORVO. L'Envieux, comédie en 5 actes, en vers, aurait eu un grand succès si l'ensemble eût répondu aux vers heureux qu'on y trouve. *Je cherche mon père* a commencé la réputation de Brunet. Outre ces ouvrages on doit à DORVO *Ainsi va le monde*, ou les Dangers de la séduction (1804), 4 vol. in-12. Il a fait en société, avec LEMIERRE D'ARGY, *Mon histoire ou la tienne*, avec des notes historiques et géographiques (1802), 3 vol. in-12.

DROS (J.), ancien jurisconsulte, a publié, parmi plusieurs ouvrages de littérature, un *Essai* sur le bonheur, qui a fait dire de lui, qu'il méritait de jouir de la félicité dont il nous traçait l'image. Ami de la tolérance, il s'est proposé de prouver que la vertu est indépendante des opinions politiques, et qu'on peut la trouver dans tous les partis. De là son roman de *Lina*, ou les Enfans du ministre Albert (1805), 3 vol. in-12.

DUBOUCHET (le marquis.), ancien militaire, a écrit sur la tactique : il vient de nous donner un *Recueil d'Anecdotes*, Contes moraux et philosophiques (1821), 2 vol. in-12. En 1812, il a publié *l'Histoire du Prince de Timor*, et ses Voyages 4 vol. in-12.

DUBOUCHET (César, comte), fils du précédent, vient de publier * *Eliza de Merival*, ou Mémoires d'une jeune femme (1821), 3 vol. in-12. En 1820, il nous avait donné * *John Moore*, 2 vol. in-12.

DUBUC, versé dans les langues allemande et anglaise, traducteur aussi élégant que fidèle, a surtout montré beaucoup de goût dans le choix des romans dont il nous a enrichis. Il a traduit de l'allemand, d'Aug. Lafontaine, le *Portrait*, 1 vol. in-12. Il a traduit de l'anglais : de miss Jane Porter, les *Chefs Ecossais*, nouvelle édition (1820), 5 vol. in-12; de miss Edgeworth, * l'*Absent*, 3 vol. in-12; *Vivian* (1813), 5 vol. in-12; * *Emilie de Coulanges* (1717), 1 vol. in-12. (Ces trois ouvrages ont été réunis sous le titre de *Scènes du grand monde*); de lady Morgan, *Glorwina*, ou la jeune Irlandaise (1813), 4 vol. in-12; la * *Femme*, ou Ida l'Athénienne (1817), 5 vol. in-12; le * *Missionnaire*, 3 vol. in-12; enfin, de mistriss West, * *Sidney*, comte d'Avondel (1813), 4 vol. in-12.

DUCANGE (Victor). Les Grâces ne plaisent point sans la ceinture de Vénus. Ducange, malgré l'esprit qu'il répand dans ses ouvrages, ne plaira point à tous les lecteurs. Dans les trois romans qu'il nous a donnés, sa gaîté dégénère progressivement en licence; espérons que de sages réflexions, que l'expérience, surtout, le rendront plus réservé dans la nouvelle production qu'il va bientôt nous donner : nous y gagnerons tous. Ces romans sont : * *Agathe*, ou le Petit Vieillard de Calais (1819), 2 vol. in-12; * *Albert*, ou les Amans missionnaires (1820), 2 vol. in-12; * *Valentine*, ou le Pasteur d'Uzès (1821), 3 vol. in-12.

DUCLOS, ami et contemporain de Diderot, sans être partisan de la philosophie des Encyclopédistes, auteur des Considérations sur les Mœurs du siècle, et d'un grand nombre d'ouvrages pleins de mérite, a publié un de nos meilleurs romans : les *Confessions du comte de** 1 v. in-12. Nous lui devons aussi *la Baronne de Luz*, et le joli conte d'*Acajou et Zirphile*, 1 vol. in 12.

DUCOS (B.), homme de lettres, a traduit de l'Anglais, * *l'Abbaye de Grasville* (1810), 4 vol. in-18; *Arundel*, par Richard de Cumberland (1799), 2 vol. in-12. *Henry*, par le même auteur, 4 vol. in-12, puis (1799), 6 vol. in-18; la *Femme de Bon sens*, ou la Prisonnière de Bohême (1798), 3 vol. in-12; *Maria*, ou le Malheur d'être Femme, ouvrage posthume de Mary Wolstoncraff-Godwin (1798); 1 vol. in-12.

DUCOS (madame), épouse du précédent, nous a donné le joli roman de *Marie Saint-Clair* (1798), 1 vol. in-12, et les *Lettres de Louise à Valentine* (1811), 2 vol. in-12.

DUCRAY-DUMINIL. Imagination féconde et brillante, récits pleins d'intérêt, pleins de naturel et d'une moralité pure, voilà ce qui distingue Ducray. On peut dire de ses écrits que *la mère en permettra la lecture à sa fille;* son style n'a peut-être pas toute la pureté qu'exigent quelques lecteurs, mais pourrait-on citer beaucoup d'écrivains qui réunissent à la fois toutes les qualités? Voici le catalogue de ses nombreux ouvrages *Alexis*, ou la Maisonnette dans les bois (1790) 4 vol. in-12, et depuis 4 vol. in-18; *Cœlina*, ou l'Enfant du Mystère (1798), 5 vol. in-12, depuis 6 vol. in-18; les *Cinquante francs de Jeannette* (1799), 2 vol. in-18; les *Contes de Famille*, contenant les Veillées de ma Grand'Mère, les Contes moraux de ma Grand'Tante, et les Déjeûners de mon cher Oncle, 6 vol. in-18; *Elmonde*, ou la Fille de l'hospice (1804), 5 vol. in-12, et depuis 5 vol. in-18, *Emilio*, ou les Veillées de mon Père, (1811), 4 vol. in-18; *l'Ermitage Saint-Jacques*, ou Dieu, le roi et la patrie (1814), 4 vol. in-12; la *Fontaine Sainte-Catherine* (1813), 4 vol. in-12; *Jean et Jeannette*, ou les Petits Aventuriers parisiens (1816), 4 vol. in-12; les *Journées au Village*, ou Tableau d'une bonne famille (1804) 8 vol. in-18; *Jules*, ou le Toit paternel (1804), 4 vol. in-12; *Lolotte et*

Fanfan, ou les Aventures de deux Enfans abandonnés dans une île déserte (1787), 4 vol. in-12, puis 4 vol. in-18; *Madame de Valnoir*, ou l'École des Familles, (1813), 4 vol. in-12; *Paul*, ou la Ferme abandonnée (1802), 4 vol. in-12, puis 4 vol. in-18; le *Petit Carillonneur* (1809), 4 vol. in-12; *Petit Jacques et Georgette*, ou les Petits Montagnards auvergnats (1791), 4 vol. in-12, et 4 vol. in-18; les *Petits Orphelins du Hameau* (1800), 4 vol. in-18; les *Soirées de la Chaumière* (1798), 8 vol. in-18, *Victor*, ou l'Enfant de la Forêt (1796), 4 vol. in-12, puis 4 vol. in-18. Tous ses romans ont été réimprimés; il en est dont on compte jusqu'à dix éditions; Sans parler des contrefaçons nombreuses; il n'en est pas qui aient été réimprimés autant de fois que *Victor*.

DUCRAY jeune, frère du précédent, qu'il faut bien se garder de confondre avec son aîné, nous a donné *Adeline et Joséphine*, ou les Amies bordelaises, sœurs sans le savoir (1809), 2 vol. in-12; *Bobonne de Kerkeracou*, ou les malheurs de Cléophile de Saint-Solange, 1817, 2 vol. in-12; *Charles la Houssaye*, fils de Cartouche, ex-flibustier (1808), 2 vol. in-12; *Clémentine de Valville*, ou les Repentirs d'une jolie femme (1812), 2 vol. in-12, le *Village des Pyrénées*, ou est-ce un Songe? (1816), 3 vol. in-12.

DUFRESNE (A. D.), ne doit pas être confondu parmi les romanciers vulgaires : nous lui devons le *Monde et la Retraite*, ou Correspondance de deux jeunes Amies (1817), 2 vol. in-12; *Samuel d'Harcourt*, ou l'Homme de Lettres (1820), 2 vol. in-12.

DUFRESNOY (madame) s'est distinguée dans la poésie; elle a surtout adopté le genre élégiaque. La jeunesse lui doit un grand nombre d'ouvrages aussi amusans qu'instructifs. (*Voyez* le Catalogue de M. Eymery, à la librairie d'éducation). Comme romancière, elle nous a donné la *Femme auteur*, ou les Inconvéniens de la célébrité (1812), 2 vol. in-12. Elle nous a prouvé qu'elle connaissait l'anglais, en traduisant de W. Henry, le *Jeune héritier*, ou les appartemens défendus (1800), 2 vol. in-12; et de Fox, *Santa Maria*, ou la Grossesse mystérieuse (1800), 2 vol. in-12; le même roman a été traduit sous le titre d'*Agathina*, ou la Grossesse mystérieuse, 2 vol. in-12.

DU LAURENS (l'abbé). *Voyez* LAURENS (DU).

DUMANIANT, le joyeux auteur de Ricco, de Ruse contre Ruse, de la Nuit aux Aventures, et de plusieurs autres pièces du boulevard, nous a donné les *Aventures d'un émigré* (1798). 2 vol. in-12; l'*Enfant de mon père*, ou les Torts du caractère et de l'éducation (1798), 2 vol. in-12; *Trois mois de ma vie*, ou l'Histoire de ma famille (1811), 3 vol. in-12.

DUNOYER (madame). Les *Lettres galantes* de cette dame, née en 1663, et ses *Mémoires* ont eu le plus grand succès. Quoique l'auteur ne soit pas toujours très-véridique, quoique les histoires qu'elle raconte n'aient plus l'intérêt qu'elles tiraient des circonstances, elles sont écrites avec tant de facilité, elles les a parsemées d'anecdotes si curieuses, qu'on trouve encore du plaisir à les lire. La dernière édition de ses œuvres forme 12 volumes in-18 : dix de lettres et deux de mémoires.

DUPATY, président à Mortier, au parlement de Bordeaux, rendit, comme magistrat, les plus grands services à ses concitoyens; comme tel, il publia plusieurs ouvrages sur la jurisprudence criminelle; comme littérateur, il écrivit ses *Lettres sur l'Italie*, 2 vol. in-12; ouvrage qui annonce un voyageur sensible aux chefs-d'œuvres de l'art, comme aux beautés de la nature.

DUPERCHE, homme de lettres, s'est principalement occupé de la traduction des romans allemands; les voici : *Aurora*, ou l'Amante mystérieuse (1802), 2 vol. in-12; *Benno d'Elzembourg*, ou la Succession de Toscane, par le baron de Bock

(1805), 4 vol. in-12; la *Double Ursuline*, ou l'Abbaye de
Bibiéna (1805), 2 vol. in-12; *Rinaldo Rinaldini*, chef de
brigands, histoire romanesque de notre siècle, par Vulpius
(1800), 3 vol. in-12, depuis 2 vol. in-18; *Ferrandino*, suite
et conclusion de Rinaldo (1815); 2 vol. in-12. Les suivans
sont traduits d'Auguste Lafontaine : le *Bal masqué*, ou Edouard
(1817), 4 vol. in-12; *Édouard de Winter*, ou le Miroir du
cœur humain (1818), 4 vol. in-12; la *Famille en fuite*, ou
les Morts vivans (1819). 2 vol. in-12; *Marie Mensikoff*, ou
la Fiancée de Pierre II(1817), 2 vol. in-12; l'*Orpheline de
Westphalie* (1821), 2 vol. in-12.

DUQUESNOY (madame) est auteur d'un roman, dont les
journaux ont fait l'éloge; il n'est pas commun : *Noémi*, ou la
Vallée d'Arno, 5 vol in-12.

DURAND(madame), plus connue sous ce nom, comme auteur, que sous celui de madame BEDACIER, se distingua dans
la poésie, et fut couronnée à l'académie française, en 1701.
Elle a publié des romans qu'on a lus avec plaisir. Quelques-uns
ont eu plusieurs éditions : ils sont maintenant très-rares. En
voici la note : les *Belles Grecques*, ou Histoires des plus fa-
meuses courtisanes de la Grèce(1712), 1 vol. in-12; le *Comte
de Cardonne*, ou la Constance victorieuse, histoire sicilienne
(1708), 1 vol. in-12; la *Comtesse de Mortanes*(1699), 1 vol.
in-12; *Henry*, duc des Vandales (1714), 1 vol. in-12; *Mémoires de la cour de Charles VII* (1700), 2 parties en
1 vol; les *Petits Soupers d'été*(1733), 2 parties en 1 vol.;
les *OEuvres* de madame Durand, en 1737, ont été réunies en
6 vol. in-12.

DURAND (madame, veuve du général), attachée pendant
quatre ans à l'impératrice Marie-Louise, nous a donné *Mes
Souvenirs sur Napoléon*, sa Famille et sa Cour (1819) 2 vol.
in-12. Ces Souvenirs, écrits avec autant d'impartialité qu'on
peut en trouver dans une personne de la Cour, pourront fournir

des notes précieuses à ceux qui traceront la vie privée de l'ex-empereur des Français.

DURDENT (R. J.) a enrichi la librairie d'éducation d'un grand nombre d'extraits historiques, connus sous le titre de *Beautés;* comme, Beautés de l'histoire de Portugal; Beautés de l'histoire des trois royaumes du Nord; Beautés de l'histoire de Turquie, etc. Ces beautés sont souvent des atrocités politiques. Il a publié, soit comme auteur, soit comme traducteur, un grand nombre de romans. Voici ceux dont il est auteur : *Adriana,* ou les Passions d'une jeune Italienne (1812), 3 vol. in-12; *Alisbelle et Rosemonde,* ou les Châtelaines de Grentemesnil (1813) 3 vol. in-12; *Cinq Nouvelles;* contenant Aldenor, Eléonore de Castille, etc., etc. (1817), 2 vol. in-12; *Clémentina,* ou le Cigisbéisme (1818), 2 vol. in-12; *Mémoires de Saint Félix,* ou Aventures d'un Jeune Homme pendant la Révolution (1818), 3 vol. in-12; *Quatre Nouvelles;* contenant Lismore, ou le Ménestrel écossais; Thérèzia, ou la Péruvienne, etc. (:818), 2 vol. in-12. Il a traduit de l'anglais ceux détaillés ci après : de Sophie Francès, *Angelo Guicciardini,* ou le Bandit des Alpes (1817), 6 vol. in-12; de miss Edgeworth, *Fanny;* ou Mémoires d'une jeune Orpheline et de ses Bienfaiteurs (1812), 4 vol. in-12; de Grandolphe, *la Main mystérieuse,* ou les Horreurs souterraines (1819), 3 vol. in-12; de Lewis, les *Orphelines de Werdenberg,* (1810), 4 vol. in-12; de John Palmer, le *Tombeau mystérieux,* ou les Familles d'Hennarès et d'Almanza (1810), 2 vol. in-12.

DUREY DE MEINIÈRES (mademoiselle BELLOT; depuis madame), connue par l'Histoire des Maisons de Tudor et de Plantagenet, ouvrage qu'elle a traduit de Hume, nous a donné l'Histoire du prince de *Rasselas,* trad. de l'anglais de Johnson. On lui doit encore *Ophelie* (1663), 2 vol. in-12.

DUVAL (HENRI). Nous avons plusieurs littérateurs du

même nom. Il ne faut pas les confondre : Charles DUVAL, avocat, ci-devant rédacteur du Journal des Hommes libres; Amaury DUVAL, membre de l'Institut, traducteur du Voyage de Spallanzani en Sicile, etc.; Alexandre DUVAL, auteur du *Tyran domestique*, d'*Edouard en Ecosse*, etc.; Georges DUVAL, auteur de *Cricri*, de *l'Anguille de Melun*, etc., etc.

Henri DUVAL est un romancier qui entre dans la carrière : il nous a donné *Melval et Adèle*, ou la Destinée, histoire véritable pour les uns, roman pour les autres, etc. (1820), 2 vol. in-12; *Mes Contes et ceux de ma Gouvernante*; par Marc-Luc-Roch Policarpe, etc. (1820), 3 vol. in-12. *Sophie de Blamont*, ou Mémoires d'une Femme de ce temps, écrits par elle-même (1820), 4 vol. in-12.

DUVAL (W. A.) a traduit de l'allemand d'Auguste Lafontaine, *la Vengeance*, (1801), 1 vol. in-18. Il a traduit de Charles-Théophile CRAMER, *le Pauvre Georges*, ou l'Officier de Fortune (1801), 2 vol. in-12. Il faut distinguer de CRAMER (Charles-Frédéric), dont nous avons parlé plus haut, celui dont il s'agit ici; c'est encore un romancier allemand d'un talent recommandable; mais de tous les ouvrages qu'il a publiés nous ne connoissons de traduit, que le Pauvre Georges.

EDGEWORTH (miss MARIE), Irlandaise d'un mérite distingué, se consacra particulièrement à perfectionner l'éducation de la jeunesse, soit en publiant des traités sur ce sujet, soit en présentant une morale pure, une saine instruction, sous la forme attachante du roman; elle excelle surtout dans l'art de peindre les mœurs et les caractères. Voici la liste de ses nombreux romans : *l'Absent*, ou la Famille irlandaise à Londres (1813), 3 vol. in-12; *Vivian*, ou l'Homme sans Caractère (1813), 3 vol. in-12; *Emilie de Coulanges* (1813), 1 vol. in-12. Ces trois ouvrages ont été traduits par M. DUBUC, sous le titre de scènes du grand monde. *Belinde* (1801), 2 vol. in-8, puis 4 vol. in-12; *Choix de Nouveaux Contes moraux*, offerts à la jeunesse (1804), 3 vol. in-12; les *Deux Griselidis,. (1804), 2 vol. in-12; l' *Ennui, ou Mémoires du comte de Glenthorn (1812), 3 vol. in-12; *Fanny, ou Mémoires d'une jeune Irlandaise et de ses Bienfaiteurs (1812), 4 vol. in-12; *Forester ou la Manie de l'Indépendance, suivi d'Angelina, ou l'Amie inconnue (1821), 2 vol. in-12; *Harrington (1817), 2 vol. in-12; *Léonora (1807), 2 vol. in-12; la *Mère intrigante (1812), 2 vol. in-12; le *Modèle des Femmes (1815), 2 vol. in-12; *Ormond (1817), 3 vol. in-12; les *Protecteurs et les Protégés, traduit par J. Cohen (1816), 5 vol. in-12.

EPINAY (madame d'), dont les Mémoires, publiés depuis peu, ont eu un si grand succès, est auteur des Conversations d'Emilie (1774), 2 vol. in-12 réimprimés plusieurs fois. Ces Conversations, qu'elle composa pour sa fille, forment un ouvrage très-agréable pour les jeunes personnes. Il fut couronné par l'Académie française comme le livre le plus utile qui eût paru depuis plusieurs années.

EVERAT (L. N.), imprimeur à Paris, auteur de quelques Poësies légères, a publié les *Haines de Famille, ou les Epoux sans l'être (1817), 5 vol. in-12; les Mémoires d'un Jeune Homme qui s'est retiré du monde (1808), 6 vol. in-12.

EYMERY (ALEXIS), connu pour la librairie d'éducation, réunit dans son magasin tout ce que publient pour l'amusement et l'instruction de la jeunesse mesdames Dufresnoy, de Renneville, de Choiseuil-Meuse; MM. Depping, Durdent, de Ségur, etc. On le dit auteur d'un livre que ne désavoueraient pas nos bons romanciers: l' *Heureux Parisien, ou Esquisses des Mœurs du dix-huitième siècle (1809), 4 vol. in-12. (Il est rare).

EYRIES (J. B. B.) a voyagé en homme instruit dans le Nord de l'Europe, dont il connaît presque toutes les langues. On lui doit plusieurs ouvrages très-intéressans qu'il a traduits de l'an-

glais et de l'allemand, tels que : Voyage à l'Océan pacifique,
Voyage en Norwège, Voyage en Perse, Voyage au Brésil, etc.
Il est éditeur d'une nouvelle édition de l' *Histoire des Naufrages (1818), 3 vol. in-12. Il a traduit de l'allemand d'Aug
Lafontaine *Barneck et Saldorf, ou le Triomphe de l'Amitié
(1818), 3 vol. in-12 ; il a également traduit de l'allemand, *Fantasmagoriana, ou Recueil d'histoires d'apparitions, de spectres,
revenans, fantômes, etc. (1813), 2 vol. in-12.

FABRE D'OLIVET, littérateur érudit, auteur des *Lettres à
Sophie*, sur la physique, nous a donné *Azalaïs et Gentil Aimar, histoire provençale, traduite d'un ancien manuscrit (1800),
3 vol. in-12.

FAUCONPRET (de) est un de nos hommes de lettres les plus
instruits et les plus laborieux. Résidant à Londres depuis plusieurs années, il peut mieux que tout autre nous donner la traduction des ouvrages anglais ; aussi a-t-il traduit les romans
historiques de Walter Scott et une infinité d'autres, de différens
auteurs. Nous allons nommer ceux que nous fournira notre mémoire. Voici d'abord les romans de Walter Scott : l' *Abbé,
nouv. édit. (1821), 4 vol. in-12 ; l' *Antiquaire (1821) 4 vol.
in-12 ; (c'est une traduction nouvelle qu'il ne faut pas confondre avec celle de madame de Marèze; voyez le catalogue);
la *Fiancée de Lammermoor (1821), nouv. édit., 4 vol. in-12 ;
*Guy Mannering (1821), nouv. édit., 3 vol. in-12 (M. Martin
nous en avoit donné précédemment une traduction); Ivanohé
(1821), nouv. édit., 4 vol. in-12; Kenilworth (1821), 4 vol.
in-12. (il en existe deux autres traductions; voy. le catal.)
le *Monastère (1820), 4 vol. in-12; la *Prison d'Edimbourg
(1821), nouv. édit., 4 vol. in-12; les *Puritains d'Ecosse
(1820), nouv. édit., 4 vol. in-12; *Rob-Roy (1820), 4 vol.
in-12. (Il existe une autre traduction de cet ouvrage sous le
titre de *Robert le Rouge; voyez le catalogue); *Waverley est
le seul qu'il n'ait pas traduit; voyez le catalogue. Il nous a

donné de plus : *Beauté et Laideur*, de mistriss Bennett (1820), 2 vol. in-12 ; *Calthorpe*, ou les Revers de la Fortune (1821), 4 vol. in-12 ; *Catherine Shirley* de miss Opie (1816), 4 vol. in-12 ; le *Jeûne de sainte Madeleine*, de miss Anna-Maria-Porter, 3 vol. in-12 ; l'*Orpheline du Presbytère*, de miss Bennet (1816), 5 vol. in-12 ; le *Pour et le Contre* de mistriss Ross. (1797), 3 v. in-12 ; la *Roue de Fortune*, attribué à Fielding (1819), 3 vol. in-12 ; les *Trois Romans*, de mistriss Isaacks (1817), 4 vol. in-12.

FAVEROLLE (de), ancien capitaine de dragons, frère de madame Guénard, baronne de Méré, figure en tête d'un grand nombre de romans, dont il pourrait bien n'être pas le seul auteur ; mais entre frère et sœur les biens, l'amitié, tout doit être commun. Voici le catalogue de ses ouvrages : l'*Abbaye de Saint-Rémy*, ou la Fille de l'abbesse, histoire véritable, 4 vol. in-12 ; l'*Acquéreur*, ou le Château de Surville (1820), 3 v. in-12 ; les *Amies de Couvent*, ou les Mémoires de mademoiselle de Monglas, 4 vol. in-12, *Aventine de Mercœur*, ou le Secret impénétrable ; 2 vol. in-12 ; les *Capucins*, ou le Secret du Cabinet noir (1801), 2 vol. in-12, puis 2 vol. in-18 ; le *Chevalier de Blamont*, ou quelques folies de ma Jeunesse (1802), 3 vol. in-12 ; la *Duchesse de Kingston*, ou Mémoires d'une anglaise célèbre, morte à Paris, en 1789 (1813), 4 vol. in-12 ; la *Fille sans souci*, faisant suite au *Garçon sans souci* (1818), 2 vol. in-12 ; les *Forges mystérieuses*, ou l'Amour alchymiste (1819), 4 vol. in-12 ; *Histoire du jeune comte d'Angeli*, 2 vol. in-12 ; *Madame Bloc*, ou l'intrigante (1817), 4 vol. in-12 ; *Madame de Lignole*, ou la fin des Aventures de Faublas (1815), 2 vol. in-12 ; *Madame de Sédan*, ou l'intérieur de la cour de François Ier (1821), 4 vol. in-12 ; *Mémoires historiques de madame la comtesse Dubarry*, dernière maîtresse de Louis XV (1803), 4 vol. in-12 ; *Nella de Sorville*, ou la Victime des Evènemens de 1814, 2 vol. in-12 ; le *Page de la Reine Marguerite*, ou l'Ermite du Mont Apennin (1806),

4 vol. in-12; le Palais Royal, 2 vol. in-12; le Parc aux Cerfs, ou Histoire secrète des Jeunes Demoiselles qui y ont été renfermées (1808), 4 vol. in-12; Pauline de Ferrière, ou Histoire de vingt jeunes filles enlevées de chez leurs parens, sous le règne de Louis XV (1801), 2 vol. in 12; la *Sœur grise, ou Mémoires de madame de Canès (1819), 3 vol. in-12; Sophie de Valençay, ou la Beauté persécutée, 4 vol. in-12; les Trois Moines (1820), 2 vol. in-12, puis 2 vol. in-18; la Vallée de Mittersbach, ou le Château de Blankenstein (1816), 4 vol. in-12.

FAYETTE (madame la comtesse de la). Autant mademoiselle Scudéry est supérieure aux romancières qui l'ont précédée, autant madame de la Fayette l'emporte sur mademoiselle Scudéry; la première, par modestie, ne mit point son nom à son premier ouvrage : la seconde, sans doute par un motif semblable, mit ses premiers romans sous le nom de Ségrais. « Avant elle, (dit Voltaire), on écrivait d'un style ampoulé « des choses peu vraisemblables; ses romans furent les pre- « miers où l'on vit des aventures naturelles décrites avec grâce. » *Zaïde est son premier ouvrage (1770), 2 vol. in-12. Il est ordinairement précédé de l'Origine des Romans, par Huet, évêque d'Avranches. Vient ensuite la *Princesse de Clèves. Nous lui devons aussi la Princesse de Montpensier, 1 vol. in-12; l'Histoire d'Henriette d'Angleterre, 1 vol. in-12; la Comtesse de Tende, 1 vol. in-12. Ses Œuvres complètes ont été réunies par M. Auger avec celles de madame de Tencin, 5 vol. in-8 (1804).

FÉNÉLON (DE LA MOTHE). Mêlerons-nous le nom de l'auteur de Télémaque à celui de nos romanciers ? C'est à côté d'Homère et de Virgile qu'on doit le placer. Il fallait connaître comme Fénélon les beautés de la langue et de la poésie des Grecs, pour s'identifier ainsi avec le chantre d'Achille. Le Télémaque est la plus belle imitation d'Homère; nous l'avons déjà dit : il est en prose, nous nous en emparons, nous le mettons au rang des romans poétiques, nous le plaçons dans notre bibliothèque.

FIELDING (HENRY). *Tom Jones* suffiroit pour placer Fielding au rang des premiers romanciers, à côté de Richardson. « C'est, dit l'auteur du Cours de Littérature, le livre le « mieux fait de l'Angleterre. » Le roman de Tom-Jones a été trad. par M. de la Place. Mais la meilleure traduction est celle que nous a donnée M. Chéron (1804) 6 vol. in-12. Madame Riccoboni a publié une imitation infiniment agréable d'*Amélie Booth*. En conservant tout ce qu'il y a d'intéressant dans l'ouvrage elle a fait disparoître des longueurs qui nuisaient au sujet. L'abbé des Fontaines a traduit en 1750, *Joseph Andrews*, 2 v. in-12; en 1807, M. Lunier nous en a donné une trad. plus exacte, 4 vol. in-12; M. Montagnac nous a donné celle des *Mémoires du chevalier de Kilpar* (1768), 2 vol. in-12; Christophe Piquet a trad. l'*Histoire de Jonathan Wild* (1763), 2 vol. in-12. C'est à tort que l'on a réuni à ses œuvres les *Aventures de Roderic Randon* et la *Vie de David simple*; celui-ci est l'ouvrage de sa sœur Sarah Fielding; le premier appartient à Smollett. M. de Fauconpret a publié la traduction d'un roman qu'on attribue à Fielding : la *Roue de Fortune* (1819), 3 vol. in-12. C'est apparemment un enfant puîné.

FIÉVÉE, littérateur distingué, s'est fait un nom dans la politique; ses ouvrages sont dans toutes les mains; il ne nous appartient pas d'en parler. Nous dirons seulement que son joli roman de la *Dot de Suzette* plaît à tous les lecteurs; qu'il doit être dans tous les cabinets littéraires. Nous dirons aussi que nous sommes bien fâchés de voir que M. Maradan, qui a imprimé tant de bons romans, et qui vient de nous donner une nouvelle édition de la Dot de Suzette, n'ait pas encore réimprimé, du même auteur, *Frédéric*, 3 vol. in-12. Nous devons de plus à M. Fiévée, *Six Nouvelles*, contenant : la Jalousie, l'Égoïsme, l'Innocence, le Divorce, le Faux révolutionnaire, l'Héroïsme des femmes (1803), 2 vol. in-12.

FLAHAUT (mad. la comtesse de), devenue par un second mariage comtesse de Souza, est plus connue comme romancière sous son premier nom. Grâces de style, délicatesse de sentimens, intérêt dans l'action, ingénuité dans les caractères, voilà ce qui distingue madame de Flahaut; tous ses romans sont également chéris des lecteurs. *Adèle de Sénanges, ou Lettres de lord Sydenham (1808), 2 v. in-12; *Charles et Marie (1819), 1 v. in-12; *Émilie et Alphonse, ou les Dangers de se livrer à ses premières impressions (1803), 3 vol. in-12; *Eugène de Rothelin (1810), 2 vol. in-12; *Eugénie et Mathilde, ou Mémoires de la Famille du comte de Révcl (1812), 5 vol. in-12; Mademoiselle de Tournon (1820), 2 vol. in-12.

FLAMANVILLE (mad. de), ancienne institutrice de la princesse Menzikoff, a publié quelques ouvrages propres aux jeunes personnes, tels qu'Eugénie, ou le calendrier de la jeunesse. On lui doit le *Château de Juvisy (1818); 3 vol. in-12.

FLEURY (mademoiselle), artiste du second théâtre français, nous a donné *Aglaure d'Almont, ou Amour et Devoir (1820), 2 vol. in-12.

FLEURY (madame) a publié plusieurs romans; qu'on lit encore avec plaisir lorsqu'on les trouve, car il sont devenus rares. Athaëlla, ou Voyage d'une jeune française en Afrique (1809), 2 vol. in-12; Caroline de Belfonds (1803); 3 vol. in-12; l'Épouse soupçonnée, ou le Procès scandaleux, 3 vol. in-12; Herbert et Virgina, ou le Château de Monélar (1800), 2 vol. in-12; les *Malheurs d'Élisabeth, ou les Victimes de la perfidie, 1 vol. in-12; Montalais et Héléna, ou le Choix de ma tante; 2 vol. in-12; la petite Maison du Rhône (1803); 2 vol. in-12; Philippe et Clémencia, ou les Crimes de la jalousie, 2 vol. in-12; *le Suicide*, ou Charles et Cécilia; (1806), 2 vol. in-12.

FLORIAN (J. P. Claris de). Issu d'une Castillane, on diroit que Florian a puisé dans le sein maternel le goût qu'il avoit pour la littérature espagnole. Arrêté comme noble, arraché au tranquille séjour de Sceaux-Penthièvre, il ne sortit de sa prison, à la chute du tyran, que pour aller mourir dans sa paisible retraite; il fut enlevé aux lettres à l'âge de trente-neuf ans. Comédies, Fables, Poëmes, Pastorales, Romans, il s'est distingué dans tous les genres. Tâchons de donner le catalogue de ses ouvrages : *Don Quichotte*, imité de l'espagnol de Michel-Cervantès (1806), 6 vol. in-18; *Eliezer et Nephtaly*, poëme traduit de l'hébreu, suivi d'un Dialogue entre deux chiens, imité de Cervantès, 1 vol.; *Estelle et Némorin*, pastorale, 1 v.; les*Fables* (à côté de celles de l'inimitable Lafontaine, elles ont encore quelque mérite), 1 v. in-18; *Galatée*, pastorale imitée de Cervantès, 1 vol. *Gonzalve de Cordoue*, précédé d'un précis historique sur le Maures (précis dont on a fait un grand éloge), 3 vol.; *Guillaume-Tell*, ou la Suisse libre, précédé de la vie de l'auteur, par Jauffret, 1 vol.; *la Jeunesse de Florian*, ou Mémoires d'un jeune Espagnol, ouvrage posthume, 1 vol.; *Mélanges* et *Nouveaux mélanges*, contenant Ruth, Eloge de Louis XII, etc., 2 vol. *Nouvelles* et *Nouvelles Nouvelles*, imitées de l'espagnol, 2 vol.; *Numa Pompilius*, second roi de Rome. ('C'est un poëme dans le genre de *Télémaque*), 2 vol.; *le Théâtre* (on y remarque Claudine, ou le Petit Savoyard, les Deux Billets, le bon Ménage, etc.), 3 vol.

FOÉ (Daniel de). Tel est le nom de l'auteur des *Aventures de Robinson Crusoé*. Cette histoire paraît si naturelle qu'elle a passé pour une relation véritable; il en est qui prétendent que ce sont les aventures d'un certain Selkirck, écossais abandonné par ses compagnons dans une île déserte, sur le manuscrit duquel l'auteur anglais aurait composé son roman. Que ce soit un récit véritable, que ce soit le fruit de l'imagination, c'est peut-être le livre le plus amusant que nous ait fourni l'Angleterre. Dégagé de ses longueurs, suivant la pensée de J. J. Rousseau, c'est l'ouvrage le plus agréable pour la jeunesse; aussi nous en a-t-on donné des abrégés très-intéressans : tel celui de Feutry, tel celui de Campe; sans parler des extraits qu'on en a faits, en faveur du premier âge; Saint-Hyacinthe et Van-Effen nous en ont donné une traduction, 3 vol. in-12; (1720), elle a été revue en 1799, par M. Griffet la Baume, 3 vol. in-8.

FONTAINES (madame la comtesse de).

. . . . Quel Dieu, charmant auteur,
Quel Dieu vous a donné ce langage enchanteur?

C'est ainsi qu'écrivait Voltaire à madame de Fontaines. C'est dans un roman de cette dame, c'est dans la *Comtesse de Savoie* (1720), 1 vol. in-12; que le poëte de Ferney puisa le sujet de Tancrède et celui d'Artémire; elle nous a donné depuis *Aménophis*, prince de Lybie (1728), 1 vol. in-12.

FONTAINES (l'abbé des). L'Aristarque de son siècle, l'auteur des observations sur les écrits modernes et des jugemens sur les ouvrages nouveaux, le continuateur du Journal des Savans, nous a donné une traduction de *Virgile*, qui a rendu le poëte latin familier à nos dames. Il a traduit, de H. Fielding, les *Aventures de Joseph Andrews* (1750), 2 vol. in-12; du docteur Swift, les *Voyages de Gulliver* (1762), 2 vol. in-12. Il a donné une suite à cet ouvrage sous le titre du *Nouveau Gulliver* (1762), 2 vol. in-12. Il a publié l'*Histoire de don Juan de Portugal*, roman historique, imité de Mariana (1724), 1 vol. in-12.

FONTANELLE, auteur d'un grand nombre d'ouvrages politiques et littéraires, de plusieurs pièces de théâtre, estimé pour sa traduction des Métamorphoses d'Ovide, nous a donné les *Mémoires de Floricourt* (1767), 2 vol. in-12 ; *le Naufrage et Aventures* de Pierre Viaud (1768), 2 vol. in-12 (réimprimé plusieurs fois.) Il a traduit de l'anglais de mistriss Bennett, *Anna* ou l'Héritière galloise (1788), 1 vol. in-12 ; et de mistriss Helme, *Clara et Emmeline*, ou la Bénédiction maternelle (1788), 2 vol. in-12.

FORBIN (Auguste, comte de) est aussi bon littérateur que peintre distingué. Son tableau, représentant la mort de Pline, a été présenté au roi en 1816. Madame de Genlis nous a donné les *Tableaux du Comte de Forbin*, ou la mort de Pline l'ancien et Inès de Castro, nouvelles historiques, 1 v. in-8. Comme écrivain, il a publié *Charles Barimor*, roman sentimental (1810), 1 v. in-8. Cet ouvrage a eu trois édit. en peu de temps. On lui doit un excellent Voyage au Levant, qui, pour ce qui nous appartient, renferme l'épisode essentiellement romantique d'*Ismaël et Mariam*.

FORCE (Mlle. de la). Née dans un rang distingué, mademoiselle de la Force devint le triste jouet de la fortune. Unie à M. de Brion, à peine huit jours étaient écoulés que son mariage fut déclaré nul. Elle prit pour devise un navire agité des flots, sans pilote, sans mats et sans voiles avec cette épigraphe : *Quò me fata trahunt.* L'étude vint la consoler dans ses malheurs; elle trouva de grandes ressources dans les lettres. L'académie des *Ricovrati* de Padoue l'admit dans son sein : elle s'est distinguée dans la poésie ; elle a donné des romans historiques pleins d'imagination, d'esprit et de talent : *Gustave Vasa*, (1698), 1 vol. in-12; *Histoire de Marguerite de Valois*, reine de Navarre, sœur de François I.er (1696), 4 vol. in-12; *Histoire secrète de Marie de Bourgogne*, femme de Maximilien d'Autriche (1710), 2 vol. in-12; *Mémoires historiques*, ou anecdotes galantes et secrètes de la duchesse de Bar, sœur de Henri IV (1709), 1 vol. in-12.

FRANCÈS (mistriss Sophie). Plusieurs romanciers, voulant imiter madame Radcliffe, nous ont conduit dans des tours ténébreuses, dans de vastes et sombres forêts, sous des voûtes profondes et caverneuses, au milieu des brigands et des assassins.... Il n'en est aucun qui se soit plus rapproché que Sophie Francès de l'auteur des *Mystères d'Udolphe*. Nous lui devons *Angelo Guicciardini*, ou le Bandit des Alpes, traduit par R. J. Durdent (1817), 6 vol. in-12; *Constance de Lindensdorff*, ou la tour de Wolfenstad (1808), 4 vol. in-12; l'*Inconnu*, ou la Galerie mystérieuse, traduit par mad. de Viterne, 5 vol. in-12; la *Sœur de la Miséricorde*, ou la veille de la Toussaint (1819), 4 vol. in-12; *Vivonio*, ou l'Heure de la rétribution (1820), 5 vol. in-12.

FRESNAIS (Joseph-Pierre), nous a donné des imitations élégantes et fidelles plutôt que des traductions serviles et littérales des écrivains anglais et allemands. Il a traduit de l'anglais de mistriss Booke l'*Histoire d'Émilie Montague* (1770), 5 v. in-12; de Sterne le *Voyage sentimental*, 2 vol. in-12; *Tristram Shandy*, (1772), 4 vol. in-12. Il a traduit de l'allemand de Wieland l'*Histoire d'Agathon*, ou la sympathie des âmes (1766), 3 vol. in-12. On lui doit encore l' *Histoire d'Agathe de St.-Bohaire* (1769), 2 vol. in-12

FRESCARODE (Marie Victoire), orpheline à quinze ans, sentit de bonne heure que l'étude seule peut distraire des malheurs, et suppléer aux pertes de la fortune. Chargée de la poursuite d'un procès de famille, procès dont tout le travail reposait sur elle seule, elle fit elle-même ses Mémoires et défendit victorieusement sa cause. On lui doit *Charles et Victoire*, ou les quatre âges d'un bon ménage, 1 vol. in-12; *la Femme romanesque*, 1 vol. in-12; les *Illusions d'une Femme vertueuse*, ou Lettres d'Hortense Saint-Ange, 4 vol. in-12; les *Victimes de l'Intrigue*, ou l'Héroïsme dans le malheur, Mémoires de Mademoiselle **, 2 vol. in-8. Ce dernier roman est le seul que l'on trouve encore dans le commerce.

FRÉVILLE (A. F. J.), auteur des nouveaux Essais d'éducation, de la Correspondance de Cécile avec ses enfans, des beaux exemples de piété filiale et de concorde fraternelle, des Contes jaunes, et d'une infinité d'autres ouvrages composés en faveur du jeune âge, nous a donné l'*Histoire des Chiens célèbres*, entremêlée de notices intéressantes sur l'histoire naturelle (1796), 2 vol. in-12; on y trouve des anecdotes propres à piquer la curiosité du lecteur.

FROMAGET, poëte et romancier. De tous ses ouvrages il ne nous est guère resté que le *Cousin de Mahomet* (1750), 2 vol. in-12. Il plaira toujours par sa gaîté et par la variété des aventures.

FUCHS (L.) a traduit deux romans de l'allemand d'Aug. Lafontaine, la *Nouvelle Arcadie*, ou l'Intérieur de deux Familles (1809), 4 vol. in-12; le *Testament*, (1816), 3 vol. in-12. Nous avons une autre traduction de ce dernier par A. F. Rigaud (1812), 5 vol. in-12.

FURETIÈRE, auteur du dictionnaire qui porte son nom, a donné un roman satirique et burlesque qui, dans le temps, fit quelque bruit; il est dans le genre du *Roman comique* de Scarron; mais pour le mérite il est loin d'en approcher. C'est le *Roman bourgeois* (1666), 1 vol. in-12.

GACON-DUFOUR (madame), d'abord madame d'Humières, tout en consacrant sa plume aux habitans de la campagne, en travaillant sur l'économie rurale et domestique, a trouvé des momens de loisir pour composer des ouvrages anecdotiques et des romans. Parmi ses Mémoires historiques aussi amusans qu'instructifs, on distingue la Correspondance de mad. de Châteauroux (1806), 2 vol. in-12; la Correspondance de plusieurs personnages illustres de la cour de Louis XV (1808). 3 vol. in-12; la Cour de Catherine de Médicis, de Charles IX, de Henri III et de Henri IV (1807), 2 vol. in-8; Pièces inédites

sur les règnes de Louis XIV, Louis XV et Louis XVI (1809),
2 vol. in 8. Voici la note de ses romans : les *Dangers de la Coquetterie* (1787), 2 vol. in-12; *les Dangers de la Prévention*,
roman anecdotique (1816), 2 vol. in-12; la *Femme grenadier*,
roman historique (1801), 1 vol. in-12; *Georgeana*, ou la
Vertu persécutée et triomphante (1798), 2 vol., in-12; l'*Héroïne Moldave* (1818), 3 vol. in-12; *Melicerte et Zirphile*,
roman historique et moral (1812), 2 vol. in-12; *le Préjugé
vaincu*, ou Lettres de mad. la comtesse de *** à madame de ***,
réfugiée en Angleterre (1787) 2 vol. in-12; elle a donné aussi,
Voyages de plusieurs Émigrés et leur retour en France (1802),
2 vol. in-12; *les Voyageurs en Perse* (1809), 3 vol. in-12.

GAILLARD, membre de l'académie française et des inscriptions et belles-lettres, auteur de l'Histoire des Rivalités de la
France et de l'Angleterre, de l'Histoire de François Ier, de l'Histoire de Marie de Bourgogne, paraît être aussi l'auteur de
Julie de Saint-Olmont, ou les premières Illusions de l'amour
(1805), 3 vol. in-12. Il a publié cet ouvrage comme éditeur, au
nom d'une dame de haut rang, qu'il ne nomme pas, et qui,
dit-il, a craint l'anathème lancé par Molière contre les *Femmes
savantes*, et n'a pu vaincre le préjugé qui semble *interdire aux
femmes*, et surtout aux femmes de distinction, *l'exercice du
talent d'écrire*. M. Gaillard n'aura point osé secouer le préjugé
qui semble interdire à un académicien une composition frivole...
un roman!

GALLAND (Antoine), libraire, est auteur d'un tableau de
l'Égypte en 1798, pendant le séjour qu'y fit l'armée française,
tableau qu'il a représenté d'après nature, ayant fait le voyage
avec l'expédition de Bonaparte. Nous lui devons *Antonio*, ou
les tourmens de l'amour (1797), 1 vol. in-12; *le sort des
Femmes*, ou le club d'amour, suivi des Infortunes de deux
amans (1808), 1 vol. in-12.

GALLAND (Auguste). Les fréquens voyages qu'il fit en

Orient, la connaissance qu'il avait des langues de ces contrées, le mirent à même de nous transmettre les beautés de la littérature orientale. Parmi plusieurs ouvrages traduits de l'arabe, il a publié les *Mille et une Nuits*, que tout le monde connait, qui ont fourni aux auteurs des opéra, des comédies, des sujets de romans. Ses récits commencent souvent par cette phrase : *Ma chère sœur, si vous ne dormez pas, faites-nous un de ces beaux contes que vous savez.* Nous observerons que cette répétition, qui paroit fastidieuse à quelques lecteurs, est familière à la poésie des Orientaux. On en trouve de fréquens exemples dans les livres saints. Que de vers ainsi répétés dans Homère ! Virgile même n'a-t-il pas des phrases que l'on peut appeler *formulaires.?*

GARNIER (M. le comte GERMAIN), homme d'Etat d'un mérite distingué, homme de lettres, connu par ses ouvrages politiques, a sacrifié quelques instans de loisir à la littérature romancière. On lui doit une excellente traduction du *Caleb Willans de Godwin* (1796), 3 vol. in-12. On le nomme dans la société comme traducteur d'un ouvrage qui, par le genre, peut être mis à côté de ceux de madame Radcliffe, et sur lequel, par son travail, il a répandu le plus grand intérêt. Je veux parler des *Visions du Château des Pyrénées*, 4 vol. in-12 ; nouv. édit. (1821), 5 vol. in-12.

GAY (madame S**). Ce n'est pas un titre sonore et brillant, ce n'est pas le nom de l'auteur qui ont fait la fortune des romans de madame Gay. Les titres de ses ouvrages sont simples, aucun d'eux ne porte son nom. *Anatole* (1815), 2 vol. in-12 ; *Laure d'Estelle*, 3 vol. in-12; *Léonie de Montbreuse* (1813), 3 vol. in-12.

GELLER (J. H. F.). Nom tout à fait nouveau, romans qui donnent quelques espérances pour l'avenir : *Atala et Musacop*, histoire péruvienne, suivie des Petits Orphelins des hameaux (1821), 2 vol. in-12; *Paul et Virginie*, ou les amans Bermudes, suivi de Victor, ou l'Enfant des Bois (1821), 2 vol. in-12.

GENLIS (madame la comtesse de) nous a donné le tableau des femmes qui, considérées comme auteurs, ont eu de l'*influence sur la littérature française*. Il n'est personne qui mérite mieux qu'elle un rang distingué parmi ces femmes. Religion, philosophie, morale, histoire, économie rurale, tous les genres lui sont familiers; on voit par le bon ton qui règne dans ses écrits, qu'elle a vécu dans la haute société. Fécondité d'imagination, richesse de style, beauté de sentiment, telles sont ses qualités. Elle a cependant trouvé des censeurs et des juges un peu sévères; mais n'a-t-elle pas elle-même jugé les autres un peu sévèrement! l'auteur de Gilblas (1), celui de Cléveland (2), l'immortel auteur de Télémaque, madame Cottin (3). . . . Disons que madame de Genlis, la doyenne de nos romancières, est la première en mérite. Nous ne donnerons pas le catalogue de ses nombreux ouvrages, nous nommerons seulement ceux qui sont de notre domaine : *Adèle et Théodore*, ou Lettres sur l'Éducation (1782), 3 vol. in-12, *Alphonse*, ou le Fils naturel (1809), 2 vol. in-12; *Alphonsine*, ou la Tendresse maternelle (1808), 3 vol. in-12; les *Annales de la Vertu*, ou Cours d'Histoire à l'usage des jeunes personnes (1781), 5 vol. in-12; les *Battuecas* (1817), 2 vol. in-12; *Belisaire* (1808), 2 vol. in-12; les *Chevaliers du Cygne*, ou la Cour de Charlemagne, pour servir de suite aux Veillées du Château (1795), 3 vol. in-12. Le *Comte de Corke*, surnommé le grand, ou la Séduction sans artifice, suivi de Saint-Clair, ou la Victime des Sciences et des Arts (1809), 2 vol. in-12; la *Duchesse*

(1) *Voyez* de l'Influence des Femmes sur la littérature. Tom. I, p. xv.
(2) *Ibid.*, Tom. II, p. 152.
(3) *Ibid.*, Tom. II, p. 239.

de la Vallière (1804), 2 vol. in-12; *Histoire de Henri-le-Grand* (1816), 2 vol. in-12; *Jeanne de France* (1816), 2 v. in-12; *Madame de Maintenon*, pour faire suite à l'Histoire de madame de la Vallière (1806), 2 vol. in-12; *Mademoi-selle de Clermont*, Nouvelle historique (1802), 1 vol. in-18; *Mademoiselle de la Fayette*, ou le siècle de Louis XIII (1815), 2 vol. in-12; les *Mères rivales*, ou la calomnie (1800), 3 vol. in-12; *Nouveaux Contes moraux*, et Nouvelles historiques contenant : les Deux réputations, le Palais de la Vérité, l'A-postasie, l'Épouse impertinente par Air, le Mari corrupteur, Mademoiselle de Clermont, etc. (1818), 6 vol. in-12; *Palmyre et Flaminie*, ou le Secret (1820), 2 vol. in-12; les *Parvenus*, ou les Aventures de Julien Delmours écrites par lui-même (1819), 3 vol. in-12; les *Petits Émigrés*, ou Correspondance de quelques Enfans (1819), 2 vol. in-12, *Pétrarque et Laure* (1819). 2 vol. in-12 : *Saint-Clair*, ou la Victime des sciences et des arts, Nouvelle (1808), 1 vol. in-18; le *Siège de la Ro-chelle*, ou le Malheur et la Conscience (1809), 2 vol. in-12; les *Souvenirs de Félicie*, (1811), 2 vol. in-12; les *Tableaux de M. le comte de Forbin*, ou la Mort de Pline l'ancien et Inès de Castro, Nouvelles historiques, 1 vol. in-8; *Théâtre de société* (1811), 2 vol. in-12; *Théâtre d'éducation* (1779), 5 vol. in-12; les *Veillées du Château*, ou Cours de Morale à l'usage des enfans (1784), 3 vol. in-12; les *Vœux témé-raires*, ou l'Enthousiasme (1799), 3 vol. in-12; *Voyage poétique* d'Eugène et d'Antonine (1818), 1 vol. in-12; *Zuma*, ou la Découverte du Quinquina, suivi de la belle Paule, de Zénéïde, des Roseaux du Tibre, etc., 1 vol. in-12.

GÉRARD (l'abbé), sous la forme du roman, donne à la jeunesse les préceptes du Sage. Il a reçu la plus douce récom-pense de son travail; il a vu le prodigieux succès de son livre : le *Comte de Valmont*, ou les Égaremens de la Rai-son, suivi de la Théorie du Bonheur, nouv. édit. (1820), 6 vol. in-12.

GERDRET (A. L. J.). Nous lui devons *Léopold*, ou le Pavillon mystérieux (1818), 4 vol. in-12.

GETNONVILLE (madame de) nous a donné l'*Épouse rare*, ou Modèle de patience, de douceur et de constance (1789), 1 vol. in-12. Livre aussi peu commun que le sujet qu'il traite.

GODWIN (WILLIAM), célèbre écrivain anglais, s'est fait un nom dans la morale et dans la politique. Il ne nous appartient de parler que des romans : les *Aventures de Caleb Williams* ont eu un succès prodigieux. On nous en a donné plusieurs traductions : la plus estimée est celle de M. le comte Garnier, 3 v. in-12 ; nous devons encore à cet auteur, *Fleetwood*, traduit par Villeterque (1805), 3 vol. in-12 ; *Mandeville*, histoire anglaise du Dix-septième siècle, traduite par J. Cohen (1819), 4 vol. in-12, *Saint-Léon*, Nouvelle du Seizième siècle (1799), 4 vol. in-12. (Très-rare).

GODWIN (MARIE WOLSTONECRAFT), fille du précédent. Plongée dans l'indigence par la prodigalité de son père, réduite à l'état de maîtresse d'école, elle trouva quelques ressources dans ses talens littéraires, et publia plusieurs écrits parmi lesquels on distingue les Lettres de Scandinavie. Trompée dans ses affections, elle chercha dans les eaux de la Tamise la fin de ses malheurs. Arrachée à la mort, elle publia l'histoire de ses infortunes sous le titre de *Maria*, ou le Malheur d'être Femme. M. Ducos nous a donné la traduction de cet ouvrage (1798), 1 vol. in-12.

GOETHE (J. W.). C'est à la narration d'un événement tragique qui s'est passé sous ses yeux, c'est au récit de la mort du jeune Werther, que Goëthe, aussi bon poëte que bon romancier, doit sa fortune et sa réputation ; la meilleure traduction de Werther est celle que nous a donnée M. Sévelinges, Paris,

Didot (1802), 1 vol. in-8. Nous devons à M. Sévelinges, la traduction d'un autre roman du même auteur : *Alfred, ou les
Années d'apprentissage de Wilhelm Meister (1802), 3 vol.
in-12; nous avons encore un roman de Goëthe, *Ottilie, ou
le Pouvoir de la Sympathie, traduit par Breton (1810), 2 vol.
in-12 : le même ouvrage a été traduit sous le titre des *Affinités
électives (1810), 3 vol. in-12.

GOLOFFKIN (mad. la comtesse de) a publié *Alphonse de
Lodève (1809), 2 vol. in-12.

GOLDSMITH (Olivier). Philosophe ennemi de la richesse,
fuyant l'importunité de ses créanciers, voyageant à pied, cher-
chant dans sa flûte des ressources contre la misère et l'ennui,
successivement garçon apothicaire, sous-précepteur dans les
écoles, écrivain périodique, et enfin homme célèbre, tel fut
Goldsmith. Il a donné d'excellens abrégés de l'histoire grecque,
de l'histoire romaine, de l'histoire d'Angleterre. Les poëmes du
Voyageur et du Village abandonné lui ont fait le plus grand
honneur dans les lettres. Mais son ouvrage le plus précieux pour
nous c'est le *Ministre de Wakefield, qui le place immédiate-
ment après Fielding et Richardson. Nous avons une traduction
de cet ouvrage, publiée par E. Aignan (1803), 1 vol. in-12.

*GOMBERVILLE (Marin Leroy, sieur de). Au commence-
ment du xviiᵉ siècle les Scudéry, les Lacalprenède, les Gomberville, comme romanciers, jouissaient d'une grande réputation. Le retour du bon goût, les ouvrages de madame de la
Fayette, le jugement un peu sévère de Boileau, portèrent un
coup mortel à leurs romans. La Cythérée de Gomberbille
(1621), 9 v. in-8, est écrite dans le goût des mœurs antiques,
et contient, sous des noms empruntés, l'histoire des premiers
temps du règne de Louis XII I. Nous avons encore de lui Polexandre (1637), 5 vol. in-8. Gomberville avait tant d'aversion
pour le mot car qu'il paria qu'on ne le trouverait pas une seule
fois dans tout Polexandre. Il perdit, car on le trouva trois fois.

GOMÈS (madame de) était fille de l'acteur Poisson. Elle avait assez de grâces et de talens pour prétendre à une honnête aisance. Elle espérait la trouver en M. de Gomès ; elle fut trompée, il ne lui apporta qu'une fortune chimérique ; pour lui, il comptait sur la plume féconde de son épouse : il ne fut point trompé. De fréquens besoins la forcèrent à vendre ses productions avant d'y avoir mis la dernière main. Aussi trouve-t-on plus de facilité que de correction dans ses ouvrages. On les lisait avec avidité, on les traduisait dans toutes les langues. Aujourd'hui, ils restent tristement sur les rayons du libraire. Humiliez-vous donc, romanciers si fiers de vos belles productions ! un jour viendra, peut-être, où elles dormiront à côté des siennes. Madame de Gomès a écrit en prose et en vers ; elle a donné des tragédies qui n'ont pas été sans succès. Nous lui devons les *Anecdotes persannes* (1727), 2 vol. in-12 ; les *Cent Nouvelles nouvelles* (1732), 18 vol. in-12 ; *Crémentine, reine de Sanga*, histoire indienne (1727), 2 vol. in-12 ; la *Jeune Alcidiane* (1733), 3 vol. in-12 ; les *Journées amusantes* (1730), 8 vol. in-12.

GORDON DE PERCEL. *Voyez* LENGLET du FRESNOY.

GORGY (*Voyez* à l'article BAUME DE LA). Nous l'avons déjà dit, l'établissement des cabinets littéraires a entraîné la ruine des romans imprimés en petit format. Tels sont les ouvrages de Gorgy. Aussi restent-ils ensevelis dans les magasins du libraire Louis. Si quelque jour M. Gorgy se décidait à faire un choix parmi ses œuvres, et à les faire imprimer in-12, on les lirait, et on y trouverait du plaisir. Voici la liste de ses romans : *Ann'quin Bredouille*, ou le Petit Cousin de Tristram Shandy (1792), 6 vol. in-18 ; *Blancay*, (1795), 2 v. in-18 ; *Lidorie*, ancienne chronique (1794), 2 vol. in-18 ; le *Nouveau Voyage sentimental* (1795), 2 v. in-18 ; *Saint-Alme* (1794), 2 v. in-18 ; les *Tablettes sentimentales du bon Pamphile* (1792), 1 vol. in-18 ; *Victorine* (1795), 2 vol. in-18.

GOSSE, membre de la société philotechnyque, s'est fait connaitre comme auteur dramatique, par le Médisant, les Femmes politiques, l'Épreuve par ressemblance. Comme littératenr, il a publié les Proverbes dramatiques, 2 vol. in-8; il a donné quelques romans parmi lesquels on distingue les *Amans vendéens* (1800), 4 vol. in-12. Cet ouvrage a eu un grand succès, et a été plusieurs fois réimprimé; on lui doit encore *Gasparin*, ou le Héros provençal, roman éroti-comique (1800), 2 vol. in-18; la *Petite Musicienne* (1819), 3 vol. in-12.

GOTTIS (madame Augustine) est auteur de plusieurs romans où l'on remarque de la grâce et de la facilité. C'est surtout dans le genre historique qu'elle se distingue. Voici les ouvrages qu'elle a publiés : *Catherine première*, impératrice de toutes les Russies, seconde femme de Pierre-le-Grand (1819), 5 vol. in-12; *Ermance de Beaufremont*, comtesse de Gâtinois, Chronique du neuvième siècle (1818), 2 vol. in-12; *François Ier et Madame de Châteaubriand* (1816), 2 vol. in-12 (1); la *Jeune Fille*, ou malheur et Vertu, suivi du Sultan et l'Arabe (1818), 2 v. in-12; le *Jeune Loys*, prince des Francs, ou Malheurs d'une Famille Auguste (1817), 4 vol. in-12 (c'est l'histoire allégorique des infortunes du jeune Louis XVII); *Marie de Clèves*, princesse de Condé, suivi de Valentine de Milan, Anecdote du Quinzième siècle (1821), 5 vol. in-12; *Marie de Valmont* (1815), 1 vol. in-12.

---

(1) Le même sujet fut traité en 1695, par le sieur Lesconvel, sous le titre des *Intrigues amoureuses de François Ier*, ou Histoire tragique de Françoise, comtesse de Châteaubriand, 1 vol. in-12. « Il n'était rien « (dit Lenglet du Fresnoy, dans sa bibliothèque des romans), il n'était « rien de si propre que cette héroïne, maitresse de François Ier, roi de « France, pour en faire un beau morceau; mais elle n'est pas tombée en des « mains assez délicates et assez intelligentes. » Si Lenglet vivait encore, il pourrait dire qu'enfin l'ouvrage est tombé en des mains aussi intelligentes que délicates.

GRAND MAISON (mad.), *Voyez* VAN-ESBECH (mad.)

GRANDOLPHE (A. J.) est auteur de la *Main mystérieuse*, dont M. R. J. Durdent nous a donné la traduction (1819), 3 vol. in-12.

GRAFFIGNY (madame de). *Cénie* assure à madame de Graffigny une place distinguée parmi nos auteurs dramatiques : les *Lettres d'une Péruvienne* la mettent au rang de nos meilleurs romanciers ; il est peu d'ouvrages en ce genre qui aient eu un aussi brillant succès.

GRASSET (S. SAUVEUR), auteur d'un Voyage aux îles vénitiennes, d'un Voyage à Bordeaux et dans les Landes, des Tableaux cosmographiques, représentant, en quatre feuilles, les costumes des peuples qui habitent les quatre parties du monde, a donné quelques petits romans qui, à cause de leur format in-18, sont devenus très-rares : les *Amours d'Alexandre* et de la Sultane Amazille (1797), 2 vol. in-18; les *Amours du comte de Bonneval*, pacha à trois queues (1796) 1 vol. in-18; *Hortense*, ou la jolie courtisane, suivi de Warc Julia et Zelmire, 3 vol. in-18; le *Sérail*, ou Histoire des intrigues secrètes et amoureuses du grand seigneur (1795), 2 vol. in-18.

GRIFFET DE LA BAUME, *Voyez* BAUME (DE LA).

GRIFFITH (mistriss), irlandaise, a publié quelques comédies et quelques romans. On y trouve plus d'esprit et d'instruction que de sentiment et de naturel ; elle ne nous est guère connue que par la traduction qu'on nous a donnée de l'Histoire de *lady Barton* (1752), 2 vol. in-12.

GRIVEL (GUILLAUME), auteur de plusieurs excellens ouvrages sur l'éducation, a publié en 1783, l'*Ile inconnue*, ou Mémoires du chevalier de Gastine, roman moral et politique, contenant l'histoire de la formation et de la civilisation de la société, 6 vol. in-12. Cet excellent roman a été réimprimé en 1804, en 1806, et plusieurs fois depuis. L'édition que nous offrons, parfaitement conforme aux précédentes, est à la date de 1812, 2 gros vol. in-12.

GUÉNARD (mad. Baronne de Méré, née de Faverolle). Salut à la plus féconde de nos romancières. S'il nous était permis de citer tous les ouvrages qu'elle a publiés sous le nom de B.....y, sous celui de F.....e, etc., on verrait que pour le nombre des volumes, elle l'emporte peut-être sur madame de Genlis, sur Aug. Lafontaine, sur l'inépuisable Restif de la Bretonne. Il est un grand nombre de romans qu'elle n'a point voulu signer, parce qu'ils lui paraissent ne point convenir à la décence de son sexe, quoique cependant il n'en soit aucun que l'on ne puisse mettre dans la main des lecteurs. A Dieu ne plaise, que, père d'une nombreuse famille, je veuille faire l'éloge de ces ouvrages immoraux qui conduisent nos enfans à leur perte, et qui font envelopper dans une proscription générale, des livres dont le but est de récréer nos esprits fatigués, et d'instruire en amusant! Madame Guénard est loin d'égaler madame de Genlis, madame Cottin, madame de Staël, madame de Flahaut, madame Gay, madame Armande Roland, etc.; mais il ne faut pas la confondre dans la foule des romanciers vulgaires : tous ses livres se lisent avec plaisir. Elle a fait *Irma*, c'est-à-dire que dans un temps où l'on ne pouvait sans danger, parler de l'infortuné Louis XVI, elle a eu le courage de nous raconter les malheurs de la jeune orpheline de nos rois. On lui doit la *Laitière de Bercy*; les *Forges mystérieuses*..... Mais point d'indiscrétion : bornons-nous à donner le catalogue des romans qu'elle avoue : l'*Abbaye d'Hartfort*, ou Lise et Amédée, 4 vol. in-12; *Achille*, fils de Roberville, ou le Jeune Homme sans projets, 2 vol. in-12; *Agathe d'Entragues*, roman historique (1807), 6 vol. in-12; *Antonine de Châtillon*, 4 vol. in-12; les *Augustes Victimes du Temple* (1818), 3 v. in-12,

Blanche de Rancy, ou Histoire de deux jeunes Françaises dans les déserts et chez les Sauvages (1802), 2 vol. in-12; le *Captif de Valence*, ou les Derniers Momens de Pie VI (1802), 2 vol. in-12; *Cécile de Châtenay*, ou le Pouvoir et les Charmes de l'Harmonie (1814), 2 vol. in-12; *Charles le Mauvais*, ou la Cour de Navarre, roman historique (1817), 4 vol. in-12; le *Charpentier de Sardam*, anecdote du règne de Pierre-le-Grand (1817), 3 vol. in-12; *Chrysostôme*, père de Jérôme, 2 vol. in-12; les *Deux Filles naturelles*, ou Malheur et Bonheur, 4 vol. in-12; *Eléonore*, ou la Belle blanchisseuse (1809), 2 vol. in-12; *Emilie de Valbrun*, ou les Malheurs du Divorce, 3 vol. in-12; l'*Enfant du Prieuré*, ou la Chanoinesse de Metz (1802), 2 vol. in-12; *Eugène de Nerval*, ou le Tuteur infidèle (1814), 4 vol. in-12; *Hélène et Robert*, ou les deux Pères (1802); 2 vol. in-12; *Histoire de Madame Elisabeth de France*, sœur de Louis XVI (1802), 3 vol. in-12; *Irma*, ou les Malheurs d'une jeune Orpheline, histoire indienne, avec des romances (1801), 4 vol. in-12; *Isaure et Elvire* (1810), 3 vol. in-12; la *Laitière de Bercy*, anecdote historique du siècle de Louis XIV, 3 vol. in-12; nouv. édit. (1817), 2 vol. in-12; *Laure et Ermance*, ou la Victime de la Cour de Savoie, fait historique (1804), 3 vol. in-12; *Lucien de Murcy*, ou le Jeune homme d'aujourd'hui (1816), 2 vol. in-12; *Madame Bloc*, ou l'Intrigante (1817), 4 vol. in-12; *Madame Billy*, ou les Bourgeois de Paris, 4 vol. in-12; les *Matinées du Hameau*, ou contes d'un grand père à ses Petits-enfans (1808), 4 v. in-12, puis 4 vol. in-18; la *Malédiction paternelle*, ou la perfidie d'une belle-mère, histoire véritable des malheurs de Hurtado et Miranda (1801), 2 v. in-18; *Méline*, ou les Horreurs de la Jalousie (1816), 5 vol. in-12; *Mémoires d'Athanaïs*, comtesse d'Ormont (1803), 4 v. in-12; *Mémoires de Madame la duchesse de Mazarin*, écrits par elle-même, 2 vol. in-12; *Mémoires historiques de Mademoiselle Aïssé* (1807), 2 vol. in-12; *Mémoires historiques de Madame la princesse de Lamballe* (1804), 4 vol. in-12; le *Ministre* de *Westbury*, ou Fanny Bolding, 2 v. in-12; *Saint-Vincent de Paule*, l'Apôtre des affligés, ouvrage renfermant les évènemens les plus remarquables des règnes de Henri IV, de Louis XIII et de la minorité de Louis XIV (1818), 4 vol. in-12; les *Soirées du Château de Valbonne*, ou la Morale évangélique mise en action (1816), 2 vol. in-18; la *Tour infernale*, ou les Aventures de Grégorio Monténégro, 3 vol. in-12; *Thérèse de Wolmar*, ou l'Orpheline de Genève et son persécuteur, anecdocte du commencement du xixe siècle (1821), 3 vol. in-12; la *Vie du duc de Penthièvre* (1802), 2 vol. in-12.

GUEULETTE, homme de lettres, auteur de quelques pièces données au théâtre italien, a publié les *Mille et une Heures*, 3 vol. in-12; les *Mille et un Quart-d'heures*, contes tartares (1725), 3 vol. in-12; le même ouvrage a paru sous le titre des *Aventures merveilleuses du Mandarin Fum-Hoam*, contes chinois (1723), 2 vol. in-12; les *Sultanes de Guzarate*, ou les Songes des hommes éveillés, contes mogols (1732), 3 vol. in-12; les *Mémoires de mademoiselle Bontemps* (1738), 1 vol. in-12; il est éditeur de l'Histoire et Chronique du *Petit Jéhan de Saintré* (1724), 3 vol. in-12; de l'*Histoire* du très-noble et très-valeureux prince *Gérard, comte de Nevers* (1747), 1 vol. in-8, des *OEuvres de* RABELAIS (1723), 5 vol. in-8.

GUIARD DE SERVIGNÉ est auteur des *Sonnettes*, ou Mémoires du marquis de *** (1749), 1 vol. in-12. Dans le temps, ces Sonnettes ont fait quelque bruit.

GUICHARD (ELÉONORE). Les poètes ont versé des fleurs sur la tombe de mademoiselle Guichard, enlevée à la société par une mort prématurée, à l'âge de vingt-huit ans. Elle joignait les grâces de l'esprit aux attraits de la figure; elle brillait dans la

poésie légère; on trouve dans tous les recueils ces jolis vers
que lui adressa le cardinal de Bernis :

> Le connais-tu, ma chère Eléonore,
> Ce tendre enfant qui te suit en tout lieu?
> . . . .

Nous lui devons les *Mémoires de Cécile* (1751), 4 vol. in-12.
M. de la PLACE dit lui-même, dans une préface qu'il a mise à
la tête de l'ouvrage, qu'il n'est que l'éditeur de ce manuscrit
que lui remit mademoiselle Guichard, au lit de la mort.

GUIZOT (madame PAULINE), née DE MEULAN, travaillait
avec son mari, M. Guizot, à la rédaction du Publiciste et des
Archives littéraires ; elle a fourni plusieurs articles intéressans
aux Mélanges de STARN, elle a publié les *Enfans*, contes à
l'usage de la Jeunesse, réimprimés plusieurs fois. Nous lui devons la *Chapelle d'Ayton*, ou Emma Courtenay, imité de
l'anglais de Marie Hays (1769), 4 vol. in-12. Ce roman plein
d'intérêt a été réimprimé en 1810, 4 vol. in-12.

GUYARD DE BERVILLE a donné deux ouvrages qui, malgré le mérite du sujet, ne l'ont pas conduit à la fortune; *Histoire de Bertrand du Guesclin*, (1767), 2 vol. in-12; *Histoire
du Chevalier Bayard* (1760), 1 vol. in-12. Talent et inconduite! Il vécut dans l'indigence, et mourut parmi les pauvres
de Bicètre.

HADOT (madame) était une institutrice estimable; ses
amis arrosent encore de larmes la tombe qui vient de se fermer
sur elle. Elle a donné quelques ouvrages propres à l'instruction
et à l'amusement de la jeunesse qui lui était confiée : les *Loisirs
d'une bonne Mère*, 2 vol. in-12 ; les *Soirées de Famille*, ou
un Hiver à Paris, 3 vol. in-12. Ses Romans ne brillent point
par le style, mais ils sont le fruit d'une imagination brillante
et du sentiment. On peut juger du succès de ses écrits par
la rapidité avec laquelle ils sont enlevés; les uns manquent,

les autres ont été réimprimés jusqu'à trois fois, comme les *Mines de Mazara.* A son lit de mort, pleine de l'idée d'une vie plus heureuse, à laquelle nous passons au sortir de cette vallée de misères, elle se réjouissait dans l'espérance de revoir bientôt un époux que la mort lui avait enlevé depuis peu. Elle nous a laissé l'espoir de la voir renaître dans une de ses filles qu'elle associait quelquefois à ses occupations littéraires, et qui déjà nous promet un ouvrage de sa composition. Voici le catalogue de ses Romans. * *Anne de Russie* et Catherine d'Autriche, ou les Chevaliers de l'ordre Teutonique, nouvelle édition (1818), 3 vol. in-12; * *Arabelle et Mathilde,* ou les Normands en Italie (1819), 4 vol. in-12; * *Archambaud et Roger*, ou le Siége de Metz (1817), 4 vol. in-12; * *Atelwold et Clara,* ou la Montagne de fer (1818), 4 vol. in-12; * *Clotilde de Hapsbourg*, ou le Tribunal de Newstadt, nouv. édit. (1817), 4 vol. in-12; les *Deux Cazimir,* ou Vingt ans de captivité, 4 vol. in-12; les *Ducs de Moscovie*, ou le Jeune Ambassadeur, 5 vol. in-12; * *Ernest de Vendôme*, ou le Prisonnier de Vincennes (1818), 4 vol. in-12; * *Fernand d'Alcantara*, ou la Vallée de Roncevaux (1819), 4 vol. in-12; * *Guillaume Penn*, ou les premiers Colons de la Pensylvanie (1816), 3 vol. in-12; les * *Héritiers des ducs de Bouillon*, ou les Français à Alger (1816), 4 vol. in-12 ; * *Isabelle de Pologne*, ou la Famille fugitive (1817), 4 v. in-12; * *Jacques, premier roi d'Ecosse*, ou les Prisonniers de la Tour de Londres (1819), 4 vol. in-12; * *Laurence de Sully*, ou l'Ermitage en Suisse (1820), 4 vol. in-12; * *Mademoiselle de Montdidier*, ou la Cour de Louis XIII (1821), 5 vol. in-12; les * *Mines de Mazara*, ou les trois Sœurs, troisième édition (1820), 4 vol. in-12; les * *Novices du monastère de Prémol*, ou Hermione et Judith (1820), 4 v. in-12; * *Pierre-le-Grand et les Strelitz*, ou la Forteresse de la Moskowa (1820), 3 vol. in-12; les * *Portugais proscrits*, ouvrage posthume (1821), 5 vol. in-12; la * *Révolte de Boston*, ou la jeune Hospitalière (1820), 3 vol. in-12; * *Stanislas Zamoski*, ou les Illustres

Polonais, nouvelle édit. (1818), 4 vol. in-12; la *Tour du Louvre*, ou les Héros de Bouvine, nouv. édit. (1818), 4 vol. in-12; les *Vénitiens*, ou le Capitaine Français, 4 v. in-12; la *Vierge de l'Indostan*, ou les Portugais au *Malabar*, nouvelle édit. (1821), 4 vol. in-12.

Quelques jours avant de mourir, madame Hadot venait de mettre la dernière main à un Roman que nous attendons avec impatience : les *Brigands Anglais*, 4 vol. in-12.

HAMILTON (Antoine comte d') était de l'ancienne maison qui porte ce nom en Ecosse. Né au sein de l'Irlande, on admire comment il a pu égaler nos meilleurs écrivains, par la finesse, l'élégance et la pureté de son langage. Poète agréable, conteur enjoué, d'un aimable badinage, auteur du *Bélier*, de *Fleur d'épine*, des *Quatre Façardins*, et de plusieurs autres *Contes* très-agréables, il mérite, surtout par les *Mémoires du Comte de Grammont*, une place distinguée parmi nos romanciers. On a donné en 1820 une très-jolie édition de cet Ouvrage, 2 vol. in-12, ornés de gravures. En 1805 on a publié les Œuvres complètes d'Hamilton, 3 vol. in-8.

HAMILTON (Elizabeth), Irlandaise, a publié quelques ouvrages sur les principes religieux et moraux qui doivent diriger l'éducation. Elle s'est raillée avec esprit des travers de nos philosophes, dans un Roman qui eut à Londres un grand succès, et dont M. B.*** nous a donné la traduction, sous le titre de *Bridgetina*, ou les Philosophes modernes (1820), 4 vol. in-12. Elle nous a présenté le tableau des mœurs Ecossaises dans le *Village de Munster* (1802), 2 vol. in-12.

HAUTPOUL (madame d'), veuve de Beaufort, s'est distinguée dans la poésie légère. On trouve dans *Zilia*, roman pastoral de sa composition (1796), 1 vol. in-8., des romances que ne désavoueraient pas nos meilleurs poètes en ce genre. Son *Cours de Littérature*, ancienne et moderne, à l'usage des jeunes demoiselles (1815), 2 vol. in-12, a eu un grand succès.

Ses romans se lisent avec beaucoup de plaisir. *Alexis et Constantin, ou les habitans de l'Ukraine (1820), 2 vol. in-12 ; *Arindal, ou le jeune Peintre (1811), 2 vol. in-12 ; *Childéric, roi des Francs (1806), 2 vol. in-8 ; *Clémentine, ou l'Evélina Française (1809), 4 vol. in-12 ; *Séverine (1810), 6 vol. in-12.

HÉLIODORE florissait au ivᵉ. siècle, sous le règne de Théodose-le-Grand. On peut l'appeler l'HOMÈRE de nos romanciers. On lui doit les Amours de Théagènes et Chariclée; ce livre écrit en grec a été traduit dans toutes les langues. La meilleure traduction que nous ayons parmi nous est celle de J. AMYOT; nos bons aïeux faisaient leurs délices de cet ouvrage. Il a servi de modèle à LONGUS, pour Daphnis et Chloé; à EUSTATHIUS, pour Ismène et Isménie; à ACHILLES TATIUS, pour Leucippe et Clitophon. Mais si l'on considère la pureté du grec, la variété des évènemens, la décence des mœurs, Héliodore l'emporte de beaucoup sur ses successeurs. Héliodore obtint, dit-on, l'évêché de TRICA pour prix de son ouvrage. Amyot, pour la traduction qu'il en publia, obtint l'abbaye de BELLOZANE.

HELME (mistriss ELISABETH) est, sans contredit, une des meilleures romancières que nous ait donné l'Angleterre. Tous ses romans doivent avoir place dans un cabinet littéraire. *Albert, ou le désert de Strathnavern (1810), 3 v. in-12; la *Caverne Sainte-Marguerite (réimprimé plusieurs fois), (1820), 4 vol. in-12; Clara et Emmeline, ou la bénédiction maternelle, trad. par Fontanelle, 2 vol. in-12; le *Fermier de la forêt d'Inglewood, ou les Effets de l'Ambition (1818), 4 vol. in-12; *Jacques Manners, le petit Jean, et leur chien Blouff (1801), 1 vol. in-12; *Louisa, ou la Chaumière dans les marais (1787), 2 vol. in-12; le *Pèlerin de la Croix (1817), 3 vol. in-12; *Saint-Clair des Iles, ou les exilés à l'île de Barra, trad. par madame de Montolieu (1809), 4 vol. in-12.

HENRIETTA (miss) a publié en anglais, J. Cohen a traduit en français l'*Abbaye* de Craig-Melrose, ou Mémoires de la famille de Mont-Linton (1817), 4 vol. in-12.

HENRY (P. F.) est un de nos littérateurs qui se soient livrés avec le plus de zèle à la traduct. des ouvrages anglais. Les voyages surtout ont fait l'objet de ses travaux. Voyage en Norwège, Danemark et Russie; Voyage à Surinam et dans l'intérieur de la la Guyane; Voyage aux sources du Nil, et en Abyssinie; Voyage à l'Océan pacifique du Nord; Voyage à l'Ile de Ceylan; Voyage au Cap de Bonne-Espérance; Voyage dans l'Indoustan, sur les côtes de la Mer-Rouge. Il a choisi les ouvrages les plus intéressans; il s'est attaché aux auteurs les plus considérés, Swinton, Bruce, Van-couver, Parkinson, Percival...... Il n'a point enrichi la librairie des romans, il n'a traduit que le *Château mystérieux*, ou l'Héritier orphelin (1798), 2 vol. in-12.

HERVEY (mistriss ELISA) a publié *Amabel*, ou Mémoires d'une jeune dame de qualité, traduit par madame de Montolieu (1820), 5 vol. in-12. « Madame Hervey, dit madame de
« Montolieu, dans la préface qu'elle a mise à la tète de sa tra-
« duction, a donné plusieurs romans estimés en Angleterre.
« On trouve dans ses ouvrages des caractères bien tracés et sou-
« tenus; une action qui offre un intérêt continuel; les sentimens
« sont si naturels qu'on peut croire les avoir éprouvés soi-
« même; ce qui s'y passe se voit si fréquemment dans le monde,
« qu'on pense en avoir été les témoins. »

HOLFORD, écrivain anglais, ne nous est connu que par un roman dont nous avons deux traductions, l'une de madame de ROME, l'autre de madame Elizabeth de BON. La première sous le titre de *Maria d'Oriville*, ou le Séducteur vertueux (1813), 4 vol. in-12; la seconde sous celui du *Portrait*, ou la jeune Orpheline (1819), 3 vol. in-12. Cette concurrence involontaire

de deux dames d'un talent reconnu, prouve le mérite de l'ouvrage anglais.

HORSTLEY. Nous connaissons de ce littérateur anglais,
l'*Abbaye de Sainte-Oswithe*, traduit par mad. de Marèse
(1813), 2 vol. in-12, et *Ethelwina*, traduit par Octave Sé-
cur (1802), 2 vol. in-12. On peut juger ces ouvrages par le
mérite distingué des traducteurs.

HUET (Pierre Daniel) était un des hommes les plus érudits
de son siècle; il fut choisi pour éditeur des livres *ad usum
Delphini*. Il écrivit en prose et en vers, en grec, en latin, en
français; il publia plusieurs ouvrages importans, parmi lesquels
on distingue la *Démonstration Évangélique*. Appelé à l'évé-
ché d'Avranches, les travaux de l'épiscopat ne purent ralentir
ses travaux littéraires; perpétuellement enfermé dans son
cabinet, il faisait répondre à ceux qui le demandaient *qu'il
étudiait*. «Eh! pourquoi, répondait-on, le roi ne nous a-t-il
« pas donné un évêque qui ait fini *ses études*. » St. François
de Sales permit la danse à la vertueuse Philothée; l'évêque
d'Avranches permit la lecture des romans, à condition qu'ils res-
sembleraient à la *Zaïde* de mad. la Fayette. Le roman, suivant
lui, est une *fiction* écrite en prose avec art, pour le *plaisir* et
l'*instruction* des lecteurs; il faut lire à cet égard son excellent
Traité de l'Origine des Romans; on reconnaîtra que leur
lecture est aussi utile qu'agréable, quand elle est faite avec
sagesse et discernement. Huet fit un roman qui ne fut publié
qu'après sa mort, le *Faux Inca*, ou Diane de Castro (1728),
1 vol. in-12.

HYPPOLITE. *Mélina de Cressanges*, ou les Souterrains du
château d'Orfeuil (1820), 3 vol. in-12, Début d'un romancier
qui pourra nous donner quelques bons ouvrages.

IMBERT (Barthélemy), connu dans la littérature par ses

fables, ses contes , ses historiettes, et surtout son joli poëme du Jugement de Pâris, est auteur des * *Égaremens de l'amour* (1776) , 2 vol. in-8. Ce roman, plein d'intérêt, est écrit avec beaucoup d'élégance et de pureté.

INCHBAD (Mistriss Elizabeth) , actrice de Londres , quitta le théâtre de Drury-Lane , afin de se livrer entièrement à son goût pour la littérature. Elle publia plusieurs pièces de théâtre qui ne furent point sans succès ; elle publia surtout deux romans qui lui firent une brillante réputation; ils respirent la morale la plus pure, les caractères y sont biens développés, les intrigues bien conduites. M. Deschamps les a traduits avec autant d'élégance que de fidélité. * *Simple*, histoire; suivi de lady Mathilde (1791), 4 vol. in-18; la *Nature et l'art* (1796), 2 vol. in-18. ; ce dernier manque tout à fait dans la librairie.

ISAAKS (Mistriss). M. de Fauconpret, dont on connaît le goût et les talens, a traduit de Mistriss Isaaks, les * *Trois Romans* ou Contes d'aujourd'hui , contenant : l'Héritière de Riversdale, les Sœurs, et Julienne (1817), 4 vol. in-12.

JACOBI , littérateur allemand, est auteur de * *Woldemar*, ou la peinture de l'humanité. M. Van-der-Bourc, son ami, en a donné la traduction (1796)., 2 vol. in-12; elle a été revue par l'auteur lui-même.

JEAN-JACQUES ROUSSEAU. *Voyez* ROUSSEAU.

JOHNSON (Samuel), connu par un ouvrage périodique qu'il a publié sous le titre du *Rambler* ou Rodeur ,. par son Voyage aux îles Hébrides, par ses Vies des Peintres Anglais ; mais surtout par le *Dictionnaire* qui porte son nom, est auteur d'un roman dont on nous a donné la traduction sous trois titres différens; * *Rasselas* , prince d'Abyssinie. (1819) 1 vol.

in-12; la * *Vallée heureuse*, ou le Prince mécontent de son sort, 1 vol. in-12; et enfin le * *Vallon fortuné*, ou Rasselas et Dinarbas; ce dernier est traduit par M. Mac-Carthy (1817), 5 vol. in-12. *Dinarbas* est une suite au roman de Rasselas.

JOSSENAY (madame de) est auteur de * *Sancerre et Adèle*, ou le Mari coupable, suivi de la Femme désabusée (1802), 2 v. in-12.

JOUDOU (J. B.), auteur du Guide du voyageur à Baréges et dans les Pyrénées, a publié * *Eugène de Montferrier*, ou les Mœurs du dix-neuvième siècle, (1821), 3 vol. in-12.

JOUY (Victor-Etienne de), membre de l'Académie, etc. Les généraux romains quittaient le bruyant séjour des camps pour retourner aux paisibles travaux de la compagne; nos Paladins déposaient leur armure pour endosser la bure des solitaires. M. de Jouy, ancien militaire, a fixé son ermitage à la Chaussée-d'Antin, *cedant arma togæ*. Ermite, aimable ermite, vous qui avez déjà enrichi nos théâtres de vos productions, qui nous avez donné la Vestale, les Bayadères, Tippo-Saëb, l'Homme aux convenances, et tant d'autres pièces que les limites d'une notice ne me permettent point de détailler, donnez-nous donc un roman.... Mais déjà vos ouvrages font le plus bel ornement de nos cabinets littéraires; on y trouve l'*Ermite de la Chaussée d'Antin*, 5 v. in-12; le *Franc Parleur*, 2 v. in-12; l'*Ermite de la Guyane*, 3 vol. in-12; l'*Ermite en province*, 3 vol. in-12; l'*Ermite à Londres*, 2 vol. in-12. Tous ces ouvrages existent également in-8°, pour les bibliothèques.

KERALIO-ROBERT (madame). Une des femmes les plus érudites et les plus laborieuses, a puisé chez les anglais presque tous les sujets de ses compositions. Son Histoire d'Elisabeth reine d'Angleterre, lui a coûté dix ans de travail. La vie de l'infortunée reine d'Ecosse, répand sur ce livre un intérêt vrai.

ment romantique. Elle a traduit de l'anglais, le Voyage de Swinburne dans les deux Siciles ; le Voyage en Hollande et dans le
midi de l'Allemagne ; l'Étranger en Irlande, et une infinité
d'autres ouvrages qu'il serait trop long de détailler ici. Comme
romancière, nous lui devons *Adélaïde, ou Mémoires de la
marquise de M** (1776), 1 vol. in-8 ; Alphonse et Mathilde,
ou la Famille espagnole (1809), 4 vol. in-12 ; Amélia et Caroline, ou l'Amour et l'Amitié (1808), 5 vol. in-12 ; *Rose et
Albert, ou le Tombeau d'Emma (1810), 3 vol. in-12.

KERATRY (Auguste Hilarion), littérateur distingué, a
publié quelques ouvrages philosophiques dans le système de
J.-J. Rousseau. Il a donné quelques poésies : nous lui devons
Lusus et Cydippe, ou les voisins dans l'Arcadie, roman poétique, imité du grec (1801), 2 vol. in-18 ; *Mon Habit mordoré, ou Joseph et son maitre (1802), 2 vol. in-12 ; *Voyage
de vingt-quatre heures (1800), 1 vol. in-12.

KOCK (Ch.-Paul de) a débuté dans la carrière par le joli
roman de *l'Enfant de ma femme (1813), 2 vol. in-12 ; il a
donné dernièrement *Gustave, ou le Mauvais Sujet (1821),
3 vol. in-12 ; peu avant il avait publié *Georgette, ou la
Nièce du Tabellion (1821), 3 vol. in-12. Il écrit avec beaucoup
de facilité. Des trois ouvrages précités, les deux premiers sont
écrits dans le genre un peu libertin de Pigault-le-Brun. Georgette annonce dans l'auteur du pathétique et de la sensibilité.

KOTZEBUE (Auguste - Frédéric), littérateur distingué
parmi les Allemands, consacrait sa plume tour-à-tour à l'art dramatique, à l'histoire, aux romans, aux sujets littéraires et politiques. Il périt, il y a environ dix-huit mois, sous le fer des assassins. Jusqu'à quand verserons-nous donc le sang de nos frères
pour des opinions ! Il est peu d'écrivains qui aient publié autant
d'ouvrages que Kotzebüe ; on compte près de 300 pièces de
théâtre données sous son nom. On se rappelle encore la vogue

prodigieuse du drame larmoyant de Misantropie et Repentir ; le succès des deux Frères, ou la Réconciliation. On a lu avec curiosité ses * Souvenirs de Paris en 1804 (1805), 2 v. in-12 ; ses * Souvenirs d'un voyage en Livonie, à Rome, à Naples (1806), 4 vol. in-12 ; *l'Année la plus remarquable de ma vie (1802), 2 vol. in-12. (Ce livre est le récit un peu romanesque des aventures qui lui sont arrivées.) Voici ceux de ses romans qui ont été traduits en français : * Annette et Wilhem, ou la Constance éprouvée, traduit par Mad. Morel (1821), 2 vol. in-12 ; les *Aventures de mon père, et comment il arriva que je naquis, 1 vol. in-12 ; la * Gageure dangereuse (1798), 1 vol. in-12 ; * Ildegerte, ou l'Héroïne de Norwège, 2 vol. in-12 ; *Jeannette et Guillaume, ou l'Amour éprouvé, 3 vol. in-12 ; * Léontine de Blondheim (1808), 3 vol. in-12 ; les * Malheurs de la famille d'Ortemberg, 3 vol. in-12 ; *Philibert, ou les Amis d'enfance, traduit par Breton (1810), 2 vol. in-12 ; * Romans, Contes, Anecdotes et Mélanges, 5 vol. in-12.

KRUDNER (madame la baronne Valérie de) était citée dans sa jeunesse pour la beauté de ses traits, la légèreté aérienne de sa taille, les charmes de son esprit, la bonté de son cœur. Elle avait un penchant irrésistible aux rêveries mélancoliques. Elle nous a donné l'histoire de sa jeunesse dans le célèbre roman de * Valérie, ou Lettres de Gustave de Linar à Ernest de G.*** (1804), 2 vol. in-12. Qui nous donnera la suite de ce roman ? Qui nous peindra ce nouvel apôtre, quittant le séjour de la mollesse pour vivre au milieu des frimats, parcourant les montagnes de la Suisse, prêchant dans le désert, et distribuant ses biens à des milliers de prosélytes ?

LABENETTE, homme de lettres, a publié les * Dix-sept Mariag s, ou la Colonie du bonheur (1805), 2 vol. in-12 ; les *Hommes démasqués aux femmes (1796), 2 vol. in-18.

LABLÉE (Jacques), chevalier de la légion d'honneur, s'est fait connaître par des vers charmans. Nous avons un recueil de ses *romances historiques* et de ses poésies diverses (1800), 1 vol. in-12. Il a donné des *Considérations* sur les joueurs et la théorie des jeux de hasard; la conduite à tenir au jeu, etc. Il est peu de livres qui aient été imprimés autant de fois que sa *Roulette, ou Histoire d'un joueur (1802), 1 vol. in-12. On lui doit encore *Amour et Religion (1803), 2 vol. in-12; l'*Homme aux six femmes*, ou les effets du Divorce, suivi du nouveau Chevalier (1802), 2 vol. in-12; *Silvine*, fille séduite, au général Blainville son séducteur; histoire récente (1801), 1 vol. in-12.

LACÉPÈDE (M. le comte de). Le célèbre naturaliste Daubenton aimait à se délasser de ses méditations profondes par la lecture des romans; il pourrait même se faire que le roman de *Zélie*, publié par son épouse, ne lui fût point étranger. Le célèbre successeur de Buffon, le comte de Lacépède, se délasse de ses travaux scientifiques en composant des romans: *Elival et Caroline* (1817), 2 vol. in-12; *Charles d'Elival*, et Alphonsine de Florentino, suite d'Elival et Caroline (1817), 3 vol. in-12.

LACLOS (Chauderlos de) nous a donné un roman d'autant plus dangereux à la jeunesse par son immoralité, qu'il en est peu dont le plan soit aussi bien suivi, dont le style soit aussi parfait; je parle des *Liaisons dangereuses* (1782), 4 vol. in-18, et (1820), 2 vol. in-12.

LADOUCETTE (J.-C.-F.), ami des lettres, auteur de l'*Archéologie* du mont Seleucus, a publié *Rose et Noir*, une nouvelle, dite très-ancienne, et une Chinoise (1801), 1 vol. in-12. On lui doit *Philoclès*, imité de Wieland (1802), 2 vol. in-12.

LAFAYETTE (madame de). *Voyez* FAYETTE.

LAFONTAINE (Auguste). Il n'est pas dans toute l'Alle-magne , il n'est peut-être pas dans tout l'Univers un roman-cier aussi fécond qu'Auguste Lafontaine ; il n'en est aucun dont la morale soit plus pure, aucun peut-être qui se rapproche davantage de la nature. Nos littérateurs les plus distingués s'empressent de se procurer ses romans à mesure qu'ils parais-sent , et de nous en donner des traductions. Mesdames de Montolieu , de Cérenville, de Montholon, Elise Voïard ; messieurs Duperche , de Propiac, de Chazet , Breton, Rouge-maître , etc. Voici , autant que notre mémoire a pu nous servir, le catalogue de ses ouvrages : *Agnès et Bertha, ou les Femmes d'autrefois, 2 vol. in-12 ; *Aline de Riesentein (1810), 4 vol. in-12 ; *Amélie, ou le Secret d'être heureux , traduit par M. Breton (1812), 2 vol. in-12 ; *Aristomène, traduit par Mad. de Montolïeu (1804), 2 vol. in-12 ; les *Aveux au tom-beau, traduit par mad. E. Voïard (1817), 4 vol. in-12 ; le *Bal masqué, ou Edouard, traduit par Duperche (1817), 4 vol. in-12 ; *Barneck et Saldorff (1818), 3 vol. in-12 ; le *Baron de Fleming, trad. par madame de Cérenville, 3 vol. in-12 ; *Blanche et Minna, traduit par M. Breton (1812) , 4 vol. in-12 ; *Charles et Emma, ou les amis d'enfance, trad. par M. de Chazet (1810) , 2 vol. in-12 ; *Choix de Contes et Nouvelles , dédié aux femmes, etc. traduit par madame E. Voïard (1820), 2 vol. in-12 ; Claire Duplessis et Clairant, ou Histoire de deux amans émigrés , trad. par C. F. Cramer (1796), 2 vol. in-8 ; le *Comte de Waldheim, et son inten-dant Wildam, etc., trad. par mad. de Montolieu (1812), 4 vol. in-12 ; la *Comtesse de Kiburg, ou les Liaisons politi-ques , 3 vol. in-12 ; le *Dernier Tableau de famille, ou Henriette Belmann (1821), 2 vol. in-12 ; les *Deux amis, ou la Maison mystérieuse, trad. par mad. de Montholon (1819), 3 vol. in-12 ; les *Deux fiancées , trad. par M. de Propiac (1810), 5 vol. in-12 ; *Edouard de Winter, ou Miroir du cœur humain, trad. par Duperche (1818), 4 vol. in-12 ; *Elise, ou les Papiers de famille, 4 vol. in-12 ; les *Etourderics, ou les Deux frères, 4 vol. in-12; *Falkemberg ou l'oncle (1817), 2 vol. in-12; la *Famille de Halden, 4 vol. in-12; la *Famille en fuite, ou les Morts vivans, trad. par Duperche (1819), 2 vol. in-12; la *Ferme aux abeilles, ou les Fleurs de lys, trad. librement par madame de Montolieu (1814), 2 vol. in 12; le *Fils d'adoption, ou Amour et coquetterie, 3 vol. in-12; *Fleming fils, ou la Manie des systèmes, trad. par madame de Cérenville (1803), 3 vol. in-12; le *Frère et la Sœur, ou le Repentir, trad. par madame de Montholon (1819, 3 vol. in-12; *Henry et Amélie, ou l'Héritage inattendu (1802), 2 vol. in-12; *Henri, ou l'Amitié (1811), 2 vol. in-12; Hermann et Emilie, 4 vol. in-12; *Hervey, ou l'Homme de la nature, trad. par Rougemaître (1818), 3 vol. in-12; *Histoire de la Famille Bloum, 4 vol. in-12; *l'Homme singulier, ou Emile dans le monde, 2 vol. in-12; le *Hussard, ou la Famille de Falkenstein, trad. par madame E. Voïard (1819), 5 vol. in-12; les *Invisibles, ou les Ruines du château des Bois, trad. par Léon A.** (1812), 2 vol. in-12 ; *Ludwig d'Eisach, ou les Trois éducations, par mad. E. Voïard (1818), 3 v. in-12; *Marie Mensikoff, ou la Fiancée de Pierre II, trad. par Duperche (1817), 2 vol. in-12. (Pour une autre traduction voyez le catal.). *Molkau et Julie, ou l'Amour et la Probité, 1 vol in-12; *Nouveaux Contes moraux, trad. par M. de Propiac (1802), 2 vol. in-12; les *Nouveaux Tableaux de famille, ou la Vie d'un pauvre ministre de village, 5 v. in-12; *la Nouvelle Arcadie, ou l'Intérieur de deux familles (1809), 4 v. in-12; *l'Orphelin de Westphalie, trad. par Duperche (1821), 2 vol. in-12; la *Petite Harpiste, trad. par mad. E. Voïard 2 v. in-12; *Petits Romans, contes choisis (1814), 4 vol. in-12; le *Portrait, 1 v. in-12; le *Presbytère au bord de la mer (1817), 4 vol. in-12; les *Querelles de famille, trad. par Breton, 2 vol. in-12; *Raphaël, ou la Vie paisible (1810), 2 vol. in-12; *Reinhold, ou les Pupilles mystérieux (1819), 5 vol. in-12; *Rodolphe de Werdemberg, ou les Dangers de l'ambition, 1 vol. in-12;

*Rodolphe et Julie (1802), 2 vol. in-12; *Rodolphe et Marie, ou la Société secrète (1820), 4 vol. in-12; *Romulus, roman historique, 2 vol. in-12; *Rosaure, ou l'Arrêt du destin, trad. par mad. de Montholon (1818), 3 vol. in-12; le *Suédois, ou la Prédestination, trad. par madame E. Voïard (1819), 4 vol. in-12; *Sylvius et Valéria (1819), 2 vol. in-12; *Six Nouvelles, contenant amour et reconnaissance, etc., 2 vol. in-12; les *Tableaux de famille, ou Journal de Ch. Engelmann, trad. par mad. de Montolieu (1821), nouvelle édit. 1 vol. in-12; le *Testament, trad. par Fuchs (1816), 3 vol. in-12. Il en existe une autre traduction par Rigaud, 5 vol. in-12; le Village de Lobenstein, ou le Nouvel Enfant trouvé, 5 vol. in-12; *Walther, ou l'Enfant du champ de bataille, trad. par Willemain (1816), 4 vol. in-12; *Welf-Budo, ou les Aéronautes, trad. par madame E. Voïard (1818), 3 vol. in-12.

LA FONTAINE (JEAN de). Si nous avions autant d'ingénuité dans nos mœurs qu'en avait le bon La Fontaine, l'aimable interprète de Boccace, de la reine de Navarre et des autres conteurs du vieux temps, on ne mettrait pas ses Contes, à l'index, à côté de la Pucelle, de la Guerre des dieux, de la Chandelle d'Arras, et de tant d'autres productions du libertinage, de l'irréligion et de la philosophie moderne. Au lit de la mort, La Fontaine croit faire une œuvre pie en léguant aux pauvres une édition de ses Contes; en les composant il croyait rendre service à la jeunesse.

> J'ouvre l'esprit et rends le sexe habile
> A se garder des pièges divers;
> Sotte ignorance en fait trébucher mille
> Contre une seule à qui nuisent mes vers.

Ecartons de la jeunesse le conteur trop naïf, présentons-lui le fabuliste; il est pour tous les âges

LA FORCE (mademoiselle de) *Voy.* FORCE.

LA GRAVE (madame de) a publié plusieurs romans qu'on a lus avec plaisir. Le style en est gracieux, la morale en est aimable ; en voici la note : Le * *Château d'Alvarino*, ou les Effets de la vengeance (1799) , 2 vol. in-12; la * *Chaumière incendiée* (1802), 2 vol. in-12; * *Hector de Romagny*, ou l'Erreur d'une bonne mère (1803), 2 vol. in-12. (Ce roman a reparu sous le titre de *Paulina ;* les titres seuls ont été changés.) * *Juliette Belfour*, ou les Talens récompensés , Nouvelle anglaise (1803), 1 vol. in-12; la * *Méprise du coche*, ou à quelque chose malheur est bon (1805), 2 vol. in-12, puis 2 vol. in-18; * *Minuit*, ou les Aventures de Paul de Mirbon (1799), 1 vol. in-12 ; * *Monsieur Ménard*, ou l'Homme comme il y en a peu (1802), 3 vol. in-12; * *Sophie de Beauregard*, ou le Véritable amour (1798) , 2 vol. in-12; * *Zabeth*, ou la Victime de l'ambition (1798), 2 vol. in-12.

LAMARE (PIERRE-BERNARD) chargé de plusieurs missions importantes qu'il remplit avec honneur, faisait ses délices de la littérature anglaise et allemande; il travailla avec LE TOURNEUR à la traduction du théâtre de SHAKESPEARE, à celle de Clarisse Harlowe, à celle de la Vie de Frédéric, baron de Trenck. On lui doit plusieurs voyages traduits de l'allemand : * *Voyage de Sophie en Prusse* (1802), 3 vol. in-8 ; *Voyage de Sparmann* au cap de Bonne-Espérance; de RIESBECK en Allemagne, de DAMBERGER, dans l'intérieur de l'Afrique; il a traduit de l'allemand *Herbert* ou adieu richesses, 3 vol. in-12; *Herman et Ulric*, 2 vol. in-12. Il a imité de WIELAND, les *Quatre âges d'Alcibiade*, 2 vol. in-8, et 4 vol. in-18. Il nous a donné une traduction du * *Moine* de LEWIS; 3 vol. in-12.

LAMARTELIÈRE (J. H. F.), enthousiaste de Schiller, dont il a traduit le théâtre, a débuté dans la littérature par une imitation du poète allemand, par le drame de Robert, chef de brigands, qui eut tant de succès, et dans lequel Baptiste aîné se fit connaître comme excellent comédien. La Marte-Lière a enrichi notre librairie de plusieurs romans remplis de la gaîté la plus aimable. Nous lui devons *Alfred et Liska, ou le Hussard parvenu (1804), 4 vol. in-12; le *Cultivateur de la Louisiane (1804), 4 vol. in-12; les *Trois Gilblas (1802), 4 vol. in-12; *Fiorella, ou l'Influence du Cotillon, faisant suite aux Trois-Gilblas (1802), 4 vol. in-12.

LAMBERT (Claude-François), d'abord curé dans les environs de Rouen, quitta son diocèse pour venir habiter Paris. Il écrivit beaucoup, et sur l'histoire principalement; il publia l'Histoire générale de tous les peuples du monde, 14 vol. in-12; l'Histoire littéraire de Louis XIV, 3 vol. in-4. Nous lui devons quelques romans : l'Infortunée sicilienne (1742), 2 vol. in-12; Histoire de don Inigo de Pascarilla (1764), 1 vol. in-12; Mémoires et Aventures d'une Femme de qualité (1739), 3 vol. in-12; le Nouveau Télémaque, ou Mémoires et Aventures du comte de *** et de son fils (1741), 3 v. in-12; la Nouvelle Marianne (1765), 3 vol. in-12.

LAMONTAGNE (Pierre de), auteur de quelques pièces de théâtre, de quelques poésies légères, a traduit de l'anglais Cornelia Sedley, ou Mémoires d'une jeune Veuve (1789), 4 v. in-12; *Ethelinde, ou la Recluse du lac, par Charlotte Smith, (1796), 4 vol. in-12; la Visite d'été, ou Portraits modernes (1788), 3 v. in-12. Il ne faut pas le confondre avec son frère J. L. Lamontagne, auteur de l'Orphelin polonais, tragédie en cinq actes.

LAMOTHE-HOUDAUCOURT (le baron Léon de), membre de plusieurs académies, après avoir rempli avec distinction les postes les plus honorables du gouvernement, se retira des emplois civils pour se livrer entièrement au goût qui le portait vers la poésie et la littérature. Nous lui devons beaucoup de romans qui ne sont pas sans mérite; il sait les orner des titres les plus propres à piquer la curiosité. On lui doit les *Cinq Chapitres de mon roman*, ou les Rêves de ma Cousine, 1 vol. in-12; *Clémence-Isaure*, ou les Troubadours, précédé d'une notice historique sur les jeux floraux, 5 vol. in-12; *Gabriel*, ou le Fanatisme, 4 vol. in-12; *Jean de Procida*, ou les Vêpres Siciliennes, roman historique (1821), 4 vol. in-12; *Maître Etienne*, ou les Fermiers et les Châtelains (1819), 4 vol in-12; *Tête de Mort*, ou la Croix du Cimetière St-Adrien (1817), 4 vol. in-12.

On lui doit encore l'*Ermite de la Tombe mystérieuse*, trad. de l'anglais d'Anne Radcliffe, 3 vol. in-12; les *Mystères de la Tour-St-Jean*, ou les Chevaliers du Temple, trad. de l'anglais de Lewis (1819), 4 vol. in-12; le *Spectre de la galerie du château d'Estalens*, ou le Sauveur mystérieux, trad. de l'anglais de M*** (1819), 4 vol. in-12. De ces derniers romans, nous croyons bien que le premier n'est point de madame RADCLIFFE, ni le second de LEWIS; nous croyons même que tous trois ne sont point des traductions, mais bien des ouvrages originaux.

LA MOTHE LEVAYER. *Voy.* MOTHE (la).

LAMOTTE FOUQUÉ (M. le baron de). M. Monard, professeur de littérature à l'académie de Lausanne, envoyant *Ondine* en allemand à mad. de Montolieu, lui écrit : « *Ondine* » est un ouvrage délicat, plein des ces graces que les Graces » seules peuvent traduire; c'est à vous qu'il appartient de le » faire connaître aux Français; M. LAMOTTE-FOUQUÉ, ajoute-t-il, » a conquis des lauriers immortels avec son épée et sa lyre. » Vient ici le détail des productions, tant en vers qu'en prose, de cet estimable auteur. La traduction de madame de Montolieu (1819), 1 vol. in-12, a eu deux éditions en peu de temps; M. de Rougemont vient de publier *Ida*, roman imité de l'allemand de *madame* la baronne LAMOTTE-FOUQUÉ, auteur d'*Ondine*; si ce roman est de l'auteur d'*Ondine*, il est certainement de *monsieur* le baron LAMOTTE-FOUQUÉ. M. F. J. a traduit de *madame* la baronne LAMOTTE-FOUQUÉ *Clara*, ou les Femmes seules savent aimer (1821), 3 vol. in-12. M. Barbier, vous qui nous avez donné le Dictionnaire des anonymes et des pseudonymes, et qui traitez ces matières avec autant de zèle que de lumières, venez fixer nos idées incertaines et nous dire si vous connaissez *madame* la baronne LAMOTTE-FOUQUÉ.

LAMY, homme de lettres; on lui doit les *Amans exilés en Sybérie*, ou Aventures de mademoiselle Hamilton et du comte de Narisking, sous le règne de Pierre-le-Grand (1808), 2 vol. in-12 ; *Théodore et Zulma*, ou le Voyageur inconnu, 3 vol. in-18.

LANGLE (le marquis de), auteur d'un Voyage en Espagne, qui dans le temps eut du succès, a publié les *Amours d'Alexis et Justine* (1766), 2 vol. in-8; le *Nouveau Werther* (1786), 1 vol. in-8.

LANTIER (E.-F. de), chevalier de St-Louis, auteur du Voyage en Espagne, des Voyageurs en Suisse, de la *Correspondance de Suzette-Césarine d'Arly* (1814), 3 vol. in-12, de plusieurs comédies, de plusieurs pièces de théâtre, a donné en 1798 son *Voyage d'Antenor en Grèce*, pour servir de complément au Voyage d'Anacharsis. Son livre a eu douze éditions en sept ans, c'est assez en faire l'éloge. Il ne nous reste que l'édition de 1812, 5 vol. in-18.

LA PLACE (M. de). *Voy.* PLACE (M. de la).

LASALLE (le général) avait beaucoup de gaîté; il en avait quelquefois trop. Ne réveillons point le souvenir de ses ouvrages en ce genre, puisqu'ils dorment dans l'oubli. On a fait beaucoup d'éloges de son *Andronica*, ou l'Épouse fugitive,

3 vol. in-12. Nous lui devons encore l'*Anneau de Salomon,
4 vol. in-12; *Clara Lennox, ou la Veuve infortunée, trad.
de l'anglais (1798), 2 vol. in-12; *Sophie de Francour,
2 vol. in-12.

LASOLLE (Henri-François de) a donné quelques romans,
dans la lecture desquels on peut trouver du plaisir; tels sont:
les Anecdotes de la cour de Bonhomie (1750), 1 vol. in-12;
*Versorand, 6 vol. in-18; les *Mémoires de deux amis, ou
Histoire de Berniwal et Rainville (1754), 2 vol. in-12. Autrefois le titre d'un ouvrage n'était rien, la réputation de l'auteur suffisait. On avait les Lettres du marquis de **, les
Mémoires de la comtesse de**... Aujourd'hui le titre fait tout;
il faut que le frontispice annonce des châteaux, des brigands, des cavernes, des forêts; une gravure même peut faire
la fortune momentanée de l'ouvrage. Versorand était mort;
en l'a ressuscité sous le titre du *Petit Faublas, ou le Libertin devenu philosophe. On ne lisait plus les Mémoires de
Berniwal et Rainville; nous en avons tiré *Tiamy, ou la
Cachette de mon oncle, histoire de quatre enfans du mystère
et de leurs parens; une jolie gravure, un titre piquant ont
rendu, pour quelque temps à la vie, un auteur déjà tombé dans
l'oubli.

LAVALLÉE, littérateur distingué, auteur de plusieurs
ouvrages intéressans, a publié l'Histoire des Inquisitions, qui
a eu un grand succès. Nous lui devons des romans que l'on
recherche autant par leur mérite que par leur rareté: les Dangers de l'Intrigue (1798), 4 vol. in-12; le Nègre comme il y
a peu de blancs (1789), 5 v. in-12; *Cécile, fille d'Achmet III,
2 vol. in-18. En 1815 il a fait paraître la *Nature et les Sociétés, ou Arianne et Gualther, 4 vol. in-12. En 1817 on a
substitué à ce titre celui de l'*Orpheline abandonnée dans l'île
déserte.

LAURENS (l'abbé du) avait reçu de la nature les dispositions les plus heureuses ; l'étude était venue les développer en
lui. Voué à la vie monastique, il pouvait devenir bon théolo-
gien, prédicateur éloquent, et mener une vie douce et tranquille. L'esprit d'indépendance s'empara de lui ; la philosophie
de DIDEROT, de d'ALEMBERT, de J.-J. ROUSSEAU, de VOLTAIRE
faisait des progrès rapides, et opérait déjà dans les esprits
cette fatale révolution qui eut des suites si funestes dans le
gouvernement. Il quitta son monastère, passa en Hollande et
y écrivit contre les mœurs et la religion ; de là, la *Chandelle
d'Arras*, le *Balay*, le *Dictionnaire de théologie portative,*
Imirce, ou la Fille de la nature : de là surtout le *Compère
Mathieu*, ouvrage plein d'érudition, d'esprit et d'imagination ;
ouvrage qui a dû son prodigieux succès à la dépravation de
nos mœurs. On pouvait fronder les *abus dans les cérémonies
religieuses*, se moquer des *lubies théologiques* ; on pouvait
nous donner l'*Évangile de la raison* ; mais pour quelques
branches inutiles ou parasites, il ne fallait pas sapper jusque
dans ses fondemens, l'arbre respecté depuis si long-temps par
nos pères.

LAWRENCE (le chevalier James), versé dans la connaissance du français, de l'allemand et de l'anglais, a publié dans
ces trois langues l'*Empire des Nairs*, ou le Paradis de
l'Amour (1807), 4 vol. in-12 (Les Nairs sont une nation imaginaire). Soit que l'auteur s'exprime plus purement en anglais, soit que l'ouvrage s'accorde mieux avec le génie des
habitans de la Grande-Bretagne, l'ouvrage n'a pas eu en France
le succès dont il a été couronné en Angleterre et même en
Allemagne. L'auteur, en 1817, nous a redonné son ouvrage
sous le titre du *Panorama des boudoirs*, ou l'Empire des
Nairs, le vrai Paradis de l'amour, contenant plusieurs aventures arrivées à Vienne, à Rome, à Pétersbourg, à Londres,
à Naples, et surtout dans un empire qui ne se trouve plus sur
la carte ; le tout parsemé de maximes couleur de rose sur la

galanterie et le mariage ; orné de gravures coloriées. (Ces gravures ne sont pas très-décentes).

LEBAS (P. L.) a consacré sa plume à la traduction des
ouvrages anglais ; les voyages surtout et les romans ont fait
l'objet de son travail. Voyage autour du monde, par DIXON;
Voyage en Suisse, par COXE: Voyage en Amérique, par un
Officier de l'armée royale. Voici les romans qu'il a traduits :
Antoine, ou le Crime et le Remords (1799), 2 vol. in-12 ;
Bonheur et Vertu, ou Il était temps (1799), 1 vol. in-12;
le *Château de Galice*, par HUGILL (1798), 2 vol. in-12;
Cinthélia, ou Une sur dix mille (1798), 4 vol. in-12, puis
6 vol. in-18; *Théodore Cyphon*, on le Juif bienfaisant
(1799), 2 vol. in-12, puis 3 vol. in-18 (Ces deux derniers
romans sont de G. Walker). La *Famille Napolitaine*, de
M. EXTER (1798), 3 vol. in-12, puis 4 vol. in-18; les *Promenades instructives*, d'Elizabeth HELME, 3 vol. in-18.

LEBEL nous a donné pour son début *Charles Bontems*
et *Lise le riche*, ou les Suites de la prévention paternelle
(1819), 3 vol. in-12.

LEBRUN DES CHARMETTES est auteur de l'histoire
de Jeanne d'Arc, publiée en (1817), 4 vol. in-8. De tous les
récits qui ont été faits sur l'héroïne de *Domrémy*, il n'en est
point de meilleur et de plus détaillé. Il a traduit de l'anglais
plusieurs romans, tels que le *Château de Néville* (1803),
2 vol. in-12 :*O'donnel*, ou l'Irlande, de lady Morgan (1815),
3 vol. in-12. On lui doit aussi la traduction de *la France*, par
lady Morgan , 2 vol. in-8.

LEBRUN TOSSA, auteur dramatique ; plus connu au
théâtre que dans la librairie des romans , a cependant donné
Alexandrine de Bauni, ou l'Innocence et la scélératesse,
anecdote historique (1797), 1 vol. in-12; le *Terne à la lot-

teric, ou les Aventures d'une jeune dame, écrites par elle-même (1800), 1 vol. in-12.

LÉE (miss HENRIETTE-SOPHIE). Un seul de ses ouvrages suffit pour la placer parmi les bons romanciers anglais : je parle du *Souterrain ou Mathilde* (1787), 3 vol. in-12. C'est l'histoire de l'infortunée reine d'Ecosse, victime de l'ambitieuse Elisabeth. On lui doit encore le *Château de St.-Hilaire*, ou le Frère et la Sœur devenus époux, 2 vol. in-12; les *Deux Emilie*, ou les Aventures du duc et de la duchesse d'Aberden, trad. par P. Christophe (1800), 2 vol. in-12; *Savinia Rivers*, ou le Danger d'aimer (1808), 5 vol. in-12.

LEFANU (ALICIA), fille de l'illustre Mistriss LEFANU, nièce du célèbre SHÉRIDAN, ne déroge point aux talens qui semblent héréditaires dans sa famille. Elle a publié en Angleterre plusieurs ouvrages qui ne sont point encore traduits; nous avons seulement *Strathallan*, 5 vol. in-12. Les sujets sont vraiment dramatiques, les caractères bien tracés. Lady LOWENDALE offre un des portraits les plus frappans d'une femme à la mode; vaine, séduisante et trompeuse.

LEGAI. Son nom semble être le symbole de la gaité; ses ouvrages en portent l'empreinte; *Eglai*, (Amour et plaisir), est l'anagrame de *Legai*. Le *Marchand forain*, la *Roche du Diable*, le placent au rang de nos bons romanciers. Les années ne nuisent point à son aimable fécondité; il vient de nous donner *Cécile*, ou la rigueur du sort (1821), 2 vol. in-12. A ce roman, il faut joindre tous ceux dont suit la note : *Eglai*, ou Amour et plaisir (1807), 2 vol. in-12, et (1821), 4 vol. in-12 ; *Elizabeth Lange*, ou le Jouet des évènemens (1808), 3 vol. in-12; l'*Enfant de l'amour* (1808), 3 vol. in-12; l'*Envieux et sa victime*, ou Charles et son frère Henri (1818), 5 vol. in-12; l'*Ermite de la vallée de Luz*, ou les Désespérés (1816), 5 vol. in-12; le *Fils chéri* et le

Fils abandonné, ou le Mentor moderne (1809), 5 vol. in-12 ;
la *Forêt noire*, ou les Aventures de M. de Luzy (1821), 4 v.
in-12 ; l'*Infidèle par circonstance* (1803), 3 vol. in-12 ;
l'*Innocence et le crime* (1810), 3 vol in-12 ; *Isaure*, ou le
Château de Montane (1816), 5 vol. in-12 ; le *Jeune peintre*,
ou mon Histoire (1821), 4 vol. in-12 ; le *Marchand forain et
ses fils* (1808), 4 vol. in-12, réimprimé en 1819 ; les *Mères
dévouées*, ou Histoire de deux familles françaises (1814), 3 v.
in-12 ; *Monsieur Gélin*, ou les Effets de l'envie et de la
médisance (1810), 4 vol. in-12 ; la *Roche du Diable* (1809),
5 vol. in-12, et (1821), 4 v. in-12 ; *Sainville et Ledoux*,
ou Sagesse et folie, 3 vol. in-12 ; le *Spectre de la montagne
de Grenade* (1809), 3 vol. in-12 ; la *Tour du Bog*, ou la
Sévérité paternelle (1820), 4 vol. in-12 ; les *Trois mères et
leurs filles*, ou la vanité des systèmes (1812), 3 vol. in-12 ;
le *Valet par circonstances*, ou le Panorama de quelques
maisons de Paris, vues dans l'intérieur (1817), 4 vol. in-12.

LEGER (F. P. A.), membre de diverses sociétés, acteur et
auteur du Vaudeville, a publié *John Bull*, ou Voyage à l'île
des Chymères (1818), 3 vol. in-12.

LEGOUVÉ (Gabriel). Je plains la femme légère et coquette,
qui, négligeant les devoirs et de mère et d'épouse, cherche le
bonheur hors la maison maritale. J'adore la femme aimable qui, partageant les soins, les soucis, les plaisirs domestiques, n'oublie point que le mariage est un joug très-léger
quand il est supporté par deux époux. Juvénal, Boileau,
vous avez lancé contre la première vos satires vengeresses !
sensible Legouvé, la seconde a fait l'objet de vos chants !

Célébrer des humains la plus belle moitié,

Tel est le but que se propose, dans son joli poëme du *Mérite
des femmes*, l'auteur d'Abel, d'Epicharis, de Fabius. A la suite,
et dans les notes qu'il a mises à la fin de son poëme est un

Tableau des femmes, qui, de notre temps surtout, se sont distinguées par leur piété filiale, leur courage, leur dévouement, leur tendresse conjugale. Le volume est terminé par une Nouvelle, pleine d'intérêt, *Blanche et Isabelle*, ou les deux Amies.

N'oublions pas son conseil :

. . . .

Lisons RICCOBINI, LA FAYETTE, TENCIN,
De leurs romans, l'amour a tracé le dessin;
Et dans *Cécilia*, *Sénange* et *Théodore*,
Dans ces tableaux récens, l'amour est peintre encore.

LE GROING-LA-MAISON NEUVE (madame F. T. A.) a consacré sa plume aux jeunes personnes du sexe ; elle a donné quelques jolis contes : le Prince joyeux, le Prince gentil, Périnette.... Nous lui devons *Clémence*, roman moral (1802), 3 vol. in-12; *Zénobie*, reine d'Arménie (1795), 1 vol. in-8.

LE MAIRE (HENRY), (qu'il faut distinguer de Nicolas-Etienne LE MAIRE, professeur de poésie latine, éditeur des classiques latins), s'est exercé dans tous les genres de littérature. La jeunesse lui doit un grand nombre d'ouvrages, parmi lesquels on distingue les beautés de l'Histoire sainte, le nouvel Écolier vertueux, le petit Robinson. Nos boulevards lui doivent plusieurs mélodrames, entre lesquels on peut nommer *Coelina*, ou l'Enfant du mystère. Pour nous, nous lui devons le *Conscrit*, ou les Billets de logement (1800), 1 vol. in-18; le *Gilblas Français*, ou les Aventures de Henry Lançon (1792), 2 vol. in-12 ; *Hortense et Sélicourt* (1799), 1 vol. in-12; *Mélanie et Felicité*, ou la Différence des caractères (1798), 1 vol. in-12; la *Pauvre rentière* (1799), 1 v. in-18; *Rosine*, ou le Pas dangereux (1798), 1 vol. in-18; *Virginie Belmont*, roman français (1798), 1 vol. in-12.

LEMIERRE D'ARGY (A. J.) , neveu du poète Antoine-
Marin LEMIERRE, avait une grande connaissance des langues
vivantes. Il fut interprète auprès des ministres et dans les tribunaux ; il travailla à la traduction du code Prussien. Les
talens ne sont rien sans la conduite! atteint d'une maladie
honteuse, il alla mourir de misère dans un hôpital. Nous
avons de lui plusieurs romans traduits de l'anglais. *Dusseldorff*, ou le Fratricide, de Marie MACKENSIE, 3 vol. in-12 (Le
même roman a été traduit sous le titre du * Fratricide (Voy.
le catalogue). l'*Élève du plaisir* (1787), 2 vol. in-12 ;
Joscelina, 2 vol. in-12; *Nos Folies* , ou Mémoires d'un
Musulman. 2 vol. in-12; *Olivia*, 2 vol. in-12. Il fut un des
traducteurs de la *Femme errante* (*Voy.* BURNEY miss) (1815),
5 vol. in-12.

LEMONTEY (PIERRE-EDOUARD)', membre de la légion
d'honneur, membre de l'académie, censeur royal, auteur de
plusieurs ouvrages d'un mérite distingué , vient d'acquérir un
nouveau titre à notre reconnaissance, en publiant les * *Mémoires de l'abbé Morellet sur le dix-huitième siècle et sur
la révolution* , auxquels il a ajouté des notes précieuses. Nous
lui devons un roman de circonstance , qui dans le temps eut
une vogue peu commune ; *Irons-nous à Paris*, ou la Famille du Jura (1804), 1 vol. in-12. Nous lui devons encore
un recueil d'écrits pleins de légèreté et d'une satyre très-déli-
cate : *Raison, Folie*, chacun son mot, petit cours de morale
à la portée des vieux enfans (1801, 1802, et 1816, troisième
édition), 2 vol. in-8.

LENGLET DU FRESNOY, licencié en Sorbonne, mérite
une place dans notre catalogue. Il a publié le livre de l'* *Usage
des Romans* , « où l'on fait voir leur utilité et leurs différens
» caractères, avec une bibliothèque des romans , accompa-
» gné de remarques critiques sur leur choix » (1734)), 2 vol.
in-12. Son ouvrage quoiqu'écrit avec peu d'ordre, renferme

des observations très-utiles et très-curieuses. Il n'était pas de la dignité d'un ecclésiastique d'écrire sur de telles matières ; aussi son ouvrage parut-il sous le nom de GORDON DE PERCEL. Lenglet du Fresnoy, homme laborieux, érudit et fécond, a publié plus de 300 vol. ; religion, morale, politique, histoire, tout était de son ressort. Sa critique est souvent injuste et trop amère ; il préférait l'indépendance à la richesse ; il tenait tellement à ses idées, qu'il rétablissait à l'impression ce que la censure avait supprimé dans ses manuscrits ; il aimait mieux être conduit à la Bastille que de sacrifier une page de ses écrits. Accoutumé à ce voyage, dès qu'il voyait arriver l'huissier Tapin : « Toinette (disait-il à sa gouvernante), vîte mon « bonnet de nuit, mon paquet de linge, ma provision de tabac. »

LÉONARD (NICOLAS-GERMAIN) s'est fait un nom dans la poésie pastorale. Bonheur de la vie champêtre, simplicité naïve de l'enfance, respect pour la vieillesse, piété filiale, amour dans l'âge de l'innocence, tels sont les tableaux qu'il nous présente. Nourri de la lecture d'Anacréon, de Théocrite, de Catulle, de Tibulle, d'Horace, de Virgile, de Gessner, de Thompson, il nous offre, à chaque instant, les pensées de ces poètes qui lui sont devenues naturelles ; telles ses Idylles, tel son poëme du *Temple de Gnide*, tel son roman pastoral d'*Alexis*. Nous lui devons les *Lettres de deux Amans, habitans de Lyon*, contenant l'histoire tragique de Thérèse et Faldony (1785), 3 vol. in-12 ; la *Nouvelle Clémentine*, ou Lettres d'Henriette de Berville (1774), 1 vol. in-12 ; M. Campenon nous a donné une édition complète des Œuvres de Léonard, Paris, Didot, 3 vol. in-8. Comme bon littérateur et bon poète, comme neveu de l'auteur, M. Campenon ne pouvait que nous donner une édition très-estimable.

LE SAGE. *Voyez* SAGE (le).

LESCOT (mad. JULIE) nous a donné deux romans qui

présagent d'heureux succès pour ses productions à venir :
*Adolphe de Prald, ou l'Erreur singulière (1821), 3 vol.
in-12; *Léontine, ou le Départ et le Retour (1820), 2 vol.
in-12.

LESUIRE. *Voyez* SUIRE (le).

LETOURNEL; ancien membre de l'Université, auteur de
quelques poésies fugitives, a publié la *Famille Van-Pol,
ou les Effets de la démoralisation (1816), 3 vol. in-12.

LETOURNEUR. *Voyez* TOURNEUR (le).

LEVAYER (Lamothe). *Voyez* VAYER (le).

LEVESQUE (mademoiselle Marie-Louise-Rose), connue
depuis sous le nom de madame Fétigny de St-Romain, a
publié des idylles et contes champêtres très-agréables. Elle a
donné *Aurélie, ou l'intéressante orpheline (1806), 2 vol.
in-8. Elle a dans son porte-feuille quelques romans manuscrits; ils ont sans doute le charme que l'on trouve dans
Aurélie; mais ils sont en style épistolaire; on n'ose s'en
charger pour l'impression.

LEVIS (Gaston duc de), homme d'un mérite distingué,
se tint éloigné des affaires politiques sous l'Empire. Dans le
silence et la retraite il traçait ses souvenirs et portraits, il mé-
ditait ses maximes et réflexions sur différens sujets. On lui
doit la *suite des quatre Facardins et de Zénéide* (1812),
1 vol. in-8 ; les *Voyages de Kang-Hi*, ou Nouvelles lettres
chinoises (1812), 2 vol. in-12.

LEWIS (Mathieu-Grégoire), poète anglais, s'est fait un
nom par ses tragédies, ses drames, ses mélodrames. Ceux-ci
faisaient courir tout le peuple de Londres. Tel, Rugantino,

tel, Timur le Tartare, tel, le Spectre du château. Lewis ne s'est pas rendu moins célèbre par ses romans ; le *Moine eut un succès prodigieux, il est plein d'une brillante imagination ; mais on y trouve des tableaux obscènes et irréligieux. On lui doit encore le *Brigand de Venise (1806), 1 vol. in-12; les *Orphelines de Werdemberg, trad. par Durdent (1810), 4 v. in-12. Il a publié des contes merveilleux, des contes terribles, des contes romantiques. C'est de ces derniers que Benjamin La Roche a traduit la *Fenétre du grenier de mon oncle (1821), 1 v. in-12. On a publié sous son nom quelques romans qui ne sont pas de lui, qui ne sont pas même anglais, comme les *Mystères de la Tour St.-Jean (Voyez Lamothe Houdaucourt).

LHOMME (St-Alphonse); l'*Enfant de la révolution lui donne droit à nos souvenirs. Le titre effraya d'abord : on est las de tout ce qui nous rappelle ces temps de désastre; la lecture du livre ramena bientôt les esprits. Il fut imprimé en (1819), et forme 4 vol. in-12 ; le *Campo Santo, ou les Effets de la calomnie (1819), 4 vol. in-12, mérite aussi des éloges. On lui doit de plus la *Veille du départ (1819), 2 vol. in-12.

LIENART, jurisconsulte, a rédigé les Mémoires historiques, de *Charles La Bussière, ex-employé au comité de salut public, servant de suite à l'Histoire de la révolution française (1804), 4 vol. in-12. Ce livre, plein d'intérêt, renferme des notes curieuses sur les évènemens extraordinaires arrivés sous le règne de nos décemvirs.

LINTOT (Catherine Caillet, comtesse de) a donné quelques nouvelles et quelques contes, parmi lesquels celui de la princesse de Paltintaille; la Jeune américaine ; les Contes marins ; Mad. d'Atilly. On lui doit aussi l'Histoire de mademoiselle de Salens (1750), 2 vol. in-12.

LOAISEL DE TRÉOGATE (Joseph-Marie) a publié quelques romans dans le genre sentimental de d'Arnaud. Ses ouvrages ne l'ont pas conduit à la fortune; il est mort dans l'indigence. Il nous a laissé *Abailard et Héloïse*, ou les Victimes de l'amour (1803), 3 v. in-12; *Ainsi finissent les grandes passions*, ou les Amours du chevalier de** (1789), 2 v. in-12; *Dolbreuse, ou l'Homme du siècle ramené à la vérité par le sentiment et la raison (1783), 1 vol. in-8, puis 2 vol. in-18; *Lucile et Milcourt*, ou le Cri du sentiment (1793), 1 vol. in-18; *Valmor et Florello* (1776), 1 vol. in-18; *Valrose*, ou les Orages de l'amour, 2 vol. in-12.

LONGUS le sophiste, c'est-à-dire le Sage, dans le sens des Grecs, a tracé du pinceau le plus délicat dans l'histoire de *Daphnis et Chloé, le tableau d'un amour innocent et pur. Ces images sont trop vives pour nos imaginations perverses. La traduction la plus estimée est celle du savant AMYOT : si elle n'a pas toute la fidélité du texte grec, elle en a les grâces et la naïveté.

LOURDOUEIX (M. de), censeur royal, fournit souvent des articles à la Gazette de France. On lui doit les * *Folies du siècle*, roman philosophique qui a eu trois éditions en peu de temps (1818), 1 vol. in-8. Tout nous porte à croire qu'il est le véritable auteur d'un roman qui a eu le plus grand succès, publié sous le nom de mad. S. P., le *Prêtre (1820), 4 v. in-12.

LOUVET DE COUVRAY (J. B.) « Il est impossible, dit
» mad. Rolland (et on peut en croire son témoignage), il est
» impossible de réunir plus d'esprit à moins de prétention, à
» plus de bonhomie. Courageux comme un lion, simple
» comme un enfant; homme sensible, écrivain vigoureux,
» il peut faire trembler Catilina (Robespierre) à la tribune,
» diner avec les Grâces et souper avec Bachaumont. » Poursuivi par la tyrannie, il erra long-temps dans la Bretagne, et resta caché jusqu'à la chûte de Robespierre. Il nous a donné une *Relation* très-intéressante de ses Aventures pendant sa

proscription. Il débuta dans le monde littéraire par les *Aventures du chevalier de Faublas (1791), 13 vol. in-18. Faublas est un libertin d'autant plus dangereux qu'il est charmant et s'exprime avec beaucoup de grâces. Nous avons vu sa LODOÏSKA, libraire au Palais-Royal. On doit encore à Louvet : *Emilie de Varmont, ou le Divorce nécessaire, et les Amours du curé Sevin (1794), 3 vol. in-12.

LUSSAN (MARGUERITE DE). Selon quelques-uns, fille d'un cocher et de la FLEORY, célèbre diseuse de bonne aventure ; suivant quelques autres, dont le témoignage nous paraît plus vraisemblable , enfant naturel du prince de Savoie, comte de Soissons, reçut une éducation distinguée. Le savant évêque d'Avranche voyant ses heureuses dispositions, lui conseilla de donner l'essor à sa brillante imagination, et de suivre la carrière tracée par mad. de la Fayette. Aussi publia-t-elle des romans qui répondirent à l'idée qu'elle avait fait concevoir. Il en est qui prétendent qu'elle fut secondée dans ses travaux littéraires par le sieur de Langlade et l'abbé de Boismorand ; mais combien de dames de notre temps ne pourrait-on pas citer, qui doivent à l'amitié d'un homme de lettres une partie de leur gloire. Langlade, Boismorand, pouvaient bien retoucher ses compositions; mais ils n'auraient pu atteindre au génie de ses conceptions. Peu favorisée de la fortune, elle trouva quelques ressources dans sa plume. Pressée par ses besoins, elle n'eut pas toujours le temps de donner à ses écrits la perfection qu'on était en droit d'attendre de ses talens. Presque tous ses romans sont historiques. On lui doit : les *Anecdotes de la Cour de François Ier (1748), 3 vol. in-12; les *Anecdotes de la Cour de Philippe Auguste (1733), 6 vol. in-12 (C'est son meilleur ouvrage); les Annales galantes de la Cour de Henri II (1749), 2 vol. in-12; la Comtesse de Gondès (1727), 2 vol. in-12 (Sujet simple, anecdotes bien amenées); Histoire de la vie et du règne de Charles VI, roi de France (1753), 9 v. in-12; Histoire du règne de Louis XI

(1755), 6 vol. in-12; *Marie d'Angleterre* (1749), 1 v. in-12;
les *Veillées de Thessalie* (1741), 4 v. in-12 (contes agréables, fictions ingénieuses); Vie du brave Crillon (1757),
2 vol. in-12.

MACKENSIE (H.), littérateur anglais, auteur d'un poème
sur la recherche du bonheur, a publié l'*Homme sensible*,
dont M. de St-Ange nous a donné la traduction (1776), 6 vol.
in-8. Nous lui devons aussi le roman de *Julie de Roubigné*,
1 vol. in-12.

MACKENSIE (ANNA-MARIA) a publié en Angleterre un
roman qui fut bien accueilli. M. Lemierre nous en a donné
une traduction sous le titre de *Dusseldorff*, ou le Fratricide,
5 vol. in-12; M. Delbare a traduit le même roman sous celui
du *Fratricide*, ou les Mystères de Dusseldorff (1799),
3 vol. in-18.

MAIMIEUX (J. de), membre de plusieurs académies,
s'est occupé de la pasigraphie, de la pasilalie, de la pasitélé-
graphie. Le perfectionnement de cet art donnerait la faculté
d'écrire en une langue, de manière à être lu et entendu dans
toute autre langue sans le secours d'une traduction. Outre
plusieurs ouvrages utiles à la jeunesse, on lui doit l'éloge
philosophique de l'impertinence (1788), 1 vol. in-8. Il a enrichi la librairie des romans d'un grand nombre d'écrits;
Céleste Paléologue, roman historique (1811), 4 vol. in-12,
Charles de Rosenfeld, ou l'Aveugle inconsolable d'avoir cessé
de l'être (1789), 3 vol. in-12; le *Comte de St-Méran*, ou
les Nouveaux égaremens du cœur et de l'esprit (1789), 4 vol.
in-12; la *Suite* du même, 4 vol. in-12; *Sylvestre*, ou Mémoires d'un centenaire de 1675 à 1786 (1802), 4 vol. in-12.

MAINTENON (mad. de). Tout ce qui rappelle Louis XIV,
remplit d'enthousiasme. Pour ne considérer son règne que sous

le rapport des lettres, c'est à lui que nous devons les Molière, les Corneille, les Racine, les Boileau, les Fénélon, les Bossuet, les Fléchier, les Bourdaloue, les Pascal, les Rollin et tous les savans de Port-Royal; c'est à lui que nous devons les Sévigné, les Ninon de l'Enclos, les Dacier, les Deshoulières et tant d'autres femmes illustres qu'il serait trop long de nommer. Ce siècle-là valait bien le siècle des *lumières* et de la *philosophie;* ces écrivains-là valaient bien nos romanciers. C'est au milieu de cette nuée de grands hommes que brille madame de Maintenon. Née dans les prisons de Niort, réduite par l'indigence à devenir l'épouse d'un poète infirme, elle s'élève insensiblement par ses grâces et ses vertus jusqu'au trône. Le Souverain la fait asseoir à ses côtés; de-là elle répand ses bienfaits et se fait adorer. La satire la plus amère se voit forcée de la respecter :

> J'en sais une chérie et du monde et de Dieu,
> Humble dans les grandeurs, sage dans la fortune,
> Qui gémit comme Esther, de sa gloire importune,
> Que le vice lui-même est contraint d'estimer.

Ses *lettres* sont un monument précieux pour l'histoire; on y trouve beaucoup d'esprit, beaucoup de précision; elles ont été recueillies par M. Labaumelle, 9 vol. in-12; il y a ajouté des *Mémoires* pour servir à l'histoire de madame de Maintenon, 6 vol. in-12; en tout 15 vol. (Amsterdam 1756). C'est la meilleure édition.

MALLARME. *Voyez* BOURNON.

MALLÈS DE BEAULIEU (madame) a publié plusieurs ouvrages pour le jeune âge, tels que les contes d'une mère à sa fille, les Lettres de deux jeunes amies, le la Bruyère des jeunes demoiselles. Nous lui devons *Lucas et Claudine*, ou le Bienfait et la Reconnaissance (1816), 2 vol. in-12; *Quelques scènes de Ménage* (1820), 2 vol. in-12.

MALO (CHARLES), littérateur aimable, a publié les voyages du prince Persan Mirza-Aboul-Taleb-kan, en Afrique, en Asie et en Europe, écrits par lui-même (1819), 1 vol. in-8. L'histoire de l'île de St-Domingue, depuis sa découverte jusqu'à ce jour (1819), 1 vol. in-8; les *Mémoires d'Olivier Cromwel, et de ses enfans, écrits par lui-même (1816), 4 vol. in-12. Il a dirigé et enrichi de notes précieuses la belle édition des Œuvres de VERTOT, publiée par M. L. Janet. Nous ne le croyons pas tout-à-fait étranger à quelques romans très-agréables, dont il ne se dit que l'éditeur. Il nous a dépeint, dans son *Mérite des Femmes*, l'esprit, le caractère, les mœurs, l'héroïsme, les vertus des femmes de toutes les nations; c'est à l'amusement des dames qu'il consacre ses loisirs. C'est pour elles qu'il a composé son *La Bruyère* : il fait voltiger autour des plus jeunes, tantôt les jolis oiseaux de sa *volière*, tantôt ses *papillons*, symbole de la légèreté; veulent-elles se parer d'un bouquet, il leur ouvre le *Parterre de Flore*; préfèrent-elles les dons de Pomone, il leur offre une *corbeille de fruits*; le chant leur plait-il davantage, il leur présente tour-à-tour le *livre d'amour*, le *Chansonnier lyrique*.

Il vient d'ouvrir une maison de librairie, où, sans doute, se trouveront réunis les ouvrages les plus dignes de figurer dans une bibliothèque.

MARC (A.), libraire, mérite des éloges pour les soins qu'il a mis à la composition d'un ouvrage qui manquait à la librairie, le *Dictionnaire des Romans (Voyez le catalogue). Quelques imperfections inévitables dans un premier jet, disparaîtront à la prochaine édition. Il est éditeur de plusieurs romans de mad. Hadot, de mad. Cueüllet, de mad. Armande Roland, de mad. de Choiseul, de mad. Daminois. La plupart de ces romans sont encore sous presse, ainsi qu'un nouvel ouvrage qu'il nous promet de mad. de Genlis.

MARCHAIS DE MIGNEAUX, homme de lettres, a traduit

ou plutôt imité de l'anglais de Charlotte Smith deux romans qu'on lit avec plaisir : l' *Abbaye de Palsgrave*, ou le Revenant (1818), 3 vol. in-12 ; les * *Cavernes des Montagnes bleues*, ou Orgueil et haine, (1820), 5 vol. in-12. Il vient de nous donner un roman de sa composition, * *Albarose*, ou les Apparitions de Batfo, histoire du quatorzième siècle, (1821), 5 vol. in-12.

MARCHAND (madame FLORE-LEFÈVRE), a publié *Lucien* ou l'Enfant abandonné (1801), 2 v. in-18 ; *Nanine de Manchester* (1802), 3 vol. in-12.

MARDELLE, homme de lettres, nous a donné deux bons romans : les * *Princes Norwégiens*, ou le Fratricide supposé (1818), 5 vol. in-12 ; les *Ruines de Rothembourg*, roman historique (1819), 3 vol. in-12.

MARESE (mad. de). Nous craignons que sa modestie ne souffre de notre indiscrétion, car elle ne signe point ses ouvrages. En voici quelques-uns : *Contes* à mes jeunes amies, 2 vol. in-12 ; * *Charles de Montfort* (1817), 2 vol. in-12 ; * *Marie Névill* (1815), 3 vol. Elle nous a donné une traduction très estimée de l' * *Antiquaire* de Walter-Scott (1817), 4 vol. in-12.

MARGUERITE DE VALOIS, reine de Navarre, sœur de François Ier. Femme d'un grand génie, protectrice des arts et des savans, elle ne contribua pas moins que son frère à la renaissance des lettres en France. On lui doit : l'*Heptameron*, ou Recueil d'histoires racontées dans l'espace de sept jours ; les *Cent Nouvelles nouvelles ; les Marguerites de la Marguerite des Princesses*, et autres *historiettes* que l'on a recueillies sous le titre de * *Contes de la reine de* NAVARRE, 8 vol. in-18. Ces contes roulent sur des aventures galantes, des séductions de jeunes novices, des ruses employées pour tromper les tuteurs, les maris jaloux.... Tel était le goût du siècle. On aimait alors les fabliaux, les contes gaillards; comme auparavant, on avait aimé les romans de chevalerie, comme aujourd'hui l'on recherche ceux qui parlent de brigands, de cavernes, de souterrains. *Le désir de montrer de l'esprit et de l'imagination aurait-il*, comme dit madame de Genlis (1), *porté cette princesse à publier des contes licencieux ?* Non, certes ! Aurait-elle jamais voulu rien faire qui fût contraire à la dignité du trône, à la pudeur de son sexe, aux sentimens religieux que lui donne l'histoire? Les *siècles*, dit Boileau ; *font les mœurs.* Langage pur, mœurs dépravées. Le fameux prédicateur *Maillard*, le respectable cordelier *Menot*, étaient certainement plus libres dans les sermons qu'ils prêchaient alors que ne l'est Marguerite dans ses contes. Lui reprocher la naïveté de ses tableaux, c'est blâmer le sculpteur, de la nudité de ses statues. Les peuples sauvages, pour être nuds, n'en sont pas plus débauchés; deux époux n'en sont pas moins chastes, quand au timide langage d'une flamme naissante ils font succéder les expressions énergiques d'un amour couronné par l'hymen. Nos pères n'avaient pas moins de chasteté quand ils couchaient dans un même lit avec leur nombreuse famille. Ne conduisons point nos jeunes filles aux académies de sculpture, ne laissons point sous les yeux de la jeunesse les contes de la reine de Navarre.

MARIN (Ambroise), auteur italien, vivait au milieu du dix-septième siècle. Dans le * *Caloandre fidèle*, il a retracé les mœurs, les usages et les exploits de l'ancienne chevalerie; son livre eut le plus grand succès. C'est de-là que Lacalprenède tira l'idée de l'épisode le plus intéressant de sa *Cléopâtre*, l'histoire d'Alcamène, prince des Scythes; c'est là que Thomas Corneille puisa le sujet de la tragédie de *Thimocrate.*

Voyez de l'Influence des femmes sur la littérature, article *Marguerite.*

Ce roman fut d'abord traduit, en 1668, par M. Scudery, puis, en 1740, par M. le comte de Caylus. Nous avons encore d'Ambroise Marin les *Désespérés*, roman qui n'eut pas moins de vogue que le premier. Ici ce n'est plus de la chevalerie, c'est le Carnaval de Venise. Ce dernier a été traduit par M. de Séré (1682), 1 vol. in-12; en 1788, on a réuni les traductions de Caylus et de Séré, pour fournir une édition nouvelle de ces deux ouvrages, sous le titre de *Romans héroïques* d'Ambroise Marin, 4 vol. in-12. En tête on trouve un excellent discours de M. Delandine sur les romans de chevalerie.

MARIVAUX joignait les qualités du cœur aux talens de l'esprit. Modestie, probité, désintéressement, sensibilité, telles étaient ses vertus. « Je voudrais, disait-il, rendre les » hommes plus justes et plus humains; je n'ai que cet objet » en vue. » Souvent il se privait en secret du nécessaire, pour secourir des malheureux qu'il connaissait à peine, mais qui, poursuivis par des créanciers impitoyables, étaient tombés dans l'indigence ou réduits au désespoir. Il soutint long-temps à lui seul la fortune chancelante des Italiens. L'académie française l'admit dans son sein, autant par estime pour ses vertus que pour récompenser son mérite littéraire. On lui reproche avec raison un langage précieux et maniéré, qui fit donner à son style le nom de *marivaudage*, comme pendant la révolution l'on appelait *mirabeaudage* ce néologisme, ces expressions créées pour exprimer des idées nouvelles; expressions dans l'invention desquelles excellait l'improvisateur Mirabeau. Si l'homme se peint dans ses écrits, il est facile de reconnaître Marivaux dans les comédiens; mais il est plus facile encore de l'apprécier par ses romans. Pour l'intérêt des situations, la vérité des peintures et la délicatesse des sentimens, *Marianne* est un des meilleurs que nous ayons dans notre langue. Le *Paysan parvenu* brille par l'esprit et la gaîté; l'auteur quitta sa Marianne pour commencer son Paysan; mais il n'eut le temps de terminer ni l'un ni l'autre. Madame Riccoboni nous a donné

la conclusion de Marianne ; cette suite est si bien liée au sujet,
le style de Marivaux est si bien imité, qu'il faut être dans le
secret pour ne point s'y tromper. On n'a pas été aussi heureux
dans le Paysan parvenu. Le Théâtre de Marivaux forme 5 vol.
in-8 ; voici ses romans : la *Vie de Marianne*, 3 vol. in-12 ;
le *Paysan parvenu*, 3 v. in-12 ; le *Philosophe indigent* (1728),
2 vol. in-12 ; *Pharsamon*, 2 v. in-12. Ce dernier a été réimprimé sous le titre du *Nouveau Don Quichotte*.

MARMONTEL. Ce n'est point ici l'éloge de Marmontel
que nous avons à faire ; nous ne parlerons point de ses élémens de littérature, qui doivent orner la bibliothèque d'un
jeune homme studieux, ni de sa poétique française, ouvrage
nécessaire aux jeunes poètes ; nous ne dirons rien de ses tragédies : on connaît Denis-le-Tyran, Aristomène.....; de ses
grands opéra : on a vu Didon, Céphale et Procris.....: de ses
opéras lyriques : tout le monde connaît Sylvain, l'Ami de la
Maison, la Fausse Magie, Zémire et Azor.....; bornons-nous
aux ouvrages qui doivent entrer dans nos catalogues Autant
la Fontaine l'emporte sur les autres fabulistes, autant Marmontel est supérieur à tous ceux qui nous ont donné des Contes.
Quelques écrivains, il faut en convenir, ont eu plus de moralité. Aucun n'a cette noble simplicité, ces grâces de style, qui
caractérisent notre académicien. Ses contes ont été imprimés
dans tous les formats, traduits dans toutes les langues ; *Bélisaire* et les *Incas* méritent encore une place distinguée sur les
tablettes du romancier.

MARTIN (Louis-Aimé). Si nous pouvions distinguer ces
mers, ces forêts, ces montagnes qui forment les taches de la
lune ; s'il nous était possible de voir tous ces mondes parcourant
leur période autour des étoiles qui sont pour eux autant de
soleils, si notre vue était assez perçante pour apercevoir ces
êtres infiniment petits que nous foulons aux pieds, qui nous
environnent, qui couvrent nos corps, nous dirions : *Les cieux*

et la terre annoncent *l'œuvre du Tout-Puissant.* SOPHIE, considérez ce papillon paré de mille couleurs, cette rose qui charme l'œil et l'odorat, cette grappe vermeille suspendue sur votre tête; c'est l'ouvrage du Très-Haut. Etudiez l'origine des vents, la cause du tonnerre, le mouvement de cette mer, tantôt unie comme une glace, tantôt formant des montagnes et des abimes. Si le chant et la danse font vos amusemens, que la lecture soit l'objet de vos études. Apprenez à connaitre le grain qui vous nourrit, la fleur qui nait sous vos pas. C'est pour Sophie qu'ont été composés les *Lettres sur la physique, la chimie* et l'*Histoire naturelle*..... Elles ont tout l'agrément que l'on peut trouver dans un livre écrit sur des matières aussi arides à traiter que précieuses à connaitre; elles sont dans le genre des lettres à Emilie; l'érudition y est voilée par la grâce, les charmes de la poésie sont joints à l'élégance de la prose. Cet ouvrage a eu six éditions en peu d'années. M. Martin, littérateur d'un mérite éminent a aussi donné les *Etrennes à la Jeunesse,* (1808, puis 1811), 4 v. in-18; il est éditeur des *Harmonies de la nature,* par Bernardin de Saint-Pierre.

MARTIN (JOSEPH), membre de l'université, a traduit de l'anglais deux romans de Walter Scott; *Guy Mannering,* astrologue, Nouvelle écossaise (1816), 4 vol. in-12. M. de Fauconpret vient de nous en donner une nouvelle traduction (1821), 3 vol. in-12; *Waverley,* ou l'Ecosse il y a soixante ans (1820), 4 vol. in-12; on lui doit aussi *Latimor,* ou le plus Infortuné des hommes au sein de l'opulence et des grandeurs, trad. de l'anglais de T. S. Surr (1807), 3 vol. in-12. Ce roman qui a eu beaucoup de succès en Angleterre, a également été traduit par M***, sous le titre de *Splendeur et Souffrance;* 3 v. in-12, titre plus conforme à celui de l'ouvrage anglais. Disons-le en passant, si les traducteurs respectaient davantage les titres de leurs originaux, on ne verrait point une concurrence aussi nuisible qu'involontaire; on ne serait point exposé à acheter le même livre sous deux titres différens.

MASSON (Charles-François-Philibert), membre de l'institut, publia les *Helvétiens*. Ce poëme jugé si différemment par les différens journaux, a peut-être un peu de l'âpreté des montagnes de l'*Helvétie*, mais il en a la fierté. Ses *Mémoires sur la Russie*, 4 vol. in-8, annoncent une homme qui a vécu à la cour de Paul Ier. Le 4e vol. est très-rare. Il a été saisi pour des raisons politiques. Nous lui devons la *Nouvelle Astrée*, roman chevaleresque, ou Aventures romantiques du temps passé (1805), 2 vol. in-12 ; on lui doit encore *Elmine*, ou la Fleur qui ne se flétrit jamais (1790), 1 vol. in-8.

MATHURIN (le docteur), célèbre littérateur, se fit connaître à Londres, sa patrie, par une pièce de théâtre qui eut un grand succès, Bertram ou le château de Saint-Aldobrand. Il est auteur d'un roman qui fut d'abord traduit sous le titre d'*Eva*, ou Amour et Religion (1818), 4 vol. in-12. Madame Elisabeth de Bon nous a donné le même ouvrage sous celui des *Femmes ou Rien de trop* (1820), 3 vol. in-12. Tout récemment on vient de publier sous deux titres différens un roman de Mathurin, dont les journaux ont fait un éloge bien mérité. C'est *Melmoth*, ou l'Homme errant, trad. par Jean Cohen (1821), 6 vol. in-12. C'est l'*Homme du mystère*, ou *Melmoth* le voyageur, trad. par Mac-C*** (1821), 3 v. in-12. *Melmoth* est un homme étonnant, il a fait un pacte avec le diable, pour lequel il cherche des victimes.... il vit depuis trois cents ans... ses yeux brillent comme des éclairs..... c'est une espèce de vampire. La fable est conduite avec un art merveilleux.

MAUGENET, membre de l'académie de Turin et du lycée des arts, auteur de plusieurs comédies ; du Nouveau Dictionnaire des combats, siéges et batailles ; du dictionnaire amusant et instructif, se cache quelquefois sous l'anagramme de Ménegaut. Nous lui devons plusieurs romans qui ne sont pas sans mérite : *Alphonse et Lindamire*, ou la Vengeance (1805), 2 vol. in-12 ; *Angeline et Valmore*, ou la Morte vivante

(1815), 3 vol. in-12 ; *Delphina*, ou le Spectre amoureux (1797), 2 vol. in-12 ; *Jeniska*, ou l'Orpheline russe (1812), 2 v. in-12 ; *Marie de Brabant*, roman historique (1810), 2 vol. in-12 ; *Nina*, ou le Château de Jouvence (1806), 2 vol. in-12 ; *Palménor*, ou les Deux Sultanes (1813), 2 vol. in-12 ; le *Robinson du faubourg Saint-Antoine*, ou relations des aventures du général Rossignol en Afrique, etc., (1818), 4 vol. in-12.

MAUVILLON a publié le *Soldat parvenu*, ou Mémoires et aventures de Verval dit Bellerose (1786), 2 vol. in-12, et 4 vol. in-18. Ce roman est estimé.

MAURER (madame) jouit d'une certaine réputation dans la littérature romancière on doit à sa plume : *Charles* ou les inconvéniens du *Célibat* (1818), 4 vol. in-12 ; *Charles*, ou les inconvéniens du *Mariage*, 4 vol. in-12 ; *Précourt*, ou le fils perdu et retrouvé (1818), 4 vol. in-12 ; la *Rencontre au Luxembourg*, ou les quatre Bonnes femmes (1815), 5 vol. in-12.

MAYER (de). « Puisque nos acteurs ont quitté l'écharpe et « la perruque à grands canons, dit M. de Mayer, puisqu'on « ne voit plus à l'Opéra, le fleuve Scamandre en cheveux frisés, « en bas rouges, les romanciers ne peuvent-ils pas à leur tour « s'éloigner des traces de Lacalprenède, qui fait parler tous « ses personnages sur le même ton! Ne peut-on pas marquer « par le style ainsi que par la fiction, le costume du temps! Les « anciens ne ressemblent pas aux hommes du jour; il ne fau- « drait pas qu'ils parlassent le jargon à la mode. » Voltaire, la Fontaine surtout, sentaient le mérite du vieux langage, du style des siècles de franchise et de naïveté. Ce sont ces raisons qui ont guidé SAUVIGNY dans ses amours de *Pierre-le-Long* et de *Blanche Bazu*, RÉVERONI SAINT-CYR dans sa *Princesse de Nevers*, ou Mémoires du sir de la Touraille, GORGY dans sa *Lidorie*, ancienne chronique; enfin M. de Mayer, dans ses *Aventures et Plaisante Éducation du courtois chevalier Charles le-Bon, sir d'Armagnac* (1786), 3 v. in-12. M. de Mayer était lié d'amitié avec le chevalier de Tressan : il était son collaborateur à la bibliothèque des romans. Versé comme lui dans la lecture des anciennes chroniques, il pouvait mieux que tout autre en imiter le langage. Nous lui devons encore *Geneviève de Cornouailles*, ou le Damoisel sans nom (1784), 1 vol. in-18, et *Liswart de Grèce*, ou Suite d'Amadis des Gaules (1787), 5 v. in-12. Ces deux ouvrages nous peignent bien les mœurs de l'ancienne chevalerie; mais il ne sont point écrits en vieux langage. Il existe enfin quatre volumes de ses petits romans; les deux premiers sous le titre des *Amours* de Châtelard, et les autres sous celui de *Romans de Mayer*, etc. (*Voyez* le catalogue). J'oubliais de dire qu'il est auteur d'un Voyage en Suisse, 2 vol. in-8.

MAYEUR (François-Marie), acteur et auteur, tantôt chez Nicolet ou chez Audinot, tantôt à Lyon ou à Bordeaux, à Saint-Domingue, ou à l'Ile de France; ici Claude Bagnolet, là Jocrisse changé de condition, M. d'Anière, M. Vilain; il jouait avec tant de naturel qu'on le nommait le niais de bonne compagnie. Il a publié des comédies, des opéras, des parodies, des vaudevilles, des pantomimes. Il rédigea le journal politique et littéraire des Iles de France et de Bourbon. N'oublions pas qu'il nous a donné une *Vie de Madame de la Fayette* (1814), 1 vol. in-18, et que nous lui devons les *Trois bibles*, roman traduit de l'anglais de madame Parson's (1816), 3 vol. in-12; enfin il s'est fait libraire. Cher confrère, vous qui avez visité les deux mondes, qui n'avez pas traversé sans quelques dangers les orages révolutionnaires, vous qui avez joué sur tant de théâtres divers! si le grand drame n'est point encore fini pour vous, donnez-nous donc le roman de votre Vie; il doit être d'un grand intérêt.

MECKE (mistriss), romancière célèbre en Angleterre, est à peine connue de nous, quoique ses romans ne soient pas sans mérite. Voilà les ouvrages qu'elle a publiés à Londres : l'*Ab-*

baye de Clugny (1815), 3 vol. in-12; les *Campagnes d'Es-*
pagne, ou le Juif, 1 vol.; la *Conscience*, 4 vol.; l'*Étonnement*
de neuf jours, 3 vol.; *Hélène*, ou l'Héritière du Château,
3 v.; *Julien, ou la Maison de mon père*, 4 vol.; la *Maison*
de Murray, 3 vol.; le *Mariage*, le premier des Biens ou le
plus grand des Maux, 4 vol.; *Lequel est l'Homme*, 4 vol.;
Palmira et Ermance, 3 vol.; *Sélina*, 3 vol.; la *Surprise*,
5 vol.; la *Vieille épouse et le Jeune mari*, 3 vol. De tous ces
ouvrages, nous ne connaissons en français que le *Mariage est*
le premier des Biens, traduit sous le titre des *Mariages noc-*
turnes, ou Octave et la Famille *Browning* (1820), 4 v. in-12,
à moins que quelques-uns ne nous aient été donnés, comme il
arrive souvent, sans nom d'auteur et sous d'autres titres.

MEISSNER (Auguste-Théophile), célèbre professeur de
belles-lettres à l'université de Prague, a enrichi la littérature
allemande des traductions de Molière et de Destouches. Il af-
fectionnait les ouvrages de d'Arnaud Baculard, à l'imitation
desquels il a publié des *Contes moraux*, pleins d'intérêt (1802),
2 vol. in-12; *Charles et Hélène de Moldorf*, ou Huit ans de
trop, traduit par madame de Montolieu (1814), 1 vol. in-12.
Nous lui devons encore *Bianca Capello* 2 vol. in-12, et les
quatre Ages d'Alcibiade, 4 vol. in-8, puis 4 v. in-18. Le mérite de ces deux romans est assez connu; ils ont été trad. tous
deux par Roquil Lieutaut. Nous avons de *Bianca Capello*,
c'est-à-dire de l'histoire d'une femme que l'on peut compter
parmi les victimes infortunées de la fidélité conjugale, une autre
traduction, qui nous a été donnée par l'auteur du vicomte de
Barjac (1790), 3 vol. in-12.

MENARD (madame) a publié les *Malheurs de la Jalousie*
ou Lettres de Murville et d'Eléonore Melcour, 4 vol. in-18,
les *Veillées d'une femme sensible*, Recueil de Contes moraux, etc. (1796), 2 vol. in-12.

MENDOZA (Diego Urtado de). Le célèbre chevalier don

Diégo de Mendoza, ambassadeur de l'empereur Charles V á Rome, auteur d'une histoire très-recherchée de la guerre contre les Maures de Grenade, a composé pour son amusement, mais surtout pour le nôtre, les Aventures et espiégleries de *Lazarille de Tormes*.

MENEGAUT. *Voyez* MAUGENET.

MÉRARD SAINT-JUST (madame), fille de madame la présidente d'Ormoy, que son mérite fit admettre à la société des arcades de Rome, ne déroge point aux talens de sa mère.

> Du voile de la modestie
> SAINT-JUST s'efforce en vain de couvrir son esprit ;
> Dès qu'elle parle ou qu'elle écrit,
> Elle se voit soudain trahie.

Elle a publié sous l'anonyme plusieurs romans estimés. Le *Château noir*, ou les Souffrances de la jeune Ophelle (Paris, 1799), 1 vol. in-12; la *Mère coupable*, ou les Dangers de la passion du jeu, 1 vol. in-12 ; *Six mois d'Exil*, ou les Orphelins par la révolution (1805), 3 v. in-12.

MERCIER (de Compiègne) peut être placé parmi nos littérateurs du second ordre. Il était assez bon poète, il avait de l'érudition. Amant de sa femme, il chante avec délices dans son joli poëme des *Palmiers*, le *Triomphe de l'amour conjugal;* ennemi de la tyrannie révolutionnaire, il déplore nos malheurs dans ses *Nuits de la conciergerie*. Il a chanté les *Matinées du printemps*, les *Soirées d'Automne*, les *Nuits d'Hiver*, favorables aux amours. Il a imité de l'italien de Tansillo, le *Jardin d'Amour*, nous lui devons *Gérard de Velsen*, ou l'Origine d'Amsterdam, 1 vol. in-12; l'*Histoire de Marie-Stuart* (1792), 2 v. in-18 (1); *Ismaël et Christine*, nouvelle africaine (1792), 1 v.

---

(1) Nous en avons donné une nouvelle édition avec quelques notes sur Mercier, quelques rapprochemens entre la mort de Marie-Stuart et celle de Marie-Antoinette, du duc de Berry, etc. (Voyez le Catalogue).

in-18. *Rosalie et Gerblois* (1792), 1 vol. in-18. la *Sorcière de Verberie* (1798), 1 vol. in-18; les *Veillées du Couvent* 1 vol. in-18; il s'est un peu trop occupé de niaiseries littéraires, en nous donnant : l'éloge de la *paille*, de la *boue*, du *poux*, de la *goutte*, l'éloge des *t. tons*, l'éloge du fouet (2).

MERCIER (le conventionnel) avait beaucoup d'esprit, une imagination brillante; il maniait avec délicatesse le pinceau de la satire; il a donné au théâtre quelques pièces qui n'ont pas été sans succès, telles que l'Habitant de la Guadeloupe, la Brouette du Vinaigrier, etc.; son *Tableau de Paris*, 12 vol. in-12 et in-8, a fait sa fortune littéraire. Il est vrai que la religion, ses cérémonies, ses ministres y sont couverts de ridicule : c'était le moyen de prospérer. Il nous a donné l'*An 2440*, rêve s'il en fut jamais, 3 vol. in-8, *Mon Bonnet de nuit*, 4 vol. in-8 (les deux derniers volumes rares); *Jezennemours*, histoire d'une jeune luthérienne, 1 vol. in-8; l'*Homme sauvage* (1769), 1 vol. in-12; il a publié les portraits des rois de France; il ne les aime pas : ils lui ont fait tant de mal! Il a déshonoré la fin de sa carrière, par l'œuvre du *Sansculotisme* et du *Cynisme*, par son *Nouveau Paris*, 6 vol. in-8; *il pensait au coin de la rue, et écrivait sur la borne.*

MERVILLE (de). L'auteur de la Famille Glinet, de l'Homme poli, des Deux anglais, toutes pièces jouées avec succès à l'Odéon, nous a donné *Saphorine, ou l'aventurière du Faubourg Saint-Antoine* (1820), 2 v. in-12. Ce roman, peut-être un peu trop gai, n'a pas répondu à l'espérance que nous avait fait concevoir le succès étonnant de la Famille Glinet, succès récompensé par la bienfaisance de notre auguste monarque.

---

(1) Tous ces éloges sont imités du latin de Daniel Heinsius, de Cardan, etc., de Meibomius, qui nous a donné *de usu flagrorum in re venereâ.*

MEULAN (mademoiselle de). *Voyez* GUIZOT.

MICHAUD (Joseph), membre de l'académie, doit être distingué de Louis Gabriel Michaud , son frère, libraire érudit,
excellent typographe, auteur de quelques ouvrages politiques
et littéraires.

Joseph MICHAUD a publié l'Histoire des Croisades , dont nous
attendons avec impatience le quatrième volume, promis depuis
long-temps. On lui doit le poëme du *Printemps d'un Proscrit* ,
fruit des loisirs d'un exil honorable ; il a fourni plusieurs articles intéressans à la Biographie universelle. Pour ne point sortir
des bornes que nous nous sommes prescrites, nous ajouterons
seulement qu'il est auteur du *Précis de l' Histoire des Croisades,*
qui précède la *Mathilde* de madame COTTIN.

MIGER (PIERRE-AUGUSTE-MARIE), bon littérateur, éditeur
du Génie de Virgile, puisé dans le portefeuille de *Malfilâtre*,
et du Beau Voltaire, publié par DÉTERVILLE, a donné les *Veillées de Cayenne*, ou Recueil de Contes moraux, traduits de l'italien (1798), 1 vol. in-12; *Lady Frail*, roman traduit de l'anglais (1800), 2 vol. in-12. On lui doit une de nos compilations
les plus aimables et les plus érudites, dans laquelle il a mis à
contribution tous les poëtes, amis de Bacchus, tant ceux de
l'antiquité, que ceux de nos jours ; c'est l' *Éloge de l'Ivresse*.
Bacchopolis, de l'imprimerie du vieux Silène, l'an de la vigne
5555, et de l'ère chrétienne , 1798 , 1 vol. in-12 ; à côté de
l'ivresse, il a placé la sobriété. (1)

MILLOT (HUGUES) a publié un roman moral dont le roi a
bien voulu accepter la dédicace, et que les journaux ont beaucoup loué : *Damis,* ou l'Éducation du cœur (1720), 1 vol.
in-12.

---

(1) *Nullus eris, si sunt ignavæ ad pocula vires ;*
Plurima si siccas pocula, nullus eris.

MILTON sera-t-il confondu parmi des romanciers! lui qui, chez les Anglais, tient avec Pope le sceptre brillant de l'épopée. Son *Paradis perdu* est traduit en prose, il nous appartient donc. Parmi les différentes traductions qui nous en ont été données, on distingue celle de l'abbé de Boismorand; elle est enrichie des remarques d'Adisson (1765), 3 vol. in-12. Plus récemment a paru celle de M. Monneron (1785), 3 vol. in-12, et (1789), 2 v. in-8. Madame du Bocage nous en a donné une charmante imitation, sous le titre du Paradis terrestre, poëme en vers. Le Paradis perdu, traduit par Delille, est dans toutes les mains.

MIMAUT (J.-F.), auteur de quelques ouvrages politiques et commerciaux, a publié le *Nouveau Faublas*, ou les Aventures de Florbelle, pour servir de suite au Faublas de LOUVET (1799), 4 vol. in-18.

MIRABEAU (HONORÉ-RIQUETTI), membre de l'assemblée nationale, reçut une éducation brillante et sévère. A vingt ans, dégagé du joug sous lequel le tenait asservi l'autorité paternelle, devenu libre par le mariage, il eut bientôt dissipé la dot de son épouse. Arrêté par suite de son inconduite, il parvint à s'échapper, enleva la femme d'un président de Besançon (Sophie Ruffey), et se sauva en Hollande; bientôt arrêté de nouveau, il fut enfermé à la Bastille. Là, pendant les loisirs d'une captivité de trois ans, il charma ses ennuis par les lettres. C'est là qu'il traduisit les *Élégies de Tibulle*, les Baisers de Jean second; qu'il composa son *Erotika Biblion* (endroits chatouilleux de la Bible), livre obscène, auquel il en fit succéder d'autres plus obscènes encore, et que la décence ne permet pas de nommer; c'est là qu'il écrivit ses *Lettres originales*, contenant tous les détails sur sa vie privée, ses malheurs et ses amours avec Sophie Ruffey, marquise de Mounier (1792), 4 vol. in-8; lettres pleines de feu, d'énergie, de liberté, qui annonçaient de grands talens.

Là finit l'homme de lettres et commence l'homme d'État ,
l'homme qui appartient à l'histoire des révolutions.

MONTALEMBERT (madame la marquise de) est auteur
d'*Élise Duménil* (1801), 6 vol. in-12. Ce roman réunit au
charme du style, l'intérêt le plus vif, les situations les plus touchantes; il manque depuis long-temps à notre librairie. Nous
regrettons que M. L. G. Michaud, éditeur de ce livre, ne nous
en ait pas encore donné une nouvelle édition.

MONTESQUIEU a publié les *Lettres persanes.* Ce livre
profond, sous un air de légèreté, annonçait à l'Europe un écrivain supérieur. Son PERSAN fait une satire énergique et agréable
de nos vices, de nos travers, de nos ridicules et de nos préjugés; le succès de ce livre ouvrit à Montesquieu les portes de
l'académie. Nous devons encore à ce législateur *Arsace et Is-*
ménie, roman imité du grec, et le *Temple de Gnide ,* qui a
servi de modèle à deux poètes charmans, *Léonard* et *Colardeau.*
Quoi! dira-t-on, un président à Mortier, l'auteur de l'Esprit des
Lois, a composé les Lettres persanes ! c'est-à-dire, un ouvrage
qui fait l'apologie du suicide, où l'on n'a respecté ni les ministres,
ni le chef visible de l'Église, qui fut le type des Lettres Juives et
de tant d'autres ouvrages en ce genre. Il faut en convenir ,
Montesquieu, dans sa jeunesse, se laissa entraîner par cet esprit
de philosophie qui commençait à fermenter dans les têtes. Ces
lettres contiennent, il est vrai, quelque chose de téméraire et de
licencieux; mais quelques erreurs du jeune âge ne seront-elles
point effacées par les sentimens religieux de l'âge mûr? *La mo-*
rale évangélique , dit Montesquieu, *est le plus beau présent*
que la Divinité ait pu faire à l'homme.

MONTHOLON (madame la comtesse de). Les grâces, l'amabilité, les talens se trouvent réunis dans la personne de madame de Montholon. Elle consacre ses loisirs à la traduction des
romans allemands. *Rosaure ;* le premier qu'elle nous ait donné,

a été loué par tous les journaux; ceux qu'elle a publiés depuis ne sont pas d'un mérite inférieur. Les *Aveux de Clara*, ou Faiblesse et Repentir (1820), 2 vol. in-12; le *Chevalier Huldmann* de Beringher, ou les Cavernes de la montagne des revenans (1820), 5 vol. in-12; les *Deux Amis*, ou la Maison mystérieuse, trad. d'Aug. Lafontaine (1819), 5 vol. in-12; le *Frère et la Sœur*, ou le Repentir, trad. d'Aug. Lafontaine (1819), 5 vol. in-12; *Rosaure*, ou l'arrêt du destin, trad. du même (1818), 5 vol. in-12.

MONTIVILLIERS (de) a publié deux romans dans le genre gai : *Mon oncle Rigobert*, ou l'Homme résolu (1809), 2 vol. in-12; les *Trois Inséparables*, 2 vol. in-12.

MONTJOIE (de), littérateur d'un mérite distingué, auteur de l'Histoire des Bourbons, de la Vie de Marie-Antoinette, de l'Histoire de Louis XVI, de la conjuration de Louis-Philippe d'Orléans, de celle de Maximilien Robespierre, collaborateur à l'Ami du roi, a publié trois romans qui le placent au rang de nos bons écrivains en ce genre : l'*Histoire de quatre Espagnols*, (1804), 4 v. in-12; l'*Histoire d'Inès de Léon* (1805), 6 vol. in-12; le *Manuscrit trouvé* au Mont-Pausilippe (1805), 5 vol. in-12. Les *Quatre Espagnols*, surtout ont été couronnés du plus brillant succès.

MONTOLIEU (madame la baronne ISABELLE DE) réunit aux charmes de l'imagination toutes les richesses du sentiment. Si elle ne brille point par l'invention, elle plaît par le talent d'embellir les créations des autres. Auteur de *Caroline*, en nous donnant cet ouvrage, elle a débuté par un chef-d'œuvre dans le genre romantique. Le français, l'allemand, l'anglais, lui sont également familiers. Tous ses romans se lisent avec un plaisir égal : ils respirent tous la morale la plus pure. Voici le Catalogue de ses ouvrages : *Agathoclès*, ou Lettres écrites de Rome et de la Grèce, au commencement du quatrième siècle;

traduit de l'allemand de madame Pichler (1815), 4 vol. in-12;
Amabel, ou Mémoires d'une jeune femme de qualité, trad. de l'anglais de mistriss Élisa Hervey (1820), 5 vol. in-12; *Aristo-mène*, traduit de l'allemand d'Auguste Lafontaine (1804), 2 vol. in-12; *Caroline de Lichtfield*, dernière édition (1821), 2 vol. in-12; le *Chalet des Hautes-Alpes*, suivi de Deux feuillets du Journal de mon ami Gustave, et traduit de l'allemand (1813), 3 vol. in-12; *Charles et Hélène de Moldorf*, ou Huit ans de trop, traduit de Meissner (1814), 1 vol. in-12; les *Châteaux suisses*, anciennes anecdotes et chroniques (1817), 4 vol. in-12; le *Comte de Waldheim* et son intendant Wild-man, frère d'Emmerich, traduit de l'allemand de l'auteur d'Em-merich (1812), 4 vol. in-12; *Corisandre et Beauvilliers*, anecdote française du seizième siècle, traduite de l'anglais de Ch. Smith (1806), 2 vol. in-12; les *Douze nouvelles* (pour servir de suite au Recueil de Contes), contenant Éléonore, ou les Beaux yeux; l'Aveugle à Paris; l'Avalanche et le Centenaire des Alpes, etc., etc., (1812), 4 vol. in-12; *Emmerich*, cours de Morale en action, trad. de l'allemand (1810), 6 vol. in-12; *Exaltation de Piété*; quatre nouvelles allemandes, contenant, Philosophie et Religion; le Jeune Quaker; Élise, ou les Souvenirs d'une jeune Morave; la Veille de Noël, ou la Conversion (1818) 1 vol. in-12; *Falkemberg*, ou l'Oncle, traduit de l'al-lemand d'Auguste Lafontaine, 2 vol. in-12; la *Ferme aux abeilles*, ou les Fleurs de lys, imité d'Aug. Lafontaine (1814), 2 vol. in-12; le *Fils d'adoption*, ou Amour et Coquetterie, imité d'Henriette Belmann, roman d'Auguste Lafontaine (1803), 3 v. in-12; *Histoire du comte Roderigo, de V****; suivi du Jeune fruitier du lac de Jouy, et du Château de Grandson, nouvelle du quinzième siècle, etc., (1818), 1 vol. in-12; la *Jeune aveugle*, imité de l'anglais (1819), 1 vol. in-12; *Ludo-vico*, ou le Fils d'un homme de génie, imité de l'allemand, nouvelle édition (1821), 1 vol. in-12; *Marie Mensikoff et Fédor d'Olgorouki*, traduit d'Auguste Lafontaine, 2 vol. in-12; le même roman a été traduit par Duperche (*voyez* Du-

perche); le *Nécromancien, ou le Prince à Venise, traduit de Schiller (1811), 2 vol in-12; *Nouveaux tableaux de famille*, ou la Vie d'un pauvre ministre de village, traduit d'Auguste Lafontaine, 5 vol. in-12; *Ondine*, conte, trad. de l'allemand du baron Lamothe-Fouqué (1819), 1 vol. in-12; la *Princesse de Wolfenbuttel*, traduit de l'allemand, 2 vol. in-12; *Recueil de Contes*, traduits de l'allemand (1804), 3 vol in-12; la *Rencontre au Garigliano*, ou les Quatre femmes, traduit de l'allemand de Ramdohr (1805), 1 vol. in-12; *Raison et Sensibilité*, ou les Deux manières d'aimer, traduit de l'anglais (1815), 4 vol. in-12; la *Rose de Jéricho*, imité de l'allemand (1819), 1 v. in-12; le *Robinson suisse*, ou Journal d'un père de famille naufragé avec ses enfans, traduit de l'allemand de M. Wiss (1820), 3 v. in-12; *Saint-Clair des îles*, ou les Exilés à l'île de Barra, traduit de l'anglais de mistriss Helme (1809), 4 vol. in-12; *Suite des nouvelles* trad. de l'allemand, contenant : Cécile de Rodech, ou les Regrets; Alice, ou la Sylphide, imité de l'anglais de la duchesse de Devonshire, etc.; (1812), 3 vol. in-12; { la *Sylphide*, ou l'ange gardien a été imprimé séparément, 1 vol. in-18); les *Tableaux de famille*, ou Journal de Charles Engelmann, traduit d'Auguste Lafontaine, nouvelle édition (1821), 1 vol. in-12; *Un an et un jour*, traduit de l'anglais, nouvelle édition (1821), 2 vol. in-12; le *Village de Lobenstein*, ou le Nouvel enfant trouvé, d'Auguste Lafontaine, 5 v. in-12.

Toujours féconde, elle va bientôt nous donner la *Famille Elliot*, roman trad. de l'anglais, ainsi que la *Suite du Robinson suisse*.

MONTPENSIER (ANNE-MARIE-LOUISE d'ORLÉANS, plus connue sous le nom de MADEMOISELLE de) pouvait par le rang illustre de sa naissance, par ses richesses immenses, prétendre à la main de Louis XIV; femme romanesque, elle prit parti dans les guerres de la Fronde, et, pour sauver le prince de CONDÉ, fit tirer le canon de la Bastille sur les troupes du roi. Ce coup de canon fut le signal de tous ses malheurs. Plus de mariage avec le roi, plus d'espoir d'être unie à quelque souverain des cours étrangères. A quarante-quatre ans, voyant qu'il fallait renoncer à toute brillante alliance, elle voulut faire la fortune d'un simple gentilhomme, d'un capitaine des gardes-du-corps, enfin du duc de Lauzun. Une dot de vingt millions, quatre duchés, le palais du Luxembourg, n'étaient point à dédaigner. Le roi s'opposa à cette mésalliance, qui eut lieu cependant, mais en secret. Lauzun murmura, il se fit enfermer. Après dix ans de captivité, la princesse, à force de sacrifices, obtint sa liberté. Les époux sont enfin réunis! mais on a vu des feux irrités d'abord par la contrariété, s'éteindre tout à coup d'eux-mêmes; on a vu des amans soupirer dix ans et quitter, dès le lendemain du mariage, la couche nuptiale. Tel fut le sort de ce couple suranné; la froideur et bientôt l'aversion succédèrent à l'ardeur d'un moment. « Louise d'Orléans (dit un jour Lauzun « revenant de la chasse), tire-moi mes bottes. — Je vous dé- « fends (lui répond la princesse, avec cette dignité que lui rap- « pelle le souvenir de sa grandeur première), je vous défends « de jamais reparaître devant moi. » Mais pourquoi m'étendre ici sur des matières si bien développées par madame Santon de Wimpffen, dans le roman historique du *Duc de Lauzun*. On a de Mademoiselle de Monpensier des *Mémoires*, où, suivant les expressions de Voltaire, on *remarque des choses curieuses, et dont le style est assez pur.* L'édition la plus recherchée est celle d'Amsterdam (1755), 8 vol. in-12; on y trouve un recueil des Lettres de Mademoiselle de Montpensier à madame de Motteville, et de celle-ci à cette princesse; les Amours de Mademoiselle et du comte de Lauzun; un Recueil de Portraits du roi, de la reine, et des autres personnes de la cour, et enfin deux romans : l'un intitulé, la *Relation de l'île imaginaire*, et l'autre, la *Princesse de Paphlagonie*, reine des Amazones. La narration de ces deux romans est faite avec beaucoup d'aisance, et la critique qu'ils renferment est bien développée.

MOORE (Edouard), auteur de quelques ouvrages sur l'Inde, a publié à Londres un roman qui eut quatre éditions en peu de temps, et qui a été traduit en français par madame la comtesse de L., sous le titre des *Mystères de Hongrie* (1817), 4 vol. in-12.

MOORE (John), médecin et littérateur anglais, après quelques voyages, tant en France qu'en Italie, vint s'établir à Londres, et fit imprimer ses *Voyages*, qui furent bien accueillis et traduits en français. Il publia ensuite un roman qui lui fit beaucoup d'honneur et dont M. Cantwel nous a donné la traduction *Zelucco*, ou le Vice trouve en lui-même son châtiment (1796), 4 vol. in-18. Il eut un égal succès dans un autre roman traduit sous le titre d'*Edouard*, ou l'Enfant trouvé (1797), 3 vol. in-12. Enfin on lui doit l'*Histoire de miss Mordaunt*, ou Esquisse de Mœurs et de caractères dans divers pays, contenant les Aventures d'une française de qualité (1788), 2 vol. in-12.

MOORE (Thomas), célèbre poète irlandais, s'est distingué, surtout dans la poésie légère. On lui donna le surnom d'Anacréon à cause de l'élégance et de la fidélité, avec lesquelles il traduisit les vers du poète de Théos. Le traducteur des Œuvres de lord Byron nous a donné de cet auteur *Lalla Roukh*, ou la Princesse mogole, histoire orientale (1820), 2 vol. in-12; on a traduit encore du même auteur le *Prophète voilé*, ou le paradis et la Péri (1820), 2 vol. in-12. (Les Péri sont des génies persans).

MORAU, homme de lettres, versé dans la connaissance de l'anglais, a publié comme traducteur *Caroline de Montmorency*, 1 vol. in-12; le *Château de Saint-Donats*, 3 v. in-12; *Elfrida*, ou l'ambition paternelle (1798), 3 vol. in-12; *Elwina* (1813), 2 vol. in-12; *Eva*, d'Isabelle Kelly, 3 v. in-12; *Gaspar Bancks*, ou la jeunesse d'un anglais (1819), 2 vol in-12; *Mademoiselle de Chatellerault, échappée aux massacres de France en 1789, et Emigrée en Angleterre,* ou l'Etranger mystérieux (1814), 2 vol. in-12. Il vient de nous donner tout récemment la traduction d'un roman anglais, de l'auteur de Frédéric Risberg, les *Deux Agnès* (1821), 3 vol. in-12.

MOREL DE VINDÉ, ancien conseiller au parlement, décoré en 1814, de la croix de la légion d'honneur; nommé en 1815, membre de la chambre des pairs, s'était tenu éloigné de toutes affaires publiques, pendant le cours de la révolution. Retiré à la campagne, il se livrait entièrement aux travaux des champs; il y composa plusieurs ouvrages sur l'agriculture et sur les troupeaux; il publia sous le titre de Quatrins, une *Morale de l'enfance,* qui fut couronnée du plus grand succès. Il nous a donné trois jolis romans *Clémence de Laurec* (1798), 2 vol. in-12; *Primerose* (1797), 1 vol. in-18, et *Zélomire* (1801), 1 vol. in-18.

MORELLET (André), membre distingué de l'académie, auteur des mémoires sur le dix-huitième siècle, et sur la révolution française, a publié quatre romans traduits de l'anglais; écoutons-le parler lui-même, il fera beaucoup mieux que nous son article : « En 1797, dit-il, j'entrai dans une carrière tout à fait
« nouvelle pour moi, et dans laquelle le besoin de vivre me
« poussa, bien contre mon gré. A soixante-dix ans je me trou-
« vai ruiné; il me sembla dur de me retirer dans un faubourg
« de Paris, pour y vivre de peu. Je me sentais encore de l'éner-
« gie, je cherchai quelques ressources dans le travail. On ne
« vendait plus que des romans : je traduisis d'abord l'*Italien*
« ou le Confessionnal des pénitens noirs, 3 v. in-12; la même
« année (1797), je publiai les *Enfans de l'Abbaye,* 6 vol.
« in-12. (Roederer dit dans le journal de Paris : Ce roman
« mérite d'être distingué : on n'y voit ni revenans, ni diables, ni
« monstres, ni extravagances d'aucun genre. Ce sont les scènes

« touchantes de la vie, des événemens naturels ; c'est un ro-
« man fait avec de l'amour et des malheurs, par une âme sen-
« sible, un esprit raisonnable. Le style de la traduction est plus
« châtié que ne l'est ordinairement celui des traductions de ce
« genre d'ouvrages. On y reconnaît la plume exercée de l'abbé
« Morellet). *Clermont* était publié en anglais sous le nom de
« Mad. Roche, auteur des Enfans de l'Abbaye ; mais il était as-
« sez inférieur à ce dernier ouvrage pour que l'on pût soup-
« çonner qu'ils n'étaient pas tous deux de la même plume ; j'en
« donnai cependant la traduction. Vers le milieu de 1798 j'en-
« trepris un quatrième roman, et donnai *Phædora*, ou la fo-
« rêt de Minski, 4 vol. in-12. Celui-ci est agréable, et je crois
« qu'il aurait eu un véritable succès, sans les circonstances
« fâcheuses qui portèrent une atteinte cruelle au commerce de la
« librairie. » *Clermont* manque depuis long-temps ; une nouvelle édition de ce livre nous serait nécessaire. La réimpression de *Phædora* serait une spéculation encore plus avanta-
geuse.

MORENCY (Suzanne Giroust de), n'est pas la chaste Su-
sanne ; née d'une famille honnête des environs de Soissons, elle
joignait à quelque beauté, les grâces de l'esprit. Épouse de
Quinet, avocat de Soissons, elle profita de la faveur du divorce pour rompre une union qui lui paraissait mal assortie ;
elle eut des intrigues amoureuses avec Quinette de Soissons, et
autres conventionnels. Elle nous a donné dans son *Illyrine*
l'histoire un peu scandaleuse de sa vie : sa famille n'y est pas
respectée. « La connaissance que j'ai des hommes, dit-elle, m'a
« appris à traiter l'amour cavalièrement. » Principe qu'elle a mis
en usage tant qu'un reste d'attraits le lui a permis. Nous devons
à sa plume légère et facile *Illyrine*, ou l'écueil de l'inexpérience
(1799), 3 vol. in-8 ; *Euphémie*, ou les suites du siège de
Lyon (1802), 4 v. in-12 ; *Lise*, ou les Ermites du Mont-Blanc,
2 vol. in-12 ; *Rosalina*, ou la méprise de l'amour (1801), 2 vol.

in-12; *Zephyra et Fidgel'a, ou les Débutantes dans le monde (1806), 2 vol. in-12.

MORGAN (lady), connue d'abord sous le nom de miss Owenson, ne sera point ici considérée sous le rapport de ses écrits politiques et littéraires. Nous ne parlerons point de son livre intitulé la *France*, qui, suivant les partis, a été loué par les uns, et critiqué par les autres; nous ne parlerons point de l'*Italie*, qu'elle vient de publier. Ses romans lui assignent, tant ici que chez nos voisins, une place distinguée parmi les écrivains en ce genre. On lui doit la * *Femme*, ou Ida l'Athénienne (1817), 3 vol. in-12; *Florence Mac-Carthy*, histoire irlandaise (1819), 4 vol. in-12; *Glorvina*, ou la Jeune Irlandaise, histoire nationale, traduite par madame Elisabeth de Bon (1813), 4 vol. in-12; le *Missionnaire*, histoire indienne (1817), 3 vol. in-12; la *Novice de Saint-Dominique* (1804), 4 vol. in-12; *O'donnel*, ou l'Irlande, histoire nationale, traduite par Lebrun des Charmettes (1815), 3 vol. in-12; *Saint-Clair*, ou l'Héritière de Desmond (1813), 3 vol. in-12.

MOTTEVILLE (madame de), née d'une bonne maison de Normandie, avait reçu une éducation très-soignée. A la connaissance de sa langue elle joignait celle de l'espagnol et de l'italien. Son oncle, le poète Berthaud, faisait les délices de la cour du Marais. Il y conduisit sa nièce. Les talens, l'amabilité de cette femme lui gagnèrent bientôt le cœur d'Anne d'Autriche. Attachée à cette princesse, épouse de Louis XIII, mère de Louis XIV; honorée de la confiance de Marie-Thérèse d'Autriche, d'Henriette-Marie de France, de la trop célèbre mademoiselle de Montpensier, elle pouvait mieux que personne nous tracer le tableau de l'intérieur et des intrigues de la cour. Aussi a-t-elle publié les *Mémoires pour servir à l'histoire d'Anne d'Autriche* (1723), 3 vol. in-12. Ces Mémoires, écrits avec autant de sagesse que de sincérité, ont servi de guide à tous les historiens qui sont venus après elle.

MOTHE (la) LE VAYER de BOUTIGNY, intendant de Soissons en 1635, est l'auteur de *Tarsis et Zélie*. Ce roman, plein de morale, de philosophie, de sentiment et d'intérêt, est la peinture des passions humaines : en 1774 on en a publié une magnifique édition, 3 vol. in-8, ornés de figures; nous en avons aussi une édition en 6 vol. in-18.

MOUHY (le chevalier de) a publié un grand nombre de romans, qui presque tous sont tombés dans l'oubli ; la *Mouche*, seule, semble avoir surnagé ; à moins que nous n'y ajoutions les *Mille et une faveurs*. Il faisait des romans de circonstances, ou tirait des circonstances, les titres qu'il donnait à ses romans. L'histoire de l'homme renfermé à la Bastille, avec un masque de fer, faisait grand bruit; il donna le *Masque de fer*. Les ouvrages de MARIVAUX, de l'abbé PRÉVOST, de GALLAND, c'est-à-dire, le *Paysan parvenu*, les *Mémoires d'un homme de qualité*, les *Mille et une nuits*, étaient en grand renom ; il publia la *Paysanne parvenue*, les *Mémoires d'une dame de qualité*, les *Mille et une faveurs ;* ce dernier est un roman erotico-allégorique, ou plutôt énigmatique, dans le genre du prince *Apprius ;* tous les termes du libertinage, sous le voile de l'anagramme, servent de noms à ses héros. Pour le comprendre, il faut en avoir la clef; cette clef est devenue très-rare : on peut la faire soi-même, mais la chose n'est pas facile. La *Mouche*, ou les Espiégleries de Bigand, a été imprimé en 4 vol. in-12, puis 4 vol. in-18 ; les *Mille et une faveurs* forment 5 vol. in-12.

MURAT (Henriette-Julie de Castelnau, comtesse de) se fit connaître dans le monde littéraire, comme dans le monde galant. Elle a publié la *Comtesse de Châteaubriand*, ou les Effets de la jalousie (1696), 1 vol. in-12. Avant elle, un sieur Lesconvel avait donné les *Intrigues amoureuses de François I*, ou l'Histoire tragique de Françoise, comtesse de Châteaubriand (1690), 1 v. in-12. Depuis peu, madame Gottis nous a donné *François I et madame de Châteaubriand* (1816), 2 vol in-12.

Entre ces deux auteurs, madame de Murat nous semble tenir le milieu, en mérite, comme elle le tient en date. Nous lui devons de plus : les *Lutins du château de Kernosi* (1710), 1 v. in-12 ; le *Comte de Dunois*, ou Mademoiselle d'Alençon, 1 vol in-12 ; un Recueil de poésies, contes et chansons, 1 vol. in-12.

NARDOUET (madame la comtesse du), plus connue parmi nous sous ce nom, que sous celui de madame DE R....T, ne manque pas d'imagination ; elle écrit assez bien : moins de précipitation dans ses compositions, elle pourrait compter parmi nos romanciers : elle se plaît à nous présenter des tableaux dans le genre de madame Radcliffe. On lui doit *Barbarinski*, ou les Brigands du Château de Wisgrade (1818) 2 v. in-12 ; les *Brigands des Pyramides*, ou le Mystérieux don Ténébros (1819), 2 vol. in-12 ; les *Brigands punis*, ou le Valet fidèle, 2 vol. in-12 ; le *Château de Sombremar*, ou les Deux fantômes (1821), 2 vol. in-12 ; le *Chevalier aux armes noires*, ou le Château des précipices (1820), 2 vol. in-12, *Vice et Vertu*, ou l'Heureuse séduction (1820), 4 vol. in-12.

NARP (madame de) a publié quelques romans d'une morale pure et d'un style agréable. les *Deux Insulaires*, ou Histoire de M. Fayel et de madame de Forlis (1802), 2 vol. in-12 ; *Édouard et Clémentine*, ou les Erreurs de la jeunesse (1802), 3 vol. in-12 ; *Ernest et Lydie* (1813), 4 vol. in-12 ; les *Victimes de l'amour et de l'inconstance*, ou Lettres de madame de Blainville, 2 vol. in-18.

NÉE DE LA ROCHELLE, ancien libraire de la Capitale, est un de nos bibliographes les plus instruits. Voulant se livrer au repos, et suivre son goût pour les lettres, il s'est fait succéder par son gendre, M. Merlin, à qui il semble avoir transmis une partie de ses lumières et toute son ardeur pour le travail. Le portefeuille de M. Née renferme une traduction des anciens mythologues grecs, au nombre de vingt-trois. Il nous a donné deux romans mythologiques qui annoncent une grande connaissance des temps héroïques. *Hélène*, fille de Tyndare et de Léda, en 36 livres, composés par elle-même, et nouvellement découverts, traduits du grec, avec des notes et l'Éloge d'Hélène, par Isocrate, etc., 1 vol. in-12: *Médée*, en 24 livres (1813), 4 vol in-12. Ces romans sont trop érudits pour nos esprits superficiels ; on lira plutôt, du même auteur, les *Fredaines du Diable* (1797), 1 vol. in-12.

NOBLE (EUSTACHE LE). Comment un homme issu d'une famille riche et considérée, comment un procureur-général au parlement de Metz a-t-il pu se dégrader jusqu'à faire de faux actes! telles sont les suites de l'inconduite! Traîné dans les prisons du Châtelet de Paris, condamné à l'amende honorable et au bannissement, LE NOBLE appelle de sa sentence; transféré à la Conciergerie, placé auprès d'une femme enfermée pour cause de libertinage, auprès de la Gabrielle Perreau, connue sous le nom de la belle épicière, il parvient à s'échapper avec elle, vit quelque temps dans un faubourg obscur, sous un nom supposé, est repris et banni; il obtient cependant son retour, à la condition de ne plus exercer aucun emploi judiciaire; il continue sa vie désordonnée, meurt dans les haillons de la misère, et est enterré par charité. En lisant ses nombreux ouvrages, on ne peut s'empêcher d'être étonné du feu, de l'imagination et de la fécondité qu'il avait reçus de la nature. Presque toutes les parties des belles lettres ont été de son ressort; l'histoire, la politique, la morale, la religion, l'art de traduire en vers et en prose, le genre romanesque, la comédie, la poésie légère, exercèrent tour-à-tour sa plume. Quoique les romans soient la moindre partie de ses écrits, nous nous bornerons à les nommer, comme la seule qui nous appartienne. La *Fausse comtesse d'Isambert; Milord Courtenay ; Epicaris; Ildegerte, reine de Norwège; Zulima; Mémoires du chevalier Baltazar; les Aventures provinciales; les Promenades; les Nouvelles afri-*

caincs; le *Gage touché*. « Le Noble, dit Sabatier de Castres,
« avait fait gagner plus de cent mille écus à son libraire, et
« termina sa vie dans la plus affreuse pauvreté; *Sic vos, non*
« *vobis, mellificatis, apes!* ajoute-t-il. » L'auteur des trois
siècles avait peut-être à se plaindre de son libraire; les libraires cependant ne sont pas des frélons qui dévorent le miel
des abeilles de la littérature; ce sont des fourmis industrieuses
qui ramassent le grain pour l'hiver de la vie.

NODIER (Charles). De qui donc est ce roman qui fit une
si grande sensation dans le public? dont on reproduisit de
toutes parts les scènes sur nos théâtres, ce roman que l'on attribue à tort à l'imagination exaltée de madame Krudner, cet
ouvrage qui semble avoir donné naissance au *Solitaire;* ce *Jean
Sbogar* enfin, si vanté dans nos journaux? il est de l'auteur
des immenses entreprises de l'Archéologue et du Dictionnaire
de la langue écrite, du collaborateur d'Alphonse de Cailleux
et de Taylor, à la belle collection des Voyages pittoresques et
romantiques dans l'ancienne France; il est de Charles Nodier.
C'est ainsi qu'il se délasse de ses fatigues littéraires. Voici les
romans qu'il nous a donnés : *Lord Ruthwen*, ou les Vampires
(1820), 2 vol. in-12 (il n'est que l'éditeur de celui-ci); le
* *Peintre de Saltzbourg*, suivi des Méditations du cloître
(1820), 1 vol. in-12; *Stella*, ou les Proscrits, suivi de la Lettre
d'un solitaire des Vosges, etc. (1820), 1 vol. in-12; *Thérèse
Aubert* (1819), 1 vol. in-12. Il doit nous donner, sous peu,
Smarra, ou les Démons de la nuit, 1 vol. in-12.

NOGARET (Félix), membre de l'académie des sciences et
belles-lettres de Marseille, surnommé l'Aristénète français; esprit enjoué et facétieux, quelquefois bizarre, ajoutons un peu, libertin, habile à broyer les couleurs de la satire. On reconnaît par
son léger badinage la *Terre est un animal*, et par les liaisons qu'il
eut avec Buffon, Montucla, Adanson, qu'il n'est point étranger aux connaissances de l'histoire naturelle : on voit par quel-

ques morceaux qu'ils a traduits d'Horace et de Virgile, que ces poètes lui sont familiers, ainsi que le joyeux Anacréon, et le galant Aristenète :

> Le véritable Aristenète
> Esquisse de maigres tableaux ;
> Vos heureux et libres pinceaux
> Achèvent son œuvre imparfaite.

Tels sont les vers que lui adresse le chevalier de Parny. La poésie lui doit l'*Ouverture du Sac*, le *Fond du Sac*, de jolis *Contes en vers*. Si l'on pouvait juger tous ces Contes par un seul, j'inviterais à lire le *Sabre*. Nous lui devons l'*Antipode de Marmontel*, ou Nouvelles fictions, ruses d'amour et espiégleries de l'Aristenète français (1800), 1 vol. in-18; *Podalyre et Dirphé*, ou la Couronne tient à la Jarretière (1801), 2 vol. in-12.

NOUGARET (Pierre Jean Baptiste). Quel est cet aimable petit vieillard encore vert, cheveux poudrés, figure de prospérité, qui s'avance vers moi? à travers son air riant on aperçoit quelque teinte de dépit. C'est l'auteur de *Juliette*, ou les Malheurs d'une vie coupable; de *Lucette*, ou les Dangers du libertinage; de *Suzette et Pierrin*; des *Dangers de la Séduction*; ces quatre romans n'en font qu'un. Nous avons découvert le secret; *nous en avons parlé*, il vient nous en faire des reproches : il craint que nous disions encore d'un nouvel ouvrage anecdotique qu'il va nous donner sur Paris, que c'est peut-être l'*Ancien et le Nouveau Paris*; *Paris métamorphosé*; les *Astuces et tromperies de Paris*; *Paris, anecdotes*; les *Aventures parisiennes*; car déjà tous ces livres sont le même livre. Malgré toute l'estime que nous avons pour M. Nougaret nous ne pouvons approuver ces métamorphoses. Quand un livre manque, s'il a du mérite, qu'on le réimprime, qu'on y fasse les changemens, les additions qui peuvent le faire valoir; on le vendra facilement sous son premier titre. Notre auteur est assez riche de son propre fonds sans vouloir paraître encore aug-

menter le nombre de ses productions par de pareils travestissemens. Il a fait des comédies, des pastorales, des histoires,
des contes, des romans, des odes, des héroïdes. Ses écrits annoncent en général, de l'esprit et de la littérature. Mais disons
avec M. Sabatier de Castres, « qu'il eût mieux fait de ne pas
« voltiger sur tant d'objets différens et de s'attacher à un seul
« genre pour le perfectionner. » C'est le plan qu'il semble avoir
adopté depuis quelques années. Il s'occupe maintenant à donner pour la jeunesse des extraits fort bien faits de nos histoires
les plus intéressantes. Il a publié les Beautés et merveilles du
Christianisme; Beautés de l'histoire du Bas Empire; Beautés de
l'histoire d'Allemagne; Beautés de l'histoire de Pologne; Beautés de l'histoire de Russie; Beantés de l'histoire d'Espagne;
Beautés de l'histoire ottomane; Beautés de l'histoire d'Angleterre; Beautés de l'histoire de Sardaigne et de Genève. Pour
ne point revenir sur les romans dont nous avons parlé au commencement de cet article, voici les ouvrages que nous faisons
entrer dans notre bibliothèque romancière : *Adelaïde, ou le
faux Ami (1815), 4 vol. in-12; l'Amante coupable sans le savoir, ou les Amans criminels et vertueux, 2 vol. in-12; Anecdotes militaires anciennes et modernes, de tous les peuples
(1808), 4 vol. in-8; les Enfans abandonnés, ou les Malheurs
d'une famille illustre sous le règne de Louis XV, 2 vol. in-12;
les *Faiblesses d'une jolie femme, ou Mémoires de Madame
de Villefranc, écrits par elle-même (1789), 1 vol. in-12; *Histoire des Prisons de Paris, et des départemens, contenant des
mémoires rares et précieux (1797), 4 vol. in-12; l'Homme du
Jour, ou l'Honnête homme selon le monde, 2 vol. in-12; *Honorine Clarins; histoire américaine (1796), 4 vol. in-18; les
Jolis péchés d'une marchande de Modes, 1 vol. in-18; les
*Mille et une folies, 4 vol. in-12; les Mœurs du Temps, ou
Mémoires de Rosalie Terval, 4 v. in-12; la Paysanne pervertie (1797), 4 vol. in-12; les Perfidies à la mode (C'est un ouvrage de St.-Evremont, que M. Nougaret a retouché), 5 v. in-12;
ajoutons l'Histoire du Donjon de Vincennes, 2 vol. in-8.

OPIE (mistriss) est fille du célèbre médecin Alderson. Elle reçut une éducation conforme à son opulence. Elle devint l'épouse du peintre Opie, qui en mourant lui laissa un excellent manuscrit sur la peinture. Elle le fit imprimer, moins pour en tirer un avantage pécuniaire que pour honorer la mémoire de son époux. Il excellait dans l'art de peindre les mendians, les vieillards, et surtout les brigands et les scélérats; mistriss Opie n'adopta point ce dernier genre, dans ses peintures romancières. Scènes de la vie ordinaire, Entretiens d'une mère avec sa fille, Suites d'une séduction malheureuse, tels sont ses tableaux. Nous lui devons *Adelina Mowbray*, ou la Mère et la Fille (1816), 3 vol. in-12; *Catherine Shirley*, ou la veille de Saint-Valentin (1816), 4 vol. in-12; les *Dangers de la coquetterie*, 2 vol. in-12; le *Devoir* (cet ouvrage est de mistriss Roberts. Il a été revu par mistriss Opie, et traduit par madame Elisabeth de Bon), (1817), 2 vol. in-12; la *Dissipatrice*, ou lady Helenn et lady Anna : trad. par T. P. Bertin (1815), 2 vol. in-12; *Emma et Saint-Aubin*, ou caractères et scènes de la vie privée (1815) 3 vol. in-12; *Etrennes à mon fils*, ou simples contes à l'usage de la jeunesse, 2 vol. in-12; *Nouveaux Contes moraux*, trad. par M. Aubert de Vitry (1818), 5 vol. in-12; le *Père et la fille*, trad. par mad. Louise Brayer de Saint-Léon (1802), 1 vol. in-12.

OUGLOU (madame la comtesse d'), a publié l'*Indien en Europe* (1821), 3 vol. in-12; la *Paysanne espagnole*, ou les Veillées du bon Stéphens (1819), 3 vol. in-12.

OWENSON (miss), *voyez* MORGAN (lady).

PACCARD (JEAN-EDME). Quel est cet homme, le chapeau à la main qui sort du magasin de Mad. Barba? il a l'air pressé; il a dit quelque chose de gracieux à cette aimable dame; elle sourit; il paraît content, et sort en fredonnant : c'est M. Paccard. Il vient d'acheter la pièce nouvelle. Il a sous son bras quelques romans qu'il a pris sur la place Saint-Germain l'Auxerrois, chez son libraire auquel il est toujours fidèle. Il va les parcourir en regagnant son cabinet de lecture, rue Neuve-du-Luxembourg. Lisez son *Parisien*, vous y trouverez l'histoire de sa vie. D'abord élève des Feuillans, puis artiste dramatique, puis commis au trésor public, où il est encore employé. S'il nous donne tous les ans un roman, son épouse, aussi féconde, lui donne tous les ans un enfant. De nouveaux besoins font naître de nouvelles ressources; il a eu l'heureuse idée de joindre la librairie aux revenus de sa place, aux émolumens de ses ouvrages dont il tire peu d'argent ; car ce n'est point l'intérêt qui le fait écrire, c'est un motif bien plus louable, celui de plaire, et surtout de plaire à nos dames. C'est pour elles qu'il a composé le *Baron de Vaucharme*, ou Dieu, l'honneur et les dames. Il a donné des comédies, il a donné des poëmes, parmi lesquels il faut compter *Fénélon*, ou les Vertus chrétiennes ; Surtout il a donné des romans, et nous en promet encore : « depuis nombre d'années, dit-il, dans son livre des révélations, « dans l'*Abbaye de la Trappe*, je me suis attiré de justes reproches par de mauvais romans : je travaille maintenant à « mieux faire. » Nous en acceptons l'augure. Ses ouvrages se recommandent déjà par une saine morale, par de bonnes intentions. Voici le catalogue des romans qu'il a publiés : l' *Abbaye de la Trappe*, ou les Révélations nocturnes (1821), 5 v. in-12; les *Amours de Laure et de Pétrarque*, ou Choix de poésies de cet auteur, avec un commentaire et une notice sur sa vie, 2 vol. in-18; le *Château du lac*, ou le génie réparateur (1819), 5 vol. in-12; *Clémence et Julia*, ou l'Antigone française (1802), 2 vol. in-12; *Dieu, l'Honneur et les Dames*, (1813), 6 vol. in-12; le *Donjon de la forêt de Beauregard*, ou les victimes de la perversité (1817), 2 vol. in-12; *Édelmone et Lorédan*, ou l'Orange de Malte, 2 vol. in-12; *Edmond et Clotilde*, ou la Judith française, roman historique (1810), 2 vol. in-12; l'*Ermite du Marais*, ou le rentier observateur (1819), 2 vol. in-12; *Eugène et Alvina*, ou les

Victimes de l'intolérance, nouvelle du dix-septième siècle (1811), 2 vol. in-12; *Louise de Vergy*, sœur de l'infortunée Gabrielle, 2 vol. in-12; les *Medicis*, ou la renaissance des sciences, des lettres et des arts, en Italie, en France, etc. (1812), 4 vol. in-12; *Mélusine*, ou le tombeau des Lusignan, manuscrit trouvé dans les archives d'un ancien monastère de Poitiers (1816), 4 v. in-12; le *Parisien*, ou les Illusions de la jeunesse (1812), 3 v. in-12; *Pétrarque solitaire*, ou les épanchemens du cœur, lettres familières et secrètes de Pétrarque, précédées d'un discours apologétique sur la vie de cet homme célèbre (1816), 2 vol. in-18.

PAGÈS (François). Il faut le distinguer de M. Pagès, chevalier de la légion d'honneur, chef des bureaux de l'imprimerie et librairie, place qu'il remplit avec autant d'aménité que de talent ; il faut le distinguer aussi de M. Pagès, capitaine des vaisseaux du roi, auteur des *Voyages autour du monde*.

F. Pagès, auteur de l'Histoire secrète de la révolution française, a publié plusieurs romans recommandables par le style, la morale, la variété des sujets. Les *Amans comme il y en a peu*, ou les Délices du sentiment, 2 v. in-12 (titre bien rempli); *Amour, haine et vengeance* 2 v. in-12 (genre sombre) ; le *Délire des passions*, ou la Vie et les aventures de Gérard Montclar, 2 vol. in-12 (fracas d'évènemens); les *Erreurs de la vie*, ou Mémoires de Félice, 2 vol. in-12 (genre érotique, tableaux voluptueux, qui, cependant, ne blessent pas la décence); les *Faiblesses d'un grand homme;* ou les Aventures et la vie de J. L. de Fiesque, comte de Lavagne (1799), 4 v. in-12 (roman puisé dans l'Histoire des révolutions de Gènes); ce n'est point une froide compilation : l'auteur, sans dénaturer les évènemens historiques, a su les embellir par la fiction. On y trouve une peinture agréable de la vie champêtre, mise en opposition avec le bruyant séjour des cités. Ici une tempête, là une bataille rangée, plus loin, un combat maritime; beautés et merveilles de la nature, productions les plus curieuses de toutes les parties du globe, voilà les différens tableaux qu'on y rencontre. On doit encore à M. Pacès le *Triomphe de l'amour et de l'amitié*, ou Lettres de Saintval et d'Adelaïde de Rainsy. 2 vol. in-12 (sujets touchans, modèles de l'amitié, portée jusqu'à l'héroïsme); enfin nous terminerons cette note par les *Vies, amours et aventures de plusieurs illustres solitaires*, ou le Malheur des grandes passions, 4 vol. in-12.

PAIN (Joseph), vaudevilliste et chansonnier. Aimables riverains de la Seine-Inférieure! vous lirez avec plaisir le *Voyage au hasard* (1819), 2 vol. in-12. Habitans du Hâvre! l'auteur ne vous a point oubliés; que j'aime à parcourir avec lui la route qui le conduit vers votre ville aussi jolie que commerçante! Le bon Yorick a trouvé dans une feuille de papier qui enveloppait une orange, le cinquante-septième chapitre de son *Voyage sentimental*; notre *Voyageur au hasard* a trouvé le premier chapitre de son livre, sur un sac de papier manuscrit, qui contenait des mendians achetés chez son épicier, M. Rocfort; un second sac lui fournit le lendemain son second chapitre. C'est ainsi que de sacs en sacs, de mendians en mendians, il parvient à former ses deux volumes; quelques sacs déchirés donnent quelques lacunes qu'il remplit comme il peut. Telle est l'origine de ce charmant ouvrage. M. Pain est déjà connu par son joli vaudeville, Allez voir Dominique; par les pièces qu'il a données en société, avec Dumersan, avec Bouilly; telles Florian, Fanchon-la-Vielleuse...

PERRAULT (Charles), membre de l'académie française, est le romancier de l'enfance. Il eut tort de soutenir que les écrivains modernes l'emportaient sur ceux de l'antiquité, mais on n'oubliera jamais ces vers :

> Turenne a son tombeau parmi ceux de nos rois.
>
> . . . .

On n'oubliera jamais la *Barbe bleue*; le *Petit Poucet*; *Cendrillon*; *Riquet à la Houppe*.

Si Peau d'Ane m'était conté,
J'y prendrais un plaisir extrème.

Tous ses Contes ont été reproduits sur nos théâtres, et y ont fait fortune. Perrault, par sa simplicité, est le premier de nos conteurs en prose, comme La Fontaine, par sa naïveté, est le premier de nos fabulistes.

PETIS DE LA CROIX, secrétaire-interprète du roi, professeur de langue arabe, au Collége de France, était d'une érudition rare, et d'une probité plus rare encore. Plusieurs voyages qu'il fit dans le Levant le mirent à même d'apprendre les langues orientales; aussi connaissait-il l'arabe, le turc, le persan, l'éthiopien, le tartare, l'arménien; voilà pour sa science; voici maintenant pour sa probité. Les Algériens demandaient la paix à Louis XIV; les conditions du traité portaient qu'ils verseraient au trésor royal deux cent mille *écus*. Il y avait une grande différence entre la monnaie de France et celle de Tripoli. Les Algériens offraient à l'interprète une somme considérable, s'il voulait mettre dans la rédaction du traité, le mot d'*écus de Tripoli;* il pouvait le faire sans se compromettre; mais dédaignant de telles offres, il voulut qu'on stipulât la monnaie du vainqueur. Parmi plusieurs ouvrages traduits du turc et de l'arabe, on lui doit l'histoire de *Timur-Bec,* connu sous le nom du Grand-Tamerlan, empereur des Mogols et des Tartares. Il nous a donné les *Mille et un jours,* contes persans (1682), 5 vol. in-12.

PETITVAL (mademoiselle). L' *Histoire de la Famille Montelle* (1819), 3 vol. in-12, a été accueillie par les éloges les plus flatteurs et les mieux mérités. Mademoiselle Petitval nous a donné ensuite *Maurice* (1821), 1 vol. in-12; puis les *Enfans de Maurice,* encore 1 vol. in-12. Si l'auteur eût réuni ces deux derniers ouvrages sous un seul titre, et qu'elle eût publié *Maurice et ses enfans,* 2 volumes, l'ouvrage aurait eu plus de succès. Les lecteurs de romans n'aiment pas les ouvrages en un volume.

PICARD (Louis-Benoit), membre de l'académie française, est trop connu comme auteur dramatique, pour qu'il nous soit besoin d'en parler sous ce rapport. Si ses comédies annoncent un homme nourri de la lecture de Plaute et de Térence, ses *Aventures d'Eugène et de Guillaume* font voir combien Horace lui était familier. C'est du poëte latin qu'il emprunte les épigraphes qui précèdent chaque volume, comme un argument du sujet. Les quatre âges de l'homme forment la division des quatre volumes. La première édition de cet ouvrage (1813) a été bientôt suivie d'une seconde (1815), qui est sur le point de manquer. Le libraire Barba, connu principalement pour la librairie dramatique, ne tardera pas à nous le donner dans la belle édition qu'il publie des OEuvres du Molière de notre temps.

PICHLER (madame Caroline) occupe une place distinguée parmi les littérateurs allemands. La première édition de son * Agathoclès a disparu en moins de six mois; deux autres éditions ont été épuisées au bout de trois ans; la traduction que nous en a donnée madame de Montolieu, n'a pas eu moins de succès : nous en avons eu trois éditions (1812 , 1813 et 1817). *Coralie paraît depuis peu (1820), 4 vol. in-12; il a été imprimé à très-grand nombre et va bientôt manquer : il est vrai que le nom du traducteur ajoute au mérite de l'ouvrage. Madame Voïard , en le traduisant, en a retranché quelques traits de personnalité nationale, qui n'étaient plus à l'ordre du jour, et qui pouvaient nuire à l'intérêt du livre. Nous devons encore à madame Pichler des *Nouvelles très-intéressantes (1821), 4 vol. in-12, parmi lesquelles on remarque les Amours de Charlemagne; le Comte de Barcelone; le Château de Wiernitz , etc.

PICQUENARD , homme de lettres. D'abord journaliste, puis

commissaire du directoire, près le bureau central, enfin secré-
taire-général de la préfecture du Pas-de-Calais, quitta ces emplois, pour suivre le goût qui le portait vers la littérature. Ses
deux premiers romans, *Adonis*, ou le Bon Nègre (1798),
1 vol. in-18, et *Zoflora*, ou la Bonne Négresse (1799),
2 vol. in-18, annoncent, par les peintures qu'ils nous tracent,
un homme qui a passé sa jeunesse dans les colonies. Nous lui
devons encore deux romans qui ont été couronnés du plus heureux succès. *Montbar l'Exterminateur* (1807), 3 vol.
in-12, et les *Campagnes de l'abbé Poulet*, en Espagne (1816),
3 vol. in-12. Il vient, dit-on, de terminer sa carrière de la manière la plus tragique.

PIENNE (madame la duchesse DE) nous a donné les *Deux
Amis* (1804), 3 vol. in-12. Ce roman est traduit de l'anglais ;
il a de l'intérêt, il est bien écrit ; il ne faut pas le confondre
avec les *Deux Amis*, ou la Maison mystérieuse, traduit de
l'allemand d'Auguste Lafontaine, par madame la duchesse de
Montholon.

PIGAULT LEBRUN. Joyeux enfans de la Folie, prenez le
deuil ! le père du *Garçon sans souci* ne vous donnera plus de
romans. Il va quitter la fiction pour la vérité ; il l'a juré ! Serment de poëte ! serment du bon La Fontaine :

> J'avais juré, même en assez beaux vers,
> De renoncer à tout conte frivole.

Romancier chéri, quittez la trompette de l'histoire, reprenez
vos grelots ; mais permettez-nous de vous le dire, vous avez
souvent une gaité peu décente, vous blessez les mœurs, vous
pervertissez notre jeunesse. Si vous publiez des *Mélanges critiques et littéraires*, ne nous donnez plus de *Citateur*. Quelques-uns disent de ce dernier ouvrage, que ce sont des citations tirées du *Dictionnaire philosophique* ; qu'il ne vaut pas
l'*Erotika biblion* ; qu'il a plus d'indécence, moins de force que

le *Compère Mathieu*. Tout homme sage dit que le siècle est assez pervers, sans qu'on lui présente en un faisceau tous les argumens de l'incrédulité. Pigault Lebrun s'est fait un nom par ses comédies, ses opéra. Les Rivaux d'eux-mêmes, le Major Palmer, et tant d'autres qu'il serait trop long de nommer, lui ont fait le plus grand honneur. Son *Théâtre* forme 6 vol in-12.

Voici le Catalogue de ses romans : *Adélaïde de Méran*, 4 v. in-12; *Angélique et Jeanneton* de la Place-Maubert (1817), 2 v. in-12; les *Barons de Felsheim*, histoire allemande, qui n'est pas tirée de l'allemand (1818), 4 vol. in-12; les *Cent-vingt jours*, ou les Quatre nouvelles, contenant : Adèle et d'Abligny; M. de Kinglin, ou la Prescience; Metusko, ou les Polonais; Théodore, ou les Péruviens (1816), 4 v. in-12; ces quatre Nouvelles se vendent séparément; l'*Égoïsme*, ou Nous le sommes tous (1819), 2 v. in-12; l'*Enfant du Carnaval*, hist. remarquable, et surtout véritable, pour servir de supplément aux rapsodies du jour (1818), 3 vol. in-12; la *Folie espagnole* (1820), 4 vol. in-12; le *Garçon sans souci* (1818), 2 v. in-12; l'*Homme à projets* (1810), 4 vol. in-12; *Jérôme* (1818), 4 vol. in-12; Mon *Oncle Thomas* (1819), 4 vol. in-12; *Monsieur Botte* (1818), 4 v. in-12; *Monsieur de Roberville* (1818), 4 vol. in-12; l'*Observateur*, ou M. Martin (1820), 2 vol. in-12; l'*Officieux*, ou les Présens de noces (1819), 2 vol. in-12; les *Tableaux de société*, ou Fanchette et Honorine (1812), 4 vol. in-12; *Une Macédoine* (1817), 4 vol. in-12. Tous ces ouvrages ont eu un grand nombre d'éditions. Pour ne parler que de son premier roman, l'Enfant du Carnaval, il a paru d'abord en 2 vol. in-8, puis 4 vol. in-18; ensuite 2 vol. in-12, et enfin (1818), 3 vol. in-12.

PIGAULT MAUBAILLARCQ. Piron a dit quelque part que *l'on pouvait être le frère d'un homme d'esprit, et n'être cependant qu'un sot;* cette pensée ne peut trouver ici son application. « Comme il faut de tout dans une famille, dit Pigault « Maubaillarq à son frère Pigault Lebrun, puisque depuis

« long-temps tu es *Jean qui rit*, moi je serai *Jean qui pleure.* »
On trouvera donc dans ses romans les scènes larmoyantes du
sentimental d'Arnaud, ou plutôt les effrayans tableaux de la
sombre Radcliffe. Négociant à Calais, Pigault Maubaillarq,
dans ses loisirs, nous a donné la *Famille Wieland*, ou les
Prodiges, traduction libre d'un manuscrit américain (1809),
4 vol. in-12 ; *Isaure d'Aubignie*, imité de l'anglais (1812),
4 vol. in-12.

PILEUR (le) D'APLIGNY. Tout en consacrant sa plume aux
ouvrages utiles, n'a pas négligé la littérature d'agrément. S'il
a publié des traités sur les Couleurs et sur la Bière, il a aussi
donné un joli roman : l' *Ermite de la Roche noire*, ou lettres
de la marquise de Lausanne et du comte de Luzi (1820), 2 vol.
in-12. Ce roman est précédé d'un Essai sur la précellence des
romans en style épistolaire.

PILKINGTON (MARIE) est peu connue de nous. Cependant
elle a publié beaucoup d'ouvrages pour l'instruction et l'amusement de la jeunesse : Contes de la Chaumière ; Nouveaux
Contes du château ; Biographie pour les jeunes garçons ; Biographie pour les jeunes filles ; Beautés de l'histoire, pour les
jeunes dames ; Lettres d'une mère à sa fille. Elle a donné quelques romans : les *Aventures merveilleuses*, ou les Vicissitudes
de la vie d'une *Chatte* ; les *Malheurs de César*, ou les aventures
d'un Chien trouvé ; *Crimes et caractères*, 3 vol. ; *Hélène*,
3 vol. in-12 ; *Sinclair*, ou l'Orphelin mystérieux, 4 vol. in-12 ;
Mortimer Lascelles, 2 vol. in-18. Ce dernier est le seul qui
nous soit connu, comme traduit. Il serait possible cependant
qu'il en fût plusieurs qui eussent été publiés en français, sous
d'autres titres et sans nom d'auteur.

PLACE (PIERRE-ANTOINE DE LA) est un de nos auteurs les
plus féconds et les plus estimés. Il a rendu de grands services
à l'art dramatique, en traduisant le Théâtre anglais. Il a donné

quelques tragédies parmi lesquelles on distingue Venise sauvée. Si les six derniers volumes de ses *Pièces intéressantes et peu connues* avaient le mérite des deux premiers, ce serait un ouvrage précieux. LA PLACE a donné un recueil assez singulier d'épitaphes sérieuses et badines, en 3 vol. in-12. Il n'a pas oublié ses amis, morts ou vivans; nous lui devons une collection de romans en 8 vol. in-8; ils sont presque tous traduits ou pour mieux dire imités de l'anglais. *Tom-Jones*, ou l'Enfant trouvé (c'est son chef-d'œuvre en ce genre.); l'*Orpheline anglaise*, (ouvrage plein d'intérêt); *Oronoko*, ou le prince nègre, imité de mistriss Behn; les *Deux Mentor*; *Lydia*; le *Vieux baron anglais*, ou les revenans vengés; *Cécile*, ouvrage de mademoiselle GUICHARD. Il a publié ce dernier comme simple éditeur, quoiqu'il l'ait retouché.

PLANCHER VALCOUR, ancien avocat, membre de quelques sociétés joyeuses, homme plein d'esprit et de gaîté, auteur d'un Recueil de causes célèbres, sous le titre d'*Annales du crime et de l'innocence* (1813), 20 vol. in-12. Nous lui avions donné l'idée d'un roman historique : *Paris sous Clovis*, ou les *Origines de Lutèce*, idée qui souriait beaucoup à son imagination, mais que la mort ne lui permit point de développer. Au sommet d'un mont escarpé, au milieu d'une forêt où l'on voit encore les ruines du temple de Mars (Montmartre) est l'Ermitage d'un vieillard. Autrefois fameux par ses exploits, il est maintenant respecté par ses vertus. Dans ses promenades solitaires, il visite souvent cette chapelle où l'on invoque aujourd'hui *saint Nicolas-des-Champs*; il va souvent au *Beaubourg* et au *Bourg-l'abbé*. Quelquefois il passe les *Arcis*; traverse les remparts de la ville, et laissant derrière lui la *voie des noyers*, celle *des amandiers*, il arrive au sommet de cette montagne, où Geneviève fait paître ses moutons. Il s'entretient avec la sainte bergère des vertus de Germain d'Auxerre, des cruautés d'ATTILA, des conseils qu'ils doivent donner à CLOTILDE pour qu'elle entretienne le monarque dans ses sentimens religieux;

que lui a inspirés la victoire remportée à Tolbiac. Le sujet est assez romantique. PLANCHER a emporté dans la tombe les premiers chapitres du livre ; *Un autre les fasse.* Voici les romans qu'il nous a donnés : *Colin Maillard*, ou mes caravanes (1816), 4 vol. in-12 ; *Edouard et Elfride*, ou la comtesse de Salisbury (1816), 3 v. in-12 ; *Marguerite de Rodolphe*, ou l'Orpheline du Prieuré (1815), 5 vol. in-12 ; *Odette de Champdivers*, la Petite reine, ou les Apparitions de la dame blanche, roman historique du règne de Charles VI (1816), 4 vol. in-12.

PLUMPTRE (ANNE) reçut une éducation tout à fait conforme à celle que l'on donnait aux élèves du collége de Cambridge, dont Robert Plumptre, son père, était principal. Il lui enseigna la plupart des langues vivantes. Elle a traduit plusieurs Voyages de l'allemand en anglais, tels que Voyages physiognomoniques, Voyage dans l'Afrique méridionale, Voyage dans la Morée, l'Albanie et les autres parties de l'empire ottoman ; Voyage au Brésil, dans le Kamschatka et le Japon. On lui doit *Antoinette*, roman en deux volumes, et le *Fils du Recteur*, que M. Chomel a traduit en français sous le titre du *Fils du Curé*, 3 vol. in-12.

POLIER (MARIE-ÉLIZABETH de), chanoinesse du Saint-Sépulchre, est auteur du Journal littéraire de Lausanne, et de plusieurs autres ouvrages périodiques, auxquels elle a travaillé en société avec La Baume, Cramer, et de Maimieux ; elle a publié des *Anecdotes suisses*, 1 vol. in-8 ; *Eugénie*, ou la Résignation, traduit de l'allemand de Sophie Laroche (1797), 1 vol. in-12 ; le *Pauvre aveugle*, traduit de l'allemand (1801), 2 vol. in-12 ; *Thécla de Thurn*, ou Scènes de la guerre de trente ans, traduit de l'allemand du baron de Bock (1815), 3 vol. in-12.

PONCELIN, homme de lettres, plein d'érudition, auteur de plusieurs ouvrages littéraires et politiques, autrefois journaliste, connu par les malheurs qu'il éprouva pendant la révolution, a publié un *Choix d'anecdotes anciennes et modernes, 5 vol. in-18. Il renferme des récits très-curieux sur Louis XVI et sa famille.

PONET (Louis), employé à la trésorerie, homme de lettres, a publié: *Adolphe et Jenny, 1 vol. in-12; *Aménaïde, ou les martyrs de la foi, roman historique, 2 vol. in-12; l'*Ermite de vingt ans, 2 vol. in-18; les *Femmes parisiennes, ou le Furet de la littérature (1814) 2 vol. in-12; * *Jules et Améline, ou l'orphelin de Venise (1805) 2 vol. in-12. Ce roman était d'abord intitulé l'*Orphelin corse; des raisons politiques en firent changer le titre; le *Jeune Major, ou la prise de Berg-op-Zoom, 4 vol. in-12.

PORTER (Jane) PORTER (Anna-Maria). A Londres, deux femmes du même nom, deux sœurs, parcourent avec la même distinction la carrière des romans. Laquelle des deux l'emporte sur l'autre par les grâces du style? Étranger à leur langue, je ne pourrais prononcer. Laquelle a le plus de talent sous le rapport de la fable, c'est au lecteur à décider cette question un peu difficile. Nos meilleurs traducteurs se sont emparés de leurs ouvrages.

Jane PORTER a publié le *Coin du feu du Pasteur, traduit par mad. Elizabeth de Bon, 1817, 4 vol. in-12; les * *Chefs Écossais, ou Wallace, traduit par M. Dubuc, nouvelle édition 1820, 5 vol. in-12; *Thadée de Warsovie, traduit par le traducteur du fils banni, sous le titre du *Polonais (1807), 3 vol. in-12.

Voici les romans de miss Anna-Maria: le *Jeûne de Sainte Madeleine, ou les Illustres Proscrits (1819), 3 vol. in-12; *Octavia (1801), 3 vol. in-12, (très-rare); le * *Chevalier de St. Jean, traduit par J. Cohen (1818), 4 vol. in-12; les *Frères Anglais, (1814), 4 vol. in-12; les * *Frères Hongrois (1818), 3 vol. in-12; le * *Reclus de Norwège (1815), 4 vol. in-12. La traduction de ces trois derniers est l'ouvrage de mad. Élizabeth de Bon.

POUGENS (le chevalier Marie-Charles de), membre de l'Institut de France, de celui de Bologne etc.

Si je pouvais un moment quitter le bruyant séjour de la capitale, pour voler à Soissons où m'appelle la plus sincère amitié, je m'arrêterais en arrivant, dans la fraîche et riante vallée de Vauxbuin, pour visiter un savant Ermite de ces lieux. Les années commencent à blanchir sa chevelure, mais il a toute l'énergie du jeune âge; il est aveugle, mais il a l'ouïe et le tact si fins, qu'on s'aperçoit à peine de son infirmité; à l'entendre parler on dirait qu'il a tout lu, qu'il voit tout. Auprès de lui je verrais l'auteur de *Maclovie*, femme aussi respectable par sa modestie, que par ses talens littéraires. (Voyez l'article St. LÉON). J'y verrais encore un autre Ermite qui a quelques raisons pour faire l'*Éloge des petits hommes. Dans les petites boîtes... Magnus Alexander...* M. de Pougens, à qui toutes les langues sont connues, a traduit plusieurs voyages tant de l'anglais que de l'allemand; Voyage à la Nouvelle Galles; Voyage philosophique et pittoresque en Angleterre; Voyage sur les rives du Rhin. Il travaille avec ardeur à son immense trésor des Origines de la langue, à son *Archéologie française*, qui s'imprime chez Firmin Didot. Pour l'intérêt des sciences, pour ma satisfaction particulière, je voudrais voir ce grand ouvrage terminé. Il ressusciterait en moi quelques-unes de ces idées qui m'étaient autrefois plus familières. Quelques savans MONTACUTIENS m'avaient appris que la langue grecque était une langue précieuse par ses richesses et sa fécondité; que l'on connaissait mal par des traductions, les chefs-d'œuvres d'Athènes; que la langue des Homère, des Démosthènes, des Aristote, des Archimède, des Hippocrate était indispensable pour exprimer les inventions et les découvertes nouvelles; que notre langue enfin devait à celle de ces grands écrivains la majorité de ses *étymologies*. Pénétré de cette dernière pensée, j'avais esquissé le plan d'un dictionnaire *étymologique* des mots français dérivés du grec. Je voulais en faire un *aide-mémoire* pour la jeunessse, èt lui fournir les moyens faciles d'apprendre le grec par le français, et réciproquement le français par le grec. La révolution, sans anéantir mes goûts, vint changer ma vocation; il me fallut fermer mes livres et les vendre.

M. de Pougens, sous le rapport des romans, m'est encore précieux : il a publié la *Bibliothèque française*, où l'on trouve d'excellentes analyses des romans mis au jour pendant qu'il exerçait la librairie. Je sais qu'il a dans son portefeuille des manuscrits sur les matières que nous traitons; enfin n'est-il pas lui-même romancier? Au moment où nous écrivons ces lignes, nous apprenons qu'il va publier les *Contes du vieil Ermite de la vallée de Vauxbuin*, 3 vol. in-12. Nous lui devons déjà *Abel*, ou les Trois frères (1821), 1 vol. in-12, et les *Quatre âges*, suivi du Portrait d'une jeune fille, par un papillon (1820), 1 vol. in-18.

PRATT, écrivain célèbre en Angleterre, a donné quelques romans dans le genre de Sterne : l'*Élève du plaisir*, l'*Élève de la vérité*, le *Village de Shenstone*, *Emma Cobbet*, ou les Malheurs d'une guerre civile; ce dernier a été traduit en français. On lui doit encore un bon roman, dont mad. Mary-Gay-Allart, nous a donné la traduction, sous le titre des *Secrets de famille* (1802), 5 vol. in-12, puis 5 vol. in-18.

PRÉVOST (l'abbé). Si la longueur de nos articles était proportionnée au mérite des auteurs, celui-ci ne serait pas un des moins considérables. La vie de Prévost est un roman. Élevé au collége des Jésuites, il en prit l'habit; entraîné par la légèreté de son caractère, il quitte cette vie paisible pour embrasser le parti des armes. Victime d'une passion malheureuse, il veut ensevelir ses noirs chagrins dans un monastère. Bientôt la vie cénobitique lui déplaît ; il quitte son couvent, passe en Hollande, pays de la liberté. Là, il trouve de grandes ressources dans ses talens littéraires; il s'enflamme de nouveau pour une Beauté qui devient la compagne de sa vie errante. L'amour de la patrie ne s'éteint jamais dans nos cœurs! il sollicite son retour en France : il l'obtient par la protection du prince de Conti, dont il devient le secrétaire. Ses succès dans la littérature, l'amitié des grands, le silence des passions appaisées par les ans, tout lui présageait une heureuse vieillesse, lorsqu'il périt d'une mort aussi cruelle qu'imprévue : il revenait à pied de Chantilly; au sortir du hameau il est atteint d'une attaque d'apoplexie, et tombe sans mouvement au pied d'un arbre. Les villageois aperçoivent un corps étendu sur la poussière; on appelle la justice. Un chirurgien procède à l'ouverture du prétendu cadavre : le malheureux Prévost s'éveille de sa léthargie, pousse un cri douloureux : c'est son dernier soupir!!

Prévost avait un cœur excellent; il se privait souvent du nécessaire pour obliger ses amis. On pourrait à cet égard raconter une infinité d'anecdotes. Ses ouvrages se ressentent de la précipitation mercenaire avec laquelle il travaillait pour subvenir à de fréquens besoins. S'il avait eu le temps de perfectionner ses manuscrits, les plans eussent été plus réguliers, les personnages plus vrais, le style mieux soigné. Ses écrits portent une teinte de cette sombre mélancolie que lui causèrent les chagrins d'une jeunesse trop agitée. Malgré les grossières plaisanteries de Lenglet du Fresnoy, malgré le jugement de madame de Genlis, qui place notre auteur bien au-dessous de madame Riccoboni, l'abbé Prévost, du sentiment de nos juges les plus éclairés en ce genre, peut marcher après Richardson, à côté de l'auteur de *Gilblas*. On sait quel fut le succès de ses Mémoires d'un homme de qualité. Quel début dans Cléveland! quelle scène que celle de la Caverne! qui ne verserait des larmes sur le sort de l'infortunée Fanny! quel caractère d'audace et d'artifice dans ce Gélin! L'histoire de Manon Lescaut, j'en conviens, n'est pas un livre à mettre sous les yeux de la jeunesse; mais qu'un jeune libertin, qu'une fille née pour le plaisir et pour l'amour parviennent à trouver grâce devant les âmes honnêtes; que le récit des malheurs qu'ils éprouvent et qu'ils ont mérités, arrache des larmes au lecteur le plus austère, voilà le triomphe de l'art!

Presque tous les ouvrages de cet écrivain pourraient entrer dans un cabinet littéraire, tels que l'histoire générale des Voyages, l'histoire de Marguerite d'Anjou, l'histoire de Guillaume-le-Conquérant, la Vie même de Cicéron. Mais bornons-nous à donner la liste des romans les plus nécessaires :*Histoire de miss Clarisse Harlowe* (1751), 13 v. in-12; *Histoire de sir Charles Grandisson* (1755), 8 vol. in-12; *Pamela*, ou la Vertu récompensée (1752), 8 vol. in-12 (ces trois derniers ouvrages sont trad. de l'anglais de Richardson); le *Doyen de Killerine*, histoire morale (1735), 6 vol. in-12; *Histoire du chevalier des Grieux et de Manon Lescaut* (1753) 2 v. in-12; *Histoire d'une Grecque moderne* (1741), 2 vol. in-12; les *Mémoires d'un homme de qualité* qui s'est retiré du monde (1732), 8 vol. in-12; *Mémoires pour servir à l'histoire de la vertu* (1766), 4 vol. in-12; le *Philosophe anglais*, ou Histoire de Cleveland, fils naturel de Cromwel (1732), 6 vol. in-12.

PRIGNOT. (Mad. A***) nous a donné un joli roman : la *Maison des bois*, ou le Remords et la Vertu; *Histoire de l'infortuné Téleski*, sous le règne de Marie-Thérèse (1821), 2 vol. in-12. Nous espérons qu'elle ne bornera point à cet ouvrage une carrière si bien commencée.

PROPIAC (Gérard de), archiviste du département de la Seine, décoré en 1815 de la croix de Saint-Louis, s'était fait connaître avant la révolution, par des pièces données avec succès aux Italiens. Il a publié plusieurs ouvrages instructifs, tels que l'Histoire sainte, l'Histoire de France, l'Histoire d'Angleterre, à l'usage de la jeunesse; le Plutarque français, le Plutarque des jeunes demoiselles; les beautés historiques de la Suisse. Nous lui devons deux romans traduits de l'allemand d'Aug. Lafontaine ; les *Deux Fiancées* (1810), 5 vol. in-12; *Nouveaux Contes moraux* (1802), 2 vol. in-12.

PUISIEUX, (Madeleine-Darsant dame de) était épouse d'un magistrat de ce nom , auteur de plusieurs productions littéraires. Elle publia elle-même un grand nombre d'écrits, parmi lesquels on remarque les *Conseils à une amie*. Ces Conseils renferment des principes d'éducation pour les jeunes personnes ; les *Caractères ;* cet ouvrage est pour les hommes ce que le précédent est pour les femmes. On lui doit aussi les romans dont voici la note : *Alzarac*, ou la nécessité d'être inconstant (1796), un vol. in-12 ; *l'Éducation du Marquis de**** ou mémoires de la comtesse de Zurlac (1754), 2 vol. in-12; *l'Histoire de Mlle. de Terville* (1768), 6 vol. in-12 ; *l'Histoire du règne de Charles* VII, 4 vol. in-12; les *Mémoires d'un homme de bien* (1768), 3 vol. in-12; le *Plaisir et la Volupté*, Conte allégorique (Paphos, 1752) 1 v.; *Zamor et Almazine* ou l'inutilité de l'esprit et du bon sens (1755), 3 vol. in-12. Tous ces romans sont devenus très-rares.

QUESNÉ (Jacques-Salbigoton), est auteur de plusieurs ouvrages philosophiques et littéraires, parmi lesquels on distingue ses Lettres sur le Psychisme. Il a publié quelques romans. Son *Jeune Matelot* ou le Noviciat en mer , 1 vol. in-18, renferme peut-être quelques-unes de ses aventures maritimes; car il a beaucoup voyagé sur mer et s'y est signalé par son courage et sa fermeté. On lui doit encore *Busiris* ou le Nouveau Télémaque (1801), 2 vol. in-12, et * *Marcellin* ou bon cœur et mauvaise tête (1815), 2 vol. in-12. Ce dernier est une satire perpétuelle des ridicules de la société.

RABAN écrit avec facilité. Sa gaité cependant est quelquefois un peu libertine, ses tableaux par fois sont trop nuds « Si « vous êtes l'enfant de la joie (dit-il), si vous êtes l'ami du

» plaisir, si le joyeux Épicure vous compte au nombre de ses
» disciples, venez rire avec nous. . . . .Il faut du scandale,
» (ajoute-t-il), encore du scandale, et toujours du scandale ».
Un peu moins de scandale conviendrait peut-être mieux à
quelques lecteurs. Voici les romans qu'il nous a donnés *Alexis*
ou les deux Frères (1820), 2 v. in-12 ; le *Curé capitaine* (1819),
2 vol. in-12 ; * l'*Époux parisien* ou le Bonhomme (1820),
3 v. in-12 ; *Farville* ou Blanc et couleur de rose, 2 v. in-12 ;
le Marquis de la Rapière (1820), 1 vol. in-12 ; * *Monsieur
Corbin* ou l'Intendant Maire de village (1821), 2 vol, in-12 ;
* *Quatre Titres pour un* : les trois Diables, le Donjon de la
tour du Nord, huit jours à Paris, huit jours en Province (1820)
2 vol. in-12.

RADCLIFFE, (ANNE) était douée d'une imagination aussi
sombre que féconde; elle avait parcouru plusieurs contrées de
l'Europe, voyagé dans la Hollande, sur le lac pittoresque de
Cumberland, dans les montagnes sourcilleuses de l'Allemagne.
Le souvenir de ces lieux avait rempli son âme des idées les plus
romantiques. De là ces descriptions brillantes dont elle enrichit
ses compositions. Elle n'a point le don d'émouvoir la sensibilité,
mais elle a le talent d'inspirer la terreur. Oserai-je le dire?
elle est pour nous, ce qu'est pour nos enfans le terrible auteur
de *Barbe bleue*. Il n'a point d'égal en son genre, personne n'a
pu encore égaler mad. Radcliffe. Plusieurs romans ont paru
sous son nom, mais il est facile de reconnaître ceux qui ne sont
point d'elle. Voici la note de ceux qu'elle a publiés : l'*Italien
ou le Confessionnal des Pénitens noirs, traduit par l'abbé Morellet (1797), 3 vol. in-12; il en existe une autre traduction
sous le titre d'*Éléonore de Rosalba* ou le Confessionnal des
Pénitens noirs, 7 vol. in-18; les* *Châteaux de Dunibaine* et
d'*Athlin* (1819), 2 vol. in-12; la *Forêt* ou l'Abbaye de St.
Clair (1820), 2 vol. in-12; *Julia* ou les Souterrains du Château de Mazzini (1820), 2 v. in-12; (cet ouvrage est en anglais
le *Roman sicilien*); les * *Mystères d'Udolphe* (1819), 4 vol.

in-12. On lui a faussement attribué le *Tombeau*, il est d'Hector CHAUSSIER et BIZET; l'*Ermite de la tombe mystérieuse*, il est du baron LAMOTHE-HOUDANCOURT; les *Visions du Château des Pyrénées*, il est de M. G... R..; le *Couvent de Sainte-Catherine*, la *Forêt de Montalbano*, ne paraissent pas non plus être sortis de sa plume.

RÉGNAULT-WARIN (JEAN-BAPTISTE), littérateur fécond, se livra d'abord à la politique. C'est au milieu des plus grands dangers, qu'il parcourut les temps révolutionnaires. Fatigué d'une telle existence, il chercha le repos dans la littérature. Cependant la publication du *Cimetière de la Madeleine*, excita encore quelques orages sur sa tête. Des hommes coupables y lisaient la condamnation de leurs crimes. Le succès de son livre vint le consoler de ses disgrâces. Sans parler de tous ses ouvrages dans les autres genres, voici les romans qu'il a publiés : les *Carbonari*, ou le Livre de sang (1820) 2 vol. in-12; la *Caverne de Strozzi* (1798), 1 vol. in-18; le *Cimetière de la Madeleine* (1800), 4 vol. in-12 et 4 vol. in-18. (Réimprimé plusieurs fois); *Clémence*, 3 vol. in-12 ; l'*Homme au masque de fer* (1804), 4 vol. in-12 (roman plein d'intérêt); la *Jeunesse de Figaro* (1801), 2 vol. in-12; *Madame de Maintenon* (1806), 4 vol. in-12; le *Paquebot de Calais à Douvres* (1802), 1 vol. in-12 (on en permit la vente moyennant des *Cartons* à faire à toutes les *pages*); les *Prisonniers du Temple* (1800), 3 vol. in-12, (le troisième volume, à partir de la page 60, est désavoué par l'auteur); *Roméo et Juliette* ou les victimes de l'amour (1801), 2 vol. in-12; *Spinalba* ou les Révélations de la Rose-croix (1803), 4 vol. in-12; le *Tonneau de Diogène*, imité de l'allemand de Wieland (1802), 2 vol. in-12.

RENAUD-DE-LA-GRELAIE, homme de Lettres, membre de plusieurs Académies, est l'auteur des *Tableaux de la Nature*, poëme qui eut plusieurs éditions. Il a publié les *Promenades de Vaucluse (1807), 5 vol. in-12, et les * Soupers de Vaucluse (1789), 3 vol. in-12. Ces deux livres sont des suites de conversations ingénieuses, de discussions instructives, de dialogues sur différens sujets. Les amateurs de musique et de poésies trouveront du plaisir dans la lecture de ces ouvrages.

RENAULT DE ROUVRAY nous a donné un roman sentimental, assez agréable, sous le titre de * Valéria ou la Chapelle de Flowern (1820), 2 vol. in-12.

RENNEVILLE, (madame de) mérite les respects du jeune âge, comme elle a droit à notre reconnaissance. Si elle a publié des romans, elle a enrichi d'ouvrages utiles la librairie d'éducation. Elle prend le jeune enfant par la main et le conduit jusqu'à l'adolescence. La fée Gracieuse, la fée Bienfaisante, le petit Savinien, les bons petits Enfans, les Conversations d'une petite fille, les Contes à mon petit garçon, le petit Charbonnier de la Forêt noire, Zélie ou la bonne fille, le Retour des Vendanges, les Récréations d'Eugénie, la Mère gouvernante, le Conteur moraliste, la Galerie des Femmes vertueuses, les Lettres d'Octavie; voilà pour la jeunesse. Voici maintenant pour nous : les * Aventures de Télamon, ou les Athéniens sous la Monarchie (1819), 3 vol. in-12; *de l'Influence du climat sur l'homme (1809), 2 vol. in-12 (cet ouvrage existe aussi sous le titre de l'* Héroïsme de l'Amour); *Lucile, ou la bonne Fille (1818), 2 vol. in-12; * Miss Lovely de Macclesfield, ou le Domino noir (1817), 3 vol. in-12; les * Secrets du cœur, ou le Cercle du château d'Églantine, roman-nouvelles (1816), 3 vol. in-12; * Stanislas, roi de Pologne, roman historique, suivi d'un abrégé de l'histoire de Pologne et de Lorraine (1812), 3 vol. in-12. Elle a payé son tribut d'hommage à la Fille de Louis XVI, en publiant un précis des événemens remarquables qui ont eu quelque influence sur les destinées de cette princesse.

RESTIF DE LA BRETONNE est peut-être le plus bizarre, comme il est un des plus féconds de nos écrivains. Né avec du génie, il s'élança dans la carrière, sans posséder presqu'aucune des qualités qui en facilitent l'entrée; il était original en tout: grand chapeau rabattu, manteau court, parure négligée. Toujours occupé de son idée, il travaillait dans les rues. Le premier chiffon de papier qu'il rencontrait, lui servait à tracer ses pensées. Il était imprimeur et composait souvent à la casse des passages entiers sans manuscrit. Il s'était fait une orthographe aussi ridicule que sa personne. C'est lui qui a donné les dessins des gravures gigantesques qui remplissent ses livres. Il fut trop exalté par quelques-uns, trop déprimé par d'autres. Il trouva dans Dorat-Cubière un grand admirateur, qui consacra tout un volume à nous donner sa vie (Voyez les épisodes de la vie d'une Jolie Femme). Restif fut souvent d'une indécence cynique : « Les mœurs sont corrompues, dit-il, » puis-je peindre le siècle d'Astrée... Femmes honnêtes, ne » faites point un crime à l'auteur qui a le courage de vous » présenter le miroir des vices, pour vous en faire voir la dif- » formité. » Il est quelques ouvrages qu'il ne faut pas confondre dans la masse générale de ses informes productions. Le *Paysan perverti* est son meilleur écrit; on y trouve des caractères fortement tracés, le tableau des vices du peuple, quelques traits de génie. La *Vie de mon Père* annonce un grand talent pour peindre les hommes. Les *Contemporaines* sont un recueil de nouvelles presque toutes vraies, sous des noms supposés; souvent les personnages s'y sont reconnus. On jugera de sa fécondité par le tableau de ses ouvrages : l'*Andrographe*, 1 vol. in-8; l'*Année des Dames nationales*, ou histoire de 365 Femmes françaises, 12 vol. in-12 ; * l'*Aventurier Buscon*, ou histoire du grand Taquin, 3 vol. in-12 ; les *Contemporaines* ou aventures des plus jolies Femmes de l'âge présent (1780), 42 vol. in-12 ; la *Découverte australe*, par un homme volant, ou le *Dédale français* (1780), 4 vol. in-12 ; la *dernière Aventure d'un homme de 45 ans* (1783), 1 vol. in-12; le *Drame* *de la vie*, 5 vol. in-12 ; l'*École de la Jeunesse* (1771), 4 vol. in-12; l'*École des Pères* (1776), 3 vol. in-12; les *Épisodes de la vie d'une Jolie Femme*, publié par Dorat-Cubière, 3 vol. in-12; la *Famille vertueuse*, 4 vol. in-12; la *Fille dans les trois états*, de fille, d'épouse et de mère (1773), 3 vol. in-12, les * *Françaises*, ou 34 exemples choisis dans les mœurs actuelles (1786), 4 vol. in-12; les *Gynographes*, 2 vol. in-8; *Lettres d'une Fille à son Père* (1772), 5 vol. in-12; la *Malédiction paternelle* (1779), 3 vol. in-12; le *Ménage parisien*, ou Délie et Sotentout (1773), 2 vol. in-12; les *Métamorphoses,* ou les Ressorts du cœur dévoilés, 1 vol. in-8; le *Mimographe* (1770), 1 vol. in-8. les *Nouveaux Mémoires d'un Homme de qualité* (1774), 2 vol. in-12; le *Nouvel Abeilard*, ou Lettres de deux amans qui ne se sont jamais vus (1779), 4 vol. in-12; les *Nouvelles Contemporaines*, ou histoire de quelques Femmes du jour, 2 vol. in-12; les *Nuits de Paris*, ou le Spectateur nocturne (1778), 16 vol. in-12. (le 16e a été supprimé par la police); les * *Parisiennes*, ou 40 Caractères généraux pris dans les mœurs actuelles, 4 vol. in-12; le * *Paysan perverti*, ou les Dangers de la ville, 4 vol. in-12; la * *Paysanne pervertie*, histoire d'Ursule R... (1776), 4 vol. in-12; la *Philosophie de M. Nicolas*, 3 vol. in-12; le * *Pied de Fanchette*, ou le Soulier couleur de rose, 2 vol. in-12; le *Pornographe* (1776), 1 vol. in-8; les *Posthumes*, 4 vol. in-12; la *Prévention nationale*, (action adaptée à la Scène), 3 vol. in-12; le *Quadragénaire*, ou l'Age de renoncer aux Passions (1777) 2 vol. in-12; le *Tableau des mœurs du Siècle philosophique*, 2 vol. in-12; le *Thesmographe*, 1 vol. in-8; la *Vie de mon Père* (1788), 2 vol. in-12.

RESTIF DE LA BRETONNE, (AGNÈS LE BÈGUE, dame) épouse du précédent, a publié sous le nom de Maribert de Courtenay, un roman en 4 vol. in-12, intitulé : la *Femme infidèle* (1786), 4 vol. in-12. On lui attribue aussi : *Ingénue*

Saxancour, ou la Femme séparée, 3 vol. in-12. Ne serait-ce pas l'histoire de sa vie ?

RÉVÉRONY DE SAINT-CYR, (le baron) a publié quelques ouvrages utiles sur l'art militaire et sur les Beaux-Arts. Il nous a donné plusieurs romans qu'on lit avec plaisir.

Nos Folies, ou Mémoires d'un Musulman connu à Paris, (1798) 2 vol. in-12; * *L'Officier russe à Paris*, ou aventures du Comte de** (1814), 2 vol. in-12; *Pauliska*, ou la perversité moderne (1798), 2 vol. in-12; la * *Princesse de Nevers* ou Mémoires du Sire de la Touraille, lesquels peuvent servir de conseils aux gentilshommes des grandes villes, Cours et armées, (1813), 2 vol. in-12; * *Sabina d'Herfeld*, ou les Dangers de l'Imagination, (Paris 1814), 2 vol. in-12, puis 2 vol. in-18; le * *Torrent des Passions*, ou les Dangers de la Galanterie, Aventures du Général-Major comte de G..., etc., (1818), 2 vol. in-12.

RICARD SAINT-HILAIRE a publié le * *Moine* et le *Philosophe*, ou la Croisade et le bon vieux Temps, ouvrage critique et philosophique; on pourrait peut-être ajouter *anti-religieux* (1820), 4 vol. in-12.

RICCOBONI (madame). « Avant mad. Riccoboni, dit l'au-
» teur de l'*Influence des Femmes sur la Littérature*, les
» romans de l'abbé Prévost jouissaient d'une grande réputa-
» tion ; ceux de cette dame en ont rendu la lecture impos-
» sible. » Pourquoi donc les *Mémoires d'un Homme de qua-
lité*, *Cléveland*, *Manon Lescaut*, sont-ils dans toutes les mains, tandis que nos lecteurs connaissent à peine *Ernestine*, *Fanny Buttler*, *Juliette Catesby*? Déprimer un auteur que j'estime pour en élever un autre, c'est m'inspirer une malheureuse prévention contre le dernier. Je ne parle point ici de l'abbé Prévost sous le rapport de sa vie privée, je ne le considère que sous l'aspect de la Littérature. Mad. Riccoboni à tous

égards, mérite nos hommages, et comme femme, et comme
excellente actrice, et comme romancière d'un mérite éminent.
Je dirai pourquoi les romans que nous avons cités sont négligés
des lecteurs. Autrefois on aimait les volumineuses chroniques
de l'antique chevalerie, les immenses ouvrages de l'auteur
d'*Astrée*; de Scudéry, de Lacalprenede. On préféra ensuite
les nouvelles, les historiettes, les contes. Aujourd'hui on ne
veut point d'un roman en un seul volume. Ceux de mad. Riccoboni que nous avons nommés, n'en ont qu'un. Il faut qu'un
ouvrage en ce genre ait au moins deux volumes; il ne faut pas
non plus qu'il en ait plus de quatre. Le public ressemble à ce
tyran qui faisait raccourcir ou allonger les malheureux qui
n'avaient point la taille conforme à une mesure qu'il avait adoptée. Une autre cause encore de ce discrédit, c'est qu'au siècle
dernier, tous les romans étaient en style épistolaire; tels sont
les livres précités. Aujourd'hui les ouvrages en Lettres sont
frappés d'une proscription presque générale; il faut ajouter enfin
que l'Anglomanie et le goût des romans d'outre mer a pré-
valu. Lady Morgan, miss Porter, lord Byron, sir Walter
Scott, Auguste Lafontaine, voilà les auteurs à la mode. Si
on y joint Charles Nodier, le vicomte d'Arlincourt, c'est parce
qu'ils ont adopté le genre de la Littérature étrangère. Voici le
catalogue des romans de mad. Riccoboni : * *Amélie*, imité de
l'anglais de Fielding (1762), 3 vol. in-12; l'*Histoire de deux
Amies*, 1 vol. in-12; l'*Histoire d'Ernestine*, 1 vol. in-12;
l'*Histoire du Marquis de Crécy* (1758), 1 vol. in-12; l'*Histoire de Miss Jenny* (1764), 4 vol. in-12; *Lettres d'Adélaïde
de Dammartin, comtesse de Sancerre*, à M. le comte de Rancé
(1766), 1 v. in-12; *Lettres d'Élizabeth-Sophie de Vallière
à Louise-Hortense de Chanteleu* (1772), 2 vol. in-12; *Lettres
de milady Juliette Catesby* (1759), 1 vol. in-12; *Lettres de
milord Rivers* à sir Charles Carignan (1777), 1 vol. in-12;
Lettres de miss Fanny Buttler à milord Charles-Alfred (1757),
1 vol. in-12; la *Suite de la Marianne* de Marivaux, 1 vol.
in-12 (voyez Marivaux). *Recueil de Pièces* contenant : Aloïse

de Livarot, Christine reine de Suède, etc. (1783), 2 vol in-12.
En 1786 ses œuvres complètes ont été réunies en 8 vol. in-8.
M. Foucault vient d'en publier une nouvelle édition très soi-
gnée, également en 8 vol. in-8.

RICHARDSON (Samuel), né dans une ferme, ne reçut
point d'autre éducation que celle que l'on donne communément
dans les simples écoles. Ce fut donc à son génie et à la nature,
qu'il dut tous ses talens. Devenu imprimeur à Londres, marié
deux fois, c'est au sein d'une nombreuse famille que lui
donnèrent ses deux femmes, c'est au milieu de ses travaux
typographiques, qu'il composait ses ouvrages. Simple dans ses
mœurs, ami de la vertu, chéri de sa femme, de ses enfans,
de ses domestiques, il fuyait les sociétés bruyantes. Son unique
plaisir était de rassembler aux jours de fêtes, quelques amis,
dans une maison de campagne qu'il avait près de la ville. C'é-
tait là qu'il donnait la dernière main à ses romans.

Pour parler pertinemment de ses immortelles compositions,
il faudrait en être bien pénétré; il faudrait rassembler tout ce
qu'en ont dit, tant les auteurs nationaux que les écrivains français. La lecture de *Paméla* fut recommandée en chaire par les
ministres du St. Évangile. Le roman de *Clarisse* était publié
par livraisons hebdomadaires; on ne parlait que de ce livre
dans tous les cercles; on était impatient de recevoir chaque
cahier comme un bulletin important. Aux approches du dénoûment, le sort de Clarisse était attendu comme un évènement
public, dont l'issue intéressait la société. Combien de personnages dans ce livre! Chacun a ses pensées, comme son visage
particulier; chacun a le langage qui lui appartient. Pour me
servir de l'expression de Diderot : « Dans cet ouvrage, comme
» dans la nature au printemps, on ne trouve pas deux feuilles
» du même vert ». On y voit tous les caractères qui se rencon-
trent dans ce monde; c'est ce qu'a voulu exprimer Le Tourneur
en mettant pour épigraphe au frontispice de la traduction qu'il

nous en a donnée, cette sentence du poëte latin : (1) *Veut-on connaître les mœurs des peuples ; l'histoire d'une famille suffit pour les peindre toutes.* Grandisson, dans lequel il semble s'être peint lui-même, n'eut pas un succès moins brillant. Ce livre, sur un fond tout différent, offre la même variété de caractères, la même force d'évènemens, le même intérêt que les deux autres. On reproche quelques longueurs au romancier; mais il faut croire que ce qui est un défaut dans notre littérature, n'en est pas un chez nos voisins. C'est au traducteur habile à consulter nos goûts et nos mœurs. Les trois romans de Richardson ont été traduits par l'abbé Prévost. l'*Histoire de sir Charles Grandisson* (1755), 8 vol. in-12 ; *Histoire de miss Clarisse Harlowe* (1751), 13 vol. in-12; *Paméla*, ou la vertu récompensée (1752), 8 vol. in-12. M. Le Tourneur a publié une traduction de * *Clarisse*, beaucoup plus étendue et plus conforme à l'original. Elle a été imprimée dans tous les formats.

RIVAROL (Louise-Mather-Flint de), fille d'un professeur anglais, devint l'épouse du célèbre littérateur Antoine Rivarol. « Un jour, dit ce dernier, je m'avisai de médire de l'A-» mour, le lendemain il m'envoya l'Hymen pour se venger ; » depuis, je n'ai vécu que de regrets ». Peut-être, Monsieur était-il aussi tracassier dans son ménage, que mordant et satirique dans la société; peut-être, Madame eut-elle des torts ; c'est ce qui nous est étranger. Parmi quelques ouvrages de littérature, elle nous a donné la traduction d'un roman anglais, le *Couvent de St.-Dominique* (1802), 3 vol. in-18.

RIVOIRE (Saint Hippolyte, chevalier de), ancien officier de la marine royale, est plus connu dans l'histoire de la révolution, que dans la littérature; il est peu d'hommes qui, pour la défense de la cause royale, aient été plus en butte aux persécutions. Arrêté à Calais, enchaîné dans un cabriolet, il est con-

---

(1) . . . . *Humanos mores nosse volenti?*
     Sufficit una domus. . . . .

duit à Paris, le pistolet continuellement sous la gorge; de là transféré à Brest, pour y paraître devant une Cour martiale, il est absous par des juges, qui deviennent victimes de leur justice. Enlevé pendant la nuit, il est traîné à Nantes, à La Rochelle; passe du cachot à l'hôpital, et de l'hôpital au cachot. Condamné au bannissement, il reçoit l'ordre de passer en Espagne; dans la route on l'arrête, on le jette dans les prisons de Lourde. Il parvient à s'échapper par le courage de son épouse, fuit à Madrid, passe en Angleterre. Le désir de revoir sa patrie le conduit à Amsterdam. Il est encore arrêté, et successivement enfermé à la Force, au château de Ham, à la tour de Vincennes. Il n'est rendu à la liberté qu'à la déchéance. Mais bientôt il meurt, à la suite des maladies qu'il a contractées dans les lieux humides et malsains où il a été incarcéré. Il a publié une histoire de la marine française, et de la loyauté des marins, sous Bonaparte 1 vol. in-8. Il nous a donné deux romans * *Adar-el-Meleck* ou les Pirates barbaresques (1815), 4 vol. in-12; les * *Israélites modernes* ou les deux Frères Daroca (1812), 2 vol. in-12. L'Histoire de sa vie eût été pour nous d'un plus grand intérêt que ses romans.

ROBERT (Marie-Anne-Roumier, dame) a publié quelques romans qu'on ne lit plus guère, quoiqu'ils ne soient pas tout-à-fait sans mérite. On y trouve du sentiment et de l'imagination, les voici : *Nicole de Beauvais*, ou l'amour vaincu par la reconnaissance (1767), 2 vol. in-12; les *Ondins*, conte moral (1768), 2 vol. in-12; la *Paysanne philosophe* (1762), 4 vol. in-12; la *Voix de la Nature* ou Aventures de mad. la marquise de*** (1763), 5 vol. in-12; *Voyage de milord Céton* dans les sept planètes, ou le nouveau Mentor (1765), 7 vol. in-12.

ROBINSON (mistriss Mary-Derby), épousa à l'âge de quinze ans, un homme qui par son inconduite et ses désordres la réduisit à l'indigence. Le talent a doublement droit à nos hommages quand il est joint aux grâces. Mistriss Robinson était d'une beauté rare, d'une taille majestueuse, d'un organe touchant; elle semblait née pour la majesté du trône; aussi se livra-t-elle à l'art dramatique, et prit-elle les emplois de souveraine. Dans les rôles de Perdita, de Rosalinde, de Macbeth, elle fixa les regards du prince de Galles, et quitta le théâtre pour s'attacher à lui. Mais il n'est point d'éternelles amours; elle ne put fixer l'inconstance du prince. Les Lettres vinrent la consoler dans son abandon. Elle se livra à la poésie et à la littérature romancière. Elle chanta les amours de Sapho et de Phaon avec tant de pureté, d'élégance et de simplicité, qu'on la surnomma la Sapho anglaise; voici les romans qu'elle a publiés : *Angelina*, 2 vol. in-12; d'*Harcourt* (1798), 4 vol. in-12; le *faux Ami* (1799), 4 vol. in-12; *Hubert de Sévrac* ou histoire d'un émigré, 3 vol. in-12; *Martha* ou les Dangers d'un mariage précipité (1801), 3 vol. in-12; *Vancenza*, 2 vol. in-12; la *Veuve anglaise*, 2 vol. in-12; *Walsingham* ou l'enfant des montagnes, 5 vol. in-12; les *Mémoires de sa vie*, 1 vol. in-8, ne forment pas le moins intéressant de ses romans.

ROCHE (mistriss RÉGINA-MARIA). Les Enfans de l'Abbaye ont placé Mad. Roche au rang des plus célèbres romanciers de l'Angleterre. On ne voit point de fantômes dans ce livre; ce n'est point par le merveilleux qu'il brille. On y trouve des tableaux agréables, des scènes intéressantes, des caractères bien peints, une excellente morale. « Parmi les romans anglais modernes, » sans en excepter même ceux de miss Burney, aucun ne peut » être préféré aux *Enfans de l'Abbaye*, la plupart ne peuvent lui être comparés.» Tel est le sentiment de l'abbé Morellet qui nous a donné la traduction de ce roman (1797), 6 vol. in-12. Les autres productions de Mad. Roche ne font qu'ajouter à sa réputation, les voici : le *Curé de Lansdowne* ou les garnisons (1789), 2 vol. in-12; (ce même roman a été traduit sous le titre de *Rosine et Lydie*, ou les Dangers de la coquetterie, 3 volumes in-12; la *Fille du hameau* (1793) 3 v. in-12, puis (1803), 4 v. in-18; le *Fils banni*, ou la Retraite des brigands, traduit par le traducteur du Polonais, de don Sébastien, de Splendeur et Souffrance (1793), 4 vol. in-12, et nouvelle édition (1821), 4 vol. in-12 ; la *Visite nocturne, traduit par Breton, 6 v. in-18 ; le *Monastère de Saint-Columba, ou le Chevalier aux armes rouges (1819), 3 vol. in-12.

On lui a attribué Clermont, roman dont l'abbé Morellet nous a donné la traduction (1797), 3 vol. in-12 ; le *Père coupable ou les Malheurs de la famille Lewison (1821), 3 vol. in-12 ; l'*Enfant de la chaumière de Munster, trad. par mademoiselle Girard de Berg, auteur de Wilmina (1821), 3 vol. in-12.

ROLAND (madame ARMANDE). Palmira fut le début de cette aimable romancière ; pourquoi n'a-t-on point encore réimprimé ce livre, qui manque à la collection de ses œuvres ? Donner le catalogue de ses romans, c'est rappeler les souvenirs d'une lecture agréable. Elle a publié : *Adalbert de Mongélas (1810), 3 vol. in-12 ; *Alexandra, ou la Chaumière russe (1810), 3 v. in-12 ; *Emilia, ou les Ferme des Apennins (1812), 3 v. in-12 ; la *Jeune Bostonienne, suivi d'Anica, nouvelle (1820), 2 vol. in-12 ; *Lydia Stévill, ou le Prisonnier français (1817), 3 vol. in-12 ; *Mélanie de Rostange (1806), 3 vol. in-12 ; *Palmira, 4 vol. in-12. Elle va bientôt nous donner *Frédérique, ou le Trésor de la famille Lowembourg, 3 vol. in-12.

ROME (MORVILLE MARNÉ, dame de). Si madame de Rome est une de nos romancières les plus fécondes et les plus agréables, elle est également une de nos femmes les plus versées dans les langues étrangères : l'italien, l'allemand, l'anglais lui sont également connus. Voici le catalogue des ouvrages qu'elle a traduits, ou qu'elle a publiés comme auteur : Anna Pétrowna, fille d'Elisabeth, impératrice de Russie, histoire véritable, 2 v. in-12 ; Aurelie, ou le Bigame (1814), 3 v. in-12 ; le Caissier et sa Fille, ou Méfiez-vous des Apparences, 3 vol. in-12 ; Célestine, ou la Victime des préjugés, traduit de l'anglais de

Ch. Smith (1795), 4 vol. in-12; les *Châtelains de Wolfingen et Bénédict*, 3 vol. in-12; les *Égaremens réparés*, ou histoire de miss Louise Mildmay, traduit de l'anglais (1773), 1 vol. in-12; l'*Intendant et son seigneur*, ou les Mariages clandestins (1815), 4 vol. in-12; l'**Homme tel qu'il est*, ou Mémoires du comte de P***, écrits par lui-même, et traduits de l'allemand (1771), 2 vol. in-12; **Maria d'Oriville*, ou le séducteur vertueux, traduit de l'anglais de Holford (1813), 4 vol. in-12 (Madame Elizabeth de Bon a trad. le même roman, sous le titre du *Portrait); *Pélage, ou le Fondateur de la monarchie espagnole (1818), 3 v. in-12. On lui doit, sous le titre de mes *Delassemens*, un Recueil de Contes moraux, trad. de l'italien, de l'allemand, etc (1771), 6 vol. in-12.

RONDEN (J. R.) nous a donné le *Bonhomme Blondel, ou les Trois sœurs et les deux Victimes (1816), 2 vol. in-12; **Velleville et Juliette*, ou les Étourderies d'une jolie femme (1817), 3 vol. in-12. Ce n'est point par la morale que brillent ses ouvrages.

ROSNY (JOSEPH) passa ses premières années dans l'état militaire; entraîné par le goût de lettres, il quitta bientôt le service. Les amis des champs lui doivent le Bonheur rural, poëme en douze chants; les Autunois lui doivent le poëme de Julius Sacrowir, ou le Dernier des Eduins, 1 vol. in-8, et l'Histoire la ville d'Autun, 1 vol. in-8. Il a publié un grand nombre de romans qu'on ne trouve plus, et dont plusieurs mériteraient d'être réimprimés. Celui des *Infortunes de la Galetierre* est presque le seul qui nous reste. Voici le catalogue de ses œuvres romancières : **Adèle et Germeuil*, ou l'Ermitage des Monts Pyrénées, 2 vol. in-18; l'*Amoureux des onze milles Vierges*, 2 vol. in-12; l'*Anecdote du jour*, ou Histoire de ma Détention à la prison de ***, 1 vol. in-18; *Calixta de Pormentall*, ou les Victimes de l'Indifférence, 1 vol. in-18; *Claude et Claudine*, ou l'Amour au village, roman pastoral, 1 vol. in-18; la

Diligence à Bordeaux, ou le Mariage en poste; 2 vol. in-12; l'*Enfant de trente-six Pères*, 3 vol. in-12, *Firmin, ou le Jouet de la fortune*, histoire d'un jeune Émigré, 2 vol. in-18; *Gernance, ou la force des Passions*, anecdote française, 1 vol. in-18; *Histoire d'un Écu de six livres*, transformé en une pièce de cinq francs, 1 vol. in-12; les * *Infortunes de la Galetierre*, pendant le régime décemviral (1799), 1 vol. in-12; *Isidore et Juliette*, anecdote du XVe siècle, formant suite à la collection de Gérard de Nevers, et de Jéhan de Saintré, 1 vol. in-18; *Joseph et Caroline*, ou le Berger de la Sologne, 2 vol. in-18; la *Laitière de Saint-Ouen*, 1 vol. in-18; le * *Péruvien à Paris*, contenant les Voyages et les Aventures d'un jeune Indien (1801), 2 vol. in-12; l'*Optique du Jour*, ou le Foyer de Montansier; 1 vol. in-18; les *Six Nouvelles*, ou Confession galante de six Femmes du Jour, 1 vol. in-18; *Voyage autour du Pont-Neuf*, 1 vol. in-18. On lui doit encore une * *Vie de Florian*, qui forme le quinzième volume des œuvres de Florian, publiées par M. Lepetit.

ROUARGUE, imprimeur, a publié deux romans. **Dertebeau*, ou l'Avocat des Femmes, aventures galantes et véritables (1808), 5 vol. in-12; l'*Héritière de Montalde*, ou les Mystères du Château de Bezantö, 4 vol. in-12. Rouargue fils, dessinateur et graveur, n'est pas étranger à notre librairie ; il excelle à graver les vignettes que nous plaçons en tête de nos romans.

ROUGEMAITRE DE DIEUZE, romancier agréable, écrit avec beaucoup de facilité. Il a traité assez gaîment la politique, dans l'**Ogre de Corse*, histoire merveilleuse; dans *Séraphine, ou le républicain-royaliste*; dans sa *Vie de Nicolas*. Il a traduit de l'allemand d'Auguste Lafontaine.* *Hervey*, ou l'Homme de la Nature. Ce roman avait d'abord été traduit par Adeline de Colbert, sous le titre de * *William Hillnet*, ou la Nature et l'A·

mour. Voici encore des ouvrages qu'il a publiés : *Alexandre*, ou le soi-disant Grand-Homme (1819), 3 vol. in-12; la *Famille de Clarenville* (1818), 3 vol. in-12; ce joli roman fut d'abord publié sous le titre du *Fils du Bourreau*, titre qui nuisait à l'ouvrage; le *Perroquet*, roman anglo-français-allemand, qui n'est traduit d'aucune langue (1817), 4 vol. in-12; le *Roman tragique*, ou les suites de la Séduction (1807), 2 vol. in-12.

ROUGEMONT, (de) littérateur aimable, journaliste, chansonnier, vaudevilliste, auteur du Bonhomme, du Rôdeur français, a publié les *Missionnaires*, ou la Famille Duplessis (1820), 2 vol. in-12. En rendant hommage aux vertus sacerdotales, ROUGEMONT s'est proposé de dévoiler la conduite de ces prêtres hypocrites qui, par leur vie scandaleuse, détruisent la morale évangélique : « Les rois, dit-il, sont l'image de la Di-« vinité; l'histoire cependant nous raconte les crimes des mau-« vais rois. Rien de plus respectable que la Magistrature; on « nous transmet néanmoins les actes des Juges pervers. Pour-« quoi ne point nous faire connaître ces hommes qui par leur « dépravation déshonorent la sainteté de leur état. » Pour faire connaître à la critique qu'il n'était point le premier qui eût entr'ouvert le Rideau du Sanctuaire, il nous a donné *Raphaël d'Aguilard*, ou les Moines portugais (1820), 2 vol. in-12. Cet ouvrage n'est qu'une réimpression de *don Ranucio d'Alétès*, histoire satirique des moines. Nous craignons que l'auteur n'ait point assez voilé quelques passages de ses *Missionnaires;* de même que le graveur n'a pas assez couvert certaines nudités dans les figures qui ornent les frontispices de ce livre. Nous devons encore à M. de ROUGEMONT *Ida*, roman imité de l'almand de M. le baron Lamothe-Fouqué (1821), 3 vol. in-12.

ROUGERON (P. N.), imprimeur à Paris, joint au talent de bon typographe, celui de littérateur. Il a publié quelques ouvrages utiles à la jeunesse. On lui doit une histoire de Charlemagne qui a eu plusieurs éditions; il nous a donné *Viscellina*, ou le Mameluck français (1801), 2 vol. in-18.

ROUSSEAU (J.-J.). Parler de J.-J. Rousseau comme philosophe et comme philologue, serait une tâche au-dessus de nos forces. Nous n'avons à le considérer que comme romancier, comme auteur de la *Nouvelle Héloïse*, de l'*Émile*, des *Confessions*. Les écrits du citoyen de Genève feront toujours l'ornement de nos bibliothèques; ils sont propres à nos lectures, en raison de nos connaissance, et de notre sagesse.: la Nouvelle Héloïse convient au plus grand nombre; il faut en excepter cependant la jeunesse et surtout le sexe. (1) « Celle qui, malgré « le titre, en osera lire une seule page, est une fille perdue... « Ce recueil convient mieux aux femmes que les livres de phi- « losophie; il peut même être utile à celles qui, dans une vie « déréglée, ont conservé quelque amour pour l'honnêteté... Il « faut des romans aux peuples corrompus; j'ai vu les mœurs « de mon temps, et j'ai publié ces Lettres. » C'est-à-dire, que sous la forme du roman, J.-J. Rousseau nous présente la morale la plus pure, la véritable philosophie. De là ces réflexions auxquelles il s'abandonne souvent, et qui paraissent des longueurs et des hors-d'œuvre à ceux qui ne cherchent que l'amusement de l'esprit; qui ne veulent qu'arriver au dénoûment. Que nos Aristarques trouvent dans la *Nouvelle Héloïse*, l'ordonnance mauvaise, l'intrigue mal conduite, les personnages trop uniformes, trop guindés, trop exagérés; qu'ils disent que Julie est trop philosophe, Saint-Preux trop faible, Wolmar trop peu naturel; nous dirons avec SABATIER, que « ce livre est un « tissu séduisant de tout ce que l'imagination a de plus brillant « et de plus riche, de tout ce que le sentiment a de plus « chaud et de plus énergique, de tout ce que l'expression a « de plus tendre, de plus pittoresque et de plus élégant. Mal-

---

(1) Préface de la Nouvelle Héloïse.

« heur, ajouterons-nous avec Palissot, malheur à celui que
« les beautés de détail dont abonde ce charmant ouvrage, ne
« transportent pas et n'affectent pas délicieusement, et qui
« ne s'attendrit pas pour la vertu, dans les admirables pein-
« tures que l'auteur en a su tracer! »

ROUVIÈRE (Henrietta), romancière anglaise, est auteur
de l'*Abbaye de Lusington*, traduit par P. de C. (1817), 3 vol.
in-12. Ce roman vient de reparaître sous le titre de *Suzanne*,
ou le château du St. Bernard (1821), 2 vol. in-12. C'est à tort
que le nouveau traducteur l'attribue à Mad. Régina-Maria
Roche.

RUTLIGE (le chevalier James de), auteur de quelques
comédies, de quelques poëmes, de quelques ouvrages politiques, se fit arrêter en 1795, parmi des groupes révolutionnaires; il mourut dans les prisons. Il nous a laissé plusieurs
romans qui se lisent encore; *Alphonsine*, ou les Dangers du
grand Monde (1789), 2 vol. in-12; les *Confessions d'un Anglais*, ou Mémoires de sir Charles Simpson (1786), 2 vol. in-12;
la *Quinzaine anglaise à Paris*, et l'art de s'y ruiner en peu
de temps, ou premier et second Voyage de milord de ***, à
Paris (1777), 2 vol. in-12, puis 3 vol. in-18; *Supplément à la
Quinzaine anglaise*, ou Mémoires de M. de Provence (1787),
2 vol. in-12; le *Vice et la Faiblesse*, ou Mémoires de deux
Provinciales (1785), 2 vol. in-12.

SABATIER de CASTRES (l'abbé). Parmi plusieurs ouvrages d'un mérite reconnu, on peut remarquer ses Trois Siècles
de la littérature française, ouvrage qui l'a rendu fameux; ouvrage qui serait un de nos oracles, s'il n'était souvent dicté par
la partialité. Il nous a donné un joli roman, sous le titre de
Betsi, ou les Bisarreries du Destin, qui a été reproduit sous
celui des *Caprices de la Fortune*, 3 vol. in-12. Nous lui devons encore la *Ratomanie*, ou Songe moral et critique d'un

jeune philosophe (1767), 1 v. in-12; les *Quarts d'heure d'un joyeux Solitaire*, ou Contes de M. V***, 1 v. in-12 ; les *Trois Infortunés*, ou l'École des pères et des mères, 1 vol. in-12. Il nous a donné une traduction très-estimée des *Contes de Bocace* (1801), 11 vol. in-12.

SADE (le marquis de). Des barrières placées devant un précipice, avertissent le voyageur des périls qui le menacent; que ne peut-on de même, prémunir la jeunesse contre les dangers auxquels elle s'expose, en touchant les ouvrages enfantés par le libertinage et l'immoralité ! Nommer le marquis de SADE, c'est souiller l'imagination ; c'est rappeler les horreurs de sa vie privée ; des crimes à la punition desquels il n'échappa que par le respect que l'on avait pour sa famille, que par l'argent versé à pleines mains. C'est à la Bastille qu'il composa ces livres infâmes, qu'a fait enfin disparaître la vigilance de la police. C'est là qu'il composa *Alina et Valcour*, dont au moins on peut lire quelques extraits, dans *Alzonde et Coradin*; dans *Valmor et Lydia*. On peut lire encore les *Crimes de l'amour*, 4 vol. in-12; la *Marquise de Ganges*, 2 vol. in-12; *Pauline et Belval*, ou les Victimes d'un amour criminel, anecdote parisienne (1798), 3 vol. in-12. Il est mort au milieu des fous, dans la Maison de Charenton !

SAGE (ALAIN-RENÉ le). « ne fut jamais rien, pas même académicien ». Notre intention n'est pas de comparer l'auteur de Turcaret et de Crispin rival de son maître, à celui de la Métromanie ; nous n'avons point à parler de l'art dramatique. Le Sage ne fut point académicien, parce qu'il avait trop de fierté dans l'âme pour courir après les faveurs, et ramper comme un candidat. Madame la duchesse de Bouillon tenait chez elle un bureau d'esprit, où se rassemblaient les savans et les personnages les plus distingués de la cour. Le Sage devait y donner une lecture de Turcaret. Des affaires indispensables ne lui permirent point d'arriver à l'heure dite : « Vous

« m'avez fait perdre une heure à vous attendre ; lui dit avec
« dédain la princesse dans sa mauvaise humeur. Eh bien, lui
« répondit-il froidement, en remettant son manuscrit dans sa
« poche, je vais vous en faire gagner deux ; et il disparut. »
Tel était Le Sage ; tel fut le philosophe de Genève. Tous deux
amis de la franchise, tous deux amis de la vérité, ils avaient
pris l'un et l'autre une devise conforme à leurs sentimens. Le
premier faisait profession de dire la vérité en riant (1), l'autre
pour la défendre, aurait sacrifié sa vie (2). Ce n'est pas ainsi
qu'on arrive à la fortune. Le Sage s'était principalement attaché à l'étude de l'espagnol. C'est dans l'Espagne que se passent
les scènes de ses ouvrages. C'est aux auteurs de cette nation
qu'il emprunte ses sujets. Qu'une Dame d'un grand nom dans
les lettres, qui semble distribuer les réputations, dise que
« l'auteur de Gilblas n'a pas le sentiment naturel de l'amour,
« de l'amitié, de la jalousie, de la piété filiale ; qu'il ne con-
« naît que les intrigues subalternes... Qu'il devient commun
« dès qu'il abandonne le pinceau de la satire, que ses épi-
« sodes sont fades... Nous dirons, avec l'auteur des trois
« Siècles de la littérature, que dans Gilblas se trouve réuni
« tout ce qui peut piquer la curiosité, flatter le bon goût et
« contenter la raison ; que l'écrivain promène sans fatigue son
« lecteur au milieu d'une infinité de tableaux, qui peignent
« d'après nature, tout ce que la scène du Monde, depuis la
« Cour jusqu'aux plus basses conditions, peut offrir d'ins-
« tructif et de varié. » Nous dirons avec l'auteur des Mémoires
« pour servir à l'histoire de notre littérature, que « Gilblas est
« le meilleur de nos romans ; que c'est la peinture la plus
« fidèle et la plus naïve de l'homme pris dans toutes les condi-
« tions ; qu'on s'y fait illusion au point de croire reconnaître
« tous les personnages. » Nous devons à l'auteur de Gilblas un
grand nombre d'autres romans, sur le mérite desquels nous

(1) *Ridendo dicere verum.*
(2) *Vitam impendere vero.*

ne pourrions nous étendre, sans le risque de devenir beaucoup trop long. Le * *Diable boiteux* eut un tel succès, que deux personnes mirent l'épée à la main, pour se disputer le dernier exemplaire de la seconde édition. On lui doit encore * *Gusman d'Alfarache*, * *Estevanille de Gonzalèz*, ou le garçon de bonne humeur; le * *Bachelier de Salamanque*; les *Nouvelles Aventures de Don Quichotte*; * *Roland l'Amoureux*, traduit de Boïardo. On met presque toujours ensemble, l'abbé PRÉVOST et LE SAGE. Par un rapprochement assez singulier, ils moururent tous deux subitement. Le premier en revenant de Chantilly, le second au milieu d'une partie de chasse.

SAINT-ALPHONSE. (Voyez LHOMME).

SAINT-ALPIN (JACQUES) a publié les * *Contes noirs*, ou les Frayeurs populaires, Aventures merveilleuses, bizarres et singulières; anecdotes sur les apparitions, les diables, les spectres, etc. (1818), 2 vol. in-12; * *Voyage au centre de la terre*, ou Aventures diverses de Clairancy et de ses compagnons, dans le Spitzberg, etc. (1821), 3 vol. in-12.

SAINT-AULAIRE (E. de), a donné *Imanowa*, ou la Fille de Moskow, traduit de l'anglais; suivi du Danger d'être trop exigeant, *nouvelle suisse* (1818), 4 vol. in-12.

SAINT-CHAMANS (AUGUSTE vicomte de), auteur de l'Anti-romantique, a fait passer sous la forme de roman, sous le titre de * *Raoul de Valmire* (1816), 1 vol. in-12, des idées politiques dont le développement n'a point effrayé le lecteur.

SAINT-FOIX (POULLAIN de). Si nous aimons à revoir les lieux qui nous ont vu naître, nous n'aimons pas moins à connaître l'origine des villes que nous habitons. SAINT-FOIX semble nous prendre par la main et nous montrer Paris tel qu'il fut jadis. Où vous voyez le superbe séjour de nos Rois, nous dit-il, était une humble tuilerie, placée au milieu d'un champ. Ce vaste palais, rendez-vous du plaisir, et plus souvent du libertinage, où vont s'engloutir tant de fortunes, était une plaine dominée par la Butte dite des *Moulins*. On y voyait une avenue qui conduisait au *Champ-fleury*. Une *Croix* dite des *Petits-champs*. Ce Quai maintenant le séjour des sciences et de la Librairie, était une *Vallée* plantée de saules. Inaccessible pendant l'hiver, par les débordemens de la Seine, elle devenait en été la promenade des Parisiens. Cette place immense, ajouterait-il aujourd'hui, ce vaste marché où pendant la nuit les villageois de tous les environs, apportent leurs comestibles, où dès l'aurore les Citadins viennent s'approvisionner, cette *Halle des Innocens* était la sépulture de nos aïeux. Il fut un temps où les Parisiens vinrent y chercher des alimens bien différens de ceux qu'on y trouve aujourd'ui, où ils vinrent dévorer la cendre et les ossemens de leurs pères. Saint-Foix, dans ses *Essais sur Paris*, brille autant par ses connaissances historiques, par la singularité de ses anecdotes, que par le charme du style. Nos théâtres lui doivent un grand nombre de comédies. Nous lui devons les *Lettres turques*, qu'on lit encore, même après les *Lettres persanes*. Il nous a donné les *Mémoires d'une Chanoinesse* (1814), 2 vol. in-12; le *Portefeuille*, ou historiettes de la famille de *** (1804), 2 vol. in-12.

SAINT-HIPPOLYTE (A.) nous a donné par ses débuts, l'espérance de voir sortir de sa plume; quelques ouvrages d'un intérêt marquant. On lui doit *Boris*, nouvelle (1819), 1 vol. in-12; *Gabriel Venance* (1820), 2 v. in-12; *Marpha*, 1 v. in-12.

SAINT-LÉGIER (mad. de), ex-chanoinesse, a publié un

joli roman : *Albert et Ernestine, ou le Pouvoir de la maternité (1809), 2 vol. in-12.

SAINT-LÉON (LOUISE BRAYER). Quoique née sur les bords du Gange, cette dame n'est point étrangère à notre littérature. Elle a autant de modestie que de talens ; elle ne veut point que son nom figure au frontispice de ses romans ; elle se plaît à embellir la solitude d'un Sage qui habite aux portes de Soissons. Là, dans la retraite, sans doute elle s'occupe de quelque livre qui couronnera sa réputation littéraire. Elle a fourni plusieurs articles intéressans à la *Bibliothèque française ;* elle a, dans son portefeuille un ouvrage dont la publication serait intéressante pour la jeunesse : un *Dialogue entre un Français, un Anglais et un Indien,* sur le respect dû à la vieillesse. Elle a publié plusieurs romans qui ont été traduits dans les langues étrangères : *Alexina, ou la vieille Tour du château de Holdeim (1813), 4 v. in-12 ; *Athanasie de Réalmont (1817), 2 v. in-12 ; Eugénio et Virginia (1800), 2 v. in-12, puis (1802), 2 vol. in-18 ; Maclovie, ou les Mines du Tyrol, (1804), 1 vol. in-12 ; *Orfeuil et Juliette, ou le réveil des illusions (1810), 3 v. in-12 ; elle a traduit de miss BENNETT *Rosa, ou la Fille mendiante et ses Bienfaiteurs (1795), 7 vol. in-12, puis (1798), 10 vol. in-18 ; et de miss Opie, le *Père et la Fille (1802), 1 vol. in-12.

Nous avons sous presse une nouvelle édition d'*Eugénio et Virginia,* suivi de *Maclovie,* 2 gros vol. in-12.

SAINT-THOMAS, déjà connu avantageusement par sa traduction de l'*Histoire de Russie,* vient de nous donner un roman qui fera sensation, tant par le style que par le choix du sujet : *Huit jours d'absence, ou l'Hospice du Mont-Cénis (1821), 4 vol. in-12.

SAINT-VENANT (madame de). Sénèque, mollement assis dans ses vastes appartemens, faisait sur des tablettes d'or l'éloge de la pauvreté. Mad. de Saint-Venant, dans un réduit obscur, entourée de toutes les livrées de l'indigence, et placée sur un escabau mal assuré, prodiguait à ses héros, des richesses qu'elle était loin de posséder. Mère de famille, elle travaillait plutôt pour ses enfans, que pour sa gloire; elle eût échangé un de ses manuscrits contre les objets de première nécessité. Ses ouvrages annoncent beaucoup d'imagination, et respirent la morale la plus pure; mais il ne faut pas y chercher les grâces du style. On aimait néanmoins ses romans. Ils sont presque tous épuisés. En voici le catalogue, autant que notre mémoire a pu nous le fournir. Ils sont tous du format in-12 : *Aurélie et Dorothée*, ou la Religieuse par amour 2 vol.; le *Baron de Haldein*, ou la Fille précepteur, 2 vol.; *Catherine de Bourbon*, 2 vol.; *Cécile Frizler*, ou l'Enfant du Champ de bataille, 2 vol.; la *Chaumière de Vincennes*, 2 v.; *Constance*, ou la Destinée, 2 vol.; *Cyprien*, ou l'Enfant du Naufrage, 3 vol.; *Derville et Natalie de Saint-Hilaire*, 2 vol.; *Eugénie de Verseuil*, ou la Tour mystérieuse, 2 vol.; le *Fantôme de Nembrod-Castle*, 2 vol.; *Florella*, ou l'infortunée Vénitienne, 2 vol.; *Frère Ange*, ou l'Avalanche du Mont St.-Bernard, 2 vol.; *Gabrielle de Vergy*, 2 vol.; l'*Héritière de Pembroke*, 2 vol.; *Laurette*, ou la grange St.-Louis, 2 vol.; *Léopold de Circé*, ou les effets de l'Athéisme, 2 vol.; *Nolbertine*, ou les Suites du Pélerinage, 2 vol.; *Olympia*, ou les Brigands des Pyrénées, 1 vol. in-18, puis édition posthume (1821), 2 vol.; *Prosper*, ou l'heureux Naufrage, 2 vol.; *Robert et Blanche*, 2 vol.; *Rose de Valdeuil*, 5 vol.; *Seliska*, ou le Prieur des Bénédictins, 2 vol.; *Sidonie*, ou la force d'un premier amour, 2 vol.; *Thérèse*, ou le bon Curé, 2 vol.; *Thérésia*, ou les Souterrains du Château de Zentelberg, 2 vol.; *Ursule*, ou les Victimes de la Superstition, 2 vol.

SALLABERY (le vicomte de), député en 1815, fut compté, avec justice, au nombre des membres les plus marquans de la majorité de la Chambre. Comme littérateur, il a publié un Voyage en Turquie, et une Histoire de l'empire Ottoman. Il nous a donné une traduction de *Corisandre de Beauvilliers*, roman de Charlotte Smith (1806), 2 vol. in-12. Il ne faut pas la confondre avec celle de madame de Montolieu (1806), 2 vol. in-12.

SALVERTE (Eusèbe de), auteur de quelques écrits politiques, et de quelques ouvrages sur la Physique et l'Histoire Naturelle, nous a donné la critique des romans noirs, dans son *Pot sans couvercle et rien dedans*, ou les Mystères du Souterrain de la rue de la Lune, histoire merveilleuse et véritable (1799), 1 vol. in-8. On lui doit encore *Neïla*, ou les Sermens (1812), 2 vol. in-12.

SARRASIN (Adrien de). Son *Caravansérail* (1810), 3 vol. in-18, est un charmant recueil de contes orientaux. Il faut y joindre les *Contes nouveaux*, et *Nouvelles-nouvelles* (1813), 4 vol. in-18, et *Bardouc*, ou le Pâtre du Mont Taurus, trad sur un manuscrit persan (1814), 2 v. in-18. SARRASIN, homme d'un mérite connu, a travaillé pendant deux ans aux Archives littéraires.

SARRASIN (J. P.), auteur d'un Traité sur la culture du tabac en France, et de quelques contes arabes, a publié un roman qui n'est pas sans intérêt, et où l'on reconnaît qu'il a vécu parmi les Colons. C'est la *Jeune Américaine*, ou les Aventures du comte d'Albon (1820), 2 vol. in-12.

SARTORY (madame de), fille du baron de Wimpffen, s'est fait un beau nom dans la littérature. On lui doit plusieurs Mémoires anecdotiques, plusieurs romans historiques. Voici la note des ouvrages qu'elle a publiés : *Extrait des Mémoires de Dangeau*, contenant beaucoup d'anecdotes sur Louis XIV et sa Cour (1817), 2 vol. in-12; *Petit Tableau de Paris* (1818),

1 vol. in-12; le *Duc de Lauzun, (contenant ses amours avec Mlle. de Montpensier) (1818), 2 vol. in-12; *Leodgard de Walheim, à la Cour de Frédéric II (1809), 2 vol. in-12; *Mademoiselle de Luynes (1817), 1 vol. in-12; les Malheurs d'un amant heureux, 1 vol. in-8. Cet ouvrage aura plusieurs volumes; nous attendons le second. L' *Urne dans la Vallée solitaire (1806), 3 vol. in-12.

SAUVIGNY (Edme de), membre de l'académie de Rouen, auteur de quelques pièces de théâtre qui n'ont point été sans succès, et de quelques odes anacréontiques qu'on lit avec plaisir, nous a donné les *Amours de Pierre-le-long et de Blanche Bazu, où l'on voit comment Pierre tombe subitement énamouré d'une jeune et gente pucelle (1774), 1 vol. in-8. Dans le même volume, se trouve la Rose, ou la Fête de Salency, roman historique, qui nous donne l'origine de la Rosière.

SCARRON (Paul). Parmi les nombreux écrits du burlesque auteur de Virgile travesti, des Jodelet, le seul ouvrage qui soit digne de mémoire, est le *Roman comique. Rien en effet de plus comique; caractères originaux, détails facétieux, narrations piquantes, pureté de style, tout s'y trouve réuni. Jusqu'ici l'on n'a rien fait en ce genre, que l'on puisse lui comparer:

> Qu'on me rende impotent,
> Cul-de-jatte, goutteux, manchot, pourvu qu'en somme
> Je vive, c'est assez, je suis plus que content (1).

Tel était Scarron. Sa maison était le rendez-vous de tout ce que la Cour avait de plus aimable et de plus distingué. Malgré ses infirmités, tout le monde voulait le voir, comme un homme plein d'esprit et de gaîté. Quoique per-

(1) La Fontaine, liv. I, fable 15.

clus de presque tous ses membres, il devint l'époux de mademoiselle d'Aubigné (depuis madame de Maintenon). Elle ne
lui apporta en dot, dit-il, que deux grands yeux fort mutins,
un très-beau corsage, une paire de belles mains, et beaucoup
d'esprit. Mais ces yeux, ce corsage, ces mains, cet esprit,
frayèrent à la veuve de SCARRON le chemin du trône.

SCHILLING, auteur allemand, a publié plusieurs romans.
Nous en connaissons deux, par les traductions qui nous en ont
été données; *Antonia Wilsen, ou la Femme telle qu'elle est,
et l'Ami comme il y en a peu, trad. par mad. Ceillier, (1820),
2 vol. in-12; *Florentin et Rosine, ou l'Orphelin des Vosges,
histoire véritable (1795), 2 vol. in-18.

SCHULTZ (FRÉDÉRIC), autre littérateur allemand, nous a
donné *Léopoldine, ou les Enfans perdus et retrouvés (1796),
4 vol. in-18, (joli roman), et Maurice de Lemberg; 2 vol.
in-12, puis 3 vol. in-18.

SCOTT (WALTER), romancier écossais, poète lauréat.

Il ne faut pas juger les gens sur l'apparence.

Quel est donc ce personnage court et gros, à face ronde,
vêtu d'une vieille robe noire, qui boite en marchant? C'est
un homme dont il ne faut point dire de mal; autrement miss
Carpenter, son épouse, vous couperait les oreilles, comme elle
eût voulu les couper à un journaliste qui avait critiqué le
poëme de Marmion.... C'est sir Walter SCOTT. Tout en boitant,
il est monté sur le sommet du Parnasse anglais, où il est assis
à côté du boiteux lord BYRON. On dit qu'il fut bercé avec les
antiques légendes et les vieux contes écossais; aussi excelle-t-il
dans la peinture des mœurs écossaises. Walter SCOTT est le
romancier chéri, le romancier à la mode. A peine Kenilworth
fut-il publié à Londres, qu'il en parut trois traductions à Paris.
Toutes trois, elles s'écoulent avec rapidité. On donne cependant la préférence à celle de M. de Fauconpret, qui, comme
résidant depuis plusieurs années à Londres, comme ayant déjà

traduit les autres romans de Walter Scott, doit mieux connaître le génie de la langue, et celui de l'auteur.

Voici le catalogue de ses romans historiques : l' *Abbé, trad. par M. de Fauconpret (1821), 4 vol. in-12 ; l' *Antiquaire, tr. par Mad. de Marèse (1817), puis par M. de Fauconpret (1821), 4 vol. in-12 ; la *Fiancée de Lammermoor (1821), 3 vol. in-12 ; *Guy Mannering astrologue, trad. par Martin (1815), 4 vol., puis par M. de Fauconpret (1821), 3 vol. in-12 ; Ivanhoé, ou le retour du Croisé, trad. par M. de Fauconpret, (1821), 4 vol. in-12 ; *Kenilworth, trad. par Mad. Collet, puis par M. Parisot, et enfin par M. de Fauconpret (1821), 4 vol. in-12 ; le *Monastère, trad. par M. de Fauconpret (1820), 4 vol. in-12 ; l' *Officier de fortune, épisode des guerres de Montrose, traduit par le même (1819), 2 vol. in-12 ; la *Prison d'Édimbourg, trad. par le même (1821), 4 v. in-12 ; les *Puritains d'Écosse, suivi du Nain mystérieux, traduit par le même (1820), 4 vol. in-12 ; *Rob-Roy, traduit par le même (1820), 4 vol. in-12 (nous avons une autre traduction de cet ouvrage, sous le titre de Robert-le-Rouge, ou les Montagnards écossais (1818), 4 vol. in-12 ; *Waverley, ou l'Écosse il y a 60 ans, trad. par Martin (1820), 4 v. in-12. On attribue faussement à Scott la *Belle Sorcière de Clas-Llyn, trad. par mad. Collet (1821), 4 v. in-12 ; il parait évident qu'il n'est pas non plus l'auteur du *Château de Pontefract (1821), 4 v. in-12.

Ses romans poétiques sont : la *Dame du Lac, trad. par mad. de Bon (1813), 2 v., puis par le traducteur des Œuvres de lord Byron (1821), 2 v. in-12 ; le *Lai du dernier Ménestrel, suivi du Lord des îles, trad. par le même (1821), 2 vol. in-12 ; *Marmion, ou la Bataille de Flodden-Field, trad. par le même (1820), 2 vol. in-12 ; *Mathilde de Rokeby, trad. par le même (1821), 2 vol. in-12.

SCUDÉRI (MAGDELEINE DE), sœur du poète Scudéri.

Romanciers fameux, venez rendre hommage à l'auteur de Clélie, et reconnaitre que votre gloire est bien fragile. Toutes les académies où les femmes sont admises, ouvrirent leurs portes à mademoiselle de Scudéri. Tous les savans l'accueillirent : l'Évêque de Munster, la reine Christine de Suède, le cardinal Mazarin, madame de Maintenon, Louis XIV, la comblèrent de leurs bienfaits ; après madame Dacier, c'était la femme la plus érudite de son temps ; elle obtint la première couronne qui fut décernée par l'académie française. On ne dira point que les grâces de sa personne contribuèrent à sa réputation littéraire : elle ne fut surpassée en laideur que par Pélisson. Malgré ses mérites, mademoiselle de Scudéri ne vivra bientôt plus que dans nos biographies ; elle disparaît de la mémoire des hommes à mesure que ses ouvrages disparaissent de nos bibliothèques ; il est vrai que ses romans, tirent des circonstances la partie la plus essentielle de leur charme. Sous l'emblème de ses héros, elle dépeint des guerriers et des princes dont les exploits occupaient l'Europe. On y trouve le portrait de tous les personnages qui faisaient du bruit dans le monde. Ses ouvrages n'ont plus d'intérêt que pour ceux qui aiment à connaître les mœurs et l'histoire de ces temps. Ils sont pour nous d'une trop longue haleine ; les épisodes sont trop multipliés ; l'esprit du jour ne s'accommode pas plus de ces longueurs, que de celles qui règnent dans les romans anglais.

Mademoiselle de Scudéri, par l'élégance de ses poésies, mérita le surnom de Sapho moderne. Me sera-t-il permis de citer un *impromptu* qu'elle composa sur le grand Condé. Ce prince enfermé au château de Vincennes, occupait une chambre voisine des fossés ; on lui avait accordé un petit carré de terre, où il cultivait des fleurs. A leur vue, mademoiselle de Scudéri exprime ainsi son admiration :

En voyant ces œillets, qu'un illustre guerrier
Arrosa d'une main qui gagna des batailles,
Souviens-toi qu'Appollon bâtissait des murailles ;
Et ne t'étonne pas de voir Mars jardinier.

Peut-être est-ce la même chambre qui, il y a peu d'années,

reçut un jeune rejeton de ce prince ! peut-être est-ce le même carré qui fut arrosé du sang d'un Bourbon !

Mademoiselle de Scudéri, dans ses ouvrages, consultait quelquefois son frère. Un jour qu'ils voyageaient ensemble, arrivés dans une auberge, enfermés dans une chambre particulière, ils causaient du prince Mazara, un des héros d'*Artamène*, ou le grand Cyrus, et se demandaient ce qu'ils feraient de ce personnage qui leur devenait inutile. « Eh bien ! dit-elle, il faut faire « assassiner le prince. » Des marchands entendent d'une salle voisine le prétendu complot. La justice arrive, on arrête les conspirateurs; ils montrent leur manuscrit : on leur accorde pouvoir de vie et de mort sur le prince Mazara et sur tous ses sujets.

Voici la liste des ouvrages qu'elle a publiés : *Almaïde*, ou l'Esclave-Reine (1660), 8 vol. in-8; *Artamène*, ou le grand Cyrus (1680), 10 vol. in-8; *Célanire*, ou les Promenades de Versailles (1698), 1 vol. in-12; *Célinte*, 1 vol. in-8; *Clélie*, histoire romaine (1656), 10 vol. in-8; *Ibrahim*, ou l'Illustre Bassa (1641), 4 v. in-8; *Mathilde d'Aguilar*, 1 vol. in-8; elle a donné en 10 vol. in-8, des *Conversations* et des *Entretiens*, que l'on regarde comme son meilleur ouvrage.

SÉGUR (Joseph-Alexandre, vicomte de) a publié les *Femmes*, leur condition et leur influence dans l'ordre social, chez les différens peuples anciens et modernes (1819), 3 vol. in-12, et 4 vol. in-18.

Plusieurs écrivains ont mis la femme en parallèle avec l'homme; quelques-uns ont donné la prééminence à la femme; d'autres, tel Silvain Maréchal , l'ont déprimée au point de vouloir qu'on ne lui apprît ni à lire ni à écrire. « Pour moi, dit Le- « gouvé, je ne leur accorde pas cette supériorité que la nature « semble leur refuser. Elles sont le charme de la société comme « nous en sommes l'appui. » Un sage qui n'est plus de notre siècle l'a dit : « L'homme est le chef de la femme (1). » Mais la

---

(1) *Homo est caput mulieris* (Saint-Paul).

femme a pour elle, l'empire de la beauté, celui de la douceur, et de mille autres vertus. Il n'est rien au-dessus de cette mère de famille qui, sans cesse occupée des soins domestiques, voit se grouper autour d'elle ses nombreux enfans qui, comme un plan de jeunes oliviers (1), s'élèvent sous son ombre protectrice. Ségur veut établir la balance entre les deux sexes, par une compensation de mérites. Son livre, plein d'érudition, nous trace l'histoire morale et physique des femmes de toutes les nations, depuis l'origine du monde jusqu'à nos jours. C'est l'histoire « d'un sexe adoré de la jeunesse, estimé de l'âge mur, et « dont la vieillesse attend le charme de ses derniers momens. »

Nous devons encore à M. de Ségur la *Correspondance secrète*, entre mademoiselle Ninon de Lenclos, le marquis de Villarceaux et madame de Maintenon (1789), 1 vol. in-8; la *Femme Jalouse*, ou la Baronne de Verlac (1790), 1 vol. in-8. Les Français, l'Odéon, les Italiens, le Vaudeville, lui doivent des pièces de théâtre, parmi lesquelles on distingue le Retour du mari, le Cabriolet jaune, l'Opéra comique, les Deux Veuves, etc.

Il ne faut pas confondre le vicomte Joseph Alexandre de Ségur, grand-maître des cérémonies, celui enfin dont nous parlons, avec son frère, Louis-Philippe, comte de Ségur, qui se distingua aussi dans la littérature, et auquel nons devons l'Histoire des principaux évènemens du règne de Frédéric-Guillaume II; le Tableau historique et politique de l'Europe; la Galerie morale et politique, etc., etc.

SÉGUR (OCTAVE), fils de Paul-Philippe Ségur, petit-fils de Louis-Philippe vicomte de Ségur, nous a donné un joli roman traduit de l'anglais : *Ethelwina* (1807) 2 vol. in-12 ; ce roman procurera quelques heures agréables à ceux qui n'ont pas peur des fantômes.

---

(1) *Sicut novellæ olivarum, in circuitu mensæ.* (Ecclés.)

Si David évoque l'ombre de Samuel ; si Josué arrête la course du soleil devant la terre *immobile* si Saint-Augustin prononce anathème contre celui qui dira que la terre est ronde ; si nos pères placent le lieu des supplices éternels au centre de la terre ; si les siècles précédens ont cru aux sorciers, aux revenans, ne nous étonnons pas de voir sous le règne d'Édouard III un Spectre s'attacher aux pas de la malheureuse Ethelwina. Laissons aux hommes du temps passé leur croyance, leurs systèmes, leurs superstitions ; laissons-les agir et parler suivant leurs idées ; que ce privilège surtout soit l'apanage du romancier. Si les héros de l'Arioste ne pourfendent plus les géans d'un seul coup, si nous ne ne pouvons plus pénétrer dans le mystérieux château d'Udolphe, si l'auteur des mille et une nuits n'a plus sa lampe merveilleuse, ôtons de la littérature les livres de simple agrément, ôtons de nos jardins le rosier qui ne produit que des fleurs stériles.

SÉNANCOURT (Mlle. de) nous a donné deux romans qui plairont par le charme du style ; les *Héros comiques*, nouvelles adressées aux dames (1820), 2 vol in-12 ; *Pauline de Sombreuse* (1821), 4 vol. in-12.

SEVELINGES (Charles-Louis de), homme de lettres d'un mérite connu, a coopéré long-tems à la rédaction de plusieurs journaux, tels que : le Mercure de France et le Mercure étranger ; le Journal de Paris, la Gazette de France, la Quotidienne, etc. Il est auteur d'un grand nombre d'ouvrages historiques et littéraires, parmi lesquels on distingue son Histoire de la captivité de Louis XVI et de sa famille. Il nous a donné : *Alfred* ; ou les Années d'apprentissage de Wilhelm Meister, traduit de l'allemand de Goëthe (1802), 3 vol. in-12 ; l'*Histoire de Schinderhannes* et autres chefs de brigands, dits chauffeurs, 2 vol. in-12 ; *Soirées allemandes*, 5 vol. in-18 ; les *Voyages dans la Caverne du Malheur*, et les Repaires du Désespoir, traduit de l'allemand de Spietz, 2 vol. in-12 ; *Werther* traduit de l'allemand de Goëthe, 1 vol. in-8. (c'est la traduction la meilleure et la plus complète).

SÉVIGNÉ (Madame la marquise de). Si l'on peut juger du mérite d'un ouvrage par ses nombreuse éditions, il faut placer au premier rang les *lettres de Madame de Sévigné. Il n'est point de livre qui ait été réimprimé autant de fois; il n'en est pas qui par les additions et les commentaires, ait reçu des accroissemens aussi considérables; il n'en est pas qui ait réuni des suffrages aussi peu contredits; il est vrai que ces lettres écrites avec autant de grace que de naturel, par une femme qui n'eût jamais cru que sa correspondance fût devenue publique, sont l'expression la plus pure de ses épanchemens maternels, la peinture la plus vraie du grand Siècle. On croit voir les personnages les plus marquans de la cour de Louis XIV, on croit se trouver à côté du prince, causant familièrement, dansant même avec elle. Enfin, madame de SÉVIGNÉ, pour le genre épistolaire, comme Marmontel pour les contes, et la Fontaine pour les fables, n'a point encore trouvé son égale.

SEWRIN (C. A. B.) est un de nos auteurs les plus féconds, en chansons, en vaudevilles, en romans. Il est principalement connu au théâtre des Variétés, par Romainville, ou les Promenades du dimanche, les deux Magots de la Chine, les Anglaises pour rire; il a publié plusieurs romans qu'on lit avec plaisir, les voici: Brick-Bolding ou Qu'est-ce que la vie? roman anglofranco-italien (1799) 3 v. in-12; Papa Brick, ou Qu'est-ce que la mort? (1801) 2 vol. in-12; la *Famille des Menteurs, ouvrage véridique (1802), 1 vol. in-12; *Hilaire et Berthilde, ou la Machine infernale de la rue St.-Nicaise (1801), 1 vol in-12; Histoire d'un chien, écrite par lui-même. (1801), 1 vol. in-12; Histoire d'une Chatte, griffonée par elle-même et publiée par Mad. *** (1802), 2 vol. in-12; Mortimer Lascelles, traduit de l'angl. (1800), 2 vol. in-18; La *Première Nuit de mes noces, trad. du Champenois (1802), 2 vol. in-12; les Récollets de

Munich, histoire récente, arrivée en Allemagne (1802), 1 vol. in-12 ; les *Trois Faublas de ce temps-là*, manuscrit trouvé dans les panneaux d'une ancienne voiture de la cour (1803), 4 vol. in-12 ; on lui doit encore les *Amis de Henri IV*, nouvelles historiques (1805), 3 vol. in-12.

SHERIDAN (Richard Brinsley), célèbre membre du parlement d'Angleterre, est connu de tous les politiques par ses liaisons avec Fox, et ses débats avec Pitt. Il a donné dans sa jeunesse quelque poésies fugitives, quelque romans ; de ces derniers, voici ceux que nous connaissons en France : *Delia*, ou les deux Cousines, trad. par T. P. Bertin (1817), 2 v. in-12 ; *Lismor*, ou le château de Clostern (1800), 2 vol. in-12 ; ce dernier est une traduction anglaise du Lord impromptu de Cazotte.

Il ne faut pas confondre Richard Sheridan, avec Thomas Sheridan. Celui-ci est le père du premier. Il fut acteur, auteur dramatique, et professeur de déclamation. On lui doit des élémens de la langue anglaise, et un dictionnaire, dont le principal objet est de fixer la prononciation de cette langue.

SILVAIN MARÉCHAL était un de nos littérateurs les plus érudits. On assure qu'il travaillait quinze heures par jour. Il s'était retiré à Mont-Rouge, afin, disait-il, « de jouir du soleil « plus à son aise ». Il s'est attiré beaucoup d'ennemis par son almanach des honnêtes gens, où il place Jésus-Christ à côté de Ninon et de Spinosa ; il ne s'est point fait aimer du beau sexe, en publiant sa défense d'apprendre à lire et à écrire aux femmes. Parmi d'autres bons ouvrages, cependant, il a publié le *Voyage de Pythagore*, voyage qui, quoique bien inférieur à celui de l'abbé Barthélemy, n'est pas tout-à-fait sans mérite. Il nous a donné un roman intitulé la *Femme-Abbé*, 1 vol. in-12.

SINGLETON (Eléonore), romancière anglaise, est auteur

de *Sidonia* ou le refus, dont Mad. de Viterne nous a donné la traduction (1812), 4 vol. in-12 : le mérite du traducteur annonce celui de l'ouvrage.

SMITH (CHARLOTTE) reçut une éducation soignée ; elle excellait dans la poésie. Devenue à seize ans l'épouse d'un homme sans conduite, et bientôt tombée dans la misère, elle chercha quelques ressources dans sa plume. Elle composa d'abord des sonnets élégiaques dans lesquels elle retraçait surtout, les plaisirs de la campagne. Elle les proposa à des libraires qui, soit par ignorance, soit par autres causes, ne voulurent point s'en charger. Aidée de quelques amis, elle les fit imprimer elle-même ; son livre eut le plus grand succès. Encouragée par les sommes qu'elle en retira, elle se livra de plus en plus à la littérature, et composa des romans pleins de charme, et qui portent l'empreinte de la douce mélancolie que lui avaient inspiré ses chagrins domestiques. Ils se ressentent quelquefois des besoins qu'elle avait de placer promptement ses manuscrits. On lui doit l'*Abbaye de Palsgrave*, ou le revenant, trad. par Mignaux de Marchais (1818), 3 vol. in-12 ; les *Cavernes des Montagnes bleues*, ou orgueil et haine, trad. par le même (1820), 5 vol. in-12 ; *Barozzi*, ou les Sorciers vénitiens, chronique du XVe siècle (1817), 2 vol. in-12 ; *Célestine*, ou la victime du préjugé, trad. par Mad. de Rome, 4 vol. in-12 ; *Corisandre de Beauvilliers*, trad. par Mad. de Montolieu (1806), (le même roman a été traduit par M. de Sallabery, (1806), 2 vol. in-12) ; *Desmond*, ou l'amant philantrope, 2 vol. in-12 ; *Emmeline*, ou l'Orpheline du château ; 4 v. in-12 ; puis (1799), 5 vol. in-18 ; *Ethelinde*, ou la Recluse du lac, (1805), 4 vol. in-12 ; le *Jeune Philosophe*, 3 vol. in-12 ; *Montalbert et Rosalie*, (1800), 3 v. in-12 ; les *Promenades champêtres*, (1799), 3 vol. in-12 ; le *Proscrit* (1814), 2 vol. in-12 ; *Roland*, ou l'Héritier vertueux, 5 vol. in-12 ; ce dernier a été traduit de nouveau sous le titre du *Testament de la vieille cousine* (1816), 4 vol. in-12.

SMITH (Maria Lavinia), fille de la précédente, nous a donné trois bons romans, *Adeline*, ou la confession (1809), 5 vol. in-12 ; *Estelle*, ou la fugitive de la forêt (1803), 2 vol. in-12 ; le *Revenant de Bérézule* (1802), 4 vol. in-12.

SMOLLETT (Tome), médecin anglais, écrivain célèbre, est auteur d'une Histoire d'Angleterre qui a été traduite en français. Il a publié à Londres les traductions anglaises de Gilblas, de Don Quichotte, de Télémaque, de quelques ouvrages de Voltaire. Il est auteur de *Fathom et Melvil*, traduit par T. P. Bertin (1798), 4 vol. in-12 ; de *Pérégrinus Pickle*, 4 vol. in-12 ; de *Roderick Random*, 4 vol. in-12. C'est à tort que l'on réunit ce dernier aux œuvres de Fielding ; il est bien de Smollett, qui s'y peint lui-même à l'époque où il se trouve au siége de Carthagène, en qualité de chirurgien.

SOULÈS (F.) a publié *Adonia*, ou les Dangers du Sentiment, 4 vol. in-12, puis (1801), 4 vol. in-18.

SOUTHEY (Robert), écrivain anglais, a mérité par ses poèmes de Jeanne d'Arc, d'Amadis de Gaules, de Palmerin d'Angleterre, etc., le titre de poète Lauréat de Windsor. On lui doit *Roderick*, ou le Dernier des Goths, dont M. Bérard nous a donné la traduction (1820), 3 vol. in-12.

Les poésies anglaises ne sont point goûtées de nos lecteurs ; il faut le nom de Walter Scott, pour qu'on se décide à lire le *Lai du dernier Ménestrel, Marmion*, le *Lord des Iles*, etc.

SOUZA (madame la baronne de), voyez FLAHAUT.

SPIETZ (Jean Christiern), littérateur allemand estimé, a publié un roman qui a fait une grande sensation en Allemagne, et dont on nous a donné plusieurs traductions ; c'est le *Petit-Pierre*, ou Aventures de Rodolphe de Westerbourg. Nous en avons une nouv. trad. (1820), 2 v. in-12 ; cet ouvrage est

un peu libre; il semble avoir donné à M. Lewis l'idée du *Moine*
Le Petit Pierre est un fantôme qui joue le rôle principal dans
tout le roman. Ajoutons le *Voyage dans la Caverne du Malheur*, et les Repaires du Désespoir, traduit de l'allemand, par
Sevelinges, 2 vol. in-12.

STAAL (madame de), connue d'abord sous le nom de mademoiselle de Launay, fut élevée avec distinction. Tombée dans
le malheur par la mort d'une protectrice, elle fut admise comme
femme de chambre chez madame la comtesse du Maine. Par
son esprit, elle sut bientôt franchir la distance que la nature
avait mise entre elle et les personnes les plus marquantes de
son temps. Madame du Maine s'était formé à Sceaux, une petite cour où se réunissaient tous les beaux esprits; mademoiselle
de Launay ne fut point déplacée au milieu des Fontenelle, des
Malezieu, de l'abbé de Vertot, de Toureil, de l'abbé de Saint-
Pierre, de Chaulieu. Elle éprouva la double chance d'aimer et
de n'être point aimée, d'être aimée et de ne point aimer. Une
dame lui demandant un jour comment elle parlerait de ses
amours; je me peindrai en buste, répondit mademoiselle de
Launay. Elle a donné quelques comédies qui ont été jouées à
Sceaux; on a publié le recueil de ses *Lettres* au chevalier de
Menil, au marquis de Silly, à M. d'Héricourt, auxquelles on
a joint celles de Chaulieu, et le portrait de mad. la duchesse
du Maine (1821), 2 vol. in-12. On a imprimé ses *Mémoires*
en 3 vol.; M. Lebègue, dans sa Bibliothèque de Campagne,
vient de nous en donner une nouvelle édition (1821), 2 vol.
in-12. Une manière franche et naturelle de raconter, un style
net et souvent élégant, des idées vives, des expressions toujours justes, des portraits bien tracés ont fait la fortune de
ces mémoires.

STAEL DE HOLSTEIN (Mlle. NECKER, dame de). Nous ne
parlerons point ici de mad. de Staël comme auteur de la *Littérature*, considérée sous ses rapports avec les institutions so-

ciales; nous ne citerons point le fameux livre de l'*Allemagne*, saisi d'une manière si désastreuse à la mise en vente, et réimprimé tant de fois, depuis la restauration. Sous le rapport de la haute littérature, l'éloge de madame de Staël est dans toutes les bouches. *Corinne*, ou l'Italie, et *Delphine*, placent cet auteur au premier rang de nos romanciers. On voit par ce dernier combien elle s'était familiarisée avec les écrits de J.-J. Rousseau : *Delphine* se rapproche beaucoup de la Nouvelle Héloïse ; il s'en rapproche même peut-être un peu trop ; mais ce rapprochement, dit un écrivain célèbre, peut, à quelques égards, être un reproche, et n'en est pas moins un éloge. Mad. de Staël, dans sa jeunesse a publié des *Lettres sur les Ouvrages et le Caractère de J.-J. Rousseau*, qu'on lit avec plaisir. On lui attribue : les *Lettres de Nanine à Simphal* (1818), 1 v. in-12.

STERNE (Laurent), célèbre auteur anglais, fut le Scarron, ou, pour parler plus dignement, le second Rabelais de l'Angleterre, après le docteur Swift. Il n'est, dit un auteur, ni Lucien, ni Montaigne, ni Rabelais; il a quelque chose de ces trois hommes. Il se plaisait surtout dans la lecture du dernier; il était le Démocrite anglais, comme Young en était l'Héraclite. Toujours en manteau court, comme ecclésiastique, toujours bizarrement vêtu, il paraissait aussi original dans sa tournure, qu'il l'était dans ses écrits, il se faisait nommer Yorick, du nom d'un bouffon du roi de Dannemarck; bouffon connu par le rôle que lui fait jouer Shakespeare dans sa tragédie d'Hamelet. Le premier ouvrage de Sterne fut la *Vie et les Opinions de Tristram Shandy*. Les libraires ne voulurent pas s'en charger. Il le fit imprimer à ses frais; la seconde édition lui fut payée mille guinées. Dans ce roman, l'on admire surtout, pour le burlesque, le Conte plaisant du grand nez; pour le pathétique, l'histoire de Lefèvre. Il n'est point d'Anglaise qui n'ait fait sa lecture chérie de son *Voyage sentimental en France*. M. Lenègue, connu par sa Bibliothèque de Campagne, vient de réimprimer la traduction de ce joli livre (1821), 2 vol. in-12. Les

Lettres d'Yorick à Eliza, 1 vol. peignent son enthousiasme pour le beau sexe. A travers ses plaisanteries, on reconnaît toujours un cœur sensible et vertueux. Les sermons de Sterne sont estimé.

SUIRE (le) mérite une place parmi nos romanciers; il a beaucoup d'enjouement, souvent même, il a trop de gaîté. Son *Aventurier français,* 10 vol. in-12, est un tableau des hommes, agissans suivant leurs places, leurs situations; suivant leurs passions, mobile ordinaire du genre humain; il a bien rempli l'épigraphe qu'il a placé au frontispice de son livre (1). L'avanturier français est très-rare; il s'est donné par livraisons de deux volumes. Les deux premières contiennent la vie de Grégoire Merveil, marquis d'Erbeuil. Les quatre volumes suivans forment les aventures de Cataudin, chevalier de Rosamène, fils de Grégoire Merveil. La dernière livraison renferme les Mémoires de Ninette Merviglia, fille de Grégoire Merveil, écrits par elle-même, et traduits de l'italien par son frère Cataudin. Il faut distinguer encore le *Philosophe parvenu,* ou Lettres et pièces originales, contenant les Aventures d'*Eugène Sans-pair* (1788), 6 vol. in-12; les trois derniers sont très-rares. Voici ses autres romans. *Charmansage,* ou Mémoires d'un jeune citoyen faisant l'éducation d'un ci-devant noble (1792), 4 vol. in-12; la *Courtisane amoureuse et vierge,* 2 vol. in-12; le *Crime,* ou Lettres originales, contenant les aventures de César de Perlencourt, 4 vol. in-12; la *Paméla française,* ou Lettres d'une paysanne et d'un Ci-devant; contenant leurs aventures (1803), 4 vol. in-12; les *Quatre aventures,* 4 vol. in-12; le *Secret d'être heureux,* nouvelle découverte, 1 vol. in-12.

SURR (Thomas), romancier anglais, a publié : *Splendeur et Souffrance,* trad. par le traducteur du fils banni etc, 3 vol.

---

(1) *Per varios casus et tot descrimina rerum,*
   Venimus.

in-12 ; le même roman a été traduit par J. Martin, sous le titre de *Latimor, ou le plus Infortuné des hommes, au sein de l'opulence et des grandeurs (1807), 3 vol. in-12; on lui doit encore un *Hiver à Londres*; trad. par Mad. de***, et le *Visionnaire*, ou la Manie des prodiges (1808), 4 vol. in-12.

SWIFT (JONATHAN) est bien le Rabelais des Anglais, même tournure d'esprit que notre *Rabelais*, même penchant à la bouffonnerie, même propension à la satire. Tous deux ministres de l'Évangile, tous deux ennemis des superstitions. Le premier écrit contre le pape, contre les catholiques, les luthériens, les calvinistes; tel est le but du *Conte du Tonneau*; le second exerce sa plume contre les moines, contre un clergé dépravé. Rabelais en mourant dit : « Je n'ai rien; je dois beaucoup; je « donne le reste aux pauvres ». SWIFT par un testament plus réel, lègue une partie de ses biens pour la fondation d'un hôpital de fous, hôpital qu'il croit très-utile aux trois royaumes de la Grande-Bretagne. Les images trop nues, les expressions trop libres qui se trouvent dans notre Rabelais, appartiennent plus au siècle qu'à l'écrivain. Les œuvres du docteur SWIFT forment en anglais 22 vol. in-8 ; le seul de ses ouvrages qui appartienne à la librairie des romans, ce sont les *Voyages du capitaine Gulliver*, où, au milieu de plusieurs défauts, on reconnaît une fiction bien soutenue, des allégories plaisantes, une morale sensée, une critique assaisonnée du sel attique. L'abbé des Fontaines nous en a donné une traduction estimée; il y a même ajouté une suite sous le titre du *Nouveau Gulliver*.

TARDIEU-DENESLE (madame), épouse du libraire de ce nom, n'a point fait de romans; mais elle a publié un livre utile à l'intelligence des romans poétiques, ou plutôt des poètes mythologues, d'Homère, de Virgile, des princes de la poésie grecque et latine; c'est la *Nouvelle Mythologie de la jeunesse*; à la suite, sont les emblèmes des fleurs et des couleurs, et les symboles des animaux (1821), 2 gros vol. in-12; ornés de figures. Le jeune âge lui doit encore un *petit Atlas* de toutes les parties du monde. Il ne faut pas oublier les *Jeux Innocens de société*, petit ouvrage propre à l'amusement des soirées; orné de figures représentant les *pénitences*, etc., (1821), 1 vol. in-18.

TASSE (LE), auteur de la *Jérusalem délivrée*, n'a pas besoin de nos éloges; parmi les nombreuses traductions de ce poème, nous recommandons celle de M. Lebrun; c'est la plus élégante et la plus fidèle. Comme elle parut sous le voile de l'anonyme, on l'attribua long-temps à J.-J. Rousseau. M. SUARD a fait réimprimer cette traduction et l'a ornée d'une notice sur la vie du TASSE (1809), 2 vol. in-12.

TENCIN (ALEXANDRINE GUERIN DE). Nous ne parlerons point de la vie religieuse de madame de Tencin; de ses liaisons avec le fameux LAW, de la part qu'elle prit dans les disputes entre les Jansenistes et les Molinistes, de son arrestation au sujet de la mort de Lafresnaye, de son exil à Orléans, de sa petite ménagerie de Savans, des cadeaux ridicules qu'elle faisait aux hommes de lettres; nous dirons que Fontenelle sut apprécier son mérite littéraire; nous dirons qu'elle est auteur du *Siége de Calais*, qui a fourni à Dubelloy le sujet de sa tragédie, ainsi qu'à du Rosoy celui des Décius français. Elle nous a donné les *mémoires de Comminge*; ce roman, (dit Laharpe), peut être regardé comme le pendant de la princesse de Clèves. Il a fourni à Dorat le sujet d'une lettre en vers; à d'Arnaud celui d'un drame. Nous lui devons encore les *Malheurs de l'Amour*; on dit que c'est l'histoire de sa vie un peu orageuse. M. Delandine a publié une édition des œuvres de madame de Tencin, en (1786), 7 vol. in-12. Il a mis en tête de ce recueil des observations très-intéressantes sur les romans en général, et en particulier sur ceux de cette dame. On a réuni ses œuvres à celles de madame Lafayette, (1815), 5 vol in-8.

TERCY (mad de) nous a donné des romans très-agréables

et dont les journaux ont apprécié le mérite. En voici la note : *deux Nouvelles Françaises*; Marie Bolden, ou la folle de Cayeux; Cécile de Renneville, (1816), 1 vol. in-12. L'*Ermite du Mont St.-Valentin*, ou l'Histoire des Amours de la dame de Martigue et du chevalier Roger de Parthenay (1821), 2 vol. in-12; *Isaure de Montigny* (1818), 2 vol. in-12; *Louise de Sénancourt* (1818), 1 vol. in-12.

TERRASSON (Jean de), d'abord Oratorien, puis professeur de philosophie grecque et latine, mettait lui même en pratique les principes de cette philosophie qu'il enseignait aux autres. Ruiné par le système de *Law*, « me voilà tiré d'affaire, dit-« il, je vivrai de peu, cela m'est plus commode. Les affaires « de l'Etat étaient ce qui l'occupait le moins. Il ne faut pas « (disait-il) se mêler du gouvernail dans un vaisseau où l'on « n'est que passager. » Que de gens ferait bien de l'imiter ! il avait autant d'érudition que de philosophie et c'est assez faire son éloge. Parmi plusieurs ouvrages savans, il a donné une traduction de Diodore de Sicile, aussi fidèle qu'élégante. Il nous a donné le roman de *Sethos*, roman plein de traits de morale, de réflexions fines, de discours sublimes, ou l'on trouve, dit Sabatier, des morceaux dignes de l'auteur de Télémaque; on remarque surtout un portrait de la reine d'Egypte, tracé de main de maître. Malgré tous ces mérites cet ouvrage est trop érudit pour un roman.

TOURNEUR (Pierre le), censeur royal, ancien secrétaire général de la librairie. Nous en demandons pardon au patriarche de la littérature française; qui traite de faquin, de maraud, de misérable, de monstre, d'impudent imbécile, le traducteur de Shakespeare, et nous disons avec les gens de sang froid, que si par modestie le Tourneur n'a point voulu se mettre au rang des auteurs, il a le rare mérite d'avoir souvent, dans ses traductions, surpassé son original. Tel il fut dans la traduction qu'il a donnée des *Nuits-d'Young*, dont il a fait disparaître des répétitions insupportables et dans lesquelles il a remplacé des beautés britanniques, par des beautés françaises. Ses traductions sont précédées de préfaces intéressantes, accompagnées de notes instructives; sans parler de la Vie de Charles V, par Robertson, des poésies galliques, d'Ossian fils de Fingal, des Saisons de Thompson, et de tant d'autres ouvrages qu'il a traduits, nous lui devons une traduction de la Vie du Baron de Trenck, qu'il ne faut pas confondre avec celle que nous a donnée le Baron de Boock. Nous lui devons aussi une traduction de *Clarisse*, plus exacte et plus conforme au texte que celle de l'abbé Prévôt. Nous en avons une superbe édition en 10 vol. in-8. Cazin, pour sa collection, l'a réimprimée en 11 vol. in-18 (1784); il ne faut pas oublier la jolie édition que nous en a donnée l'ancien libraire Le Marchand (1802), 14 vol. in-18.

TRESSAN (Louis-Elisabeth de La Vergne), aide-de-camp de Louis XV à la bataille de Fontenoy, lieutenant-général des armées du Roi, sut joindre les lauriers d'Apollon à ceux de Mars. Il fut aimé de Fontenelle et de Voltaire, quoiqu'il n'adoptât point la Philosophie moderne. Il fit, avec Boufflers, l'ornement de la cour de Lunéville. A la mort de Stanislas, il quitta la Lorraine et se retira dans sa maison de Franconville, qu'il ne quittait guère que pour venir aux assemblées de l'académie française, dont il était membre. Dans sa jolie campagne, il s'occupait de l'étude et des épanchemens de l'amour paternel. Il me semble le voir, au milieu de sa femme et de ses enfans, disant à ceux-ci:

. . . .
Chers enfans, conduisez mes pas
Aux treilles de Bacchus, aux rives du Permesse,
Quelquefois même aux bosquets de Paphos.
La vieillesse est un doux repos;
Mais il faut l'amuser des jeux de la jeunesse;
Ses plaisirs, ses rians propos,
Émousseront pour moi le ciseau d'Atropos.

Il fut un des premiers rédacteurs de la Bibliothèque des romans, et enrichit cette collection de remarques précieuses sur les romans de chevalerie. Ses œuvres ont été réunies en 12 vol. in-8, et contiennent, l'*Amadis des Gaules*, suivi d'un extrait de Roland l'amoureux, 3 vol. in-8 ; *Roland furieux*, trad. de l'Arioste, 3 vol. in-8 ; un *Corps d'extraits de romans de Chevalerie*, contenant Gérard de Nevers, petit Jéhan de Saintré., etc., etc, 4 vol. in-8. Les deux derniers volumes renferment de charmantes poésies ; on y remarque aussi des *Réflexions sur l'Esprit*, ouvrage précieux qu'il composa pour ses enfans, et qui devrait être entre les mains de tous les jeunes gens. Il faut joindre à ces 12 volumes l'*Histoire du chevalier Robert*, surnommé le brave, ouvrage posthume, 1 vol. in-8.

URFÉ (Honoré d'), comte de Chateau-Neuf. « Auprès de « l'ancienne ville de Lyon, du côté du soleil couchant, est le « Forêt, divisé en plaines et en montagnes. Les unes et les « autres sont si tempérées et si fertiles, que la terre y est ca- « pable de tout ce que peut désirer le laboureur. Il est arrosé « par le fleuve de Loire, qui prenant sa source près de là, « passe au milieu, non point encore trop enflé et orgueilleux, « mais doux et paisible. Plusieurs autres ruisseaux le vont « baignant de leurs claires ondes ; l'un des plus beaux est le « Liguon, qui, vagabond en son cours, aussi bien que dou- « teux en sa source, va serpentant, depuis les hautes mon- « tagnes de Cervières, jusqu'à Feurs, où la Loire, le recevant « et lui faisant perdre son nom, l'emporte pour tribut à l'Océan. « Sur les bords de ces délectables rivières, on a vu de tous « temps quantité de bergers..... »

Tel est le début de l'*Astrée* ; c'est-à-dire, d'un roman pastoral, qui fit pendant cinquante ans, les délices de l'Europe, d'un roman qui avec le Don Quichotte de Cervantès, fit oublier les romans de chevalerie, qui servit de modèle aux Desmarets, aux Gomberville, aux Scuderi ; qui fut la lecture favorite de Florian et de tous les romanciers pastoraux. Ce livre, écrit dans le style de Montaigne et d'Amyot, a toute la naïveté du vieux langage, du temps où il fut composé. C'est un tableau de toutes les conditions de la vie humaine, qui laisse peu à désirer du côté de l'invention, des mœurs et des caractères. Ce tableau n'est point fait à plaisir ; tous les événemens, couverts d'un voile ingénieux, ont un fondement véritable dans l'histoire. Pour l'intelligence de ce précieux roman, il faut consulter Olivier Patru ; il vous dira : Ici sont dépeintes les galanteries de la cour d'Henry IV ; là ce sont les amours du comte, avec la romanesque Diane de Château - Morand, qui, après 22 ans de mariage, quitta, pour cause d'impuissance, Anne d'Urfé, pour épouser son frère Honoré « L'amour « (vous dira Patru) avait aveuglé le comte ; le mariage lui dessilla les yeux ; il ne vit bientôt plus en Diane, qu'une femme « d'une malpropreté dégoûtante, toujours environnée de chiens, « qui causaient dans sa chambre, et même dans son lit, une « saleté insupportable. Il se débarrassa des épines de l'hymen, « de l'ennui du ménage et se retira dans le Piémont pour s'y « livrer à son goût pour les lettres. » On lui a reproché que ses bergers jouaient tantôt le rôle de sophistes, tantôt celui de courtisans. « Si l'on te reproche que tu ne parles point le langage « des villageois (dit-il à son Astrée en la lançant dans le « monde). Si l'on te dit que ni toi, ni Céladon, ni toute ta « troupe, vous ne sentez guère les brebis ni les chèvres, ré- « ponds leur, ma bergère, que vous n'êtes point de ces pâtres « nécessiteux qui, pour gagner leur vie, conduisent les trou- « peaux au pâturage, que vous n'avez pris cette condition, « que pour vivre plus doucement et sans contrainte. J'ai vu « quelqu'eux qui représentent les bergers sur les théâtres, ne leur « font point porter des habits de bure, des sabots, des ac- « coutremens comme on en porte au village. S'ils leur donnent « une houlette en main ; elle est peinte et dorée ; leurs ju- « pons sont de taffetas, leur pannetière bien troussée ; les se

« contentent , pourvu que l'on puisse reconnaître que la forme
» de l'habit a quelque chose de berger. »

Il a dédié son livre au bon Henri, en lui disant : « Les rois
« dont l'antiquité se vantait le plus , ont porté la houlette
« avec le sceptre; vous les imitez, vous les surpassez par vos
« soins paternels; vous ne mépriserez point ces houlettes et ces
« troupeaux que mes bergers viennent vous présenter comme
« à leur pasteur souverain. »

L'*Astrée* forme 5 vol. in-8, y compris la conclusion donnée
par le sieur Baro ; parmi les nombreuses éditions, les plus estimées sont celles de 1637 et de 1647.

USSIEUX (Louis d') , membre du conseil général du département d'Eure-et-Loire , se concilia l'estime générale , tant
par l'amabilité de ses mœurs que par l'utilité de ses travaux
littéraires. Il fut le collaborateur de son beau-père , M. Du-
chesne, pour la précieuse collection des mémoires sur l'Histoire de France. Il fut associé avec M. le TOURNEUR à la traduction des Mémoires sur l'histoire universelle. Il travailla à la petite
Bibliothèque des dames ; il fut un des continuateurs du cours
complet d'Agriculture de Rozier. Nous lui devons une collection
de *petits romans* et de nouvelles historiques pleins d'imagination, qu'il publia sous le titre de *Décameron Français ;* nous
lui devons une traduction estimée du Roland furieux , de
l'Arioste , 3 vol. in-8.

UTRUY (le général baron d') est auteur de *Mon Histoire,
ou l'Homme aux trois Noms (1814), 4 vol. in-12.

VALORY (mad.), auteur de Grenze, ou l'Accordée de village, comédie-vaudeville, a publié *Lisady de Rainville* (1814),
3 vol. in-12.

VAN-DER-BOURG a traduit le roman allemand de Jacobi,

intitulé : *Woldemar, ou la Peinture de l'humanité (1796),
2 vol. in-12.

VAN-ESBECQ (mad. DE), plus connue sous ce nom comme
romancière que sous celui de GRAND-MAISON, a publié en (1797),
un roman qui peignait les malheurs de la famille royale et
présageait les événemens qui ont occasionné son retour en
1814 ; il avait pour titre *Adolphe*, ou la famille malheureuse,
3 vol. in-18. A la restauration, elle le reproduisit sous celui
d'*Adolphe*, ou prédiction accomplie, 2 vol. in-12. On lui
doit aussi *Sinaïb et Zora*, ou l'Héritière de Babylone (1801),
2 v. in-12 ; (c'est encore un roman allégorique, dans le genre
d'*Adolphe*.) Elle a publié de plus *Antoine et Camille*, ou
la sympathie, 2 vol. in-12. *Edwige de Milvar*, 2 vol. in-12 ;
les *Epoux philosophes* au XVIIIᵉ siècle (1808), 3 vol. in-12.
* *Ernest de St-Olmer*, ou les Epreuves de l'Adversité (1813),
2 vol. in-12. Les romans de cette dame ont de l'intérêt et
sont bien écrits. Si par hasard ce livre tombait sous ses mains,
elle verra que, malgré d'anciens procédés peu délicats à notre
égard, nous n'avons pas de fiel.

VANHOVE (mad.) jouit d'une réputation méritée comme
romancière. Elle nous a donnée le *Château de Valmire*, ou
Pauline et Théodore (1821), 2 vol. in-12 ; * *Edmond et Juliette*, ou les Amans somnambules (1820), 2 vol. in-12 ; la
* *Vengeance*, ou le Fou par amour (1816), 3 vol. in-12.

VAUMORIÈRE (PIERRE DORTIQUE, sieur DE) fut contemporain et ami du poëte Scudery, et de sa sœur, qui dans ses ouvrages, en fait un grand éloge ; en ce temps-là, les écrivains,
même ceux qui travaillaient dans le même genre, n'étaient point
jaloux les uns des autres. VAUMORIÈRE a publié *Adelaïde de
Champagne* (1690), 2 vol. in-12 ; *Agialis*, reine de Sparte
(1685), 2 vol. in-12 ; *Diane de France* (1674), 1 vol. in-12 ;
la *Galanterie des Anciens*, 2 vol. in-12 ; le *Grand Scipion*

(1656), 4 vol. in-8 ; *Lacalprenède*, avait commencé *Phara-mond* et s'était arrêté au 7ᵐᵉ vol. ; notre auteur en a donné la suite et la conclusion. L'ouvrage forme en tout 12 vol. in-8. « Quoique *Lacalprenède* (dit Lenglet du Fresnoy) n'eût « laissé aucuns mémoires, cependant le continuateur est si « bien entré dans son genre, qu'on ne s'aperçoit de la différence, « que parce que VAUMORIÈRE l'a surpassé par l'élocution, l'ordre « et l'arrangement. »

SCUDERI, VAUMORIÈRE, LACALPRENÈDE, dorment dans la nuit des tombeaux, comme leurs ouvrages dans la poussière de nos bibliothèques.

VERNES (FRANÇOIS). Il faut le distinguer de son père, Jacob VERNES, pasteur de Genève, auteur d'un grand nombre d'ouvrages religieux et philosophiques. François VERNES, poëte et romancier, a publié *Adélaïde de Clarencé*, ou les Malheurs et les Délices du sentiment (1796), 2 vol. in-8 ; *Almed*, ou le Sage dans l'adversité (1817), 3 vol. in-12; *Odisko et Félicie*, ou la Colonie des Florides (1803); 2 vol. in-12; le *Voyageur sentimental*, ou ma Promenade à Yverdun (1786), 1 vol. in-8. ; le *Voyageur sentimental en France* sous Robespierre (1799), 2 vol. in-12.

VILDÉ (mad. de) écrit avec facilité; on a du plaisir à lire ses romans. Elle a publié : *Adolphe et Zénobie*, ou les Crimes de la jalousie, 2 vol. in-12; *Betzi*, ou l'infortunée Créole, 2 vol. in-12 ; *Erreur et Mystère* (1813) , 4 vol. in-12 ; *Isaure et Dorigny*, ou la religieuse d'Alençon, histoire véritable, 2 vol. in-12; *Rosainville*, ou le Divorce inutile, 3 vol. in-12; le *Savetier enrichi*, ou trois mois de Niperc (Crepin), (1801), 1 vol. in-12; Les *Soirées bretonnes*, ou la famille de Keralbon, 5 vol. in-12.

VILLEDIEU (MARIE-THÉRÈSE DES JARDINS, dame de) fut veuve de deux amans qui vécurent successivement avec elle, et qui moururent sans l'épouser parcequ'ils étaient mariés , (le capitaine de Villedieu et le marquis de Lachasse.) Elle finit par s'unir à un cousin qui lui permit de conserver le nom de son premier amant. Elle fut de l'académie des Ricovrati de Padoue. Elle reçut de Louis xiv une pension de 1500 liv. « Son « style (*dit* Voltaire) est vif et léger, ses images animées; « elle a fait perdre le goût des longs romans; » ajoutons que ses ouvrages se ressentent un peu de sa vie galante , et qu'elle se plait surtout à peindre les faiblesses de son sexe; disons aussi que dans ses romans historiques, elle a impitoyablement défiguré l'histoire ; ses œuvres ont été recueillies (1702), en 10 vol. in-12. Ecoutons Lenglet du Fresnoy, il va nous les dé- tailler et nous donner le jugement qu'il en porte. « Elles con- « tiennent : tome 1er, les *Désordres de l'amour*; *le Portrait* « des Faiblesses humaines; *Cléonice*, ou le Roman galant (ces « trois pièces sont assez bien écrites); tome II, quelques pièces « de théâtre, rien qui ait rapport aux romans; tome III, *Car-* « *mente* (bien écrit et intéressant); tome IV, *Alcydamie* (c'est « la première partie d'un roman qu'elle n'acheva pas); les « *Galanteries grenadines* (commence bien, continue mal , et « ne finit pas); tome V; *Lysandre*, nouvelle, et les *Amours* « *des grands Hommes* (assez bien écrit); tome VI, *Nouvelles* « *africaines* (bien écrit et touchant), *Mémoires du sérail;* « tome VII , *Vie d'Henriette Sylvie de Molière* (écrit d'une « manière sensible et intéressante); tome VIII, les *Exilés* « (écrit dans le goût des grands romans, sans en avoir l'ennui); « tome IX, les *Annales galantes;* tome X, le *Journal amou-* « *reux* (ces deux derniers volumes sont amusans et assez bien « écrits). »

VILLENEUVE (Gabrielle Suzanne Barbot , dame de) doit sa réputation littéraire à la *Jardinière de Vincennes.* « Situa- « tions pathétiques, sentimens vifs et généreux, réflexions mo- « rales, nobles et sensées; voilà, dit Sabatier, ce qu'on y ren- « contre; c'est un tableau des caprices de l'amour et de la

« fortune. » De tous les ouvrages de mad. de VILLENEUVE, c'est
à peu près le seul qu'on lise aujourd'hui. Voici le catalogue de
ses romans : le *Beau-frère supposé*, 4 vol. in-12; la *Belle
Solitaire*, 1 vol.; *Gaston de Foix*, nouvelle historique, galante et tragique (1741), 3 vol. in-12; la *Jeune Américaine*,
et les Contes marins, 4 vol. in-12; la **Jardinière de Vincennes*, ou les Caprices, 5 vol. in-12, puis (1811), 3 v. in-18;
le *Juge prévenu*, 1 v. in-12; le *Loup galeux*, ou Mesdemoiselles de Marsange, 1 vol. in-12; les *Ressources de l'Amour*
(1752), 2 vol. in-12; le *Temps et la Patience* (1768), 2 vol.
in-12.

VILLENEUVE (HUON DE), troubadour célèbre, fut auteur
de plusieurs romans qui firent les délices de nos aïeux. On lui
attribue *Renaud de Montauban*, *Guyot de Nanteuil* et *Aïe
d'Avignon*. Il écrivait, dit-on, sous le règne de Philippe-Auguste. Ses romans sont en vers; ils ne se lisent plus aujourd'hui,
si toutefois on les trouve encore dans quelque bibliothèque qui
ait échappé aux ravages du temps et de la révolution.

VILLETERQUE (ALEXANDRE-LOUIS DE), membre corres-
pondant de l'institut, fut, pendant douze ans, l'un des collabo-
rateurs au Journal de Paris. « Les articles qu'il y fournissait
« (dit un écrivain distingué) respiraient la plus douce philo-
« sophie; on y remarquait beaucoup d'érudition et de savoir. »
Parmi plusieurs ouvrages de littérature, il a publié les *Lettres
Athéniennes*, ou Correspondance d'un agent du roi de Perse
à Athènes pendant la guerre du Péloponèse, traduit de l'anglais
4 vol. in-8. Nous lui devons * *Fleetwood*, traduit de l'anglais,
de William Godwin (1805), 3 vol. in-12.

VITERNE (mad. DE) a traduit plusieurs romans anglais.
Elle se distingue autant par le choix de ses sujets que par
l'élégance et la fidélité de ses traductions. On lui doit : l'*In-

connu, ou la Galerie Mystérieuse, traduit de Sophie Francès (1810), 5 vol. in-12; la *Sœur de la Miséricorde*, ou la Veille de la Toussaint, traduit de la même (1809), 4 vol. in-12; *Sidonia*, ou le Refus, traduit d'Eléonore de Singleton (1812), 4 vol. in-12; *Zofloya*, ou le Maure, histoire du xve siècle, traduit de M*** (1812), 4 vol. in-12.

VOÏARD (mad. ELISE) nous a donné dans son poëme, de la *Vierge d'Arduenne*, une haute idée de ses talens et de son érudition. Sous l'emblème d'un roman poétique, elle nous trace l'histoire naturelle de la Lorraine; de ces Vosges si intéressantes par les sources bienfaisantes, où, de toutes les contrées de l'univers, on vient puiser la santé. Elle a rendu de grands services à notre librairie, par les traductions qu'elle nous a données des romans les plus estimés d'Auguste Lafontaine; les voici : les *Aveux au Tombeau* (1817), 4 vol. in-12; *Agnès et Bertha*, ou les Femmes d'autrefois, 2 vol. in-12; *Choix de Contes et de Nouvelles*, dédiés aux femmes (1820), 2 vol. in-12; la *Comtesse de Kiburg* (1818), 3 vol. in-12; le *Hussard*, ou la Famille de Falkenstein (1819), 5 vol. in-12; *Léonie*, ou les Travestissemens (1821), 3 vol. in-12 (nous avons deux autres traductions de ce même roman, qui ont paru à la même époque; l'une sous le titre des *Voies du Sort*, par mad. Rad***, 4 vol. in-12, et l'autre sous celui de *Lydie et Franz*, par Louis Andrieux, 2 vol. in-12); *Ludwig d'Eisach*, ou les Trois Éducations (1818), 3 vol. in-12; la *Petite Harpiste* (1815), 2 vol. in-12; le *Suédois*, ou la Prédestination (1818), 4 vol. in-12; *Welf-Budo*, ou les Aéronautes (1819), 3 v. in-12.

Outre tous ces romans traduits d'Aug. Lafontaine, elle nous a donné *Coralie*, ou le Danger de l'Exaltation chez les Femmes, trad. de l'allemand de mad. Pichler (1820), 4 vol. in-12.

VOISENON (l'abbé de), membre de l'Académie française, fut un poète aimable, un romancier plein de grâces, de finesse,

et d'enjouement. Voltaire le nommait le conservateur de la
gaité. Peu fait pour l'état ecclésiastique, il en rejeta les di-
gnités. Malgré sa santé délicate et sa complexion fluette, il
se battit un jour avec un officier et le désarma. Quoique tout
entier au monde, il récitait exactement son bréviaire et en mar-
quait les renvois avec des couplets. Il conserva sa gaité jusqu'à
la mort; il avait fait faire son cercueil; sentant approcher ses
derniers momens, il le fit placer devant lui : « Voilà donc, dit-il,
« ma dernière redingotte ! » et, tournant ses yeux vers un de ses
« laquais un peu fripon : « J'espère, ajouta-t-il, qu'il ne te
« prendra pas envie de me voler celle-là. » On a recueilli les
Romans et Contes de Voisenon, en 2 vol. in-12, puis (1785),
2 vol. in-18; ils contiennent le *Sultan Misapouf*, et la *Princesse Grisemine*, l'*Histoire de la Félicité* (c'est son chef-
d'œuvre en ce genre), *Zulmis et Zelmaïde, Tant mieux pour
elle*.

VOLTAIRE (Marie-François Arouet de) fut le plus beau
génie de son siècle. Membre de l'Académie française et de toutes
les sociétés littéraires, il fut accueilli avec distinction dans toutes
les cours de l'Europe. Il brilla dans tous les genres, excella dans
le plus grand nombre. Il nous a donné la *Henriade;* il a marché
l'égal des Corneille et des Racine; il a surpassé de beaucoup
les Chapelle, les Chaulieu. Il a su cacher une philosophie pro-
fonde sous les fictions ingénieuses et riantes de ses *Contes*. « En
« considérant le grand nombre de ses travaux, peut-être dans
« un temps éloigné croira-t-on qu'il y a eu plusieurs Voltaire,
« comme on a cru dans les siècles postérieurs à l'antiquité qu'il
« y avait eu plusieurs Hercule. » Tous les jours voient éclore de
nouvelles éditions de ses œuvres. Oserai-je le dire, cependant!
notre penchant à l'irréligion favorise grandement le patriarche
de la philosophie moderne. Il ne nous appartient pas de mêler
notre faible voix à celle des ministres de l'Evangile; mais comme
père de famille, je dirai qu'il ne faut point mettre dans la main
de nos enfans le *Dictionnaire philosophique*, qu'il faut éloigner

de leurs yeux la Pucelle d'Orléans, la plupart de ses Contes... On a publié un Voltaire dit *des Honnêtes Gens;* un Voltaire *de la Jeunesse* serait un ouvrage bien précieux. Ses *Contes et Romans,* imprimés dans tous les formats, contiennent principalement *Zadig,* ou la destinée; *Babouc,* ou le Monde comme il va; la *Princesse de Babylone; Micromégas; Candide,* ou l'Optimisme; le *Huron,* ou l'Ingénu.

WALKENAER (Charles-Athanase), membre de l'institut et de l'académie des inscriptions, chevalier de la légion-d'honneur, l'un des douze maires de Paris en 1816, un de nos écrivains les plus féconds et les plus érudits. Eloigné des affaires publiques, retiré à la campagne, il a passé dans l'étude tout le temps de la révolution. Il a publié plusieurs ouvrages intéressans sur l'histoire naturelle, sur la géographie. Il a travaillé au Magasin encyclopédique, au Mercure étranger, aux Annales des voyages, à la Biographie universelle. Il a publié depuis peu la vie de Jean de La Fontaine. Nous lui devons le roman de l'*Ile de Wight,* ou Charles et Angélina, 2 vol. in-12, roman plein d'intérêt, qui a été traduit en allemand et réimprimé plusieurs fois chez nous.

WALKER (George), auteur anglais, a publié des romans qui ont eu à Londres le plus grand succès. Il en est deux dont M. P. L. nous a donné la traduction; ils ont été accueillis favorablement en France et ont eu plusieurs éditions tant in-12 qu'in-18. *Cinthelia,* ou Une sur dix mille (1798), 4 vol. in-12; puis (1800), 6 vol. in-18; * *Théodore Cyphon,* ou le Juif bienfaisant (1799), 2 vol. in-12, puis 3 vol. in-18.

WALPOLE (Horace), comte d'Orford, membre du parlement d'Angleterre, quitta de bonne heure les fonctions législatives, pour se livrer à l'étude et vivre à la campagne; là il avait une petite imprimerie d'où sortirent plusieurs jolies édit. de ses ouvrages. Parmi de nombreux écrits, on lui doit un livre dont Louis XVI nous a donné la traduction : *Doutes historiques concernant Richard III,* roi, d'Angleterre, sur les crimes qui lui sont imputés. Il nous a donné un roman dans le genre noir, le *Château d'Otrante.* Nous en avons deux traductions; l'une sous le titre original; 1 vol. in-12, et l'autre sous celui d'*Isabelle et Théodore* (1797), 2 vol. in-12.

VASSE (Cornélie Wouters, dame de). Élevée dans l'opulence, elle fit, des lettres, l'ornement de sa prospérité. Jetée dans la détresse par la révolution qui la privait de ses biens situés en Angleterre et en Allemagne, elle trouva dans l'étude, la plus douce consolation. Elle mourut de la joie qu'elle éprouva à la nouvelle de la paix générale. On lui doit la traduction du *Plutarque Anglais,* 12 vol. in-8 ; du *Théâtre anglais* depuis son origine, 12 vol. in-8. Elle nous a donné l'*Art de corriger les hommes* et de les rendre constans ; critique ingénieuse de l'*Art de rendre les femmes fidèles,* autre roman qu'on venait de publier. Nous lui devons encore la **Belle Indienne,* ou les Aventures de la petite fille du Grand-Mogol (1798), 3 vol. in-18 ; les *Imprudences de la Jeunesse,* faussement attribué à miss Bennett (1788), 4 vol. in-12 ; le *Mariage Platonique,* imité de l'anglais (1789), 2 vol. in-12.

WAISSE (Christian-Felix), auteur allemand, s'est distingué dans tous les genres de poésies ; odes, comédies, opéra-comiques, tragédies. Les Allemands le placent à côté du grand Racine. Il a principalement consacré sa plume à l'amusement de l'enfance. Il a publié pendant plusieurs années, une feuille hebdomadaire sous le titre de l'Ami des enfans. Il a eu pour imitateurs, Campe, Jauffret et surtout Berquin. Nous devons à sa plume, le **Robinson Suisse,* ou Journal d'un père de famille naufragé avec ses enfans, traduit par madame de Montolieu (1820), 3 vol. in-12.

WEST (mistriss), romancière anglaise, nous a donné,

Sidney, comte d'Avondel, dont la traduction française a été publiée par le traducteur de la *Femme*, ou Ida (1813), 4 vol. in-12.

WIELANDS, célèbre écrivain allemand, s'est distingué dans tous les genres; ses poésies annoncent un homme nourri de la lecture d'Ovide, de Virgile, d'Horace, de Lucrèce; ses compatriotes l'ont nommé le Voltaire de l'Allemagne. Nous ne parlerons point de ces poëmes, tels que la Destruction de Jérusalem, Oberon, l'Art d'aimer, la Philosophie des grâces; de ses ouvrages de littérature, tels que, les Abderites, Aristippe et quelques-uns de ses contemporains; ses romans lui donnent une place distinguée parmi les écrivains en ce genre. Voici ceux que nous connaissons : les *Aventures merveilleuses de don Sylvio, de Rosalva* (1767), 2 vol. in-12; *Histoire d'Agathon*, traduit par Pernay (1802), 3 vol. in-12. M. LA-DOUCETTE nous a donné une imitation de ce livre, sous le titre *Philoclès* (1802), 2 vol. in-8 ; *Histoire du Sage Danischmend* favori du sultan Scha-Gebal etc., (1800), 2 vol. in-12; *Mémoires de Sophie de Sternheim* (1775), 2 vol. in-12; *Peregrinus Protée*, ou les Dangers de l'Enthousiasme, traduit par Griffet de la Baume, 2 vol. in-12 ; *la Petite Chronique du royaume de Tatoïaba*, 2 vol. in-12 ; *Socrate fou*, ou les Dialogues de Diogène de Synope et sa république, 1 vol. in-12; on a traduit le même ouvrage sous le titre de la *Vie et les Amours de Diogène le Cynique*, surnommé le Socrate fou (1819), 1 vol. in 12; *Histoire d'un Grec*, 1 vol. ; le *Miroir d'or*, ou les Bois du Cherchiam, roman politique, 1 vol. ; le *Nouveau Don Quichotte*, 2 v.; *Nouvelles comiques*, 1 vol.

WIELANDS, admis dans la familiarité des Souverains, membre de plusieurs académies, chevalier de la Légion-d'Honneur, jouit pendant toute sa vie des avantages et des distinctions dus au mérite.

WIMPFFEN (madame). *Voyez* SARTORY.

WOUTERS (Marie), sœur de mad. Wasse, a publié le Décaméron anglais, ou recueil des plus jolis Contes, traduits de l'anglais ; elle a coopéré avec sa sœur à la traduction du Théâtre anglais. Nous lui devons *Nelson, ou l'Avare puni, attribué faussement à mad. Wasse (1798), 4 vol. in-18.

WREST (mistriss) est auteur d'un roman dont mad. Elisabeth de Bon nous a donné la traduction *Alicia de Lacy (1820), 5 vol. in-12.

FIN DE LA PETITE BIBLIOGRAPHIE BIOGRAPHICO-ROMANCIÈRE.

TABLEAU

DES ROMANS PROPRES A ENTRER DANS LA FORMATION D'UN
CABINET DE LECTURE.

Si je voulais former un établissement en ce genre, je considérerais moins le nombre des volumes que le choix des ouvrages. Pour ce qui regarde les romans, je prendrais, suivant les fonds que je voudrais y verser, un tiers en romans nouveaux et bien choisis; un tiers en ouvrages donnés par les auteurs nommés ci-après; et enfin, un tiers en livres désignés par les chiffres qui terminent cet article.

1° Pour les romans nouveaux, consultez le deuxième tableau; joignez-y la notice que je viens de publier et que vous avez ci-jointe.

2° Voici les noms des auteurs parmi lesquels on peut puiser sans crainte de se tromper; ils sont tous cités dans notre *Biographie*. Richardson, Fielding, Cervantès, le Sage, Prévost, la Place; Mesdames de Genlis, Cottin, Montolieu, Staël, Roland (Armande), Flahaut, Gay, Hadot; mad. Guénard (nous avons désigné dans les numéros ci-après, ses meilleurs romans), mesdames de Bon, Voïard (estimées par leurs traductions); mad. Brayer Saint-Léon (outre ses romans, elle nous a donné d'excellentes traductions). Ducray-Duminil, Florian, Montjoie, Pigault-Lebrun; Legay (nous avons distingué ses meilleurs ouvrages); Auguste la Fontaine, Walter Scott, lord Byron (ces trois auteurs sont les romanciers à la mode). Mesdames Anne Radcliffe, Maria Roche, Bennett, Burney, Edgeworth, Helme, Jane Porter, Maria Porter, etc.

3° Les numéros qui vont suivre indiquent des romans qui, sans être sortis de la plume des auteurs précités, n'en ont pas moins leur mérite. Tels sont la Nouvelle Héloïse, Zélie dans le Désert, la Dot de Suzette, le Nègre comme il y a peu de Blancs, Eugène et Guillaume, etc., etc. Il eût été trop long de nommer ici les auteurs qui n'ont donné qu'un ou deux romans.

5. 21. 41. 45. 56. 58. 86. 111. 116. 120. 133. 137. 140. 149. 165. 175. 193. 199. 203. 207. 209. 216. 217. 219. 221. 223. 225. 229. 251. 269. 273. 280. 291. 295. 331. 339. 341. 342. 345. 348. 353. 363. 416. 417. 419. 439. 440. 472. 475. 480. 484. 485. 487. 498. 504. 521. 538. 540. 545. 553. 568. 569. 579. 580. 581. 584. 586. 610. 626. 646. 647. 658. 666. 670. 680. 709. 719. 724. 739. 744. 758. 764. 800. 802. 806. 809. 831. 835. 883. 900. 914. 940. 955. 956. 958. 976. 979. 981. 983. 993. 994. 996. 1017. 1020. 1043. 1082. 1089. 1091. 1103. 1105. 1115. 1129. 1141. 1148. 1155. 1159. 1170. 1172. 1174. 1225. 1226. 1232. 1240. 1241. 1268. 1271. 1279. 1291. 1294. 1299. 1303. 1315. 1325. 1332. 1345. 1348. 1361. 1376. 1379. 1393. 1402. 1404. 1413. 1430. 1432. 1446. 1448. 1467. 1468. 1481. 1491. 1493. 1498. 1499.

TABLEAU DES ROMANS PUBLIÉS ET RÉIMPRIMÉS PENDANT LES ANNÉES 1818, 1819, 1820, 1821.

Romans de 1818.

5. 67. 82. 139. 142. 166. 169. 240. 247. 268. 279. 293. 316. 328. 336. 424. 479. 485. 492. 513. 515. 521. 541. 557. 649. 652. 695. 727. 774. 781. 820. 821. 830. 862. 951. 958. 1010. 1037. 1077. 1126. 1166. 1172. 1173. 1191. 1200. 1202. 1227. 1229. 1254. 1279. 1383. 1478. 1489.

Réimpressions.

121. 172. 272. 340. 372. 604. 680. 768. 1003. 1005. 1036. 1338. 1342. 1385.

Romans de 1819.

36. 37. 51. 69. 74. 125. 130. 151. 195. 200. 209. 214. 216.
230. 245. 246. 248. 258. 288. 337. 350. 352. 353. 383. 390.
405. 441. 472. 473. 489. 511. 525. 537. 558. 571. 590. 605.
666. 720. 761. 771. 779. 816. 843. 854. 882. 886. 888. 896.
902. 928. 942. 976. 994. 1016. 1017. 1050. 1072. 1074. 1079.
1112. 1121. 1139. 1144. 1162. 1177. 1212. 1214. 1256. 1265.
1267. 1307. 1332. 1344. 1352. 1375. 1410. 1437. 1485.

Réimpressions.

86. 119. 211. 238. 261. 309. 332. 368. 480. 527. 553. 584.
708. 754. 757. 785. 822. 900. 973. 979. 1002. 1018. 1142.
1155. 1159. 1316. 1414. 1432. 1434. 1499.

Romans de 1820.

14. 21. 39. 47. 53 55. 59. 64. 78. 79. 102. 126. 156. 165.
167. 178. 193. 234. 265. 270. 273. 275. 294. 307. 310. 314.
339. 356. 357. 388. 418. 427. 432. 756. 481. 487. 554. 581.
596. 599. 628. 651. 654. 670. 685. 686. 717. 742. 770. 772.
803. 805. 807. 808. 817. 851. 880. 906. 918. 920. 937. 938.
961. 974. 987. 992. 1000. 1009. 1014. 1056. 1068. 1078. 1099.
1106. 1113. 1125. 1135. 1154. 1170. 1189. 1194. 1201. 1203.
1223. 1231. 1236. 1282. 1284. 1291. 1319. 1324. 1339. 1384.
1423. 1446. 1485. 1493.

Réimpressions.

18. 1012 111. 264. 313. 390. 566. 574. 583. 764. 789. 826.
839. 925. 955. 982. 995. 1076. 1115. 1141. 1197. 1207. 1270.
1354. 1454. 1479. 1488.

Romans de 1821.

3. 43. 110. 123. 152. 183. 250. 254. 256. 260. 287. 293.
416. 425. 446. 447. 471. 490. 501. 536. 552. 555. 578. 582.
594. 610. 626. 682. 710. 719. 722. 733. 755. 776. 782. 788.
872. 878. 883. 907. 911. 926. 929. 940. 1004. 1051. 1082.
1111. 1114. 1119. 1164. 1240. 1276. 1304. 1315. 1345. 1376.
1412. 1438. 1452.

Réimpressions.

9. 377. 419. 421. 439. 560. 627. 789. 792. 827. 1178. 1232.
1379. 1397. 1443. 1498.

Pour arriver jusqu'à ce jour, il faut joindre ma notice sup-
plémentaire du 1er octobre, contenant les Nouveautés mises
au jour depuis le 1er mai.

TABLEAU DES OUVRAGES POUR LES JEUNES LECTEURS.

Berquin, mad. Leprince de Beaumont, sont les romanciers du
jeune âge. Que de bonnes mères de familles ont marché sur
leurs traces et ont consacré leurs veilles à composer des livres
pour l'amusement et l'instruction de leurs enfans, et des nôtres.
Telles, mesdames d'Aunoy, de Renneville, de Choiseul, Dufresnoy, Tardieu-Denesle, Barthélemy-Hadot, Mallès de Beaulieu. Que d'aimables littérateurs nous ont donné des beautés
historiques et d'autres jolis ouvrages pour la jeunesse! tels
MM. P. Blanchard, Fréville, A. Caillot, de Propiac, Nougaret, Durdent.... Consultez à cet égard les catalogues de
MM. Le Prieur, Eymery, Genèts, Blanchard; ce dernier surtout, auteur et en même temps libraire, se livre essentiellement
à la librairie de l'enfance. Que de livres pour la jeunesse parmi
les OEuvres de madame de Genlis, de Ducray-Duminil, de
Florian, de mad. de Montolieu! Miss Edgeworth, miss Opie

lui offrent les plus jolis contes. Surtout, n'oublions pas ceux
de Bouilly; viendront ensuite les romans de Le Sage, ceux de
Richardson. Notre Catalogue peut encore leur offrir une lecture agréable dans les numéros suivans.

25. 77. 119. 161. 274. 275. 276. 282. 292. 300. 313. 324.
329. 330. 332. 357. 399. 401. 404. 417. 420. 429. 442. 463.
573. 617. 619. 624. 670. 680. 689. 699. 725. 729. 769. 785.
822. 826. 834. 848. 881. 979. 1011. 1012. 1037. 1038. 1069.
1070. 1100. 1115. 1140. 1142. 1186. 1188. 1228. 1230. 1279.
1309. 1337. 1359. 1367. 1369. 1381. 1414. 1427. 1468.

TABLEAU DES OUVRAGES QUI NE PEUVENT CONVENIR QU'À L'AGE MUR.

Il ne suffit point d'indiquer à la jeunesse les livres dont on
lui permet la lecture; il faut encore lui désigner ceux dont elle
doit s'abstenir. Telle liqueur fortifie la vieillesse, qui enivre le
jeune âge. Laissons l'homme bien armé traverser les forêts pé-
rilleuses, le vieux guerrier s'exposer au feu; mais que l'enfant
ne touche point des armes qui deviennent meurtrières entre
ses mains. Jeunes gens, laissez les Philosophes à l'âge mûr!
J.-J. Rousseau, Voltaire, Diderot; Du Laurens, si je puis l'as-
socier à ces grands noms. Laissez aux hommes faits, les romans
de Voisenon, du chevalier de Mouhy, de Restif de la Bretonne,
de Pigault-Lebrun, de Desforges, de la Martelière, de Legay,
de Cuisin, de Victor Ducange, de Raban, de mad. de Morency.
Les chiffres ci-dessous, indiquent encore des romans qui ne
conviennent point à votre jeune âge.

62. 89. 92. 97. 106. 129. 194. 211. 266. 302. 322. 323.
327. 346. 468. 478. 518. 538. 544. 565. 575. 576. 584. 599.
602. 618. 636. 653. 654. 655. 656. 662. 657. 692. 732. 792.
793. 839. 840. 868. 887. 888. 928. 931. 951. 959. 960. 964.
967. 974. 975. 977. 987. 992. 993. 1001. 1014. 1025. 1043.

1053. 1097. 1109. 1110. 1185. 1195. 1202. 1207. 1263. 1284.
1307. 1345. 1353. 1371. 1386. 1390. 1392. 1394. 1405. 1418.
1421. 1423. 1450. 1460. 1461. 1481. 1502.

TABLEAU DES ROMANS EN LETTRES.

Nous l'avons déjà dit : tous les romans du siècle dernier,
les meilleurs de celui-ci, sont en style épistolaire. Sans parler
de Richardson, de Fielding, et de tous les bons romanciers
anglais, mesdames Riccoboni, de Genlis, Cottin, Bournon-
Mallarme, Crébillon, Montjoie, et mille autres que je pourrais citer, nous ont donné d'excellens romans en lettres. On
n'en veut point aujourd'hui; telle est la volonté générale; il
nous reste donc à en donner le tableau, pour ceux qui veulent
les connaître, afin de les éviter.

8. 19. 22. 25. 35. 36. 38. 40. 61. 62. 70. 81. 89. 91. 96.
101. 107. 118. 132. 133. 135. 138. 145. 157. 174. 190. 206.
208. 232. 233. 236. 240. 242. 249. 285. 286. 289. 291. 292.
295. 304. 312. 313. 321. 342. 343. 345. 358. 359. 361. 363.
372. 376. 391. 394. 412. 442. 454. 459. 461. 462. 465. 483.
487. 507. 512. 514. 532. 539. 540. 546. 550. 575. 597. 598.
611. 615. 616. 617. 633. 638. 639. 642. 647. 649. 663. 671.
677. 687. 694. 696. 697. 715. 724. 826. 727. 749. 751. 791.
793. 795. 796. 797. 810. 811. 812. 813. 815. 819. 822. 823.
824. 825. 826. 827. 828. 829. 830. 831. 832. 833. 834. 835.
336. 837. 838. 839. 856. 868. 891. 892. 893. 896. 898. 903.
912. 915. 922. 923. 935. 939. 943. 949. 950. 956. 967. 973.
975. 983. 997. 1028. 1042. 1043. 1057. 1075. 1086. 1099. 1100.
1101. 1106. 1112. 1113. 1117. 1123. 1124. 1125. 1129. 1133.
1134. 1138. 1142. 1145. 1146. 1150. 1172. 1176. 1190. 1199.
1218. 1224. 1251. 1254. 1270. 1271. 1274. 1277. 1283. 1286.
1298. 1303. 1320. 1340. 1387. 1402. 1448. 1467. 1481. 1483.
1490. 1491. 1496. 1499. 1502.

TABLEAU DE MES LIVRES DE FONDS.

Par livres de fonds, j'entends ceux dont je suis seul Éditeur, seul propriétaire; ceux qui ne se trouvent que dans mon Magasin, et que l'on chercherait inutilement sur les catalogues au rabais.

3. 5. 6. 10. 16. 17. 20. 28. 72. 75. 84. 87. 97. 103. 104. 113. 121. 126. 127. 128. 130. 139. 143. 148. 153. 154. 158. 166. 174. 184. 186. 194. 200. 213. 221. 228. 243. 248. 251. 259. 269. 273. 283. 288. 292. 296. 298. 304. 317. 320. 339. 344. 349. 353. 388. 395. 396. 413. 415. 436. 437. 479. 480. 487. 492. 493. 494. 505. 506. 509. 512. 524. 526. 528. 545. 549. 458. 564. 566. 575. 576. 581. 584. 601. 602. 606. 611. 623. 629. 634. 639. 645. 646. 647. 650. 655. 667. 670. 672. 712. 714. 728. 739. 747. 752. 753. 756. 769. 770. 804. 806. 807. 809. 830. 831. 835. 837. 842. 853. 855. 864. 871. 883. 887. 894. 900. 901. 903. 931. 932. 945. 950. 952. 954. 956. 957. 976. 977. 978. 980. 984. 991. 1001. 1006. 1007. 1012. 1019. 1045. 1057. 1059. 1081. 1101. 1102. 1108. 1118. 1146. 1155. 1158. 1167. 1182. 1183. 1184. 1185. 1187. 1192. 1195. 1208. 1220. 1226. 1244. 1249. 1251. 1264. 1277. 1283. 1287. 1300. 1303. 1307. 1310. 1314. 1325. 1328. 1337. 1338. 1341. 1347. 1351. 1362. 1372. 1385. 1401. 1403. 1413. 1425. 1428. 1430. 1431. 1436. 1439. 1467. 1468. 1491. 1495. 1497. 1502.

TABLEAU DES ROMANS NOIRS.

Employons le peu d'espace qui nous reste encore, non pas à désigner les romans pastoraux, nous en avons fort peu, et ils ne sont guère du goût présent; non pas à distinguer les romans de chevalerie, nous en parlerons plus tard; non pas enfin, à classer les romanciers suivant leur Nation : sous ce rapport notre Dictionnaire les fait assez connaître ; parlons d'un objet plus intéressant.

On a bercé notre enfance avec les contes de la mère Loie : arrivés à la maturité de l'âge, nous sommes de grands enfans que l'on berce avec des contes d'un genre à peu près semblable. Contes de brigands, de cavernes, de souterrains, de revenans; Angelo-Guicciardini, Glorioso-Démonio , Miralba, Lerixa, Rinaldo, Ferrandino, quels noms heureux pour les romanciers ! Mystères sur Mystères, Cavernes des Montagnes bleues, Ruines d'un vieux Château de Saxe, Ombres sanglantes, Spectre de la galerie du Château d'Estalens, quels titres pompeux ! C'est dans le Genre noir qu'a brillé Mad. Radcliffe; notre Dictionnaire donne la note de ses productions. Les chiffres ci-après indiquent les romans du même genre qui se trouvent sur mon Catalogue.

5. 7. 10. 43. 52. 113. 116. 165. 166. 173. 181. 193. 198. 199. 200. 218. 228. 244. 254. 257. 265. 269. 270. 336. 415. 480. 498. 506. 535. 536. 559. 566. 580. 581. 587. 629. 630. 685. 710. 730. 731. 754. 764. 790. 851. 882. 889. 940. 982. 993. 1015. 1017. 1076. 1078. 1141. 1155. 1240. 1264. 1299. 1325. 1326. 1332. 1333. 1363. 1375. 1378. 1379. 1443. 1446.

FIN.

www.ingramcontent.com/pod-product-compliance
Lightning Source LLC
Chambersburg PA
CBHW071632270326
41928CB00010B/1890